서울대학교 아시아태평양법 총서 3

일본법 강의

유혁수 | 권철 | 강광문   편

박영사

서 문

유 혁 수

1. 일본법은 외국법?

　　교보문고 인터넷 홈페이지 검색창에서 "영미법"을 입력하니 364
란 숫자가 나왔다. 독일법을 입력하니까 233, 중국법은 331이었다. 일
본법을 입력하니 28,959란 숫자가 나와서 자세히 보니 "일본"과 "법"
에 걸리는 모든 것이 열거된 데다 그것도 일본어로 쓰인 것이 대부분
이다(2020年 12月 29日 방문). 명실상부한 "일본법" 책은 한 자리 수에 불
과했다.

　　왜 일본법에 대한 연구가 이렇게까지 적은 데다 교과서는 정종휴
『일본법』(신조사, 2011) 단 하나 밖에는 없을까? 이러한 의문에 대한 가
장 가까운 대답을 고상용, 『現代韓国法入門』(信山社, 1998年) 서문에서
찾을 수 있었다. 이미 20년 전에 고상용 교수는 한일 양국 간에 교류가

활발하게 전개되고 있음에도 불구하고 여전히 서로를 "가깝고도 먼 나라(近くて遠い国)"로 의식하고 있는 데에는 한국과 일본이 서로를 '외국'으로 보고 있지 않은 (보려고 하지 않는) 것에 원인을 찾아야 한다고 지적한다. 그 때문에 한일 양국은 서로 간의 유사점과 차이점을 있는 그대로 보지 못하고 또는 양자를 혼동해 온 것인데, 법률 분야에서도 사정이 같은 것이 아니겠는가 지적한다.

이렇게 오랫동안 한국에서는 한편으로는 일본이 보통 외국이 아니며 따라서 일본법이 '외국법'이란 의식이 희박한 반면, 다른 한편으로는 과거 식민지 종주국이었던 일본의 법은 단순한 외국법 이상의 존재로서 한국의 법제도에 음양으로 커다란 영향을 미쳐왔다. 표면적인 외국법 의식의 부재와는 달리 실제로는 외국법 이상의 존재라는 이중성이 지금까지의 일본법의 위상이었다 해도 과언이 아니다. 한국법이 법제도면에서도, 법문화면에서도 일본법의 영향에서 벗어나 독자적인 입지를 구축하기 시작한 지금이야말로 일본법에 대한 단편적인 지식에 만족하면서 "일본법"의 독자성을 인정하지 않아 온 과거를 청산하고 일본법을 중요한 외국법의 하나로서 객관화·상대화하는 노력이 필요하지 않을까? 본서는 이러한 문제의식을 공유한 집필자들의 공동작업이다.

2. 본서의 입장

본서에서는 일본법을 "서양의 법을 계수하여 일본 사회에서 형성, 적용, 집행되고 있는 법의 총체"로 정의하고, 전술한 바와 같이 한국에서 일본법의 특이한 위상이라는 관점에서 무엇보다도 현행(lex lata) 일본법을 체계적으로 정리하는데 중점을 두었다. 아울러 법률 조문의 정리·소개로는 파악이 힘든 소위 「살아 있는 법(生ける法)」을 컬럼 등을 활용하면서 소개하는데 주력하였다. 전술한 바와 같이 한국에서 일본

법이 지녀 온 특이한 위상이라는 관점에서 생각하면, 일본법을 비교법의 대상으로 연구하기 이전에, 일본법에 대한 전반적인 이해를 도모하기 위해 그 자체를 충실히 기술하고 설명하는 작업이 선행되어야 하기 때문이다.

물론 "아는 것은 비교하는 것이다"라는 말이 있듯이, 외국법이 자신의 거울과 같은 존재인 점을 생각하면, 현행 일본법을 기술하는 작업에는 알게 모르게 비교를 통한 법적 인식의 심화와 법학적 시야의 확대가 수반되기 마련이다. 하지만 본서에서는 〈비교법의 대상으로서의 일본법〉이란 목적을 일차적으로 추구하지 않았다는 점을 강조해 둔다.

다시 말해서 외국법으로서의 일본법을 소개하고 설명하는 것 그 자체가 일종의 비교법적 작업임을 부인하지 않지만, 그 경우에도 어디까지나 다른 법질서에 속하는 법규범과 법제도를 비교하는 "마이크로 비교(microcomparision)"에 해당한다. 비교법 연구 가운데 압도적으로 많은 "마크로 비교(macrocomparision)", 즉 법권(法圈) 내지 법계(法系)를 분류하기 위해 각 법질서를 지배하는 전체적 구조와 구성 부분의 특색을 명확히 하는 것은 본서의 대상이 아니며, 본서는 어떤 법권이나 법계를 전제로 하지 않는다.

또한 일본 민사소송법의 대가였던 고 미카즈키(三ヶ月 章) 교수는 법의 불가결한 속성으로서 법규범, 그것을 움직이는 주체, 그리고 기구·절차(手続)란 삼위일체가 불가결하다고 명저 『法学入門』에서 말했다. 법의 역사는 일면에서는 법규범이 성숙하고 정치(精緻)해져 가는 역사임과 동시에, 법을 움직이는 기구·절차가 발전하는 역사이며 또한 그 절차를 움직이는 법률가란 인간 집단의 역사라는 것이다(17쪽 이하). 일본법의 입문적 체계서인 본서의 서술의 중점은, 미카즈키 교수의 세가지 분류 중 법규범, 즉 일본법의 상당 부분을 구성하는 법규범의 체계적인 해설에 놓여지며 그것을 움직이는 기구·절차와 법주체에 대해서는 각

분야별 해설에 부수하는 형태로 소개·설명된다.

3. 일본 사회의 법적 특징

"사회 있는 곳에 법이 있다(*ubi societas, ubi jus*)"라는 격언이 있듯이 일본법의 이해를 돕기 위해 일본사회와 거기에서 발현되어 기능하는 일본법의 몇 가지 특징을 문말의 참고 문헌을 참조하면서 정리한다. 그 것이 일본법을 충실히 소개 정리한다는 본서의 의도와 부합할 것이다.

(1) 법계수의 수단성과 복수 법제의 중복적 존재

먼저 일본의 서구법 계수(reception) 과정의 "수단성"을 지적하지 않으면 안된다. 법의 계수란 어떤 문화 속에서 형성된 법제도가 다른 문화 속에 포괄적으로 이식되는 것인데, 일본의 경우 일본 사회의 법적 필요성이란 각도에서 순차적으로 도입된 것이 아니고, 불평등 조약의 철폐, 즉 조약 개정을 통한 문명국(civilized nation) 대열 진입이라는 특정의 정치적 목적을 위한 것이었다. 따라서 법계수를 주도한 것은 법률가가 아니고, 정치가였고 서구법의 이식은 법적인 필요보다 조약 개정이란 정치적 목적에 유용한 법치국가적 외형을 만드는데 중점이 놓였다.

더구나 서구법 이식의 과정, 완급 및 대상의 모든 것이 정치적 동기에 의해 지배된 결과 계수하는 서양 법제가 수차례 바뀌는 과정을 겪었다. 피계수국의 전통에 뿌리내려 있는 판례법 위주의 영미법을 진즉 포기하고 대륙형의 법전주의 법제도를 받아들이기로 한 후, 처음에는 불란서법을 계수하려 했으나 그 후 엎치락뒤치락하는 혼란을 거쳐 최종적으로 독일법을 받아들인 것은 유명한 역사이다. 불란서법에서 독일법으로의 전환 자체가 법의 논리가 아닌 정치 논리의 귀결이었는데 그 결과 현재까지도 불란서법의 흔적이 지적되고 있다.

제2차 세계대전 패전 후 점령정책의 일환으로 미국법에 따른 대대적인 법제도의 개혁과 냉전 후 부분적인 전쟁 이전으로의 회귀는 또 한 번의 충격이었다. 물론 제2차 세계대전 이전에 독일법의 압도적 우위 속에서도 영미법은 몇몇 주요 대학을 거점으로 나름대로 명맥을 유지하고 있었으나, 점령국 미국과 일본 정부의 공동 작업으로 제정된 현행 일본국 헌법 체제하의 입법·행정·사법의 모든 면에서 상당한 개혁이 이루어졌다. 특히 사법제도의 개혁이 그러했는데 최고재판소의 구성과 권한 등에서 미국형의 개혁이 이루어졌다. 이러한 수차례에 걸친 법의 계수에 있어서 방향 전환이 철저하지 못한 채 각 시대의 특징이 온존된 결과, 일본법에는 대륙법과 영미법이란 세계의 법계를 대표하는 법제가 중첩적으로 집적된 구조를 이루고 있다.*

마지막으로 이러한 법의 계수의 과정에서 현재까지도 문제가 되는 것이 법을 움직이는 인간적 주체의 측면이다. 법규범은 외국의 법전을 가져와서 일본어로 번역하면 되었고, 재판소라는 법기구는 예산을 들여 전국에 배치해 가면 시간이 걸려도 어려운 일은 아니었지만, 이 두 가지를 운용하는 인간 주체, 즉 법률가의 양성은 쉽지 않은 일이었다. 패전후 사법조직의 개편과 더불어 변호사 제도가 개혁되는 등 인적인 면에서 상당한 진전이 있었으나, 법률가 양성과 육성을 둘러싸고 논의가 끊이지 않는 가운데 2004년 법과대학원(로스쿨) 도입을 핵심으로 하는 새로운 법조 양성 제도가 시도되었다. 하지만 구 사법시험 폐지 후에도 실질적으로 동일한 "예비시험"이 도입되어 법과대학원 일원화가 이루어지지 못하였고 신 사법시험 선발 인원도 최근에는 로스쿨 도입 이전으로 회귀한 결과 신 법조 양성 제도는 실질적으로는 실패했다고

---

* 재판소 구성 및 재판관 임용 제도의 경우, 미국법의 영향은 최고재판소에 집중되고, 하급심은 종래의 대륙형 재판관 임용제도가 온존되었다.

할 수 있다.

(2) 행정의 우위와 관민 관계

일본의 명치 헌법은 당시의 일본 국정에 가장 맞는다는 이유로 강력한 군주의 통치권을 특징으로 하는 프로이센 헌법을 모델로 하였는데, 이로 인해 명치 헌법하에서 입법·사법·행정의 상호 관계에 천황 중심의 행정권 우위가 각인된 것은 주지의 사실이다.*

이러한 행정권의 우위는 국가 주도 하의 자본주의 발전에 절대적인 역할을 했다. 자본주의의 형성과 발전은 한편으로는 내무성을 추진 기관으로 국가 주도적으로 육성된 부르주아지(자본가/시민 계급)의 활약에 의존했고, 다른 한편으로는 때마침 완성된(1898년) 민법전(상법전은 이듬해)이라는 시민법 체계가 자본주의 형성과 발달을 가능하게 하는 경제생활의 틀을 제공했다. (i) 정부 주도의 식산흥업(殖産興業) 정책이 추진되고, (ii) 조세 제도의 확립을 통한 국가 자본이 형성되고, (iii) 교육 등을 통한 노동력이 육성되었고, (iv) 이러한 자본주의 형성과 발전에 필요한 평화 상태가 청일전쟁까지 지속한 것이다.

이러한 행정권의 우위는 제2차대전 이후에도 "1940년 체제"라는 형태로 온존되었다. "1940년 체제"란 노구치(野口悠紀雄)가 1995년 같은 제명의 저서에서 명명한 것인데 "현재의 일본경제를 구성하는 주요 요소는 1938년 '국가총동원법' 제정을 핵심으로 전쟁 중에 만들어 졌다"는 주장이다. 전후 눈부신 발전을 보인 일본 경제의 특징으로 불리우는, 일본형 기업, 간접금융 중심의 금융시스템, 직접세 중심의 세제, 중앙집권적 재정 제도 등이 전시경제의 요청에 부응하기 위해 도입되었는데 이

---

* 과거 동경대학 일본사상사 교수였던 마츠모토는 「일본의 입헌주의에는 서구 입헌주의에 나타나 있는 권력제한적인 측면이 후퇴한 데에 사상적인 특징이 있다.」라고 지적했다. 松本三之介, 『明治精神の構造』, (NHK, 1981年), 17頁.

것들이 전후에도 온존되어 고도성장의 원동력이 되었다는 주장이다.

특히 전후에도 관료 집단 특히 경제관료가 온존되어 강력한 산업 정책을 이끌어 갔다. 물론 관료는 국회가 제정한 법률에 따라 정책을 시행하는 것이지만 일본의 제반 법률은 행정부 즉 관료 기구에 광범위한 권한과 재량을 위임하고 있어 국회 제정 법률은 정령(政令, 한국의 대통령령), 각 성청의 성령(省令, 한국의 부령), 고시 등에 의한 구체화가 없으면 실질적으로 기능하지 못하도록 되어있다. 더구나 관료 기구는 과거에 형식적으로는 법적 효력이 없지만, 실질적인 강제력을 갖는 "행정지도"를 정책 추진 수단으로 다용하면서 정책 목적을 달성했다. 더구나 행정부의 행위에 대해서는 사인(私人)이 정부를 상대로 소를 제기하거나 사법심사의 대상이 되는 경우가 많지 않은 것도 특징이다. 과거 이러한 일본의 특징을 이이오(飯尾 潤)는 일본의 통치 구조가 의원내각제가 아니라 "관료내각제"라고 꼬집었을 정도이다. 또한 한국에서는 진즉 "관민"이란 표현이 "민관"으로 바뀌었지만, 일본에서는 여전히 "관민" 관계가 표현상으로도 실질적으로도 지속되고 있다.

(3) 끊이지 않는 일본인의 "재판 기피" 논쟁

일본법을 논할 때 빠트릴 수 없는 것이 "일본인은 법을 좋아하지 않으며 재판을 기피하는 경향이 있다"는 명제를 둘러싼 오랜 논쟁이다. 여기에는 일본인의 법의식이란 문화적 요인을 중시하는 견해와 그에 대항하여 법률가 부족, 소송비용의 과다 등 제도적 요인에 중점을 두는 견해가 대립해 왔다.

논쟁의 시발점은 1966년에 노다 요시유키(野田良之)가 불어로 출간된 『일본법 입문』에서 "일본인은 법을 좋아하지 않는다"는 제목의 장(章)을 집필하여 일본인은 법이란 국가가 국민을 강제하는 수단이며 가능하면 피하고 싶은 것으로 생각하며 따라서 재판의 당사자가 되는 것을 싫어한다고 주장했다. 이듬해인 1967년에 가와시마 요시타케(川島武宜)는 『일본인의 법의식』을 출판하여 일본인이 분쟁해결의 수단으로 재판을 이용하지 않는 것은 전통적인 전근대적 법의식과 위계적 사회 집단이란 특징이 있기 때문인데 그로 인해 일본인들은 화해와 조정이란 재판외(外)적 수단을 선호한다고 했다.

이러한 일본인의 법의식에 근거한 "재판 기피"의 견해에 대한 비판은 1978년 미국의 유명한 일본법 연구자인 헤이리 교수에 의해서 제기되었다. 헤이리는 일본인의 "재판 기피 명제는 신화일 뿐이다"라는 논문에서 제2차 대전 이전에는 재판 이용이 활발했으며 전후에 감소한 것은, 재판관과 변호사 수가 적으며 소송 기간이 길고 비용이 과다하며, 행정 사건에 대한 구제가 불충분한 것 등 제도적인 요인에서 찾아야 한다고 주장했다. 헤이리에 이어서 오오키 마사오(大木雅夫) 역시 같은 주장을 전개했다. 오오키는 유럽은 법치주의, 일본을 포함하는 동양은 덕치주의라는 이분법에 의거한 법의식의 차이를 과대 평가해서는 안되며, 일본에서도 법치주의와 정당한 법의식의 존재를 발견할 수 있다고 주장하면서 헤이리와 같이 제도적 요인을 중시한다.

헤이리 논문이 발표된 꼭 10년 후에 하버드 대학의 램지어는 "법과 경제학" 어프로치를 써가며 기존의 제도적 요인을 중시하는 주장을 뛰어넘어 다음과 같이 주장했다. 즉 일본인의 소송 기피 현상은 법문화적인 요인에 의한 것도, 단순히 소송비용 높다는 사정에 의한 것도 아니며, 판결의 예측가능성이 높은 법제도 하에서 분쟁당사자가 소송이란 수단을 택할 것인지 화해와 조정을 택할 것인지를 합리적으로 계산한 결과라는 주장을 내놓았다. 그 후 램자이어는 일본인 법학자의 협력하에 교통사고 손해배상사건을 검증하여 자신의 주장을 보강하기도 했다.

이처럼 법문화적인 요인을 중시하는 견해와 제도적 요인을 중시하는 견해가 대치하고 있지만, 필자는 거의 40년 전의 무라카미 준이치

(村上淳一)의 다음 지적이 여전히 유효하지 않나 생각한다. 무라카미는 오오키가 법의식 및 국민성과 정치적, 경제적 및 사회적 상황을 명확히 구분하고 있는 것에 의문을 표시하는 한편, 헤이리가 일본인이 재판을 이용하지 않는 원인을 재판 제도의 불비에서 찾지만,* 재판 제도가 불비한 것 자체가 일본인의 법·권리의식이 약한 것을 의미한다. 따라서 법의식과 국민성과 같은 정신적 요인과 정치적, 경제적 및 사회적 상황을 대립적으로 볼 것이 아니라, "정신 구조까지 포함한 사회 구조"를 규명할 필요성을 지적했다.

　이상 문말의 참고 문헌을 참조하면서 일본 사회의 법적 특징 몇 가지를 정리했다. 물론 명치 시대 서양의 법을 계수한 이래 일본 사회와 법제도는 여러 차례에 걸쳐 눈에 띄게 변해 왔다. 1990년대 이후의 변화를 들어보면 1994년에 행정 운영의 공정성 확보와 투명성 제고를 위해 제정된 행정절차법의 시행으로 행정지도의 사용에는 커다란 제약이 뒤따른다. 또한 2000년대에 들어와서 내각 기능이 대폭으로 강화되어, 관료의 위상이 상대적으로 저하했다. 2009년 5월에는 국민 중에서 선발된 재판원이 형사재판에 참여하는 재판원제도가 도입되었다. 그리고 2017년 11월에는 채권법 개정안이 통과되어 일부 규정을 제외하고 2020년 4월부터 시행되고 있으며, 또한 2019년과 2020년에는 상속법과 친족법 일부가 개정되어 시행되고 있다.

　하지만 어느 사회이든 인간 행동과 제도에 "경로 의존성"이 존재하는 한, 제도의 변화가 곧바로 새로운 의식과 관행을 가져오는 것은 아니다. 전술한 바와 같이 근대에 들어서 강력한 국가 주도의 발전을 꾀해 온 일본의 경우 제2차 세계대전 이후 가지가지의 개혁에도 불구하고 "국가 이전에 개인이 있으며 자립한 개인들이 서로 협력하여 사

---

* 헤이리는 전술한 논문 이후에 발표한 논문에서 보다 법문화적 요인에 치우진 입장으로 선회하고 있다.

회를 만들어 간다"는 사고방식이 철저하지 못한 것이 사실이다(호시노 교수). 여기서 소개한 몇 가지 일본 사회의 법적 특징은 주로 일본이 근대 국가를 형성하는 과정에서 배태되어 한편으로는 꾸준히 개선되어 가면서도 다른 한편으로는 알게 모르게 법제도와 법운영에 스며들어 일본적 법문화, 일본인의 법의식을 둘러싸고 논의가 되어 온 것을 정리한 것이다.

4. 본서의 경위

본서는 편집자의 한 사람인 유혁수가 2016년과 2017년도 겨울 계절학기에 연세대학교 법학전문대학원에서 "일본법 입문"을 강의하면서 일본법에 대한 체계적인 입문서의 필요성을 통감하고 있었을 때 마침 본서 집필자인 강광문, 고철웅 두 사람과 의기투합하면서 시작되었다. 그 자리에서 서울대학교 아시아태평양법(아태법)연구소 연구총서로서 발간하기로 결정하고 각 분야별 집필을 일본에서 수학한 연구자들로 채운다는 방침이 확인되었다. 곧바로 2018년 8월에 성균관대학교 권철 교수와 본서의 부록 집필을 담당해 준 김경우 박사의 5명으로 편집위원회를 구성하여 첫 편집위원회에서 책 제목을 "일본법 강의"로 정하는 한편, 본서 각 장의 집필을 동경대학 법학부에서 수학하고 양국에서 활동하고 있는 연구자에게 위촉하기로 하고, 간행 시기를 2019년 여름을 목표로 본격적인 간행 준비에 들어갔다. 당초의 목표했던 시기보다 2년이 지났지만, 책 출판이 실현된 것을 먼저 기뻐하고 싶다.

본서의 구성은 다음과 같다. 먼저 타국의 법체제에 대해 체계적인 소개를 하려면 헌법, 민법(재산법 및 가족법) 및 형법은 필수이다. 그리고 행정법 또한 실정법이란 관점에서 생각하면 필요하다. 또한 오래 전부터 초고령화 시대를 겪으며 외국인 노동력의 필요에 직면해 온 일본 사회의 현실을 생각할 때 노동법과 외국인법을 넣기로 하고, 당초에는 국제관계법으로 같이 다루려던 국제공법과 국제사법을 따로 다루어 포함시켰다. 아쉬운 부분이 있다면 상법과 민사소송법이 빠진 것이다. 형사소송법의 경우는 현직 판사인 집필자가 형법과 같이 커버해 주어 다행히 큰 문제가 되지 않았다. 하지만 한국과는 달리 일본에서 서양법의 계수 시점에서부터 순수한 학문 분야로서 확립되어 온 민사소송법을 별도로 다룰 필요가 있었지만, 한국 현실에서 일본 민사소송법을 다루어 줄 수 있는 적임자를 찾기가 쉽지 않았다. 본서의 "옥의 티"라 하겠으나, 제2판을 낼 기회가 주어진다면 상법과 아울러 반드시 보강하려 생각하고 있다.

　마지막으로 인터넷 시대로 들어가면서 가장 많은 변화가 생긴 것이 문헌 검색의 분야이다. 도서관에 가서 잡지를 찾아서 논문 복사를 하는 시대가 오래 전에 지나 버리고 데이터베이스 상에서 손에 넣을 수 있는 경우가 늘고, 텍스트는 단행본과 희귀본에 거의 한정된 지 오래이다. 지금은 교과서마다 권말 부록의 편의성을 최대화하는데 힘을 쏟는 시대인 것이다. 본서에서도 각 집필자들의 협력을 바탕으로 김경우 박사께서 충실한 부록을 마련하는데 힘써 주었다.

　본서는 서울대학교 아태법 연구소 연구총서 제3호로서 동 연구소와 성균관대학교 동아시아법·정치연구소의 후원 하에 간행되었다. 이 자리를 빌어 아태법 연구소와 동아시아 연구소 관계자에게 심심한 사의를 표한다. 아무쪼록 본서가 일본법을 충실히 알리며 로스쿨 등 법학을 전공하는 대학원생 및 학부생뿐 아니라 일본법의 실무적 지식을 필요로 하는 법률실무가들에게 올바른 길잡이가 되어 더 나은 후속 작업의 발판이 되기를 바란다.

참고문헌

川島武宜, 『日本人の法意識』, (岩波新書, 1967年).

三ケ月 章, 『法学入門』, (弘文堂, 1982年).

村上淳一, 『「権利のための闘争」を読む』, (岩波書店, 1983年).

_____, 『＜法＞の歴史』, (東京大学出版会, 1997年).

大木雅夫, 『日本人の法観念』, (東京大学出版会, 1983年).

_____, 『比較法講義』, (東京大学出版会, 1992年).

マーク・ラムザイアー, 『法と経済学―日本法の経済分析』, (弘文堂, 1990年).

野口悠紀雄, 『1940年体制：さらば「戦時体制」』, (東洋経済新報社, 1995年).

青木人志, 『「大岡裁き」と法意識: 西洋法と日本人』, (光文社新書, 2005年).

五十嵐清, 『比較法ハンドブック』, (勁草書房, 2010年).

星野英一, 『法学入門』, (有斐閣, 2010年).

三谷太一郎, 『日本の近代とはなんであったか―問題視的考察』, (岩波新書, 2017年).

목　차

상세 목차

제1장 헌 법[1)]

강 광 문

I. 서론

1. 헌법의 개념

헌법(憲法, Constitution)에는 여러 가지 의미가 있다. 우선, 국가의 기본제도를 정하는 근본법이라는 의미에서의 헌법은 시대와 지역을 불문하고 국가가 유지되는 이상 존재한다고 할 수 있다. 고대국가에는 고대국가의 헌법이, 근대국가에는 근대국가의 헌법이 존재한다. 한편으로, 헌법을 근대이후 서양에서 형성된 개념으로 이해하는 설도 유력하다.

근대 성문헌법은 로크나 루소 등 사상가들의 이론의 영향 하에서 프랑스혁명과 미국의 독립혁명과 같은 역사적 사건을 거치면서 비로소 제정되고 그 후 유럽 기타 지역 및 세계 각국으로 전파되었다는 것이다. 이러한 의미에서의 헌법은 근대 이전에는 존재하지 않았다.

그 외 헌법을 형식적인 헌법전만을 지칭하는 경우와 법전 이외의 국가의 기타 기본법적인 규정, 관습법 등을 포함하여 이해하는 경우가 있다. 예컨대, 1789년에 발효한 기본법 문서인 미국연방헌법(The Constitution of the United States of America)을 미국 헌법이라고 생각하는 경우가 전자의 이해다. 반대로 영국은 비록 성문 헌법전을 가지고 있지 않지만 권리장전(Bill of Rights)을 비롯한 일련의 실질적인 헌법문서를 영국 헌법으로 총칭하기도 한다. 여기서 헌법전이라는 형식적인 헌법과 실질적인 헌법 — 국가의 기본제도를 정한 일련의 규범, 관습 등 — 의 개념이 구별된다.

헌법과 마찬가지로 입헌주의(立憲主義, Constitutionalism) 개념 역시 획일적이지 않다. 일반적으로 근대입헌주의라 함은 민주주의원리와 권력분립원칙이 서로 결합되어 형성된 이념, 제도로서 국민이 헌법제정권을 행사하여 헌법을 제정하고 이를 통해 각 국가권력기관에 정당성을 부여하는 한편(민주주의), 헌법에서 비롯된 각종 권력은 서로 견제함으로써 국민의 기본적 권리와 자유가 보장하도록 하는 것이다(권력분립). 구체적으로, 근대입헌주의의 기본원리에는 인권보장과 권력분립, 법의 지배와 국민주권 등의 내용이 포함된다. 이러한 기본원리, 이념을 보장한 헌법만을 진정한 헌법 또는 입헌주의 헌법이라고 하고 기타 헌법은 진정한 헌법이 아닌, 명의상의 헌법에 불과하다고 하는 주장도 있다.

어쨌건, 성문헌법을 제정하여 권력을 제어하고 국민의 기본권리를 보장하고자 하는 입헌주의의 사상과 작법은 우선 근대서양이라고 하는 특정된 시간과 공간 속에서 형성된 상대적이고 역사적인 개념이라고 이해할 수 있다.

2. 일본 헌법사

(1) 메이지헌법

일본 근대의 시작은 이러한 서양의 헌법과 입헌주의를 도입하는 과정과 함께 한다. 19세기 후반 메이지유신을 통해 새 정권을 수립한 일본정부는 헌법을 포함한 법제의 정비를 위하여 법률문헌의 번역, 시찰단과 유학생의 파견, 외국인 고문의 초빙 등 일련의 준비 작업을 진행하였다. 당시 일본 정부 내에서는 서양 각국의 헌법 체제 중 어느 나라를 모델로 할 것인가에 대해서 의견이 통일되지 않았다. 특히 영국식 의원내각제를 주장하는 사람들과 독일식 입헌군주제를 주장하는 세력이 대립하였는데, 메이지정부는 결국 이토 히로부미(伊藤博文, 1841－1909년) 등의 주도하에 독일식 입헌군주제를 기반으로 헌법을 제정하고 헌법체제를 갖추도록 방향을 정하였다. 메이지헌법이라고도 불리는 대일본제국헌법은 1889년에 공포되었고 이어서 황실전범이 제정되었으며 귀족원과 중의원에 관한 법률도 통과되었다. 1890년에 제국의회가 개회하였고 메이지헌법이 정식으로 시행되게 이른다.

근대 헌법과 입헌주의는 각종 중간세력, 신분관계를 타파함으로써 단일한 국가 주권의 창설과 개인으로서의 국민 인권의 보장을 실현하기 위한 기본 틀을 마련하여야 한다. 또한 통일되고 강력한 국가권력의 횡포를 방지하기 위하여 권력을 복수의 국가기관에 분립시키고 권력 행사에 대한 국민의 참여를 보장하여야 한다. 메이지헌법 및 기타 관련 법률은 이러한 근대 입헌주의의 내용을 어느 정도 구현하고 있었다. 예컨대 헌법이 보장하는 신민(臣民)의 각종 권리는 법률에 의거하지 않은 이상 침해할 수 없고, 입법권 행사는 귀족원과 중의원으로 구성된 제국 의회의 협찬을 필요로 하며, 사법권은 신분이 보장된 재판관이 독립적 으로 행사한다.

하지만 독일식 입헌군주제를 모델로 한 메이지헌법을 전반적으로 봤을 때, 독일 헌법에 비해 군주인 천황의 권력을 한층 강화하고 국민 의 대표기관인 의회의 권한을 제한하는 등 그 보수성이 특징적이다. 대 표적으로 천황을 신격화하고 군주인 천황이 모든 국가 통치권을 총람 (總攬)하고 기타 국가기관의 권한은 천황으로부터 부여받는다고 하였 다. 그 외 천황과 황실 관련 사항은 의회가 정한 법률의 제약을 받지 않고 이른바 군과 무력행사 관련 권한도 의회의 통제 없이 천황이 독자 적으로 행사할 수 있게 하였다.

메이지헌법은 1890년에 시행된 이후 한 번도 개정되지 않은 채 1945년 일본의 패전에 이르게 된다. 메이지헌법의 보수성에도 불구하 고 1930년대까지 일본에서는 입헌주의체제가 정착되는 듯하였다. 각종 정당이 설립되고 내각은 국회의 신임을 기반으로 정국을 주도하기도 하였다. 또한 1925년에 시행된 「보편선거법」은 서양 각국보다도 앞서 처음으로 모든 성인남성에게 선거권을 보장하였다. 그러나 이러한 입헌 체제는 지속되지 못하였다. 1931년 만주사변, 1937년 중일전쟁, 1938 년 국가총동원법의 제정 등의 사건을 거치면서 군부가 득세하고 정당 정치와 의회정치는 더 이상 작동하지 않게 된 것이다. 그 후 1941년 태 평양전쟁에 돌입한 일본은 미국을 선두로 하는 연합국에 패함으로써 메이지헌법체제는 외부의 힘에 의해 붕괴된다.

(2) 일본국헌법의 제정[2]

일본국헌법으로 불리는 현행 헌법은 형식상 메이지헌법의 개정절 차에 따라 심의, 공포되었다. 그러나 그 내용을 보면 메이지헌법과 근본적으로 다른 기본원리, 이념을 천명하고 있으므로 일본국헌법을 메이지헌법의 개정이 아닌 새 헌법의 제정으로 보는 것이 일반적이다. 일본국헌법의 제정 경위를 간단히 살펴보면 이렇다.

1945년에 일본은 「포츠담선언」을 수락하고 연합국에 무조건 항복하면서 미군을 주축으로 한 연합국 군대가 일본을 점령함으로써 일본의 모든 권력은 연합국군최고사령관총사령부(GHQ)에 복속하게 된다. 일본의 군국주의를 청산하고 일본 사회의 민주화를 실현하기 위해, GHQ와 당시 최고사령관인 맥아더는 일본에서 새로이 헌법을 제정할 필요가 있다고 주장했다. 연합국사령부의 지시에 따라 일본 정부는 1945년에 헌법조사위원회를 설치하고 헌법개정 작업에 착수하게 된다. 애당초 일본 정부는 기존의 메이지헌법의 기본적인 틀을 유지하면서 일부 조항만을 개정하는데 그칠 타산이었다. 1946년 2월 일본의 한 일간지에 의해 공개된 일본 정부의 헌법개정초안을 보면 그 주요 내용이 메이지헌법과 크게 다를 바가 없었다. 이에 실망한 맥아더는 GHQ 산하 민정국에 헌법안을 직접 기초하도록 지시하면서 헌법안에 반드시 포함되어야할 몇 가지 내용을 제시하였다. 이른바 '맥아더 3원칙' 또는 '맥아더 노트'이다.*

---

* 맥아더 3원칙은 일본국헌법의 제정에 즈음하여 맥아더가 미국 측 책임자인 민정국장 Courtney Whitney에 지시한 내용을 말한다. 일본국헌법 작성 시 반드시 지켜야 할 원칙으로서, 일본의 천황 문제, 전쟁과 무장력 보유 및 봉건제도의 타파에 관련한 내용을 포함하고 있다. ① 천황은 국가 원수의 지위에 위치한다. 황위는 세습된다. 천황의 직무 및 권능은 헌법에 따라 행사되고 헌법에 표명된 국민의 기본적인 의사에 부합하여야 한다. ② 국권의 발동으로서의 전쟁은 폐지한다. 일본은 분쟁해결을 위한 수단으로서의 전쟁 나아가 자기의 안전을 보장하는 수단으로서의 전쟁을 포기한다. 일본은 자신의 방위와 보호를 현재 세계를 움직이고 있는 숭고한 이상에 맡긴다. 일본이 육해공군을 가지는 권한은 미래에도 부여되지 않고, 교전권은 일본군에게 부여되지 아니한다. ③ 일본의 봉건제도는 폐지된다. 귀족의 권리는 황족을 제외하고는 현재 생존하고 있는 한 세대 이상으로 미치지 아니한다. 화족(華族)의 지위는 향후 어떠한 국민적인 또는 시민적인 정치 권리를 동반하지 못한다. 예산의 형식은 영국의 제도를 따른다.

맥아더의 지시에 따라 GHQ는 자체적으로 마련한 헌법 개정안을 일본정부에 송부하였다. 이 헌법안을 넘겨받은 일본 정부는 그 내용에 놀라 총사령부에 재고를 요청했지만 거부되고 결국 그 안을 기초로 일본국헌법을 작성하게 된다. 일본 정부가 최종 정리한「헌법개정초안」은 메이지헌법 제73조에서 규정한 개정절차에 의거하여 처리되었다. 초안은 제국의회 중의원과 귀족원에 제출되어 심의 끝에 약간의 문구 수정을 거친 후 통과되고 추밀원의 심의, 천황의 재가를 거침으로써「일본국헌법」으로 공포되었다.

이처럼 일본국헌법의 제정은 일본의 패전에 따른 연합국의 점령, 통치를 그 배경으로 하여 이루어졌다. 특히 맥아더를 중심으로 한 GHQ가 새로운 헌법의 초안을 작성하였으며, 헌법의 통과 과정에서도 중요한 역할을 하였다. 따라서 메이지헌법과 근본적으로 다른 일본국헌법이 제정될 수 있었던 가장 큰 원인은 당시 점령군인 연합국 군사령부의 강한 지시 등 외부로부터의 압력이 있었기 때문이다. 다만, 형식상으로는 일본정부가 헌법초안을 작성하였으며, 헌법초안은 헌법제정이 아닌 메이지헌법이 규정하는 개정 절차의 형식에 따라 통과되고 공포되었다.

(3) 일본국헌법의 개정 문제

일본국헌법은 제정 이래 현재까지 한차례의 개정도 없이 유지되어 왔다. 그렇다고 일본에서 헌법 개정을 요구하는 주장이나 목소리가 없었던 것은 아니다. 오히려 일본국헌법은 그 시행일부터 줄곧 그것이 외부로부터 강요당하여 제정된 헌법이라는 비판이 보수 세력을 중심으로 제기되었다. 그들의 주장에 따르면 일본국헌법은 미국 등 외부의 힘에 의해 제정된 것으로서 일본 국민의 뜻에 따라, 즉 일본 국민의 헌법제정권의 행사에 의해 제정된 것이 아니다. 당시 일본은 연합국의 점령

하에 있었기에 일본 국민은 주체적으로 헌법을 제정할 수 없었으므로, 일본이 주권을 회복한 현 시점에서 일본 국민의 의사에 의해 따라 새롭게 헌법을 제정 또는 개정해야 한다.

이러한 개헌 논의는 일찍이 일본이 평화조약을 체결하여 점령체제를 끝낸 1950년대 초부터 나오기 시작하였고, 자민당 결성 후 치러진 첫 국정선거인 1956년 참의원 선거에서는 개헌문제가 최대 정치 이슈로 부상하였다. 당시 일본 정치는 진보 세력을 대표하는 사회당과 이에 맞서 자유당과 민주당이 합당하여 결성한 자민당이 대결하는 구도였다. 헌법 개정에 있어서는 집권당인 자민당이 헌법 개정을 주장하고 사회당이 이에 반대하였다. 이 선거에서 자민당의 의석수는 개헌에 필요한 총 의석의 2/3에 미치지 못하고 반대로 사회당은 개헌을 저지할 수 있는 1/3이상의 의석수를 확보하였다. 자민당과 사회당의 이러한 세력 구도는 이후의 선거에서 대체로 유지되었다. 즉 자민당은 국회에서 지속적으로 우위를 차지하고 정권을 유지하는 한편, 야당인 사회당은 정권교체를 이루지는 못했지만 헌법 개정을 저지할 수는 있는 정도의 세력으로 남은 것이다.

1956년에 자민당 정부는 내각 산하에 국회의원과 학자로 구성된 헌법조사회(憲法調査會)를 설치하여 헌법 개정에 관한 일련의 문제를 연구, 조사하도록 하였다. 당시 일본의 대표적인 헌법학자 예컨대, 미야자와 도시요시(宮沢俊義, 1899-1976년) 등은 이 헌법조사회에의 참여를 거부하였다. 1958년에 미야자와를 포함한 헌법 개정에 반대하는 일본의 진보 지식인들은 헌법문제연구회(憲法問題研究會)를 조직하여 정부의 헌법조사회에 대항하여 활동하였다. 1960년대에 들어서면서 자민당은 더 이상 헌법 개정을 전면적으로 주장하지 않고 개헌문제에 있어서 보수와 진보세력 간의 일시적 타협상태가 지속되었다. 한편으로, 일본 정부는 헌법 제9조나 자위대 문제에 있어서 헌법 개정이 아닌 헌법 해석의 변경 즉 이른바 해석개헌을 통해 대응하는 전략을 취하였다.

1990년대에 들어서면서 국제정세의 변화, 일본 국내 정치와 사회의 보수화 등을 배경으로 개헌의 목소리가 일본에서 다시 강하게 제기되기 시작하였다. 특히 2012년에 재집권에 성공한 아베(安倍晋三) 수상은 자신의 임기 내에 헌법을 개정하겠다고 명언하였고 자민당은 같은 해에 「헌법개정초안」을 작성하여 공표하였다. 또한 이 시기에는 자민당뿐만 아니라 야당과 일부 지식인들도 헌법 개정의 필요성에 공감하면서 이른바 개헌과 호헌문제가 다시 일본 사회의 중요한 쟁점으로 부상하였다. 2020년 현재 아베 수상이 헌법 개정이라는 자신의 필생 과업을 완수하지 못한 채 퇴임하고 자민당 정권의 지지율이 다시 하락하고 있으므로, 일본국헌법이 빠른 미래에 개정될지 여부 및 어떻게 개정될지는 아직 미지수로 남게 되었다.

II. 일본국헌법의 기본원리

1. 국민주권의 원리

흠정헌법의 형식을 취하고 천황주권을 강조한 메이지헌법에 비하여 일본국헌법은 이른바 국민주권의 원리를 명확히 천명하였다.

"일본 국민은 정당하게 선출된 국회의 대표자를 통하여 행동하고, 우리와 우리의 자손을 위하여 세계 모든 국민과 평화적 협력에 의한 성과와 우리나라 전 영토에 걸쳐서 자유가 가져오는 혜택을 확보하며, 정부의 행위에 의해서 또다시 전쟁의 참화가 일어나지 않도록 결의하고, 이에 주권이 국민에게 존재하는 것을 선언하며, 이 헌법을 확정한다. 무릇 국정이란 국민의 엄숙한 신탁에 의한 것으로서 그 권위는 국민으로부터 유래하고, 그 권력은 국민의 대표자가 행사하며, 그 복리는 국민이 향유한다."
(일본국헌법 전문)

일반적으로 국민주권의 원리는 절대주의 시대에 군주의 독재 지배에 대항하여 국민이야말로 정치의 주역이라고 하는 이론을 기반으로 한 관념으로, 근대 시민혁명 이후 근대 입헌주의 헌법에 널리 수용되어 있다. 다만 국민주권원리의 내용을 어떻게 이해해야 할지 및 헌법규정의 해석에 있어서 구체적으로 어떻게 운용해야 하는지에 대해서는 의견이 갈린다. 예컨대, 국민주권은 국가의 모든 권력이 국민으로부터 유래한다고 하는 기본원리를 표명하는데 그치는지 아니면 국민이 직접 국가권력의 행사에 참여하는 것까지 요구하는가? 국민이 스스로 권력을 행사하지 않고 선출된 대표와 대표기관인 의회를 통해 주권을 행사하는 대의민주주의 제도는 국민주권 원리에 반하지 않는가?

위의 일본국헌법 전문에서 보다시피 일본의 '주권은 일본 국민에게 있고', '권위는 국민으로부터 유래'한다고 하는 동시에 '국정이란 국민의 엄숙한 신탁'에 의하고 '일본 국민은 정당하게 선거된 국회의 대표자를 통해 행동하고', '권력은 국민의 대표자가 행사'한다고 하고 있다. 즉 주권은 궁극적으로 국민에 속하나 실제 권력의 행사는 국민의 대표자나 국가기관을 통해야 한다는 것이다. 구체적인 규정을 보면, 헌법은 국민이 선출한 국회를 국권의 최고기관으로 규정하고 내각은 국회를 통해 국민에게 간접적으로 책임지도록 하였다. 또한 입법권, 행정권, 사법권을 각각 국회, 내각, 재판소에 부여하고 국회의 양 의원은 전국민을 대표 ── 각 지역구의 대표가 아닌 ── 한다고 하였다. 국회의원에 대한 명령적 위임이나 국회의원의 소환제도는 규정하고 있지 않다(제41조, 제65조, 제76조). 의회제와 결합된 간접민주주의의 형식이다. 이러한 의미에서 일본국헌법에서 말하는 국민주권의 원리는 직접민주주의가 아닌 대의민주주의를 기본 내용으로 하고 있다.

한편으로 헌법은 일부 경우에 국민이 직접 권력행사를 하도록 요구하고 있어 직접민주주의의 요소도 가미했다고 볼 수 있다. 그 예로, 국민은 직접 투표를 통해 헌법개정권을 행사하고 최고재판소 재판관은 정기적으로 국민심사를 받아야 한다(제96조, 제79조). 또한 해석을 놓고 논쟁이 있지만, 국민은 공무원을 선정하고 파면하는 고유의 권리를 가지고 있다고 정하였다(제15조).

이로써 일본국헌법에서 선언한 국민주권원리에는 두 가지 요소 즉 주권의 정당성 요소와 권력성 요소가 함께 존재한다고 할 수 있다. 주권의 정당성의 측면에서는 국가권력을 정당화하며 권위를 부여하는 근거가 궁극적으로 국민에게 있다는 점이 중시된다. 다만 실제로 권력을 행사하는 주체는 국민이 아니라 국민의 대표나 국가기관이다. 반대로, 주권의 권력성 측면에서는 국민이 통치방식이나 중요한 사안에 대해 스스로 결정하는 점이 강조된다. 여기서 주권의 주체는 추상적인 국민이 아니라 권리를 실제로 행사하는 각각의 유권자이다.

2. 기본적 인권의 보장

근대이후 제정된 성문헌법은 일반적으로 통치구조 관련 규정과 더불어 국민의 권리 또는 인권보장에 관한 규정을 두고 있다. 메이지헌법은 제2장 '신민의 권리의무'에서 헌법이 보장하는 국민의 권리를 열거하였다. 다만, 그러한 권리는 보편적이거나 천부적 권리가 아니라 법률이 정한 바에 따른다. 국가는 법률을 통해 이러한 헌법적 권리를 창설하거나 제한할 수 있다.

이에 비해 일본국헌법은 "국민은 모든 기본적 인권의 향유를 방해받지 아니한다. 헌법이 국민에게 보장하는 기본적 인권은 침해될 수 없는 영구적 권리로서 현재 및 장래의 국민에게 부여된다"고 선언하고 나아가 "이 헌법이 국민에게 보장하는 기본적 인권은 인류가 오랜 세월동안 자유획득을 위하여 노력한 성과이며, 이러한 권리는 과거 수많은 시련을 거쳐 현재 및 장래의 국민에게 침해할 수 없는 영구적 권리로서 신탁된 것"(제11조, 제97조)이라고 하였다. 인권을 불가침의 자연적 권리로 보장하고 인권보장을 인류의 보편적 원리로서 선언한 것이다. 또한 입법을 포함한 각종 국가권력은 헌법에 반할 경우 효력을 지니지 않고 최고재판소는 법률 등이 헌법에 적합한지 여부를 심사할 최종결정권을 가진다(제98조, 제81조). 따라서 헌법의 인권조항은 법률을 통해 실현되는 한편, 법률 즉 국가의 입법에 대하여 제한하는 역할도 수행한다. 여기서 헌법에 보장하는 인권은 법률을 초월하고 때로는 법률에 대항하여 존재하는 개념이다. 구체적으로 일본국헌법은 포괄적 기본권(제13조), 법 앞의 평등(제14조)에 이어 국민이 보장받는 각종 권리를 차례로 열거하여 규정하고 있다.

　　그러나 이러한 규정에도 불구하고 헌법에서 언급한 국민의 '자유와 권리' 또는 '기본적 인권'의 법적 성격이 반드시 명확한 것은 아니다. 예컨대 이러한 자유, 권리가 법적인 권리 — 특정 주체가 특정 상대에 대하여 작위 또는 부작위를 요구하고 그 권리가 침해되었을 때는 소를 제기하여 구제를 받을 수 있는 지위 — 인지 여부, 나아가 이러한 조항에 근거하여 국민이 어떠한 법적권리를 향유하고 이에 상응해 국가가 어떠한 의무를 지는지가 문제된다. 실제로 일본국헌법에서 언급되고 있는 각종 자유, 인권도 그 내용과 성격을 살펴보면 반드시 일치하지 않고 서로 차이가 있다. 또한 '인권'은 헌법에 한정되지 않고 광범위하고 다양하게 사용되는 개념으로 '헌법상의 권리'나 '기본권'보다 넓은 의미를 지니고 있다. 참고로 현행 독일헌법(기본법)은 헌법이 보장하는 모든 기본권(基本權, Grundrechte)은 직접 적용가능한 권리로서 입법, 행정 및 사법을 구속한다고 명확히 하고 있다.

현재 일본에서는 '인권', '기본적 인권' 또는 '헌법상의 권리'라는 용어를 큰 구분 없이 사용하고 일부 학자는 독일식으로 '기본권'이라는 표현을 사용하기도 한다. 통설에 따르면 인권은 우선 개인과 국가의 관계에 따라 자유권, 참정권, 사회권으로 나눌 수 있다. 여기서 자유권은 개인이 국가로부터의 자유, 사회권은 국가를 통한 자유, 참정권은 국가로 향한 자유이다. 독일 헌법학자 옐리네크는 개인이 국가에서 처한 지위를 수동적 지위, 소극적 지위, 적극적 지위 및 능동적 지위 4가지로 구분했는데, 여기서 국가에 대한 의무를 나타내는 수동적 지위 외에는 대체로 각각 자유권, 사회권, 참정권에 대응한다고 할 수 있다. 그 외 재판을 받을 권리나 청원권과 같이 인권의 실현을 위한 권리로서의 이른바 국무청구권 또는 수익권이 있다. 따라서 일본국헌법이 보장하는 인권에는 다음과 같은 유형의 권리가 포함된다. ① 포괄적 기본권, ② 법 앞의 평등, ③ 자유권(정신적 자유권, 경제적 자유권, 인신의 자유 등), ④ 사회권, ⑤ 참정권, ⑥ 국무청구권(수익권).[3]

그 외 이러한 기본적 인권의 권리 성격에 주목하여 '배경적 권리', '법적 권리' 및 '구체적 권리' 등 3가지로 구분하는 유력한 주장도 있다. 여기서 배경적 권리라 함은 특정 헌법전이나 헌법규정에 구애받지 않고 각각의 시대상황에 상응하여 주장되고 있는 인권들이고, 이러한 배경적 권리가 명확하고 특화될 수 있는 내실을 가질 수 있을 만큼 성숙되면서 헌법이 보장하는 권리 즉 법적 권리의 지위를 갖게 된다. 따라서 배경적 권리는 법적 권리를 탄생시키는 모체로서 기능한다. 한편으로 법적 권리라고 하지만 모두 사법적 구제의 대상으로 되는 것은 아니다. 법적 권리 중 재판소에 대해 그 보호, 구제를 요청하고 법적 강제조치의 발동을 청구할 수 있는 권리가 구체적 권리이고 그렇지 않은 권리는 추상적 권리에 머무는데 불과하다.[4]

3. 평화주의[5]

일본에서는 위의 국민주권의 원리, 기본적 인권의 보장과 더불어 평화주의를 일본국헌법의 기본원리로 꼽는 경우가 많다. 평화주의를 헌법의 기본원리로 인정하지 않더라도 제2차 세계대전 후 제정된 일본국헌법의 중요한 특징 중 하나가 평화주의 관련 내용이라는 점은 부정할 수 없다. 이러한 평화주의 원리는 아래 헌법 제9조에서 집중적으로 나타난다.

> 일본 국민은 정의와 질서를 바탕으로 하는 국제평화를 성실하게 추구하며, 국권의 발동인 전쟁과 무력에 의한 위협 또는 무력행사는 국제분쟁을 해결하는 수단으로서는 영구히 이를 포기한다. 전항의 목적을 달성하기 위하여 육해공군 기타의 전력은 보유하지 아니한다. 국가의 교전권은 인정하지 아니한다.

이 헌법조항의 문구만 놓고 보았을 때, 헌법 제9조가 포기한 것은 ① 국제분쟁의 해결 수단으로서의 전쟁과 무력행사, ② 모든 전력, ③ 국가의 교전권이다. 또한 헌법 전문(前文)에서는 "일본 국민은 항구적인 평화를 염원하고, 인간 상호관계를 지배하는 숭고한 이상을 깊이 자각하며, 평화를 사랑하는 세계 모든 국민의 공정과 신의를 신뢰하여 우리의 안전과 생존을 보유할 것을 결의한다"고 선언하였다. 그리고 군대나 국방문제에 대한 일반적인 규정을 두고 있는 기타 국가 헌법에 비하여, 일본국헌법은 군대 등 무력의 설치나 통제에 대하여서는 특별히 언급하고 있지 않다.

비록 전쟁에 반대하고 평화를 고취하는 규정을 둔 헌법은 그전에도 많이 있었지만 일본국헌법은 침략전쟁과 국제분쟁 해결수단으로서의 무력사용을 부인했을 뿐만 아니라 모든 전력과 교전권을 포기함으로써 일본이 향후 자위전쟁을 포함한 어떠한 전쟁도 수행하지 못하게 했다. 이는 일본국헌법의 입안자들이 당시 일본이 향후 재무장할 것이라고는 상정하지 않았음을 시사한다. 제2차 세계대전에 대한 반성과 미래의 국제사회에 대한 기대에서 출발하여, 일본은 모든 무장능력을 철저히 포기한, 중립적이고 평화를 사랑하는 국가로 재탄생할 것이고 일본의 안전보장은 국제연합을 중심으로 한 집단안보체제를 통하여 실현될 수 있다고 믿었던 것이다.

　제9조를 중심으로 하는 이러한 평화주의 관련 헌법 조항의 도입에는 맥아더와 같이 일부 영향력 있는 인물의 개입이 크게 작용한 측면이 있다. 동시에, 일본의 무조건 항복, 연합국의 점령이 일본국 헌법에서 평화주의를 도입하게 되는 시대적인 배경으로 작용하였다. 일본 국내 상황에서 보자면, 제2차 세계대전의 뼈저린 경험이 국민의 전쟁에 대한 반감 및 전쟁을 주도해온 군부 세력에 대한 증오의 감정을 증대시켰고 미래를 지향한 평화주의를 갈망하게 하였다. 그밖에 천황제의 유지와 천황의 전쟁책임 문제도 제9조의 채택과 연관된다.

　그러나 이상주의 색체가 강한 이러한 평화주의 관련 헌법 조항은 실제로 엄격히 지켜지지 않았다. 1950년 한국전쟁, 미소냉전, 미국의 대일정책의 변화 등을 배경으로 일본 정부는 제9조가 금지하는 전력에 해당하는 자위대를 창설하고 미국과 안보동맹조약을 체결함으로써 미군이 일본에 지속적으로 주둔할 수 있는 법적 토대를 마련하였다. 현재 일본의 국방비 규모는 세계에서 최상위 그룹에 속하고 자위대 역시 언제든지 대규모 전쟁을 수행할 수 있는 무장력으로 발전하였다.

　그럼에도 불구하고 헌법 조항 자체는 개정 없이 그대로 유지되고 있다. 위에서 보다시피 헌법 개정이 쉽지 않음을 인식한 일본 정부는 헌법 제9조를 다음과 같이 해석하므로 자위대는 헌법의 평화주의 원리에 반하지 않는다고 하였다. 요컨대, 헌법 제9조는 모든 전력을 금지하고 있지만 자위권 행사에 필요한 최소한도의 병력은 여기에 포함되지 않는다. 왜냐면 자위권은 어떠한 국가든 포기할 수 없는 권리이고 이를 위해서는 반드시 일정한 무장능력이 필요하기 때문이다.

현재 평화주의 원리의 의미는 크게 퇴색하였고 관련 조항은 더 이상 실정법적 효력을 갖지 않게 되었으므로 향후 변화한 현실에 맞추어 개정되어야 하는 주장이 끊임없이 제기되어 왔다. 반대로, 이러한 평화주의 원리 및 관련 규정의 억제력은 여전히 유효하고, 1945년 이후 지금까지 일본이 한 번도 전쟁에 휘말리지 않은 데에는 이러한 헌법 규정이 있었기 때문이고 따라서 평화주의 및 관련 조항은 계속 유지되어야 한다는 주장도 가능하다. 향후 일본법헌법을 상징하는 이러한 평화주의 조항이 개정될지 여부 및 어떻게 개정될지는 일본 국내정치와 국민 여론의 변화뿐만 아니라 미일관계, 동아시아 정세 등 복합적인 요소에 의해 결정될 것이다.

Ⅲ. 기본적 인권

1. 기본적 인권의 주체와 한계

(1) 기본적 인권의 주체

위에서 보다시피 메이지헌법과 달리 일본국헌법은 기본적 인권을 '침해될 수 없는 영구적 권리'로서 보장한다고 함으로써 인권의 보편성, 자연권적 성격을 긍정하였다. 그러한 의미에서 인권은 인간이라는 자격 그 자체만으로 보장받아야 하는 권리이다. 그런데 일본국헌법은 동시에 인간이 아닌 '국민'의 자유와 권리를 보장한다고 하였다. "국민은 모든 기본적 인권의 향유를 방해받지 아니한다. 헌법이 국민에게 보장하는 기본적 인권은 침해될 수 없는 영구적인 권리로서 현재 및 장래의 국민에게 부여된다"(제11조). 그 밖에도, 모든 '국민'은 개인으로서 존중되고, 모든 '국민'은 법 앞에 있어서 평등하다(제13조, 제14조). 그러므로 헌법이 보장하고 있는 인권 또는 기본권의 주체는 그 헌법체제에 법적으로 귀속되어 있는 개개인으로서의 국민, 즉 자연인이다. 문제는 이러한 자연인과 더불어 외국인 및 국내 법인이 헌법에서 보장하는 인권의 주체로 될 수 있는가이다.

(a) 외국인의 인권

우선, 외국인의 인권 향유자격에 관해 학설은 대체로 긍정설을 취하는 동시에 권리보장에 있어서 외국인과 일반 국민의 차이를 인정하였다. 즉 헌법의 인권조항은 외국인에게도 원칙상 적용되어야 하지만 일부 권리는 그 성격상 외국인에게는 동등하게 보장되지 않는다. 일본의 최고재판소는 외국인이 국내에서 정치활동을 참여하였다는 이유로 체류자격의 연장이 거부된 사건의 판결에서 외국인의 정치활동의 자유를 일부분 인정할 수 있다고 하였다.

> "헌법 제3장의 여러 규정에 따른 기본적 인권의 보장은 권리의 성질상 일본 국민만을 그 대상으로 한다고 해석되는 것을 제외하면, 우리나라에 재류하는 외국인에 대해서도 동등하게 미친다고 해석해야 하고, 정치활동의 자유에 대해서도 우리나라의 정치적 의사결정 또는 실시에 영향을 미치는 활동 등 외국인의 지위를 고려할 때 이를 인정하는 것이 상당하지 않다고 해석되는 경우를 빼면 그 보장이 미친다고 해석하는 것이 마땅하다."(最大判昭和 53年 10月 4日 民集 32卷 7号 1223頁).

물론 외국인이 국민이 아닌 이상 국회의원의 선거권 등 중요한 정치적 권리는 행사할 수 없다. 일본의 최고재판소는 지방의회 선거권을 포함한 국가 공무원을 선정, 파면하는 권리를 외국인에 대해 배제하는 것은 헌법에 반하지 않는다고 하였다.

"헌법 제15조 제1항에서 말하는 공무원을 선정, 파면할 수 있는 권리의 보장이 우리나라에 재류하는 외국에게도 미치는 것으로 해석해야 하는지에 대해서 생각해보면, 헌법의 이 규정은 국민주권의 원리에 근거하여 공무원의 종국적 임면권이 국민에게 있음을 표명하고 있고, 주권이 '일본 국민'에 있다고 한 헌법 전문 및 제1조의 규정에 비추어보면 헌법의 국민주권의 원리에서 말하는 국민이라 함은 일본 국민 즉, 일본 국적을 가지고 있는 자를 의미하는 것이 분명하다. 그렇다면 공무원을 선정, 파면할 권리를 보장한 헌법 제15조 제1항의 규정은 권리의 성질상 일본 국민만을 대상으로 하고 위 규정에 의한 권리의 보장은 우리나라에 재류하는 외국인에게는 미치지 않는 것으로 해석하는 것이 마땅하다."(最判平成 7年 2月 28日 民集 49卷 2号 639頁)

또한 참정권 외에 국가는 생존권 등 사회권적 권리의 보장에 있어서 외국인을 내국인과 차별하여 대우하는 것은 평등원칙에 위반하지 않는다.

"사회보장 관련 정책에 있어서 재류외국인을 어떻게 처우할 것인가에 대해서, 국가는 특별한 조약이 있지 않은 한, 해당 외국인이 소속된 국가와의 외교관계, 변동하는 국제정세, 국내의 정치·경제·사회의 제반 사정 등에 비추어 그 정치적 판단에 따라 이를 결정할 수 있는 것으로, 한정된 재원으로 복지적 급부를 진행함에 있어 자국민을 재류외국인보다 우선적으로 취급하는 것도 허용되어야 한다고 해석된다 … 헌법 제14조 제1항은 법 앞의 평등원칙을 규정하고 있지만, 위 규정은 합리적인 이유가 없는 차별을 금지하는 취지로서 각 개인마다 존재하는 경제적, 사회적, 기타 여러 가지 사실관계상의 차이를 이유로 그 법적 취급을 구별하는 것은 그 구별에 합리성이 있는 한, 위의 규정에 위반하는 것이 아니다."(最判平成元年 3月 2日 判時 1363号 68頁)

오늘날 헌법이 어디까지나 특정 국가의 법질서임을 고려할 때 헌법상의 인권을 보장함에 있어서 내국인과 외국인을 구별하여 대우하는 데는 그 합리성이 있다. 다만 일본의 경우, 외국인 인권 문제에 있어서는 헌법과 법률 규정 외에 일본사회에 존재하고 있는 외국인의 특수성도 감안되어야 한다. 일본에는 1947년까지 일본 국적을 가지고 있다가 샌프란시스코평화조약과 일본법무부의 통지에 의해 국적을 상실한, 한반도와 대만 출신 '외국인'과 그들의 자손들이 오랫동안 살고 있다. 동일하게 일본 국적을 가지고 있지 않는 외국인이라고 하지만, 일본에서 태어나고 일본에서 계속 살아온 영주권자와 일본에 잠깐 체류하거나 여행 온 것에 불과한 외국인을 동일시할 수는 없다.

(b) 법인의 인권

애당초 자연인에게만 적용되던 헌법의 인권 규정은, 법인 등 단체가 사회적 실체로 인식되면서 자연인이 아닌 법인이 기본적 인권의 주체가 될 수 있는지가 논의되었다. 독일기본법은 법인도 원칙적으로 각종 헌법상의 권리를 보장받는다고 규정하였다. "기본권은 그 성질상 국내 법인에게 적용될 수 있는 한, 그에도 적용된다"(제19조 제3항). 그에 반해 일본국헌법은 법인에 대하여 별도로 언급하고 있지 않다.

일본의 최고재판소는 회사의 정치자금 기부행위가 회사 정관이 정한 사업목적에 벗어나는지 등을 다투는 사건에서 법인의 권리주체성을 인정하였다.

"헌법상의 선거권 및 그 밖의 이른바 참정권이 자연인인 국민에게만 인정된다는 것은 앞서 논한 바와 같다. 그러나 회사가 납세의 의무를 지는 국민과 동일하게 국세 등의 부담을 갖는 이상, 납세자인 입장에서 국가나 지방공공단체의 정책에 대하여 의견표명 및 기타 행동에 나선다고 해도 이를 금지, 억압할 이유가 없다. 뿐만 아니라 헌법 제3장에서 규정하는 국민의 권리와 의무의 각 조항은 성질상 가능한 경우, 국내의 법인에게도 적용되는 것으로 해석해야 하기 때문에, 회사는 자연인인 국민과 마찬가지로 국가나 정당의 특정 정책을 지지, 추진 또는 반대하는 등의 정치적 행위를 하는 자유를 갖는 것이다. 정치자금의 기부도 마침 그 자유의 일환이고, 회사가 이를 행함에 따라 정치의 동향에 영향을 미치는 일이 생기더라도 이를 자연인인 국민에 의한 기부와 달리 취급해야 하는 헌법상의 요청이 있는 것이 아니다."(最大判昭和 45年 6月 24日 民集 24 卷 6号 625頁).

즉 최고재판소는 헌법의 권리조항은 '성질상 가능한 범위'에서 법인에게도 적용되고 회사는 자연인과 마찬가지로 국가와 정당의 특정 정책을 지지 또는 반대하는 정치적 자유를 가진다고 해석한 것이다. 일본의 학설은, 법인은 주로 재산권의 주체인 점에 그 의미가 있기 때문에 우선 재산법상 권리의무에 관한 조항은 법인에게도 적용된다고 본다. 예컨대 재산권, 영업의 자유, 거주이전의 자유 등이 바로 그것이다. 청원권, 재판을 받을 권리, 국가배상청구권과 같은 국무청구권 및 형사절차상의 각종 권리도 법인에게 적용된다. 그밖에 정신적 자유권에 관해서는 종교법인에게는 신앙의 자유가, 학교법인에게는 학문과 교육의 자유가 보장되는 한편으로 표현의 자유는 법인 일반 모두에게 보장된다. 반대로 생명이나 신체에 관한 자유권, 생존권 및 선거권과 피선거권 관련 헌법조항은 그 권리의 성질상 법인에게 적용되지 않는다.

(2) 기본적 인권의 한계

헌법에서 보장된 기본적 인권은 이론상 보편적이고 영구적이긴 하지만 아무런 제한이 없거나 절대적인 것은 아니다. 우선, 개인의 인권보장은 그가 소속되어 있는 공동체 속에서 실현되어야 하고 그러한 공동체의 평화롭고 지속적인 존재를 전제로 한다. 다음으로, 개인의 자유와 권리의 행사는 항상 타인의 자유, 권리를 포함한 기타 가치와 충돌가능성에 직면하고 있어 상호간의 조정이 필요하다. 이는 각각 일본에서 기본적 인권의 한계에 관한 두 가지 이론 즉 공공의 복지론(公共の福祉論)과 비교형량론(比較衡量論)에 대응한다.

(a) 공공의 복지론

일본국헌법은 권리 조항에서 인권의 보장은 '공공의 복지'를 함께고려해야 한다고 언급하였다. 우선, 권리의 일반규정을 보면 "헌법이국민에게 보장하는 자유 및 권리를 보유하기 위하여 국민은 부단히 노력하지 않으면 아니 된다. 또한 국민은 이를 남용해서는 아니 되며 항상 공공의 복지를 위하여 이를 이용할 책임을 진다"(제12조)고 하면서권리남용의 금지, 국민의 노력 및 공공의 복지에 대한 고려를 강조하고있다. 구체적인 권리 규정에서는 포괄적 기본권, 거주와 이전 및 직업선택의 자유, 재산권 보장 규정에서 '공공의 복지를 반하지 않은 한' 또는 '공공의 복지에 적합하도록'이라는 단서를 별도로 추가하였다(제13조, 제22조, 제29조).

일본의 재판소는 초기의 판례에서 주로 이러한 '공공의 복지' 규정에 근거하여 인권을 제약하는 법률의 합헌성을 도출하였다. 당시 재판소의 논리에 따르면 헌법에서 보장하는 모든 인권은 공공의 복지라고하는 외적인 제약을 받아야 하고, 따라서 인권을 제약하는 법률이 공공의 복지를 위한 목적으로 입법되었다면 원칙적으로 합헌으로 판단된다. 이 때 재판소는 공공의 복지의 목적 및 그러한 목적과 규제수단과의 연관성에 대한 구체적인 검토를 하지 않은 채 위의 헌법 제12조 또는 제13조의 규정을 인용하여 인권을 제한하는 법규정을 간단하게 합헌으로 판단하는 경향을 보였다.

> "헌법 제21조는 절대적, 무제한적인 언론의 자유를 보장하는 것이 아니라, 공공의 복지를 위해 시간, 장소, 방법 등에 있어서 합리적인 제한이 그 자체로 존재하는 것은, 이를 용인하여야 한다고 생각해야한다"(最大判 昭和 25年 9月 27日 刑集 4卷 9号 1799頁), "헌법 제28조가 보장하는 근로자의 단결할 권리 및 단체교섭 및 기타 단체행동을 할 권리도 공공의 복지를 위해 제한을 받는 것은 어쩔 수 없는 것이다"(最大判昭和 28年 4月 8日 刑集 7卷 4号 775頁), "헌법 제22조 제1항의 이른바 직업선택의 자유는 무제한으로 인정되는 것이 아니라, 공공의 복지의 요청이 있는 한 그 자유를 제한할 수 있는 것은 동 조항이 명시한바 있다"(最大判昭和 38年 12月 4日 刑集 17卷 12号 2434頁).

인권의 제한과 공공의 복지에 대한 재판소의 이러한 해석방법을 외재적 제약설 또는 추상적인 공공복지론이라고 한다. 인권의 성격, 종류와 관계없이 공공의 복지를 모든 인권을 제한하는 외재적인 근거로 삼고 이를 근거로 하여 관련 법률의 합헌성을 추상적으로 도출해내는 것이다. 위와 같은 재판소의 태도를 비판하면서 제기된 이론이 내재적 제약설이다. 이에 따르면 공공의 복지는 모든 인권에 필연적으로 내재하는 원리로서 — 인권에 대한 외재적인 제한이 아니라 — 그것은 인권 사이에서 모순과 충돌을 조정하는 실질적인 공평의 원리에 해당한다. 각각의 인권에 내재된 제약으로서의 공공의 복지는 인권의 종류에 따라 서로 다른 작동 방식을 나타낸다. 예컨대 공공의 복지가 자유권을 보장하기 위한 제약을 정당화할 경우에는 그것이 필요최소한의 범위에 머물 것을 요구하고, 사회권을 실질적으로 보장하기 위한 규제일 경우에는 필요한 한도 안이라면 인정된다. 또한 헌법 제22나 제29조와 같이 '공공의 복지'가 명시되어 있는 경제적 자유권 조항과 그렇지 않은 자유권적 권리의 규제에 대해서는 서론 다른 기존을 적용하여 판단하여야 한다.

(b) 비교형량론

여기서 비교형량론이라 함은 기본적 인권을 제한하는 법률에 대해, 그 인권을 제한함으로써 얻어지는 이익과 그것을 제한하지 않을 때 유지되는 이익을 비교하여 전자가 큰 경우에는 해당 인권의 제한을 합헌으로 판단하고 후자가 더 큰 경우에는 해당 인권의 제한을 위헌이라고 판단하는 방법이다.

1960년대 이후 일본의 최고재판소는 몇몇 중요한 판결에서 공공의 복지이론과 더불어 비교형량론을 연상시키는 기법에 의거하였다. 공무원의 정치행위를 처벌한 규정의 합헌성을 다룬 판결에서 최고재판소는 "[공무원의] 쟁의행위를 금지함으로써 보호하고자 하는 법익과 노동기본권을 존중, 보장함으로써 실현하려는 법익과의 비교교량에 의해, 양자의 요청을 적절히 조정하는 관점에서 판단할 필요가 있다"고 하는 기본 전제를 명확히 하였다(最大判昭和44年 4月 2日 刑集 23卷 5号 305頁).

그 외에도 형사재판을 위해 사건 취재원을 공개해야 하는가의 사건에서 다음과 같이 판시하였다.

> "한편으로는 심판의 대상이 되고 있는 범죄의 성질, 형태, 경중 및 취재한 내용의 증거로서의 가치 나아가 공정한 형사재판을 실현함에 있어서의 필요성의 유무를 고려함과 동시에, 다른 한편으로는 취재한 내용을 증거로 제출하게 됨으로써 보도기관의 취재의 자유가 방해되는 정도 및 그것이 보도의 자유에 미치는 영향의 정도 기타 제반 사정을 비교형량하여 결정되어야 한다"(最大判昭和 44年 11月 26日 刑集 23卷 11号 1490頁)

위와 같은 비교형량의 기법은 공공의 복지라고 하는 추상적인 원리를 근거로 법률의 합헌성 여부를 판단하던 종전의 방법에 비해 한층 구체화되었다고 할 수 있다. 즉 개별 사건의 구체적 상황에 비추어 각 인권을 서로 비교함으로써 합리적인 결론을 도출하고자 하는 것이다. 다만 서로 다른 성격의 인권, 이익을 단순히 비교할 수 있는지 여부 및 구체적으로 어떠한 기준에 따라 비교해야 하는지 등의 문제는 여전히 남아 있다.

(c) 이중의 기준론(二重の基準論)

일본의 재판소가 인권을 제한하는 근거로서 흔히 이용하는 이론이 공공의 복지론과 이익형량론이라고 한다면, 학설은 미국의 판례이론을 도입해 이른바 이중의 기준론을 주장해왔다.

이중의 기준론은 요컨대, 각종 인권을 크게 정신적 자유와 경제적 자유로 나누어 정신적 자유가 경제적 자유에 비해 우월적 지위를 차지하고, 따라서 인권을 제한하는 법률의 위헌심사에 있어서 경제적 자유의 규제에 대해서는 입법부의 재량을 존중하고 상대적으로 완화된 기준으로 심사하여야 하는 반면, 정신적 자유의 규제에 대해서는 보다 엄격한 기준에 따라 심사하여야 한다는 이론이다. 즉, 인권의 성격에 따라 정신적 자유를 규제하는 입법의 심사기준을 경제적 자유에 대한 입법의 심사기준에 비해 엄격하게 하고 경제적 자유에 비해 정신적 자유를 보다 두텁게 보호해야 한다는 것이다.

미국의 헌법이론에 따르면, 재판소가 법률의 위헌심사에 있어서 정신적 자유를 우대해야 하는 이유로는 크게 두 가지가 있다. 첫째, 민주주의와 관련하여, 정신적 자유를 부당하게 제한하면 민주주의의 절차 그 자체가 왜곡되기 때문에 재판소는 적극적으로 개입하여 민주주의의 절차를 회복시켜야 하고 이를 위해서는 엄격한 심사가 필요하다는 것이다. 반면에, 경제적 자유는 민주주의의 절차가 제대로 작동하고 있는 한 그 절차를 통해 부당한 규제를 제거 내지 시정할 수 있으며, 이 경우 사법이 적극적으로 개입하기 보다는 입법부의 재량을 존중할 필요가 있다. 둘째, 경제적 자유의 규제는 복잡한 사회, 경제문제와 연관되는 경우가 대부분이어서 그러한 법률의 합헌성을 판단하는 것은 재판소의 능력을 넘어서게 되므로 가능한 입법기관이나 전문가집단에 맡겨야 한다는 이유이다.

정신적 자유와 경제적 자유는 구체적인 권리의 성격과 규제 목적에 따라 더욱 세분화되어 서로 다른 기준이 요구된다. 일반적으로 경제적 자유는 관련 입법이 국민의 권리나 이익의 침해를 방지하기 위한 소극적 목적에 의한 규제인지 ― 예컨대, 국민의 생명과 건강권의 유지를 위해 약국의 거리를 제한하는 입법 ― 아니면 사회경제의 원활한 발전과 복지의 실현을 위한 적극적 목적에 의한 규제 ― 예컨대, 도시개발법, 세금 관련 입법 등 ― 인지를 구분하고 전자에 대해서는 보다 엄격한 기준을, 후자에 대해서는 보다 느슨한 기준을 적용해야 한다고 주장한다.

(3) 사인 간 기본적 인권의 보장

헌법의 기본적 인권 규정은 공권력과의 관계에서 국민의 권리와 자유를 보호하는 것으로 생각되어 왔지만 대기업 등 거대한 힘을 가진 사적 단체가 생겨나면서 국민의 인권이 사적단체에 의해 위협, 침해당하는 사태가 발생하게 된다. 이러한 사회적 권력, 예컨대 국가 등의 공권력을 직접적으로 대표하지는 않지만 국가권력과 유사한 권력을 갖는 단체에 의한 인권침해로부터 국민을 보호함에 있어서 헌법의 관련 규정을 직접 적용할 수 있는가가 문제된다.

이와 관련하여, 헌법의 인권 규정은 사인 간에는 적용되지 않는다는 무효력(적용)설은 일본에서는 더 이상 주장되지 않으므로, 현재 학설은 크게 직접효력설과 간접효력설로 나뉜다. 전자는 국가권력과 마찬가지로 사회적 권력에 대해서도 헌법규정이 직접 적용된다고 주장하는 반면, 후자는 사인 간에는 원칙적으로 사적자치에 따르는 것이 원칙이지만 헌법 규정은 예컨대 민법 제90조(公序良俗의 규정)와 같은 규정을 통해 사인 간의 관계에도 '간접적으로' 효력을 미칠 수 있다고 주장한다. 이와 관련하여 일본의 최고재판소는 간접효력설을 취하는 태도를 보였다.

> "[헌법 제19조, 제14조 등] 규정은 동법 제3장의 그 밖의 자유권적 기본권의 보장규정과 마찬가지로, 국가 또는 공공단체의 통치행위에 대하여 개인의 기본적인 자유와 평등을 보장하는 목적에서 나온 것으로 오로지 국가 또는 공공단체와 개인과의 관계를 규율하는 것이지, 사인 상호간의 관계를 직접 규율하는 것을 예정하고 있지 않다. 이 점은 기본적 인권이라는 관념의 성립 및 발전의 연혁에 비추어보아도, 또한 헌법에서의 기본권 규정의 형식, 내용을 고려해보아도 명백하다. [중략] 사적 지배관계에서 개인의 기본적인 자유나 평등에 대한 구체적인 침해 또는 침해의 우려가 있고 그 형태, 정도가 사회적으로 허용되는 한도를 넘을 때에는 이에 대한 입법조치에 의해 그 시정을 도모하는 것이 가능하고, 또한 경우에 따라서는 사적자치에 대한 일반적 제한규정인 민법 제1조, 제90조 및 불법행위에 관한 여러 규정 등의 적절한 운용을 통해 한편으로는 사적자치의 원칙을 존중하면서, 다른 한편으로는 사회적 허용성의 한도를 넘는 침해에 대하여 기본적인 자유나 평등의 이익을 보호함으로써, 그 사이의 적절한 조정을 도모하는 방법도 존재하는 것이다(最大判昭和 48年 12月 12日 民集 27卷 11号 1536頁).

학설은 최고재판소가 취하고 있는 간접효력설을 대체로 지지하면서 일부 권리의 경우에는 헌법의 직접적인 효력을 인정해야 한다고 본다. 우선 일본국헌법에서 사인 간 직접적인 효력을 명확히 규정한 권리인 경우이다. 여기에는 노예적 구속과 의사에 반한 노역을 받지 않을 권리(제18조), 근로자의 단결 및 단체교섭 등 단체행동 권리의 보장(제28조), 선거인이 선거에서의 선택으로 인한 공적 또는 사적인 책임을 지지 않을 권리(제15조 제4항)가 포함된다.

그 외 간접효력설을 취할 경우에도 인권침해행위의 형태에 따라 구분하여 고려할 필요가 있다고 한다. 즉 그러한 인권침해가 ① 법률행위에 기인한 경우(예컨대 노동계약의 체결 또는 해제), ② 사실행위에 기인하였지만 그 사실행위 자체가 법령 등의 조문에 근거를 둔 경우(예컨대 학칙에 의한 퇴학처분)에는 관련 법률 등을 해석하는 과정에서 헌법의 인권조항을 감안하고 그 규정을 간접적으로 적용할 수 있다. 그러나 ③ 인권침해가 사적단체의 순수한 사실행위에 기인하는 경우에는 — 간접효력설에 따르면 — 헌재 헌법문제로서 정면으로 다툴 여지가 없다.

2. 포괄적 기본권과 법 앞의 평등

(1) 생명, 자유 및 행복추구권

일본국헌법은 국민의 개별적인 자유, 권리를 열거하기에 앞서 "모든 국민은 개인으로서 존중된다. 생명, 자유 및 행복추구에 대한 국민의 권리에 관해서는 공공의 복지에 반하지 않는 한 입법 및 그 밖의 국정에서 최대한 존중되어야 한다."라고 하는 포괄적인 규정을 두고 있다(제13조). 미국의 독립선언문 나아가 로크의 자연권 이론에서 유래하였다고 알려진 이 조항은 전반부에서 국민은 개개인으로서 존중된다고 하는 개인주의원리를 명확히 하였고 후반부에서는 '생명, 자유 및 행복추구에 대한 국민의 권리'에 대하여 언급하고 있다.

여기서 언급된 생명, 자유 및 행복추구에 대한 권리(흔히 '행복추구권'으로 통칭)의 법적성격, 즉 이 규정을 단지 일반적 원리의 표명으로 보아야 하는지 아니면 이로부터 구체적 권리를 도출할 수 있는지가 문제된다. 인권을 그 권리 성질에 따라 '배경적 권리', '법적 권리' 및 '구체적 권리'로 나눈 위의 삼분법에 따르자면, 일본에서 초기의 학설은 제13조가 규정한 행복추구권을 법적 권리 나아가 구체적 권리임을 인정하지 않았다. 다시 말해 제13조의 규정은 각종 헌법적 권리의 근저에 놓인 원리에 대한 선언에 불구하고 이 규정만을 근거로 구체적인 권리를 주장하거나 재판을 통한 구제를 구할 수 없다고 하였다. 그 후 사회변화와 함께 각종 새로운 권리를 인정할 필요성이 제기되고 학설은 점차 행복추구권에서 파생된 일부 권리를 인정하기에 이른다. 이로써 제13조의 규정이 다양한 헌법상 권리의 탄생을 위한 이른바 모태의 역할을 하게 된 것이다. 일본에서 제13조의 행복추구권과 관련하여 논의되는 권리에는 구체적으로 초상권, 프라이버시권, 자기결정권과 같은 인격적 권리 및 기타 새로운 권리, 예컨대 환경권, 평화적 생존권 등이 있다.

일본의 최고재판소는 경찰의 사진촬영을 거부하는 데모 참가자의 행위가 공무집행방해에 해당하는지에 관한 판결에서 처음으로, 본인의 승낙 없이 용모 등을 함부로 촬영당하지 않는 권리가 개인의 사생활의 자유의 하나로서 헌법 제13조에 의해 보장된다는 점을 인정하였다(最大判昭和 44年 12月 24日 刑集 23卷 12号 1625頁). 그 후 최고재판소는 명예와 신용에 직접 관계되는 전과와 범죄경력 관련 정보 나아가 사생활의 영역에 포함되는 개인에 관한 정보가 함부로 공개되지 않을 자유가 헌법 제13조에 의해 보장된다고 하였다(最判昭和 56年 4月 14日 民集 35卷 3号 620頁, 最判平成 20年 3月 6日 民集 62卷 3号 665頁). 비록 '프라이버시권'이라는 용어는 사용하지 않았지만 최고재판소는 자신의 사생활을 함부로 공개당하지 않는 법적 권리가 헌법 제13조의 행복추구권으로부터 도출된다고 해석한 것이다. 이에 관하여 학설은 프라이버시권을 일반적으로 '자기에 관한 정보를 통제하는 권리'로 해석한다. 이로써 한국과 달리 '사생활의 비밀과 자유'에 관한 헌법조항을 가지고 있는 않는 일본에서는, 사생활의 권리는 개인의 존엄을 유지하고 행복의 추구를 보장하는 데 필수적인 것으로서 인식되고 헌법이 보장한 행복추구권에서 파생하는 권리로서 자리매김하게 되었다.

또한 최고재판소는 종교상 이유로 수혈을 거부한 환자에게 수혈을 한 의사의 행위가 환자의 인격권의 한 내용으로서 존중받아야 하는 '의사결정을 내릴 권리'를 침해한다고 하였다(最判平成 12年 2月 29日 民集 54 卷 2号 582頁). 일본에서 흔히 '자기결정권'이라고 불리는 이러한 권리는 개인이 일정한 사적 사항에 관하여 외부 간섭 없이 스스로 결정할 자유, 지위이고 헌법 제13조의 규정에 직접 근거한다. 자율적인 존재로서의 개인이 자신의 인격을 형성하기 위해서는 스스로 결정할 수 있는 특정 영역의 존재를 필요로 한다. 현재 자기결정권으로 논의되는 사항에는 ① 자기의 생명, 신체의 처분에 관계되는 치료거부, 안락사, 자살 등이 ② 차세대의 재생산에 관계되는 출산 여부, 피임, 낙태, 자녀의 양육과 교육 등이 ③ 가족의 형성과 유지에 관계되는 결혼, 이혼 등이 ④ 그 외 복장, 흡연과 음주, 성적 자유, 취미 등이 있다.[6]

(2) 법 앞의 평등

평등은 자유와 함께 근대입헌주의와 인권의 역사에서 가장 중요한 두 가지 이념 내지 실현해야 하는 목표이다. 이른바 근대 시민혁명은 기존 신분제사회의 각종 차별을 철폐하고 '평등한 시민'의 창출을 그 목표로 하였다. "인간은 자유롭고 권리에 있어서 평등하게 태어나고 존재한다"(프랑스인권선언 제1조). 그 후 평등의 원리 또는 법 앞의 평등은 각국의 헌법에서 보편적으로 추구하는 기본원리로 인식되었다. 하지만 얼핏 당연한 것으로 생각되는 법 앞의 평등은 실제 적용에 있어서는 그렇게 쉬운 문제가 아니다.

우선 평등에는 여러 가지 뜻이 있다. 예컨대 모든 인간에 대해 그들이 가지고 있는 각종 현실적인 차이를 사상(捨象)하고 일률적으로 동일하게 취급하는 형식적 평등과, 그들이 가지고 있는 현실적인 차이에 주목하고 그에 알맞은 시정을 통해 실현하는 실질적 평등이 구분된다. 또한 현실에서 인간을 — 남성과 여성, 미성년자와 성인, 재산과 소득이 많은 자와 적은 자, 범죄자와 일반인 등의 구분 없이 — 절대적으로 평등하게 대우하는 것은 오히려 불평등한, 불공정한 결과를 초래하기 십상이다. 따라서 평등은 실제로 이러한 절대적 평등이 아닌 합리적인 구분에 기초한 상대적 평등을 의미할 수밖에 없다. 결국 상대적 평등의 기본 원리는 '동일한 것은 동일하게 취급하고, 동일하지 않은 것은 동일하지 않게 취급한다'로 개괄된다. 즉 평등의 원리는 인간의 모든 합리적인 구분을 무시한, 절대적인 평등을 요구하는 것이 아니라 상대적인 평등 즉 '불합리한 차별'의 금지를 요구하는데 지나지 않는다.

일본국헌법의 평등 조항은 다른 국가의 헌법의 규정과 크게 다르지 않다. "모든 국민은 법 앞에 평등하고 인종, 신조, 성별, 사회적 신분 또는 문벌에 의해 정치적, 경제적 또는 사회적 관계에서 차별받지 아니한다"(제14조). 이 조항에서 열거한 인종, 신조, 성별, 사회적 신분 또는 문벌과 같은 사항을 어떻게 해석할 것인가에 대해서 통설은 이른바 예시사유특별설(例示事由特別說)을 취하고 있다. 이에 따르면 이 조항의 후반부 규정은 전반부의 평등원칙에 관해 예시적으로 설명하기 위한 것으로 여기에 열거되지 않은 사항에 관해서도 평등원칙은 마찬가지로 적용된다. 다만, 인종이나 성별과 같은 헌법에서 예시된 사유에 대해서는 특별한 의미가 부여되고 이러한 사유에 근거한 차별은 원칙적으로 불합리한 차별로 추정되며 관련 법령의 위헌성 심사에 있어서 보다 엄격한 심사기준을 요구한다고 한다. 그 외 평등에 관한 헌법의 요청은 법 적용의 평등뿐만 아니라 법 내용의 평등도 포함한다. 행정권과 사법권이 법의 집행에 있어서 평등원칙을 준수해야 하는 것은 물론이고, 입법권(국회) 역시 평등원칙을 위반할 가능성이 있고 법률의 내용은 재판소의 위헌심사권을 통해 평등원칙에 부합한지에 대해 심사받는다.

일본의 재판소는 평등 관련 사안 즉 각종 구별 규정의 헌법적합성의 판단에 있어서 대체로, 입법목적과 그 목적을 달성하는 수단의 합리성 및 양자의 관련성에 대하여 개별적으로 판단하는 방법을 사용하였다. 즉 입법목적이 합리적이고 필요한지 그리고 이러한 입법목적을 실현하기 위한 수단으로서 관련 규제가 필요하고 적당한지를 판단하는 것이다. 이는 평등 관련 조항뿐만 아니라 그 밖의 법령의 위헌성을 판단할 시에도 동일하게 적용되는 형식적인 2단계 심사구조이다.

한편으로 평등문제에 관련한 구체적인 사안에 있어서 합리적 구별과 불합리한 차별의 선긋기는 여러 가지 실질적인 요소를 고려하여 종합적으로 판단할 수밖에 없다. 예컨대 헌법이 주창하고 있는 민주주의, 법치주의, 자유, 개인의 존중 및 인간 존엄과 같은 각종 이념은 중요한 고려요소이다. 또한 국민의식이나 여론, 사회적 통념, 지금까지의 관행과 그 변천의 역사, 여러 외국의 제도 등도 감안하지 않을 수 없다. 물론 평등문제에 대한 국민의식과 여론, 사회적 통념은 변화한다. 불과 한 세기 전까지만 해도 이른바 헌법 선진국에서조차 여성에게 참정권을 부정, 제한하는 것은 일반적이었고 미국의 헌법역사에서 보다시피 인종에 근거한 제도적 차별이 없어지는 데에는 오랜 시간이 필요하였다. 비적출자의 법정상속분을 적출자의 1/2로 정한 민법의 관련 규정의 합헌성에 관하여 일본의 최고재판소는 기존의 합헌판단을 '가족형태의 다양화 및 이에 동반한 국민 의식의 변화'를 중요한 근거로 삼아서 변경하여 위헌으로 판단하였다(最大決平成 25年 9月 4日 民集 67卷 6号 1320頁).

3. 자유권: 표현의 자유와 재산권 보장

(1) 자유권 일반

위에서 보다시피, '인권'은 '헌법상의 권리'와 완전히 일치한 개념은 아니지만 서로 통용되기도 한다. 1776년 미국 독립선언은 모든 인간은 평등하게 태어나고 조물주에 의해 양도할 수 없는 일정한 권리를 부여받았다고 하면서 그러한 권리에 '생명, 자유 및 행복추구'에 대한 권리를 포함시켰다. 즉 생명권, 자유권과 행복추구권은 국가나 정치체제와 관계없이 인간이 향유하는 천부적 권리에 속한다. 1789년 프랑스 인권선언에서는 모든 정치공동체의 목적은 '자유, 소유권, 안전, 압제에 대한 저항권'과 같은 자연적인 권리를 보장하기 위함이라고 하였다(제2조). 이처럼 자유권은 애초에 인간이 인간으로서 누려야 하는 자연권적 권리의 일부로서 국가나 정치공동체를 초월한 천부적인 인권으로 인식되었다.

비록 이러한 자연권적 권리는 그 후 각국 실정법 규정에 의해 헌법상 권리로 보장받게 되지만, 개인과 국가의 관계 또는 권리보장과 법률의 관계 측면에서 기타 헌법상의 권리와는 근본적인 차이가 있다. 우선, 국가에 대항하여 그리고 이론상 법률을 전제로 하지 않고도 보장받아야 하는 자유권은 국가의 적극적 개입을 통해 실현하는 생존보장권이나 교육 받을 권리와 같은 사회권적 권리와 구별된다. 예컨대, 국가는 원칙적으로 국민의 자유권을 침해하지 말아야 하는 법적 의무를 지니지만 사회권의 경우 국가가 어떠한 의무를 어디까지 지니는지에 관해서는 구체적인 법률 즉 국가 입법에 의해 결정될 수밖에 없다. 또한 '인간'이 아닌 한 국가의 '시민'으로서 행사하는 참정권과 달리 자연권은 모든 인간이 보편적으로 향유하는 권리로 인정된다. 따라서 외국인의 인권 등 권리 향유의 주체성 문제는 자연권과 관련해서는 참정권의 그것과 다르게 논의되어야 한다.

일본국헌법에서 규정된 자연권적 권리는 크게 ① 정신적 자유권 ② 경제적 자유권 ③ 인신의 자유 관련 각종 권리로 구분된다. 정신적 자유는 다시 내면의 자유와 외부로의 표출 즉 표현의 자유로 구분되는데 내면의 자유의 전형으로 사상과 양심의 자유, 종교 신앙의 자유 및 학문의 자유가 있다. 표현의 자유에는 언론 및 출판과 같은 좁은 의미의 표현의 자유 외에도 집회의 자유, 결사의 자유 및 통신비밀의 보장이 포함된다(제19조‒제21조, 제23조).

경제적 자유는 거주·이전의 자유(외국 이주, 국적 이탈 포함), 직업선택의 자유 및 재산권 보장으로 구분된다(제22조, 제29조). 마지막으로 인신의 자유 관련 권리에는 노예적 구속과 고역으로부터의 자유, 적정절차의 보장 및 기타 형사사건의 피의자 또는 피고인으로서 보장받는 여러 가지 권리가 포함된다(제18조, 제31조‒40조).

일본국헌법에 보장하는 각종 자유권적 권리에 관하여, 이하에서는 표현의 자유(정신적 자유권)와 재산권 보장(경제적 자유권)을 중심으로 간단히 살펴보도록 한다.

(2) 정신적 자유권: 표현의 자유

일본국헌법이 보장한 표현의 자유의 내용에는 ① 언론, 출판 및 그 밖의 다양한 형태의 표현의 자유 ② 집회, 결사의 자유 ③ 검열의 금지 ④ 통신 비밀의 보장이 포함된다(제21조).

현대 사회에서 표현의 자유는 각종 자유권적 권리 중에서도 특별한 위치를 차지한다. 표현의 자유를 지탱하는 가치 또는 표현의 자유를 두텁게 보장해야 하는 주요 근거는 다음과 같다. 첫째, 개인이 자유로운 언론활동을 통해 자신의 인격을 발전시키는 개인적인 가치 즉 자기

실현의 가치를 보장하기 위함이다. 둘째, 국민이 언론활동을 통해 국가의 정치적 의사결정에 관여할 수 있는 사회적인 가치 즉 자기통치의 가치를 위함이다. 마지막으로 개개인이 각자의 의견을 자유롭게 표명하고 이를 경쟁시킴으로써, 진리에 도달하거나 보다 가까워질 수 있다는 이른바 '사상의 자유시장이론'이다.[7] 즉 표현의 자유는 개인의 자율적인 인격형성에 불가피한 자연권적 권리임과 동시에 현대 민주주의 사회를 지탱하고 진리형성에 이바지하는 중요한 가치이다. 그러므로 입법을 포함한 표현의 자유를 제한, 억압하는 공권력행위는 원칙적으로 배제되어야 하고 허용되더라도 최소한도에 머물러야 한다.

이러한 표현의 자유가 지니는 '우월적 지위'로 말미암아 표현의 자유를 규제하는 입법에 대한 합헌성여부는 가장 엄격한 기준에 따라 심사, 판단되어야 한다. 일본에서 표현의 자유의 규제에 관한 주요 논의에는 아래 몇 가지가 있다.

(a) 사전억제(事前抑制) 금지

표현활동에 대한 사전억제는 각 개인이 표현내용을 전달받아 이성적으로 판단하는 가능성을 원천적으로 차단하는 행위임으로 엄격히 규제되어야 한다. 특히 언론, 출판에 대한 검열행위는 금지된다. 일본국 헌법도 표현의 자유 규정에서 '검열은 해서는 아니 된다'고 명확히 하였다.

검열의 개념에 관해서는 애초에 '공권력이 외부로 발표되는 사상의 내용을 사전에 심사하여 부당하다고 판단되는 경우, 그 발표를 금지하는 행위'로 정의되어 왔다.[8] 여기서 공권력의 주체가 문제되는데, 일본의 최고재판소는 검열의 주체를 행정권에 한정하고 재판소의 가처분을 통해 출판물의 판매, 반포 등에 대하여 내린 사전금지처분은 헌법 제21조 제1항에서 금지한 검열에 해당하지 않는다고 하였다. 물론 이러한 재판소의 사전금지처분은 검열은 아니지만 표현행위에 대한 사전억제에 해당하는 것으로, 헌법 제21조 제1항의 취지에 비추어 예외적으로만 인정된다(最大判昭和 61年 6月 11日 民集 40卷 4号 872頁). 이와 관련하여 학설은 크게 최고재판소와 같이 헌법이 금지한 검열을 좁게 해석하여 기타 공권력에 의한 사전억제와 구분하는 설과 보다 넓게 해석하여 재판소에 의한 사전억제 등도 헌법이 금지한 검열의 개념에 포함시키는 설로 나뉘지만, 사전억제가 오로지 엄격하고 명확한 요건 하에서만 허용되어야 한다는 점에서는 큰 차이가 없다.

그 외 교과서검정제도는 그 출판물이 '일반 도서로서의 발행을 전혀 방해하는 것이 아니고 발표금지의 목적이나 발표 전의 심사 등의 특성'이 없기에 검열에 해당하지 않고 검열을 금지한 헌법 규정에 위반하지 않는다고 하였다(最判平成 5年 3月 16日 民集 47卷 5号 3483頁).

(b) 명확성의 이론

검열과 사전억제의 금지는 행정권과 사법권에 대한 것이라면 명확성은 표현행위를 규제하는 입법 내용에 대한 요구 중 하나다. 특히 형벌을 통해 표현의 자유를 제한, 처벌하는 입법에 있어서 법률의 규정이 불명확하거나 애매모호하면 그 규정의 본래의 취지를 넘어서 적용될 우려가 있고 표현의 자유에 대한 위축효과(萎縮效果)를 초래할 수 있음으로, 이러한 불명확한 법률 규정은 ─특정 사건에 있어서는 해당 조문에 대한 합헌적 해석을 통해 합법적으로 적용될 수 있음에도 불구하고 ─ 원칙상 위헌, 무효로 판단되어야 한다. 일본의 최고재판소의 판례도 "[표현의 자유]는 헌법이 보장하는 기본적 인권 중에서도 특히 중요시되어야 하는 것으로 법률을 통해 표현의 자유를 규제함에 있어서는 기준이 광범하고, 불명확으로 해당 규제가 본래 헌법상 허용되는 표현에까지 미치게 되어 표현의 자유가 부당하게 제한되는 결과를 초래하는 일이 없도록 배려할 필요가 있고, 그것이 사적규제적인 것일 경우 특히 그렇다"고 하면서 표현의 자유를 규제하는 법 규정의 명확성을 요구하고 있다(最大判昭和 59年 12月 12日 民集 38卷 12号 1308頁). 하지만 지금까지 일본의 최고재판소가 표현의 자유를 규제하는 법령에 대하여 위의 명확성의 이론에 근거하여 위헌, 무효로 판단한 사례는 아직 없다.

(c) 내용에 근거한 규제와 내용중립적인 규제

위의 미국에서 유래한 이중의 기준론에 따르면 표현의 자유를 대표로 하는 정신적 자유는 경제적 자유에 비하여 보다 두텁게 보호되어야 한다. 따라서 정신적 자유를 규제하는 입법의 합헌성심사는 경제적 자유 관련 법률에 비해 엄격한 기준이 적용된다. 마찬가지로 미국의 이론을 참조하여 일본에서는 표현의 자유에 대한 규제를 그 근거에 따라 '표현내용에 근거한 규제'와 '표현내용에 대한 중립적인 규제'로 구분하고 각각 서로 다른 합헌성의 심사기준을 적용해야 한다고 주장된다.

예컨대 공산주의나 특정 종교를 주장한다고 하는 이유로 그러한 표현의 자유를 규제하는 입법에 대해서는 가장 엄격한 기준이 적용되어야 한다. 표현의 자유 규제에 대한 심사기준의 하나로서 미국에서 판례를 통해 형성된 이른바 '명백하고 현존하는 위험'의 기준이 있다. 이는 표현의 자유에 대한 규제가 명백하고 현재 진행되고 있는 위험(clear and present danger)을 회피하기 위한 것에 한하여 허용된다는 기준이다.

반대로, 표현의 내용과 관계없이 즉 내용에 관해서는 중립으로 표현의 시간, 장소 또는 방법을 통해 표현의 자유를 제한하는 경우에는 ─ 예컨대 집회의 성격, 참가자의 구성 등과 관계없이 유치원 주변의 집회를 일률로 금지하는 법령의 입법과 같이 ─ 완화된 기준인 이른바 '보다 제한적이지 않은 다른 선택가능한 수단의 기준(less restrictive alternative)'이 적용된다. 즉, 이러한 규제입법에 대해서는 해당 입법목적을 이루기 위해 다른 선택할 수 있는, 보다 제한적이지 않은 수단이 없다고 인정되는 경우에는 그 규제가 정당화된다.

(3) 경제적 자유권: 재산권 보장

경제적 자유권은 정신적 자유권과 함께 헌법이 보장하는 자유권적 권리에 속한다고 하지만 권리의 실현이 국가의 법률이나 제도에 보다 의존한다는 측면에서 자유권보다 사회권에 가까운 측면이 있다. 이 점은 경제적 자유권의 일부분인 재산권을 헌법이 보장하는 의미를 살펴보면 잘 들어난다.

일본국헌법의 재산권 조항은 세 부분으로 구성되어 있다. ① 재산권을 침해서는 아니 된다. ② 재산권의 내용은 공공의 복지에 적합하도록 법률로 정한다. ③ 사유재산은 정당한 보상 하에 공공을 위하여 사용할 수 있다(제29조).

이 조문 제1항은 국가가 국민의 재산권을 침해할 수 없다고 하면서 제3항에서는 그 예외로 공공이익을 위해서는 정당한 보상을 전제로 이용할 수 있다고 하였다. 현대사회에서 재산권의 핵심은 소유권이므로 이 조문은 개인 소유권의 불가침과 그 예외를 인정한 소유권에 관한 근대헌법 규정의 한 형식으로 볼 수 있다. 문제는 이 조문 제2항인데, 제2항은 재산권의 내용은 법률에 의해 정해진다고 하였다. 이로써 국가가 침해할 수 없는 재산권의 내용을 국가 스스로가 입법을 통해 결정하게 된다. 예컨대 국가는 민법, 토지법과 같은 개별적인 법률의 제정을 통해 토지소유권 등 재산권의 내용, 한계를 정하고 그렇게 정해진 재산상 권리만을 보장한다. 즉 소유권을 포함한 각종 재산권의 보장은 전적으로 국가의 실정법에 의존하게 된다. 이로써 국가에 대항하여, 국가개입을 배제하는 자연권적 권리로서의 소유권의 의미는 크게 감퇴하고 만다.

이와 관련하여 일본에서는 독일의 관련 이론에 참조하여 제29조 제1항은 구체적인 권리로서의 재산권을 보장할 뿐만 아니라 재산권을 취득, 이용할 수 있는 객관적인 법제도를 동시에 보장한다고 하는 제도보장 또는 제도적보장(制度的保障) 이론이 주장되어 왔다. 제도보장 이론에 따르면, 일본국헌법은 재산권 관련 내용을 국가의 입법에 위임하고 있지만 제29조 제1항이 제도보장의 함의도 포함하고 있으므로 국가는 구체적인 재산권을 형성, 제한함에 있어서 특정 제도의 근본, 핵심내용은 침해, 부정할 수 없다.

여기서 문제는 헌법이 보장하는 재산권제도의 핵심인데, 이에 관해 일본에서는 크게 두 가지 견해가 있다. 이른바 체제보장설(體制保障說)에 따르면, 일본국헌법은 토지를 포함한 생산수단의 사적소유제 또는 자본주의체제의 보장을 요구한다. 따라서 토지나 기업에 대한 전면적인 국유화나 공유화는 헌법에 위배될 소지가 있다. 물론 사적소유권에 대한 제한이 어디까지 허용되는지는 다시 문제가 된다. 그에 반해, 인간다운 생활에 필요한 생활재보장설(生活財保障說)은 재산권 보장의 궁극적인 목적은 인간다운 생활을 보장하는데 있음으로, 개개인이 인격적 자유를 유지하고 자율적으로 생활할 수 있도록 하는 재산제도는 보장되어야 한다. 이렇게 되면 토지를 포함한 중요한 생산수단의 소유에 대한 제한 나아가 국유화도 일부 인정될 수 있지만, 인간의 자율적 지위를 위협하는 정도의 소유권 내용, 행사에 대한 제한은 헌법상 용인되지 않는다.9)

일본의 최고재판소는 삼림공유자의 공유물분할청구권을 제한한 삼림법 규정이 헌법 제29조의 재산권보장 조항에 위반하여 무효하다고 판단한 판결에서 이러한 제도보장 이론을 인용하였다.

"[헌법 제29조는] 사유재산제도를 보장하고 있을 뿐만 아니라 사회적 경제적 활동의 기초를 형성하고 있는 국민의 개별적인 재산권에 대하여 이를 인권으로 보장함과 동시에 사회전체의 이익을 고려하여 재산권에 대하여 제약을 가해야 하는 필요성이 증가함에 따라 입법부는 공공의 복지에 적합한 한도에 있어서 재산권에 대하여 규제를 가할 수 있다. [중략] 공유물분할청구권은 각 공유자가 근대 시민사회의 원칙적인 소유형태인 단독소유로 이행할 수 있도록 하고 위의 공익적 목적도 수행할 수 있게 하는 권리이므로, 공유의 본질적 속성으로 지분권 처분의 자유와 함께 민법에 인정되게 이르렀다. 따라서 해당 공유물이 그 성질상 분할될 수 없는 물건이 아닌 이상 분할청구권을 공유자에 대하여 부정하는 것은 헌법상 재산권의 제한에 해당하고, 이러한 제약을 설정하는 입법은 헌법 제29조 제2항에서 말하는 공공의 복지에 적합할 것을 요한다고 해석되며, 공유삼림은 그 성질상 분할될 수 없는 것에 해당되지 않으므로, 공유삼림에 대하여 지분가액 1/2이하의 공유자에 분할청구권을 부정하는 삼림법 186조는 공공의 복지에 적합한 것으로 인정할 수 없고, 위헌의 규정으로 그 효혁을 지니지 않는다고 해야 할 것이다."(最大判昭和 62年 4月 22日 民集 41卷 3号 408頁).

일본에서 재산권 규제 법률의 위헌성을 처음으로 인정한 이 판결에서 최고재판소는 헌법 제29조는 국민의 개별적인 재산권과 더불어 사유재산제도를 보장한다고 하고 소유권 분할을 제한하는 삼림법 규정이 민법상 공유의 본질적 속성인 분할청구권을 부정하는 것으로 헌법상의 재산권 제한에 해당한다고 하였다. 이 판결에 대해서는, 민법의 소유권 행사를 제한하는 삼림법 규정이 — 민법과 삼림법은 모두 동격의 법률이고, 삼림법은 구법인 민법에 비해 신법이므로 삼림법 규정이 우선 적용되어야 한다는 이유에서 — 어떻게 헌법상의 재산권 제한에 해당하는지 등 비판이 제기되었고, 나아가 현대 헌법에서 제도보장이론 자체가 필요 없다는 주장도 제기되고 있다. 이러한 논쟁은 궁극적으로 소유권을 포함한 재산권을 법률을 초월한 先국가적인 인권으로 볼 것인지 아니면 어디까지나 국가를 전제로 법률을 통해 실현되어야 하는 권리로 볼 것인가에서 유래한다.

4. 사회권, 참정권, 국무청구권

(1) 사회권

국가의 개입에 대항하여 그 배제를 요구하는 자유권과는 달리, 사회권은 국가로 하여금 복지국가의 이념에 기초하여 일정한 행위를 하도록 요구하는 권리이다. 근대헌법의 인권규정이 자유권을 중심으로 구성되었다고 한다면 사회권은 20세기 이후 새롭게 전개된 인권사상을 반영한 결과이다. 일본국헌법은 사회권으로 분류되는 권리로 생존권, 교육을 받을 권리 및 노동기본권을 규정하고 있다. 이러한 사회권의 가장 큰 특징은 先국가적 인권으로 인정되는 자유권과 달리 사회권은 어디까지나 국가를 통해 즉, 각국의 입법에 의존하여 실현되는 권리라는 점이다. 이하에서는 생존권을 중심으로 일본에서 사회권 관련 논의를 살펴보도록 한다.

국민의 생존권과 관련하여 일본국헌법은 "① 모든 국민은 건강하고 문화적인 최저한도의 생활을 영위할 권리를 가진다. ② 국가는 모든 생활부분에서 사회복지, 사회보장 및 공중위생의 향상 및 증진을 위하여 노력하여야 한다"고 규정하고 있다(제25조). 여기서 언급하고 있는 국민의 '건강하고 문화적인 최저한도의 생활을 영위할 권리' 및 이를 실현하기 위하여 국가가 짊어져야 하는 의무의 법적 해석과 관련해서는 의견이 갈린다. 예컨대 위 규정에서 보장하고 있는 생존권이 구체적으로 무엇을 지칭하는지, 위 규정을 근거로 국민 개개인은 국가에 대하여 무엇을 요구할 수 있는지, 국가는 이에 응해야 하는 법적의무가 있는지 아니면 정치적·도덕적 의무의 이행에 그치는지 여부 등이 바로 그것이다. 즉 헌법이 규정한 생존권이 법적 권리인 점은 명확하나 이를 구체적 권리 즉 재판을 통하여 국가에 대하여 직접 그 보호나 구제를 요청할 수 있는 권리로 볼 수 있는가이다.

이러한 국민의 생존권의 성질에 관하여 학설은 크게 세 가지로 나뉜다. ① 프로그램규정설. 헌법 제25조는 국민의 생존을 보장해야 하는 국가의 정치적·도덕적 의무를 일반적으로 규정한데 불과하고 개개인은 이를 근거로 국가에 대하여 어떠한 청구권도 주장할 수는 없다. ② 추상적권리설. 위 규정은 국민이 '최저한도의 생활'을 위한 입법 및 기타 필요한 조치를 요구할 수 있는 권리를 보장한 것으로 국가는 그에 응할 법적의무를 지닌다. 다만 이 헌법 규정은 추상적인 규정에 불과할 뿐 개별적인 청구권을 주장하기 위해서는 이를 구체화하는 입법이 필요하다. ③ 구체적권리설. 헌법 제25조는 추상적 권리 이상의 내용을 담고 있다. 국가가 위 규정을 실현하기 위한 입법 등의 조치를 취하지 않은 경우, 입법부작위의 위헌성 확인을 청구할 수 있는 등의 권리가 제25조로부터 직접적으로 도출될 수 있다.

일본의 최고재판소는 구체적 권리설을 명확히 거부하면서 생존권의 실현을 위해서는 관련 법률의 제정을 전제로 한다고 하였다.

"[헌법 제25조 제1항의]규정은 모든 국민이 건강하고 문화적인 최조한도의 생활을 영위할 수 있도록 국정을 운영해야 함을 국가의 책무로서 선언한데 그치고, 직접 개개인의 국민에 대하여 구체적 권리를 부여한 것이 아니다. 구체적 권리는 헌법 규정의 취지를 실현하기 위해 제정된 생활보호법에 의하여 비로소 부여된다고 해야 한다."

또한 헌법이 보장한 국민의 '건강하고 문화적인 최저한도의 생활을 영위할 권리' 또한 추상적이고 상대적인 개념으로서 이에 관한 선택 결정은 행정부나 입법부의 재량권에 맡겨져야 한다. 다만, 그러한 조치나 입법이 '현실의 생활조건을 무시하고 현저하게 낮은 기준을 설정하는 등 헌법 및 생활보호법의 취지, 목적에 반하여 법률에 의해 부여된 재량권의 한계를 넘는 경우 또는 재량권을 남용한 경우'에 사법심사의 대상으로 되어 위법으로 판단될 가능성이 있다(最大判昭和 42年 5月 24日 民集 21卷 5号 1043頁).

이처럼 일본최고재판소의 판례는 헌법의 생존권 규정의 해석에 있어서 추상적권리설을 취하고 있는 듯하다. 즉 헌법의 규정에도 불구하고 이러한 권리는 아직 추상적 수준에 머물러 있고 권리의 구체적 실현은 개별법의 제정을 필요로 한다. 학설도 대체로 이러한 추상적권리설이 타당하다고 보고 있다. 다만 관련 조항의 해석에 있어서 행정부나 입법부의 재량권을 어디까지 인정해야 하고 위헌심사에서 재판소가 어떠한 기준을 적용해야 하는지에 관해서는 의견이 일치하지 않다.

(2) 참정권

참정권은 국민이 주권자로서 직접 또는 대리인을 통해 국가의 정치에 참여하는 권리이다. 참정권은 근대 이래로 점차 확대되어 왔다. 현재 민주주의 국가에서는 보편적이고 평등한 선거가 정기적으로 치루어지는 등 참정권이 국민의 기본적인 권리로 자리매김하고 국가의 민주정치를 실현하는 데 필수적인 요소로 인식되고 있다. 참정권 중 대표적인 것이 선거권 및 피선거권이다. 그 외에도 국민투표권, 공무담임권 등이 있다. 참정권과 관련하여 일본국헌법은 공무원의 선정과 파면(제15조 제1항), 국회의원의 선출(제43조 제1항), 지방공공단체의 장과 지방의회의 의원, 그 밖의 지방공무원 선거(제93조 제2항), 최고재판소 재판관에 대한 국민심사(제79조 제2항) 및 헌법 개정에 대한 국민투표(제96조 제1항)에 대하여 규정하고 있다.

선거권은 선거인으로서 선거에 참가할 수 있는 자격 또는 지위를 의미한다. 선거권은 참정권의 핵심적인 내용이다. 선거권의 성격에 대하여 역사적으로 이른바 '권리설' 및 '공무설'이 전개되어 왔다. 선거권을 국가의 의사형성 또는 국정에 참가하는 국민의 주관적 권리로 보는 전자에 비하여, 후자는 선거권을 일종의 공무수행, 즉 선거인의 지위에 근거하여 국가공직자의 선정에 관여하는 공무의 집행으로 해석하였다. 이래로 선거권의 권리성을 완전히 부정하는 이론은 더 이상 주장되지 않고 선거권에 관하여 권리와 공무수행의 성격이 이중으로 인정된다는 이원설과 권리일원설이 대립하고 있다.

일본에서의 통설은 이원설이다. 이원설에 의하면, 선거권은 국민의 기본적 권리이지만 국가기관을 선정하는 권리이므로 순수한 개인적인 권리와는 달리 공무의 수행이라는 성격을 가지고 있고 그에 따라 일련의 특별한 제약을 동반하게 된다. 예컨대 공직선거법은 성년피후견인, 수감자, 일부 선거사범의 선거권을 부정하고 있는데 이는 선거권의 공무적 성격에 의하여 정당화된다. 일본의 최고재판소는 선거권에 관련한 판결에서 대체로, 선거권이 의회민주주의의 근간을 형성하는 국민의 기본적 권리이라는 점을 강조하는 한편으로 선거의 공정성 확보 등을 위한, 입법부의 재량권에 의한 제약을 광범위하게 인정하였다.

(3) 국무청구권

일본에서 수익권으로 불리기도 하는 국무청구권은 국민이 국가에 대하여 무엇인가를 하도록 요구할 수 있는 권리이다. 이러한 의미에서 생존권과 같이 복지국가의 이념에 기초한 일련의 수익적인 권리 역시 넓은 의미에서 국무청구권에 속한다고 볼 수 있겠지만, 그러한 권리는 사회권이라는 별도의 권리유형으로 분류되고 여기서 말하는 국무청구권이란 사회권을 제외한 권리만을 지칭한다. 일본국헌법에서 규정하는 국무청구권에는 크게 청원권, 재판을 받을 권리, 국가배상청구권 및 형사보상청구권이 포함된다.

청원권에 대하여 일본국헌법에서는 "누구든지 손해의 구제, 공무원의 파면, 법률, 명령 또는 규칙의 제정, 폐지 또는 개정 그 밖의 사항에 관하여 평온하게 청원할 권리를 가지며, 누구든지 이러한 청원을 이유로 어떠한 처벌대우도 받지 아니한다"(제16조)고 규정하고 있으며, 헌법의 시행과 함께 별도의 「청원법」이 제정되었다. 청원권은 국민의 정치참여가 보장되지 않고 민의를 반영하는 각종 제도가 미비하였던 시대에는 중요한 의미를 가지는 권리였지만 보편적인 참정권이 보장되고 행정소송, 행정불복심사제도 등이 정비되면서 점차 그 중요성을 잃게 되었다. 현재 일본에서는 청원법과 더불어 국회법, 중의원규칙, 참의원규칙 및 지방자치법에서 청원의 수리 및 처리절차에 대하여 규정하고 있다. 그러나 이러한 법에서는 청원의 채택과 사후처리에 관하여 각 기관의 판단에 일임하고 있고 청원에 대한 조사, 처리 등의 법적의무를 규정하고 있지 않아 청원권제도가 실제로는 유효하게 작동되지 않는 것으로 평가된다.

다음으로 재판을 받을 권리에 관하여서 일본국헌법은 여러 조항에서 이와 관련한 규정을 두고 있다. 첫째, 국민은 누구든지 '재판소에서 재판을 받을 권리'가 있고(제32조) 그 중 형사사건의 피고인은 '공평한 재판소에서 신속한 공개재판을 받을 권리'를 가지고 있다(제37조 제1항). 둘째, 재판소라 함은 최고재판소 및 법률에 따라 설치된 하급재판소를 의미하는바 그 밖의 특별재판소는 금지되고 행정기관을 중심으로 하는 재판은 인정되지 않으며 모든 재판관은 양심에 따라 독립하여 권한을 행사하고, 오로지 헌법과 법률에만 구속된다(제76조 제3항). 그밖에도 재판의 심리 및 판결은 공개법정에서 이루어져야 하고(제82조), 최고재판소 재판관 및 하급 재판소 재판관의 구성, 임명 등도 헌법의 명확한 규정에 따라야 한다(제79조, 제80조).

Ⅳ. 통치기구

1. 국회와 내각

(1) 일본의 의원내각제

근대 헌법은 인권의 보장과 함께 국가권력의 분립을 요구하고 있다. "권리가 보장되지 않고 권력분립이 정해져 있지 않은 사회는 헌법이 존재한다고 말 할 수 없다"(프랑스인권선언 제16조). 다만 권력분립원리는 각국 헌법에서 서로 상이하게 규정되어 있고 각 권력의 관계도 시대에 따라 변화해 왔다.

일본국헌법은 입법기관인 국회를 '국권의 최고기관'으로 정하고 행정기관인 내각은 국회에 대하여 연대책임을 진다고 하였다. 또한 국회가 내각총리를 지명하며 국무대신의 과반수가 국회의원 중에서 임명되어야 한다. 그리고 중의원이 내각에 대해 불신임 결의안을 가결시키는 경우에 내각은 중의원이 해산되지 않는 한 총 사퇴해야 한다(제66−제69조). 이로써 일본국헌법은 의원내각제형의 정치체제를 정하고 있다고 볼 수 있다. 여기서 의원내각제라 함은, 행정부인 내각이 입법기관에서 분리되는 한편으로, 입법기관에 대해 정치적 책임을 지며 입법기관의 민주적 통제에 복종하는 제도이다.

그러나 의원내각제 하에서 내각이 의회에 대해 어느 정도 독립되어야 하는지, 즉 내각이 의회에 대해 어디까지 복종해야 하는지에 대해서는 이론의 여지가 있다. 의원내각제의 본질을 책임으로 볼 것인가 아니면 균형으로 볼 것인가의 문제다. 책임본질설에 따르면 내각은 국민의 대표기관인 의회에 대하여 완전한 책임을 지고 의회에 대하여 독립적 지위를 가지지 않는 부속기관이다. 이렇게 되면 의회의 의향에 따라 내각은 수시로 바뀌게 된다. 반대로 균형본질설에 따르면 내각은 의회와는 별도의 독립기관으로써 의회와 균형적 위치에 있으므로 경우에 따라서는 의회를 제약하는 역할 역시 수행한다.

일본국헌법의 규정을 보면 내각은 단순히 국회의 부속기관이 아니라 상대적으로 독립된 지위를 지니고 있다. 우선 내각은 각종 행정권뿐만 아니라 천황의 국가행위에 대한 조언과 승인, 최고재판소 장관의 지명 및 기타 재판관의 임명, 국회 임시회의의 소집 등 광범위한 권한을 행사한다(제3조, 제6조 제2항, 제79조 제1항, 제80조 제1항, 제53조). 또한 내각 총리대신이 내각을 구성하는 기타 국무대신을 임명, 파면하고 내각을 대표하여 의안을 제출하고 일반 국무 및 외교관계에 관하여 국회에 보고하고 행정각부를 지휘, 감독하게 함으로써, 내각의 일체성과 통일성을 강화하였다(제68조, 제72조). 그리고 가장 중요한 점은 일본국헌법이 내각에게 중의원 해산권을 부여한 것이다. "내각은 중의원에서 불신임 결의안을 가결하거나 또는 신임 결의안을 부결한 때에는 10일 이내에 중의원이 해산되지 아니하는 한 총사직을 하여야 한다"(제69조). 따라서 중의원이 내각을 불신임하였다고 해서 내각은 반드시 총사직해야 하는 것이 아니고 중의원을 해산하는 선택권을 가지고 있다.

더 나아가 비록 헌법의 명문 규정은 없지만 일본에서는 헌법 제69조 이외의 경우, 즉 중의원이 내각 불신임안을 가결한 경우 외에도 내각은 중의원을 해산할 수 있다고 한다. 아래 '내각의 중의원해산권'에서 보다시피, 1945년 이후 일본의 정치적 관행 및 판례에 근거하여 내각은 중의원의 의사와 상관없이, 예컨대 자신이 제출한 중요한 법안이 의회에서 부결되거나 기타 선거를 통해 국민의 의사를 직접 물을 필요가 있는 경우에 중의원을 해산하고 새로운 선거를 치를 수 있게 되었다. 따라서 내각은 의회에 대하여 책임을 지는 한편 의회에 대하여 상대적으로 독립적 위치에서 의회를 견제하기도 한다. 이는 의원내각제의 본질에 관해 책임본질설이 아닌 균형본질설에 가까운 이해를 바탕으로한 것으로 볼 수 있다.

(2) 국회의 지위와 구성

일본국헌법에서 국회는 가장 중요한 지위와 권한을 부여받고 있다. 헌법상 국회는 '국권의 최고기관'이고 '국가의 유일한 입법기관'이며 국민을 대표하는 기관이라는 성격을 동시에 가지고 있다(제41조, 제43조). 여기서 첫째로 문제가 되는 것은 '국권의 최고기관'의 의미를 어떻게 이해할 것인가이다. 통설에 따르면, 현행 권력분립체제하에서 내각은 국회에 대해 중의원해산권을 행사하는 방식으로 국회를 견제할 수 있고 재판소는 독립적으로 사법권을 행사할 뿐만 아니라 국회의 입법에 대해 위헌심사권까지 행사할 수 있기에 '국권의 최고기관'이라는 규정으로부터 법적으로 국회가 최고, 최종의 결정권을 가진다든지 또는 국정전반을 총괄하는 권능을 단독으로 가진다고는 해석할 수는 없다. 따라서 이 규정은 국회가 국민의 대표로서 국정의 중심적 지위를 차지한다는 점을 강조하는 '정치적 수사'로 보는 것이 합리적일 것이다.[10]

그 외 국회의원은 전 국민을 — 선거구나 선거권자의 대표가 아닌 — 대표해야 하고 국회의원에 대한 선거권자의 구속적위임이나 소환제도는 규정하고 있지 않다(제43조). 헌법이 정한 국회의 주요 권한은 구체적으로 법률안의 의결권(제59조), 헌법개정의 발의권(제96조), 내각총리대신의 지명권(제67조), 재판관 탄핵을 위한 탄핵재판소의 설치권(제64조), 예산의결권과 기타 국가재정 관련 사항에 대한 승인, 감독권

(제83조-제91조), 조약의 승인권(제61조) 등이 포함된다.

메이지헌법과 마찬가지로 일본국헌법은 양원제 구성을 유지하였다. 다만 비선출대표로 구성되는 메이지헌법의 귀족원 대신 참의원을 신설하고, 중의원과 참의원 모두 선출대표로 구성하도록 하였다. 중의원 의원의 임기는 4년, 참의원 의원의 임기는 6년이다. 중의원은 해산의 가능성이 있기에 중의원 의원의 임기는 임기 만료 전에 종료될 수 있다. 참의원은 매 3년마다 의원의 절반을 새로 선출한다(제45조, 제46조).

양원의 관계에 관해 일본국헌법은 이른바 중의원 우월의 원칙을 규정하였다. 즉 내각불신임 의결권과 예산선결권을 중의원에게만 인정하고 법률안과 예산의 의결, 조약승인 및 내각국무총리의 지명에 있어서 양원이 의견이 다를 경우 중의원의 결정을 우선으로 한다. "중의원에서 가결되었으나 참의원에서 이와 다른 의결을 한 법률안은 중의원에서 출석의원 3분의 2의 다수로 다시 가결한 때에는 법률로서 성립된다[중략]. 참의원이 중의원에서 가결한 법률안을 이송 받은 후 국회 휴회 기간을 제외하고 60일 이내에 의결하지 않을 때, 중의원은 참의원이 그 법률안을 부결한 것으로 간주할 수 있다."(제59조).

(3) 내각의 중의원해산권

위에서 보다시피, 일본국헌법은 내각이 중의원에서 불신임당한 경우에는 총사직하거나 중의원을 해산할 수 있다는 규정하였다. 그 외 천황이 내각의 조언과 승인에 따라 행할 수 있는 국사(國事)에 관한 행위로서 중의원의 해산이 포함되어 있다(제7조 제4항). 나아가 헌법은 중의원의원의 임기는 해산의 경우 임기만료 전에 종료하고, 해산 후의 총선거의 절차에 대해서도 규정하고 있다(제45조, 제54조). 따라서 일본국헌법은 중의원의 해산을 상정하고 있으며, 중의원의 실질적인 해산권은 내각에게 부여되어 있다고 해석된다. 이러한 국회해산권은 역사적으로 영국에서 국왕이 의회를 견제하는 수단으로 이용되어 왔는바 현재는 정부가 의회를 억제하는 기능에 더불어 국회의 해산 및 그에 이은 총선거를 통하여 주권자인 국민의 뜻을 다시 묻는 역할을 하고 있다.

여기서 문제는 제69조 이외의 경우 즉 중의원이 내각 불신임안을 가결한 경우 이외에도 내각이 중의원을 해산할 수 있는지, 해산할 수 있다면 그 근거 및 그러한 해산에 한계가 있는지 여부이다. 일본국헌법이 시행되고 얼마 지나지 않은 1952년에 당시 요시다 내각은 국회의 중의원을 ─ 내각불신임의 결의안이 가결되지 않았음에도 ─ 헌법 제7조에 근거하여 해산하였다. 이번 해산에서 중의원직을 잃은 원고가 제기한 소송에서 제1심, 제2심 재판소는 모두 내각의 해산권 문제는 정치적 재량권에 맡겨야 한다고 하면서 내각의 해산행위의 위헌성을 인정하지 않았다. 이 사건의 상고심에서 최고재판소는 통치행위의 법리를 인용하여 내각의 중의원해산권이 헌법에 반하여 무효인지 여부 등은 재판소의 심사권에 포함되지 않는다는 이유로 상고를 기각하였다.

"이 사건 해산이 헌법 제7조에 의거하여 이루어진 점은 이 사건에서 논쟁의 여지가 없는 것이고, 정부의 견해는 헌법 제7조에 의하여 ─ 즉 헌법 제69조에 해당하는 경우가 아닐지라도 ─ 헌법상 유효하게 중의원의 해산을 할 수 있다는 것인바, 이 사건 해산이 위의 헌법 제7조에 의거하여 또한 내각의 조언과 승인에 의해 적법하게 이루어진 것이라는 점은 명확하므로, 재판소로서는 위와 같은 정부의 견해를 부정하고 이 사건 해산을 헌법상 효력이 없다고는 할 수 없는 것이다"(最大判昭和 35年 6月 8日 民集 14卷 7号 1206頁).

그 후 헌법 제69조에 한정하지 않는 중의원의 해산, 즉 내각은 내각불신임의 가결을 반드시 전제로 하지 않고도 중의원을 해산할 수 있다는 것이 헌법상의 관행으로 굳어지게 된다. 실제로 현행 일본국헌법 하에서 일어난 중의원해산의 대부분이 내각불신임결의안의 가결과는 무관하게 이루어졌다. 학설도 내각의 중의원해산을 헌법 제69조의 경우로만 한정하는 69조한정설을 더 이상 주장하지 않게 되었다. 다만 이와 같은 내각의 중의원해산권의 근거에 관해서는 헌법 제7조에 근거하고 있다는 위의 제7조설과 더불어, 해산권은 입법권에도 사법권에도 해당하지 않기 때문에 행정권을 내각에 부여한 헌법 제65조에 따라 행정권에 포함된다고 보는 행정공제설 및 중의원과 내각의 균형을 확보하는 중요한 수단인 내각의 해산권은 일본국헌법이 채택한 의원내각제의 본질에 그 근거가 있다는 이른바 제도설 등이 대립한다.

원칙적으로 내각은 정치적 판단에 따라 중의원을 해산할 수 있고 중의원의 해산권행사는 재판소의 사법심사에 적합하지 않는 통치행위에 속한다고 보아야겠지만 이러한 내각의 해산권행사에도 일정한 한계가 있다. 중의원의 해산은 국권의 최고기관인 국회의 기능을 멈추게 하고 국민을 대표하는 국회의원의 직을 박탈하게 되는 결과를 초래하므로 내각의 해산권행사는 그에 상응한 이유에 근거하여 이루어져야 할 것이다.

2. 사법권과 재판소

(1) 일본 사법제도의 역사와 특징

사법권이나 사법의 범위는 확정된 개념이 아니라 시대에 따라 변화한다. 우선 메이지헌법은 사법권을 민사재판과 형사재판으로 한정하고 행정사건의 처리는 사법재판소의 권한에 속하지 않는다고 하였다. "行政官廳의 違法處分으로 인해 權利를 傷害당했다고 하는 소송에서,

별도의 법률이 정한 行政裁判所의 재판에 속하는 것은 司法裁判所에서 受理되지 아니한다"(메이지헌법 제61조).

즉 일반 재판소는 민사와 형사재판을 담당하고 국가기관의 행정처분에 의해 침해를 받은 사람은 일반 재판소가 아닌 행정재판소에서 구제를 받게 되는 것이다. 여기서 행정재판소는 비록 재판소라는 명칭을 쓰고는 있으나 실은 행정계통의 내부에 설치된, 일종의 행정감독기관에 해당하고 재판관 역시 행정관료로 취급되었다. 이처럼 메이지헌법은 민, 형사사건을 다루는 일반 재판소와 행정기관 내부에 설치된 행정재판소가 병존하는 이원구조의 형태를 취하였다.

그 외 메이지헌법은 일부 특별 재판소의 설치를 허용하였다(메이지헌법 제60조). 대표적인 사례가 군인과 관련된 형사사건을 다루는 군법회의, 황족 구성원 관련 사건을 다루는 황실재판소 등이다. 이로써 메이지헌법에서 규정한 사법의 범위 또는 사법재판소의 권한은 비교적 제한적이라고 할 수 있다. 또한 법률의 헌법적합성에 대해 심사하고 판단하는 위헌심사권이 사법기관에 인정되지 않았음은 물론이다.

이러한 메이지헌법의 사법제도에 비하여 일본국헌법은 새로운 규정을 도입하였다. 사법제도 관련 일본국헌법 규정의 변화에는 크게 아래 3가지가 포함된다. 첫째 재판소에 의한 사법권의 독점이다(제76조). 사법권과 별도의 행정재판제도를 인정하지 않고 행정재판과 민사, 형사재판을 일원화시킨 것이다(前審으로서의 행정심판은 가능). 다음으로 사법기관인 최고재판소에 위헌심사권을 인정함으로써 사법부가 국회의 입법 및 기타 공권력에 의한 명령, 처분 등의 적법성에 대하여 최종적인 판단권을 가지게 하였다(제81조). 마지막으로 행정기관의 종심심판을 금지하고 기타 어떠한 특별재판소의 설립 역시 금지하였다(제76조 제2항). 이로써 사법권 범위가 확장되어 행정의 법률적합성을 판단하는 행정소송제도가 완성되고 나아가 법률의 헌법적합성을 판단하는 위헌심사제도도 처음으로 도입되었다. 이러한 일본 사법제도에는 1945년 이전 독일식의 민사, 형사재판제도의 전통과 미국식의 위헌심사제도의 요소가 결합되어 있다는 점을 알 수 있다.

(2) 사법권의 개념

최고재판소를 비롯한 사법기관이 모든 사법권을 독점하여 행사하는 이러한 사법체제하에서는 사법권의 개념, 범위가 주로 문제된다. 특히 이른바 부수적위헌심사제도를 시행하는 일본에서는 위헌심사권이 사법권에 부수되어 행사된다고 해석되므로 사법권을 어떻게 정의할 것인가가 위헌심사제도의 이해에 있어서 중요한 의미를 갖는다.

법률이나 입법의 개념과 마찬가지로 사법에 대해서도 우선 형식적 의미의 사법의 개념과 실질적 의미의 사법의 개념으로 구분해볼 수 있다. 형식적 의미의 사법권이라 함은 재판소와 같은 독립적인 사법기관이 행사하는 국가권력 또는 작용이다. 이러한 개념의 정의는 일종의 동어반복이므로 큰 의미가 없다. 결국 사법권에 대한 실질적인 정의가 필요하다. 일본에서는 오랫동안 사법권을 "구체적인 쟁송(爭訟)에 대하여, 법을 적용하고 선언함으로써 이를 재정(裁定)하는 국가작용"이라고 설명하는 기요미야 시로(清宮四郎, 1898-1989) 교수의 정의를 답습하였다. 여기서 말하는 '구체적인 쟁송'은 '법률상의 쟁송'과 동일한 의미를 가진다. 일본 재판소법에 따르면 "재판소는 일본국헌법에 특별한 규정이 있는 경우를 제외한, 모든 법률상의 쟁송을 재판하고 그밖의 법률에서 특별하게 규정하는 권한을 가진다"(재판소법 제3조 제1항)고 하여 재판소가 행사하는 권한을 정의하였다. 따라서 사법권은 구체적인 쟁송 내지 법률상의 쟁송에 대하여 독립된 재판기구가 적절한 절차에 따라 법률을 적용하여 해결하는 국가작용이라고 할 수 있다.

이러한 사법권의 개념에 있어서는 구체적인 쟁송 또는 법률상의 쟁송이 핵심적인 요소인데, 이에 대하여 최고재판소는 "법률상의 쟁송이라 함은 법령을 적용함으로써 해결할 수 있는, 권리의무에 관한 당사자 간의 분쟁"이라고 정의하였다(最判昭和 29年 2月 11日 民集 8卷 2号 419頁). 즉 재판소의 권한대상인 '법률상 쟁송'은 우선 ① 당사자 간의 구체적인 법률관계 내지 권리의무의 존부에 관한 다툼이고 그리고 ② 이러한 분쟁은 법률의 적용에 의해 종국적으로 해결할 수 있는 것이야 한다.

한편으로, 재판소가 법률상의 쟁송을 재판하는 권한, 즉 사법권을 행사한다고 하지만 모든 법률상의 쟁송이 재판소의 권한범위 안에 속하는 것은 아니다. 비록 사법권의 정의에 따르면 재판소의 권한에 포함되고 재판소가 해결할 수 있는 사항에 해당하더라도 각종 사유에 따라 사법권의 범위 밖에 놓이게 되는 경우가 있다. 일본국헌법은 우선 국회의원의 자격에 관련한 쟁송의 재판권을 국회 양원에게, 재판관의 파면에 관련한 재판권을 양원 의원으로 조직되는 별도의 탄핵재판소에 부여하였다(제55조, 제64조). 또한 국회의장의 선거, 국회의원의 징계, 국회내부의 규율 등에 관한 사항은 국회 스스로가 결정한다고 함으로써(제58조), 이러한 사항에 관해 분쟁이 생기더라도 그 해결은 국회의 자율에 맡겨야 할 것이다. 행정권과 관련해서는 내각총리대신이 국무대신을 임명하고 국무대신은 재임 중 내각총리대신의 동의가 없으면 소추되지 않는다고 규정하여(제68조, 제75조), 행정권에 대한 사법권의 일정한 한계를 설정한 것이다. 그밖에 헌법은 국제조약과 국제법규의 준수의무를 규정하고 있기에(제98조 제2항) 국제법상의 관례에 따른 외교사절의 외교특권, 조약에 근거하여 재판권을 배제한 경우와 같이 일본의 사법권이 미치지 않는 일부 예외가 인정된다.

사법권의 한계에 있어서 헌법 또는 법률에 명문의 규정은 없지만 일부 법률상의 쟁송은 '사안의 성질상' 재판소의 심사에 적합하지 않다는 이유로 사법권이 미치지 않는다고 인정되는 예외사항이 있다. 이러한 예외를 정당화하기 위해 개발된 이론이 이른바 '통치행위 이론'*과 '부분사회의 법리'**이다.

(3) 일본의 최고재판소

최고재판소는 재판장과 기타 재판관으로 구성된다. 최고재판소재판장(長官)은 내각의 지명에 따라 천황이 임명하고 재판관은 내각이 임명하고 천황이 이를 인증한다(제6조, 제79조, 재판소법 제39조). 따라서 일본에서는 내각이 재판관 전원에 대해 실질적인 임명권을 행사한다고 할 수 있다. 최고재판소 재판관의 자격에 대해서는 '식견이 높고 법률소양이 있는 40세 이상'으로 정하고 있고 정원 15인 중 최소한 10인은 법률전문가로서의 경험을 일정 기간 지내야 한다고 하였다(재판소법 제41조). 이를 반대로 해석하면 적어도 5인까지는 법률전문가 또는 법조인이 아닌 사람(다만, 법률소양 필요)도 최고재판소 재판관으로 임명될 수 있다는 것을 의미한다. 지금까지의 재판관 출신 통계를 보면 대체로 판사 출신

* 통치행위 이론은 정치행위의 법리(political question doctrine)라고도 하는데, 이에 따르면 국가통치의 기본과 관계되는 고도의 정치성을 지닌 국가행위에 대해서는 재판소의 법률적 판단이 이론적으로는 가능하더라도 사안의 성질에 따라 사법심사의 대상에서 배제해야 한다는 것이다. 헌법이나 법률의 명문 규정이 없는 이 통치행위 이론의 주요한 근거로는 자제설과 내재적제약설이 있다. 자제설은 재판소가 이러한 통치행위에 대하여 판단할 수는 있으나 그로써 발생하는 정치적 혼란을 피하기 위하여 권한의 행사를 자제한다고 주장한다. 반면 내재적제약설은 고도의 정치성을 지닌 사항을 국회 등 정치부문의 결정에 위임하는 것은 국민주권원리와 권력분립원리에 부합하는 것이므로 이는 헌법체제하에 있는 사법권에 내재하는 한계로서 이해해야 한다는 것이다.
** 부분사회의 법리(部分社会の法理)는 자율적인 법규범을 가지고 있는 단체 즉 부분사회의 내부분쟁에 관해서는 그것이 일반 시민사회의 법질서와 직접 관계가 없는 한 해당 단체의 자주적, 자율적인 해결에 맡겨져야 하고 사법심사의 대상이 되지 않다고 하는 이론이다. 이는 국가 내에는 각자 고유의 자율성과 질서를 가지고 있는 복수의 '사회'가 존재하고 국가는 가능한 한 이러한 중간단체의 자율성은 존중해야 한다는 발상에 기초하고 있다.

6인, 변호사 출신 3-4인, 검사 출신 2인(이상 법조인), 대학교수 1-2인, 기타 공무원 출신 2인으로 구성되고 있다. 최고재판소 재판관의 정년은 70세이다.

최고재판소 재판관의 임명은 10년 단위로 국민심사에 부쳐 국민의 신임을 물어야 한다(첫 심사는 임명 후 처음으로 시행되는 중의원 총선거에서 회부). 이러한 최고재판소 재판관에 대한 국민심사제도는 사법기관에게 민주주의 정당성을 부여하고 재판관에 대한 국민의 감독을 보장하기 위해 도입한 제도이다. 다만 지금까지 국민심사를 통해 불신임을 받아 사임한 재판관은 단 한명도 없어 이 제도가 유명무실하다는 비판이 제기된다.

최고재판소는 사건의 심리와 재판에 있어서 대법정과 소법정으로 나뉜다. 대법정은 15인의 재판관 전원으로 구성되고 제1소법정, 제2소법정, 제3소법정은 각각 3인 이상의 최고재판소 재판관으로 구성된다(재판소법 제5조, 제9조).

일본의 최고재판소에 대하여는 흔히 위헌심사권의 행사에 있어서 소극적인 태도를 취하고 국회나 행정부를 억제하는 역할을 제대로 수행하고 있지 않는다는 비판이 제기된다. 일본 최고재판소의 보수화와 사법소극주의에 대해서는 지금까지 많은 연구가 있지만, 최고재판소 구성만을 놓고 본다면 다음과 같은 몇 가지 이유를 상정해볼 수 있다. ① 내각이 실질적으로 모든 재판관을 임명하는 체제하에서 자민당이 장기집권하게 됨으로 재판관 구성이 다양화 되지 못한 점, ② 재판관의 나이를 보면 거의 모든 재판관이 60대 이상이고, 상대적으로 젊은 재판관이 부재하다는 점, ③ 최고재판소 재판장을 재야법조인인 변호사나 대학교수가 아닌 직업재판관이 줄곧 담담해 왔다는 점 등.

3. 위헌심사제도

(1) 일본형 위헌심사제도

사법기관이 법률을 포함한 각종 법규범의 헌법적합성에 대하여 심사하고 헌법에 위반될 경우 해당 법규범의 무효화를 선언하는 위헌심사제도는 크게 독일을 대표로 하는 헌법재판소형과 미국을 대표로 하는 사법재판소형 또는 부수적위헌심사제(付隨的違憲審査制) 두 가지 유형이 있다.

일본국헌법은 메이지헌법과 달리 법률 등의 합헌법성에 대한 최종판단권을 최고재판소에 부여함으로써 재판소에 의한 위헌심사제도를 명확히 규정하였다. "최고재판소는 일체의 법률, 명령, 규칙 또는 처분이 헌법에 적합한지 여부를 결정하는 권한을 가진 최종재판소이다."(제81조).

그런데 위의 헌법 제81조의 규정만을 놓고 보면 일본국헌법이 예정하고 있는 위헌심사제가 어떠한 것인지, 즉 미국과 같은 사법재판소형인지 아니면 독일형의 헌법재판소형인지가는 명확하지 않다. 이처럼 최고재판소는 헌법 제81조를 통해 법률 등의 위헌성을 최종적으로 판단할 권한을 가지게 되었지만 그 위헌심사권의 성격 등에 대해서는 헌법은 더 이상 규정하지 않고 있다. 여기서 문제의 핵심은 재판소 특히 최고재판소에 주어진 위헌심사권이 구체적인 소송을 전제로 하고 있는 이른바 부수적위헌심사권인지, 아니면 거기에는 구체적인 사건을 전제로 하지 않는 독일형의 추상적인 위헌심사권 또한 포함되어 있는지 여부이다. 이 헌법 제81조의 해석을 둘러싸고 학설은 크게 두 가지로 나뉜다.

(a) 사법재판소설

소위 통설 또는 사법재판소설은 일본국헌법 제81조에 따라 최고재판소 내지 다른 재판소에 주어진 권한은 구체적 소송을 전제로 하는 부수적심사권뿐이며 이 조문으로부터 추상적인 위헌심사권은 도출될 수 없다고 한다. 그 이유는 다음의 3가지이다. ① 헌법 제81조는 헌법 중 사법의 장에 위치하는바, 사법은 구체적인 권리의무에 관한 분쟁 또는 일정한 법률관계의 존부에 대한 다툼을 전제로 하고 그에 법령을 적용하여 분쟁을 해결하는 작용이므로 제81조의 위헌심사권은 이러한 작용에 부수하여 존재한다는 것이다. ② 추상적 위헌심사권을 재판소에 인정하기 위해서는 관련 재판관의 선출, 제소권, 절차 등에 대한 명문의 규정이 헌법을 통하여 결정되어야 하지만 일본국헌법은 그것에 대하여 달리 규정하는바가 없다. ③ 일본국헌법은 미국의 절대적인 영향 하에서 제정되었는데 미국 헌법에서는 추상적 위헌심사권을 재판소에 인정하지 않았다.

(b) 추상적 위헌심사 가능설

반면, 제81조는 최고재판소에 추상적 위헌심사권한을 부여하였고 최고재판소는 일반 재판소 외에 독일형 헌법재판소의 기능도 함께 지닌다는 주장도 존재한다. 즉 헌법재판소병존설 내지 추상적위헌심사가능설이다. 그 근거는 다음과 같다. ① 재판소가 사법권을 행사하고(제76조), 헌법 존중 의무를 지고 있는 한(제99조), 구체적 사건의 해결에 있어서 관련 법률의 헌법적합성을 심사하는 것은 당연한 것으로 이를 헌법 제81조에서 특별히 규정할 필요가 없다. 따라서 제81조가 헌법에 추가로 명기된 것은 부수적심사권과는 구분되는 별도의 권한을 최고재판소에 부여한다는 의미이다. ② 제81조의 조문을 보면 '헌법에 적합한지 여부를 결정할 권한'이라고 명확히 규정하고 있는데 이는 헌법재판소로서의 권한을 가리킨다. ③ 마지막으로, 재판관의 선출 등 절차에 관하여 헌법에 명기하지 않았다는 점은 헌법상 권한이 부여되지 않았다는 주장의 근거가 될 수 없으며, 이러한 사항은 법률에 위임된 것으로 해석해야 한다. 추상적위헌심사가능설은 다시 이를 위한 특별한 법적 절차가 필요한지 여부에 따라 법적절차 필요설, 법적절차 불필요설, 및 법률위임설로 나뉜다.

일본 최고재판소 판례는 통설을 지지하고 있는 것으로 보인다. 1952년에 소위 '경찰예비대위헌소송'에서 최고재판소는 이렇게 판시하였다.

"우리 재판소에 현행 제도상 주어진 것은 사법권을 행사할 권한이며, 사법권이 발동하기 위해서는 구체적인 쟁송 사건이 제기되는 것을 필요로 한다. 우리 재판소가 구체적인 쟁송 사건이 제기되지 않음에도 미래를 예상하여 헌법 및 기타 법률 명령 등의 해석에 존재하는 의문이나 논쟁에 대해 추상적인 판단을 내리는 등의 권한을 행할 수 있는 것은 아니다. 그리고 최고재판소는 법률, 명령 등에 관하여 위헌심사권이 있고 이 권한은 사법권의 범위 내에서 행사되는 것이며, 이 점에 있어서는 최고재판소와 하급 재판소 사이에 다른 점은 없다(헌법 제76조 제1항 참조). [중략] 요약하자면 우리 현행제도 하에서는 특정인의 구체적인 법률관계에 대해 분쟁이 존재하는 경우에 대해서만 재판소에 그 판단을 구할 수 있으며, 재판소가 이러한 구체적 사건과 떨어져 추상적으로 법률, 명령 등의 합헌성을 판단할 권한을 가진다는 견해는 헌법 및 법령에 어떠한 근거도 없다"(最大判昭和 27年 10月 8日 民集 6卷 9号 783頁).

1951년에 경찰예비대의 설립을 위한 법률이 통과되었는데 경찰예비대는 모든 전력을 보유하지 않는다는 헌법 제9조에 위배될 소지가 있다. 당시 야당이었던 사회당은 경찰예비대가 헌법에 위반한다고 하면서 최고재판소에 직접 소송을 제기한 것이다. 이러한 원고의 소를 각하하면서 내린 최고재판소 판시사항의 요점은 세 가지이다. ① 재판소에 부여된 권한은 사법권이다. ② 위헌심사권은 사법권 내에서 행사되어야 한다. ③ 재판소가 구체적 쟁송사건과 관계없이 추상적 위헌심사권을 가진다는 견해는 헌법적 근거가 없다.

이 판례이후 일본에서는 일본국헌법의 위헌심사제를 미국형의 부수적심사제로 보며 재판소는 구체적인 사건의 해결을 전제로 이를 위해 필요한 경우에 법률의 헌법위반을 심사하는 권한을 갖는 것으로 해석되고 있다.

(2) 일본에서의 헌법소송

이처럼 일본의 현행 위헌심사제는 소위 부수적심사제로 해석되어왔고 재판소의 위헌심사권은 사법권의 일환이므로, 이러한 위헌심사권은 일반적으로 소송절차의 진행과정에서 헌법 쟁점에 대한 판단이 그 소송 해결에 필요한 범위에서만 행사될 수 있다. 그러므로 헌법소송은 특별한 소송 형태를 가리키는 것이 아니라 어떤 헌법상의 쟁점을 포함하는 소송의 총칭이다. 즉 미국이나 일본과 같은 부수적 위헌심사제도 하에서는 헌법문제에 대한 재판소의 판단은 통상적인 소송 절차에서 — 헌법재판 또는 헌법소송이라는 독립된 소송의 형태를 취하는 것이 아니라 — 그 소송의 해결에 필요한 범위 안에서 이루어진다. 일본에서 구체적인 소송은 기본적으로 형사소송, 민사소송, 행정소송의 세가지 있으며 각각 형사소송법, 민사소송법, 행정소송법(행정사건소송법)에 의해 규율된다. 헌법소송을 전문적으로 다루는 헌법소송법이나 헌법재판절차법은 따로 존재하지 않는다. 따라서 헌법소송은 자체의 독자적인 소송절차가 아닌, 위의 소송절차 중 하나에 따라 진행된다.

즉 재판소는 '구체적인 소송사건의 해결에 부수하여 사건의 처리에 필요한 한도에서' 위헌심사권을 행사하고 재판소의 헌법판단은 구체적인 사건 해결의 필요한 범위 안에서만 이루어진다. 한편으로 사법권의 정의에 관해서는 '사건과 쟁송성' 내지 '법률 쟁송성'이 그 본질로 인식되고 구체적으로는 '법령을 적용함으로써 해결할 수 있는, 권리의무에 관한 당사자 간의 분쟁'으로 한정되었다.

이로써 현재 일본의 헌법제도 하에서는 ① 위헌심사권의 전제로서 사법권 발동이 필요하고 ② 사법권은 구체적 사건과 쟁송성 요건을 충족해야 하므로 결국 ③ 위헌심사권을 행사하기 위해서는 구체적인 권리의무의 다툼과 사법에 의한 종국적으로 해결 가능성이 전제되어야 한다는 법리구조가 성립한다. 이에 따라 위헌심사권의 행사 및 당사자 권리의 헌법적 구제는 실제적인 사법권의 범위, 즉 구체적인 소송절차가 개시될 수 있는지 여부에 달려 있다.

또한 소송이 적법하게 제기되고 헌법문제가 쟁점으로 되었을지라도, 재판소는 가능하면 사건 해결에 필요한 경우에만 헌법판단을 하고 헌법판단을 내릴 시에도 위헌결정을 피하여 해석할 수 있을 경우 그러한 해석을 취해야 한다. 부수적위헌심사제도 하에서 일반적으로 요구되는 이러한 헌법판단회피의 주된 근거는, 유권자에게 직접 정치적 책임을 지지 않은 사법권은 가능한 자기억제적이어야 하고 사법권의 주된 임무는 어디까지나 구체적인 사건의 해결에 있고 사건 해결에 필요한 범위에 한하여 위헌심사권을 행사해야 한다는 점이다.

일본국헌법이 시행된 이래 현재까지 70년이 넘는 동안 일본의 최고재판소가 법령위헌의 결정을 내린 판결은 손에 꼽을 수 있을 정도이다. 일본의 사법기관 특히 최고재판소는 위헌심사권의 행사에 있어서 극단적으로 소극적인 경향을 보이고 있고, 따라서 사법기관은 입법 등 권력기관에 대하여 대체로 추종하는 즉 겸억적인 태도를 취해 왔다고 평가된다. 이는 이른바 사법소극주의가 일본 사법제도의 중요한 특징으로 여겨지는 이유이다.

미주

1) 이하 이 책의 헌법 부분은, 필자(강광문)가 출간한, 『일본 헌법과 헌법소송』 (박영사, 2020년)의 관련 내용을 요약하고 이를 토대로 보완한 것이다. 따라서 이 부분의 내용은 위의 책 내용과 일부 중복되어 기술되어 있다는 점을 밝혀둔다.
2) 이하 일본국헌법의 제정과정에 대한 서술은 이미 발표된 필자의 논문 "일본국헌법 제9조의 성립과 해석에 관한 일고찰", 법사학연구 제54호(2016)의 관련 부분을 토대로 구성한 것이다.
3) 芦部信喜(高橋和之補訂), 憲法(第五版), 岩波書店(2011), 83-84면.
4) 佐藤幸治, 日本国憲法論(2011), 123-124면.
5) 이하 헌법9조에 관한 서술은 앞의 논문 "일본국헌법 제9조의 성립과 해석에 관한 일고찰"의 관련 부분을 토대로 구성한 것이다.
6) 野中俊彦/中村睦男/高橋和之/高見勝利, 憲法(第五版)Ⅰ, 有斐閣(2012), 274-275면.
7) 野中俊彦/中村睦男/高橋和之/高見勝利, 위의 책, 352-353면.
8) 芦部信喜(高橋和之補訂), 앞의 책, 190면.
9) 野中俊彦/中村睦男/高橋和之/高見勝利, 앞의 책, 484면.
10) 芦部信喜(高橋和之補訂), 앞의 책, 285면.

참고문헌

芦部信喜(高橋和之補訂), 憲法(第五版), 岩波書店(2011).

大石真/石川健治(編), 憲法の争点, 有斐閣(2008).

佐藤幸治, 日本国憲法論, 成文堂(2011).

高橋和之, 立憲主義と日本国憲法, 有斐閣(2005).

野中俊彦/中村睦男/高橋和之/高見勝利, 憲法(第五版) I II, 有斐閣(2012).

長谷部恭男, 憲法(第四版), 新世社(2008).

長谷部恭男/石川健治/高橋和之/宍戸常寿, 憲法判例百選(第6版) I II, 有斐閣 (2013).

樋口陽一, 憲法(改訂版), 創文社(1998).

宮沢俊義, 憲法(改訂第五版), 有斐閣(1990).

제2장 행정과 법

유 진 식

Ⅰ. 처음에

한국에서 유사한 시스템을 가진 일본의 행정법을 소개하는 일이란
쉬운 일이 아니다. 특히 한국행정법은 식민지시대는 물론 해방 이후에

도 일본행정법의 강한 영향을 받았기에 더욱 그러하다. 따라서 본고는 근대 일본 행정, 행정법의 에토스라고 할 수 있는 국가이데올로기에 바탕한 공익을 우위에 둔 권위적인 행정법이 학설과 판례가 어떻게 상호작용을 하면서 이를 극복해가고 있는가 하는 점에 중점을 두고 서술하기로 한다. 그 방법으로는 행정법의 핵심적인 이론을 선별하여 분석하고자 한다.

그리고 또 한 가지 본고를 기술함에 염두에 두었던 사항은 한국학계에서 일본행정법을 원용하면서 나타나는 문제점에 대한 것이다. 한국에서 일본행정법을 원용하면서 이에 대한 전체적인 맥락을 충분히 이해하지 못하고 단편적으로 원용하는 사례가 많아 이것은 한국행정법의 체계를 정립하는데 큰 장애물로 작용하고 있다. 따라서 본고에서는 각 테마에 대하여 전체적인 맥락 속에서 이해하여 서술함으로써 위와 같은 문제점을 극복하는데 조금이나마 도움이 되고자 한다.

II. 근대 일본에 있어서 행정, 행정법의 에토스

19세기 중반부터 아시아에 몰려들기 시작한 유럽문명, 특히 자본주의라고 하는 생산양식은 아시아 여러 나라의 존재양식을 강하게 규정하게 되었다. 그러나 이미 잘 알려진 대로 그 프로세스는 매우 거친 것이었다. 즉, 그 문명을 받아들일 체제가 되어 있지 않은 나라는 식민지화 되었고 간신히 독립을 유지한 나라들에게는 예외 없이 불평등조약을 강요했다.[1] 일본은 이러한 역사적인 소용돌이에 어떻게 대응하였는가?

일본은 메이지유신을 계기로 근대화를 본격적으로 추진함으로써 거친 유럽문명에 대하여 자발적으로 대응하여 독립을 유지하고 있던 나라 중의 하나였다. 그러나 그 당시 일본이 누리고 있던 독립도 불평등조약에 의해서 제약된 불완전한 것으로 언제 유럽열강에 의해서 식민지화 될 것인지 알 수 없는 불안한 상태에 있었다. 실제로 당시의 유신지도자들은 늘 그러한 공포에 시달리며 「배수의 진」을 치고 근대화를 추진했다.[2] 하루라도 빨리 공업화를 달성하여 유럽열강의 군사력에 대항할 수 있는 군사력을 갖추는 일이야 말로 그들에 있어서는 초미의 과제였다.

위와 같은 배경 아래 일본은 매우 강력한 집중권력을 지닌 국가를 구축하여 강대한 국가권력에 의하여 구미선진자본주의국가로부터 고도의 생산기술, 생산력을 도입함과 동시에 거기에 걸맞는 생산관계를 시급히 만들어 가지 않으면 안 되었다. 그러한 의미에서 부국을 지향하는 식산흥업정책과 강병정책이 진행되었다. 이른바 부국강병정책이다.[3]

위와 같은 배경은 근대일본의 국가시스템과 법체계를 구축하는데 그대로 반영되었다. 즉, 1889년 제정된 대일본제국헌법이 보여주듯이 천황주권을 중심으로 한 강력한 국가주도의 헌정체계가 성립된 것이다. 이 체계는 자연히 '행정'우위를 그 특징으로 하고 여기에 상응한 국가법체계가 만들어진 것이다. 본고의 테마인 행정법 역시 예외가 아니다. 아니 오히려 가장 국가주의적인 색채를 띠고 있는 것이 바로 행정법이라고 할 수 있다. 그 결과 위와 같은 상황은 고스란히 근대 일본행정법의 토양이 되어 행정법의 기본원리와 법해석에 충실히 반영되었고 그 영향은 오늘에까지 계속되고 있다고 할 수 있다.

Ⅲ. 행정법의 기본원리

1. 법치주의

법치주의는 행정법 성립의 가장 중요한 요소라는 점에 대해서 이의를 제기하는 학자는 아무도 없다.[4] 다만 법치주의를 설명할 때 사용하는 용어나 의미에 대해서는 꽤 다양한 견해가 존재한다. 예를 들면, 「법의 지배」라는 용어가 바로 그것이다. 「법의 지배」라는 용어는 영미권에서 형성된 법치주의의 원리라고 받아들이는 것이 보통이다. 그러나 이와는 달리 제2차 세계대전 후 제정된 일본헌법의 통치원리를 「법의 지배」라고 파악하는 학자도 있다. 즉, 개인이 자유로운 활동에 의하여 자기실현을 위한 시스템이 국가이고 이 국가기구를 지탱하는 것이 「법의 지배」의 원리라고 한다.[5] 이 견해는 국가와 사회를 어떻게 받아들일 것인가에 대하여 사회가 국가를 만들었다는 일원론적인 입장에서 피력된 것이나 아직 일반적으로 받아들여지고 있지는 않다.

일본에서는 행정법의 기본원리의 하나인 법치주의의 개념으로 「법률에 의한 행정의 원리」를 채용하고 있는 것이 보통이다. 이것은 독일의 행정법학자 오토 마이어가 제시한 행정법의 기본원리로 ① 법률의 법규창조력, ② 법률의 우위 그리고 ③ 법률유보라는 세 가지 원칙을 들고 있다. 이하에서 살펴보기로 한다.

(1) 「법률에 의한 행정의 원리」

(a) 법률의 법규창조력

이것은 법률만이 법규를 창조할 수 있다는 의미이다. 그리고 그 내용으로 「일반적인 규율을 정립하는 입법독점권」 또는 「일반적인 내용을 갖는 법규의 정립을 법률사항으로 한다」는 것을 든다. 그러나 현행 일본헌법의 내용에 비춰보면 이 원칙의 독자성을 인정해야 할 의미가 없다는 주장이 유력하게 제시되고 있다. 즉, 일반적 규율을 의회가 정립할 수 있는 점은 국회를 유일한 입법기관이라고 규정한 헌법 제41조에 포함된다. 또 일반적 규율이 의회에 독점되어야 한다는 점은 법률유보원칙의 내용과 겹친다. 그렇기 때문에 현시점에서는 유보원칙·우위원칙과 나란히 논할 고유한 의의를 인정할 수 없다는 것이다.6)

(b) 법률의 우위

법률이 존재하면 행정은 그것에 위반할 수 없다는 원리이다. 규범논리로 볼 때 당연히 도출되는 것으로 오늘날에는 새삼스럽게 법치주의의 내용으로서 언급할 가치가 없다. 그러나 이 원리는 메이지헌법에서는 칙령이 법률과 같은 효력을 지니고 있었기 때문에 의미가 있었다.

(c) 법률유보

법률유보란 행정청이 행정활동을 함에 있어서 어느 경우에 법률을 필요로 하는가에 대한 논의이다. 이 논의가 이른바 법률유보론인데 일본에서는 침해유보설에 대한 비판을 중심으로 다음과 같이 다양한 이론이 전개되어 왔다.

법률유보론은 역사적으로 19세기 독일에서 군주의 통치로부터 시민사회를 보호하기 위하여 전개된 원칙으로서 이 이론의 중심역할을 수행해온 것이 바로 침해유보설이다. 침해유보설은 간단히 말하면 "이 영역(=시민의 자유·재산)에서는 법률 없이는 행위를 하지 말라"는 의미로 명령을 받는 쪽은 행정권이다.7) 그러나 침해유보설에서는 법률의 근거가 지나치게 좁다는 비판이 지속적으로 제기되었고 이러한 비판은 다음과 같이 두 가지 방향으로 전개되었다.

첫째는 오늘날 헌법은 생존권을 보장하고 급부행정이 중요한 행정분야로 자리 잡게 되었다(=사회국가)는 현상에 바탕을 두고 있다. 이러한 사회국가 아래에서는 사회권도 또 자유·재산과 마찬가지로 법적으로 보호받을 가치 있는 권리이기 때문에 이들에 대해서도 법률의 근거가 필요하다는 견해가 제시되었다. 이것이 이른바 사회유보설 또는 급부행정유보설이다. 또 하나는 민주주의의 관점에서의 비판이다. 원래「유보(留保)」라는 말은 행정권이 독자적으로 활동하는 영역이 전제되고 그 가운데 일부에 대하여 의회로부터 사전에 수권(授權)이 필요하다고 하는 입헌군주제의 헌법구조를 전제로 하고 있다. 그러나 오늘날의 헌법은 국민주권을 전제로 하고 있기 때문에 모든 행정에는 법률의 근거가 필요하다는 견해이다(=전부유보설). 그러나 전자에 대해서는 무엇을 법정화의 기준으로 삼을 것인가 불분명하고 급부행정에서는 법률의 근거를 요구하는 것이 국민들에게 오히려 불리하다는 등의 비판이 제기되었다. 후자에 대해서는 행정권 역시 헌법상의 민주적인 정당성을 가지며 모든 활동에 법률의 근거를 요구하게 될 경우 수권(授權) 법률은 개괄적인 것으로 될 수밖에 없어 역으로 명확한 법률요건규정을 두게 되면 행정수요에 유연하게 대처할 수 없다는 비판이 제기되었다.[8]

이러한 비판을 거쳐서 등장한 것이 권력유보설과 본질성설이다. 권력유보설은 "행정상 관계인의 권리의무를 일방적·권력적인 형식으로 변동시키고자 하는 수법을 이용하는 경우에는 그에 관해서는 항상 입법의 근거가 필요하다고 하는 견해"[9]이다. 권력유보설 역시 명령의 대상은 침해유보설, 사회유보설과 마찬가지로 행정권이다. 그러나 권력유보설은 침해유보설이 취급하고 있는 문제의 차원에 관한한 침해유보설과 대립하여 이것을 부정하려는 취지는 아니라는 비판이 있다. 즉, 침해유보설의 내용과 본질적으로 차이가 없다는 이야기이다.

본질성이론은 1970년대 이후 독일연방헌법재판소가 확립한 현대판 법률유보의 원칙으로 "국민의 권리자유의 보호라고 하는 법치주의적 요청에 더하여 의회에 의한 민주주의적 통제의 확보라고 하는 시점 (視點)을 강조"하는 관점에서 전개되고 있다.10)

위와 같은 변화의 가장 중요한 요인은 의회와 행정권의 정치적 기반의 변화와 국가의 기능변화(=사회국가의 등장 등)이다.11) 즉, 전자의 경우 근대국가에 있어서 군주와 의회가 대립구조를 하고 있었지만 오늘날에는 행정권에 대한 견제는 야당에 의해서 이뤄지고 여당이 의회에서 다수를 차지하고 있는 경우 행정권과 공조체제를 갖추는 것이 보통이다. 후자의 경우 19세기의 국가의 역할, 즉 국민의 자유와 재산의 보호를 중심으로 하던 역할에서 오늘날에는 생존권보장을 중심으로 한 사회국가적 임무로 바뀌게 된 것이다.12)

이상에서 살펴본 것처럼 일본에서는 법률유보에 대하여 침해유보설에서 본질성이론에 이르기까지 다양한 견해가 제시되고 있다. 그러나 재미있는 사실은 한국의 경우 본질성이론이 학설·판례의 통설이며 행정기본법(제8조)에 명문으로 규정되어 있지만 일본의 경우 침해유보설이 아직도 그 근거를 잃지 않았다는 입장을 취하는 유력한 학자가 있다는 점이다.13) 앞으로 이 논의가 어떻게 진행될지 좀 더 지켜봐야 할 것 같다.

(2) 법치주의와 행정지도

일본에서 법치주의를 논의함에 있어서 언급해야 할 소재로서 또 하나 들 수 있는 것이 행정지도이다. 해외에서 일본행정법, 아니 일본 사회를 이야기할 때 빼놓을 수 없는 단어가 「행정지도」이기도 하다. 해외에서도 「Ghoseishido」라는 단어로 통하고 있을 정도이다. 곧이어 언급하는 것처럼 일본의 전통적인 행정법학의 키워드는 「행정행위」로 이 개념을 중심으로 이론과 제도가 구성되어 왔는데 행정지도가 이처럼 주목을 받는 이유는 어디에 있을까? 그것은 행정현장에서 행정지도가 다른 행위형식·수법에 비해 사용빈도가 압도적이라는 점에서 찾을 수 있을 것이다. 예를 들면 일본에서는 실제로 업자의 위법한 행위에 대하여 제재로 불이익처분이 내려지는 경우는 매우 드물고 대개는 업계단체를 통한 행정지도로 대신하는 것을 흔히 볼 수 있다.14) 신청에 대한 처분의 경우에도 마찬가지이다. 집을 짓기 위하여 건축확인(우리나라에서의 건축허가에 해당함)을 신청하는 경우 건축주사는 처분을 하기 전에 건축주에게 역시 행정지도를 하는 것이 보통이다. (조금 시간이 지난 자료이기는 하지만) 행정지도의 조직적인 실태연구에 관계했던 어느 학자에 의하면 「일본의 행정에서 행정지도는 여러 행정수단 중의 하나에 그치는 것이 아니라 행정운영의 7, 8할을 차지하는 가장 보편적이고 상설화된 행정수단이다」는 느낌을 갖게 되었다고 말하고 있다(행정지도에 의한 행정).15) 그리고 이 행정지도가 역사적으로 어떠한 구조속에서 창출되었는가에 대한 심층연구에 의하면 그 원류(原流)는 메이지국가에까지 거슬러 올라간다고 한다.16) 이처럼 행정지도는 단순히 행정과정에서 이용되는 여러 행정수법중의 하나라는 의미에 그치지 않는다. 즉, 행정지도는 이미 오랜 기간을 통해서 정착된 구조속에서 창출되고 있는 것이다.17)

그렇다면 왜, 행정지도에 의한 행정이 문제가 되는가? 그것은 행정지도가 이른바 전형적인 「비권력적 사실행위」이기 때문에 설령 이에 의하여 시민이 권익을 침해당하는 일이 있어도 취소소송을 제기하거나 손해배상을 청구하기가 어렵기 때문이다. 즉, 행정지도는 법치주의의 그물망을 쉽게 피해갈 수 있는 대표적인 행정수단이다. 이러한 문제점을 해결하기 위하여 행정절차법에 행정지도절차를 규정하여 법률로써 규제하고 있고(행정절차법 제32조 이하) 또 처분성 개념을 확대하여 행정지도를 취소소송의 대상으로 인정하는 판례도 축적되고 있다.18)

2. 공·사법구별 이원론

(1) 권력의 법으로서의 행정법

일본행정법의 에토스를 가장 잘 보여주는 이론이 공·사법구별 이원론이다. 행정법의 성격에 관한 전통적인 일본의 학설을 보면 그 대부분은 행정작용의 권력성에 착안하여 행정권에 의하여 행사되는 곳의 권력행사를 규율한다는 점에서 사법과는 다른 행정법의 특질을 인정해 왔다. 여기서 '권력성'이란, (다양한 관점이 존재하지만 여기서는 편의상) '행정측이 상대방인 국민의 의사 여하에 관계없이 국민에 대하여 명령하거나 강제하는 것'[19]으로 정의하고자 한다.

위와 같은 학설의 대표자는 전후 일본행정법을 집대성한 다나카 지로우(田中二郎)다. 다나카는 행정상의 법률관계를 권력관계와 비권력관계로 나누어 설명한다. 먼저 권력관계는 「공권력의 주체로서의 국민 또는 공공단체와 시민과의 사이의 관계처럼 그 관계 자체의 성질상 대등한 개인 상호간의 관계인 사법관계와는 다른 것이기 때문에 실정법상에서도 특수한 법적 규율에 따르도록 하고 있는 경우」이다. 이 관계에 있어서는 행정주체는 법률상 우월적인 주체로서 상대방에 대하기 때문에 사법관계와는 본질적으로 달라서 이를 본래적 공법관계라고 부르기도 한다.[20] 이어서 비권력관계로 분류할 수 있는 것으로 관리관계와 사경제관계를 들 수 있다. 다나카 행정법의 특성의 하나라고 볼 수 있는 관리관계에 대해서는 다음과 같이 설명하고 있다. 즉, 행정주체가 「공권력의 주체로서가 아니라 공적 사업 또는 재산의 관리주체로서 시민에 대하는 경우로 성질상으로는 사인이 사업을 경영하거나 재산을 관리하는 경우와 유사하지만 그것이 공행정으로서 공공의 복지와 밀접한 관계를 갖고 있기 때문에 실정법상 특히 공공복지를 보호할 필요가 있기 때문에 이것을 특수한 법적 규율에 따르도록 하고 있는 경우」, 이것을 관리관계라고 하고 있다. 이 관계는 원래 사법관계와의 사이에 본질적인 차이가 없는데 단지 실정법상 특히 공공복지를 보호하기 위하여 특수한 규정을 둠으로써 비로소 순수한 사법관계와 구별되게 된다. 이러한 의미에서 다나카는 이것을 전래적인 공법관계라고 부르고 있다.[21]

위와 같은 다나카의 행정상의 법률관계론은 전후 행정법학계에 결정적인 영향을 끼쳤고 이러한 영향에 의해서 오늘날의 대부분의 학설은 여전히 행정법을 「권력의 법」으로서 이해하고 있다. 물론 위와 같은 입장에 변화가 없는 것은 아니다. 이미 많은 연구자들이 다양한 시각에서 종래의 학설을 비판하고 새로운 패러다임을 제시하고 있다. 항을 바꿔 간단히 살펴보기로 하자.

(2) 공·사법 구별론에 대한 비판과 변화

메이지헌법 아래에서 독일 행정법·행정법학 아래서 체계화된 일본 행정법·행정법학에서의 공·사법구별은 전후 일본헌법 제정 이후에도 그대로 지속되었다. 그러나 행정주체의 우월성과 공익의 사익에 대한 우위를 전제로 하는 공·사법 구별론이 현행 헌법하에서도 과연 타당한가에 대한 논의가 1950년대 후반부터 본격적으로 시작되었다. 이 논의 가운데 공·사법 구별론에 대하여 체계적이고 논리적인 비판으로 학계에 큰 파장을 불러일으킨 연구자가 이마무라 시게가즈(今村成和)이다. 이마무라는 1957년 「현대행정과 행정법이론」이라는 글에서 공·사법 구별론이 법해석론상 불필요하다는 주장을 피력하고 있는데 그 내용을 정리하면 다음과 같다.

공법과 사법을 구별하는 기준에는 주체설, 권력설 그리고 이익설이 있으나 어떠한 목적에서 이용하느냐에 따라 두 가지 경우를 생각할 수 있다. 그 하나는 「유형론적 고찰」이라고 할 수 있는 것으로 전(前) 법률적 기반에서 파악하여 이를 바탕으로 법질서를 분류하여 고찰하는 경우이다. 또 다른 하나는 실정법질서가 공법과 사법이라는 두 개의 체계로 나뉘어 있는 것을 전제로 하여 그 구별기준을 명확히 하는 것을 목적으로 하는 것으로 이른바 「제도론적 고찰」이 그것이다. 전자는 법인식의 보조수단으로서 어떠한 기준을 취해도 그 나름대로의 성과를 올릴 수 있다. 그러나 후자는 초법규적으로 어느 기준이 옳다라고 하는 것은 있을 수 없기 때문에 실정법질서가 현실적으로 어떠한 기준에 따라 구별할 것인가가 문제가 된다. 실제로 유럽 각국에서 취하는 구별기준이 각각 다른데 이것은 실정법질서보다는 재판제도와 깊은 관련이 있다는 것을 시사한다. 즉, 유럽대륙처럼 행정사건을 다루는 행정재판소가 사법재판소로부터 독립해 있는 곳에서는 법체계의 이원화가 관찰되지만 영국이나 미국에서는 이와 같은 현상은 볼 수 없다.

그럼에도 불구하고 일본에서는 메이지헌법시대에는 공법·사법이원론에 의심을 품는 사람은 거의 없었다. 그 결과 현행헌법 아래서도 재판제도는 바뀌었지만 행정실체법에는 영향이 없다고 하여 이원론이 지배적이다. 학설은 물론 행정사건소송법에서도 「공법상의 법률관계에 관한 소송」(제4조)과 「사법상의 법률관계에 관한 소송」이라고 하여 구별되어 있다.

원래 공권력의 행사를 규율하는 법과 사인간의 관계를 규율하는 법에 있어서는 그 내용과 기능에 있어서 큰 차이가 있다. 그러나 이러한 차이는 법률관계의 유형적인 차이에서 발생하는 것으로 반드시 당연히 실정법질서의 체계적인 분립을 의미한다고 할 수 없다.

이렇게 보면 재판제도가 일원화된 현행헌법 아래서는 과거의 이원론은 일단 파산하였고 전체적인 법률질서 속에서 행정에 관한 법적 규제의 특수성이 어떻게 구성되어 있는가를 새롭게 바로잡는 편이 훨씬 효과적이라고 생각된다. 이렇게 함으로써 과거 행정법이론에서 종종 등장하곤 했던 과잉권력의 승인을 배제할 수 있고 또 공법체계라고 하는 것으로 스스로 세운 울타리를 제거함으로써 이른바 사법형식에 의한 새로운 행정활동의 분야에 대해서도 충분히 고찰할 수 있을 것이다.22)

위의 이마무라의 공·사법 부인론은 학계에 압도적인 영향을 미쳐 현재 거의 대부분의 교과서가 받아들이고 있으며 구별론을 전제로 하는 교과서23)도 실정법해설 차원에서는 구별이 상대화하고 있음을 솔직히 인정하고 있다.

한편 최근에는 공·사법부인론을 넘어 양자가 서로 협력하고 보완하는 관계에 있다는 점에 주목해야 한다는 견해가 제시되고 있어 주목을 끌고 있다. 이 설은 공법은 근대시민사회가 성숙함과 더불어 국가권력에 의한 승인을 얻어낸 자기완결적인 재판규범의 체계인 시민법을 전제로 하여 그것과의 관계에서 이해되고 파악되어야 한다는 입장이다. 즉, 공법은 국민대표회의가 이것을 정립하면 일방적으로 국가 대(對) 국민 사이에 권리의무관계를 형성하는 것으로 그치는 것이 아니라 그것은 시민법을 보충 또는 수정하는 것으로서 특별히 필요한 경우에 그 한도 내에서 허용되어야 한다는 것이다.24)

Ⅳ. 행정법방법론

행정법은 민법이나 형법 등과는 달리 통일된 법전이 없고 무수한 법률로 이뤄졌기 때문에 어떠한 관점에서 어떻게 체계화할 것인가 하는 매우 어렵고도 중대한 문제를 늘 안고 있다. 그리고 이것은 바로 행정법학이란 무엇인가 하는 정체성과 직결되는 문제이기도 하다.

이 점에 대하여, 일본의 경우, 「행정법이란 행정에 관한 국내공법이다」25)라는 명제에서 시작하였다. 여기에서도 공·사법 구별론이 작동하고 있었던 것이다. 그리고 이와 같이 일본에서 행정법을 한정적으로 정의했던 배경에는 독일행정법학의 커다란 영향이 있었다. 즉, 독일의 예에 따라서 행정법학을 민법학에 견줄만한 독립한 법해석학의 체계를 구축하려고 했던 것이다. 그리하여 행정법학은 민법질서에 있어서 권리·의무체계와 나란히 공법질서에서의 공권·공의무의 체계를 구성하고 그 속성을 밝히기 위하여 노력함과 동시에 민법의 법률행위에 대비되는 것으로서 행정행위론을 두고 민법에서 볼 수 없는 것으로서 행정의 실력행사에 관한 행정강제론을 마련하여 이 작용의 적법성의 원리, 의사의 우월성의 원리, 실효성의 원리를 구축함으로써 민법에 대한 행정법의 특수성을 강조해왔던 것이다.26) 그리고 앞서 언급했던 공법·사법 이원론을 바탕으로 행정행위를 중심으로 행정법이론을 전개해 왔다.

그러나 위와 같은 행정행위를 중심으로 한 방법론은 1960년대부터 논의되기 시작한 행정절차법이라든가 소비자행정, 환경행정 등과 같이 현대행정에서 볼 수 있는 행정주체와 상대방 이외의 제3자가 등장하는 이른바 복효적 행정행위 등에 대해서 적절하게 대응할 수 없다는 비판이 줄곧 제기되어 왔다. 이러한 비판에 처음으로 답한 것이 1970년대 후반에 등장한 「행정과정론」이다. 이 이론이 갖는 문제의식은 다음과 같다. 즉, "현실적인 행정에서는 행정행위뿐만 아니라 행정입법, 행정계약, 행정지도, 행정계획 등의 여러 행위형식이 이용되고 있기 때문에 이들 행위에 대한 분석 없이는 오늘날 일어나고 있는 행정법현상에 대하여 설명할 수 없다. 나아가 오늘날의 행정에서는 복수의 행위형식이 결합하여 이용되거나 이들의 연속적인 행위로서 행정이 이뤄지고 있기 때문에 이 매크로의 프로세스를 시야에 넣지 않으면 행정법현상을 전체적으로 파악하거나 개별적인 법효과를 정확하게 판단할 수 없다"[27]는 것이다.

위와 같은 문제의식에서 전통적인 행정행위론을 발전시켜 행정과정을 보다 폭넓게 시야에 담아서 법적 분석을 행하는 방법을 제시한 것이 「행위형식론」이다. 즉, 행정행위(행정처분)를 하나의 행위형식으로 파악하면서 다른 행위형식(사인의 행위도 포함된다)도 시야에 넣어 어떤 정책목적을 실현하기 위한 행위형식의 선택문제를 포함하여 법과의 관계를 고찰하는 것이다.[28] 이 행위형식론은 행정과정을 법적으로 파악하기 위한 뛰어난 관점을 제시한 것으로 오늘날 많은 교과서에서 채용하고 있다.[29]

그러나 행위형식론이 행정과정을 적절하게 파악하는 데에 불충분하다는 비판이 있다. 즉, 행위형식론이 행정활동의 프로세스를 과도하게 단편화·추상화하고 있다는 점, 행정행위에 편중됨으로써 다양한 수단을 이용하여 행해지는 행정활동을 법적으로 충분히 파악할 수 없다고 하는 점, 행정행위론의 내용에 있어서도 소송법의 반영에 지나지 않는 것이 많고 독자적인 실체적 법리가 빈약하다는 점 등이 지적되어 왔다.[30] 그리하여 이러한 비판에 답하기 위한 하나의 방향으로서 주목할 만한 것이 「수법」, 「시쿠미(仕組み)」, 「수단」 등의 개념 아래서 행위형식보다도 구체화된 활동유형을 총론 내부에서 또는 총론과 각론의 체계의 울타리를 허물어 구축하려고 하는 것이 최근의 경향이다.[31] 이 가운데 가장 일반적으로 받아들여지고 있는 것으로 이른바 「법적 시쿠미론」을 들 수 있다. 이 이론은 모든 행정작용은 그 나름대로의 목적을 가지며 이들 모든 행정작용에 대하여 행정법학이 고찰의 대상으로 삼아야 할 법적 시쿠미가 항상 존재한다고 본다. 그리고 행정작용의 목적에 따라 조달, 조사, 규제, 급부, 유도의 법적 시쿠미로 유형화하고 있다.[32] 법적 시쿠미론은 행위형식론과 서로 배척하는 것이 아니라 보완

관계에 있기 때문에 유익한 고찰방법으로 병존할 수 있을 것으로 생각된다.33)

V. 행정행위론

행정행위는 행정법의 내용에 있어서 가장 핵심적인 사항이기 때문에 일본에서 이에 대한 논의도 당연히 가장 활발히 전개되어 왔고 또 나름대로의 업적도 쌓아왔다. 그 가운데 행정행위의 분류와 공정력 그리고 재량심사에 관한 이론은 한국학계에도 큰 영향을 끼쳤다고 볼 수 있다. 이하에서는 이들을 중심으로 살펴보고자 한다.

1. 행정행위의 분류에 관한 이론

행정법이론의 핵심인 행정행위는 그 종류가 다양하고 또 그 법적 성질이 다르기 때문에 이들을 일정한 기준에 바탕하여 분류하는 작업은 행정법을 체계적으로 이해하고 운용함에 있어서 필수적이라고 할 것이다. 이와 관련하여 일본행정법에서 이 작업을 최초로 완성한 학자가 다나카 지로우이다. 다나카는 스승인 미노베 다츠기치의 이론을 이어받아 행정행위의 성질과 내용에 따라 다음과 같이 체계화하였다.34)

그러나 여기서 한 가지 염두에 두어야 할 것은 아래의 분류상의 여러 관념은 그 어느 것이나 법령의 규정에 의해서 각각의 행정행위에 결부되어 있는 법적 효과를 어느 일정한 견지에서 이론적으로 정리하여 만들어진 것으로 그 성질상 일종의 모델개념에 지나지 않는다고 하는 점이다. 따라서 실제적인 법률규정상에서 등장하는 각종의 행정행위는 반드시 그 모두가 아래 모델 가운데 어느 것인가를 그대로의 형태로 체현하고 있는 것은 아니다.35) 나아가 아래의 분류체계와 내용 그 자체에 대한 비판도 지속적으로 진행되어온 결과 이를 채용하지 않고 독자적인 내용의 설명체계를 취하고 있는 교과서도 다수 등장하고 있다.

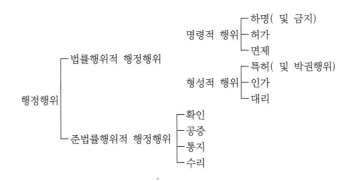

2. 공정력이론

행정행위에는 자력집행력, 불가쟁력 그리고 불가변력과 같은 효력이 인정되고 있으나 이 가운데 빼놓을 수 없는 것이 공정력이다. 공정력이란 「행정행위에 설령 하자가 있다 하더라도 그것이 무효사유가 아닌 한 권한 있는 기관에 의하여 취소될 때까지 당해 효력을 통용시키는 힘」36)이라고 정의할 수 있다. 그런데 이렇게 될 경우 자칫 잘못하면 「위법한 행정행위도 취소될 때까지는 원칙적으로 유효하다」라는 내용이 될 수도 있다. 이것은 행정법의 성립의 전제인 「법률에 의한 행정의 원리」에 반하게 된다.

이러한 점을 염두에 두고 지금까지 「공정력」이 미치는 범위를 필요 이상으로 확대되지 않도록 하는 이론적인 노력이 학설·판례상에서 심도 있게 진행되어 왔다. 예를 들면, 무효인 행정행위, 형사사건에서 선결문제 그리고 국가배상 등에서는 공정력이 미치지 않는다는 이론이 그것이다. 그리고 이러한 노력을 종합적으로 대변하는 것이 다음과 같은 동경지방재판소의 판결(東京地判昭和 39年(1964年) 6月 23日 判時 380号 22頁(金員支払請求並扶助料支給停止請求事件))이다. 사안은 전사한 군인 A의 은급(恩級)에 대한 동순위(同順位)(각각 2분의 1의 부조료) 수급권자로 실부(實父)인 Y(피고)와 계모인 X(원고)로 하는 은급국장의 재정(裁定)이 있었으나 은급의 대표인 Y가 은급금을 X에게 지급하지 않자 X가 Y를 상대로 하여 분여(分與)를 구하는 소송을 제기하였다. 이 경우 Y가 은급국장의 재정을 취소함이 없이 X의 수급권을 부정할 수 있는가 하는 점이 문제가 되었다. 이에 대하여 동경지재는 다음과 같이 Y가 X의 수급권을 부정하는 주장을 하는 것을 인정하였다.

「공정력은 원래 행정행위에 그 효용을 발휘시켜 행정행위의 목적으로 하는 공익의 실현을 일단 가능하게 하도록 하기 위하여 인정되는 것이기 때문에 공정력이 미치는 범위는 각각의 행정처분의 목적, 성질에 따라서 이것을 인정해야할 합리적인 필요성의 한도에 국한되는 것으로 보는 것이 상당하다. 이 견지에서 생각해보면 은급법 제12조가 은급을 받을 권리는 총리부(總理府) 은급국장이 이것을 재정(裁定)하도록 하는 취지로 규정하고 있는 것은 은급의 지급에 관한 행정사무의 처리를 적확(的確)하고 능률적으로 행하기 위하여 은급의 지급을 청구함에는 먼저 은급국장의 재정에 의해 수급권자라는 것에 대하여 확인을 받도록 함과 동시에 이 확인을 받은 자에 한하여 이후 국가에서 은급권자로서 취급할 필요가 있다는 고려에 근거한 것이라고 생각된다. 따라서 재정절차에 있어서는 은급국장은 수급원인발생의 유무를 판단함과 함께, 재정신청자가 수급권자에 해당하는가 일단 심사를 하지만 수급권자라고 주장하는 자가 여러 명인 경우에 그 사이에서 다툼을 재판하여 유일한 진실한 수급권자를 재정하는 것은 재정처분이 목적하는 바가 아니며 이 것은 재정처분이 쟁송재판절차라고 하기에 적합한 절차구조를 취하고 있지 않은 점에서 보아도 분명하다. 앞서 서술한 바를 바탕으로 생각해보면 설령 진실한 수급자일지라도 은급국장의 재정에 의해 그 확인을 받지 않는 한 국가에 대하여 자기가 은급의 수급권자라는 점을 주장할 수 없다고 하는 의미에서 재정신청자가 수급권자인지의 여부에 대하여 은급국장에게 공권적 인정권이 부여되어 있는 것이라고 해석해야 하고 또 은급국장이 잘못하여 진실한 수급권자에 대하여 이것을 부정하는 재정을 한 경우일지라도 그 취소가 없는 한 진실한 수급자일지라도 은급의 지급을 청구할 수 없다고 하는 의미에서 위의 재정에 공정력이 부여되어 있는 것이라고 해석하지 않으면 안 된다. 그러나 <u>수급권자가 아닌 자를 수급권자로 하는 재정이 있었던 경우에는 진실한 수급권자가 이것을 부정하고 자기를 수급권자로 하는 재정을 구함에 있어서 먼저 이전의 재정취소를 하지 않으면 안 된다고 하는 의미에서 재정에 공정력이 있다고 해석하는 것은 부당하게 공정력이 미치는 범위를 넓게 해석하는 것이라고 하지 않을 수 없다.</u> 하물며 국가에 대한 관계를 떠나서 동순위수급권자로서 재정을 받은 자 상호간에 부조료의 배분에 관하여 수급권자인 지위에 대하여 다툼이 있는 경우에 유일한 진실한 수급권자라고 주장하는 자가 동순위의 수급권자로서 재정을 받은 자의 지위를 부정하는 것이 위의 공정력에 의하여 방해를 받아 재정의 취소를 구하고 난 후가 아니면 그 주장을 할 수 없다고 하는 것과 같은 것은 공정력의 미치는 범위를 합리적인 필요성이 인정되는 한도를 훨씬 넘어서 넓게 해석하는 견해로서 본 재판소는 찬동할 수 없는 바이다.」
(밑줄은 필자)

위와 같은 노력은 하급심에서만 볼 수 있는 것이 아니다. 그 후 최고재판소 역시 조세소송의 경우 공정력을 우회할 수 있는 국가배상소송은 인정되지 않는다는 종전의 이론과는 달리 전향적인 판결[37]로 학계의 주목을 받았다. 여기서 한 가지 기억해야 할 것은 위와 같은 판결이 나올 수 있었던 것은 우연한 일이 아니라 가네코 마사시(兼子仁),[38] 후지타 도키야스(藤田宙靖)[39] 그리고 고바야가와 미츠오(小早川光郎)[40]와 같은 학자들의 공정력에 대한 심도 있는 연구업적이 그 배경에 있다는 점이다.

3. 행정재량론

행정재량론은 행정법학에 있어서 가장 중요한 테마라는 점에 대해서 부인할 논자는 아무도 없을 것이다. 일본행정법에서도 이 점은 그대로 적용될 뿐만 아니라 행정재량론이야말로 이의 발전과정을 가장 잘 보여준다고 할 수 있다. 이하에서는 일본에서 행정재량론이 어떻게 전개되어 왔는가에 대해서 간단히 살펴보기로 하자.

(1) 전전(戰前)의 논의

전전(戰前)에도 행정행위를 법의 기속의 정도에 따라서 기속행위와 재량행위로 나누고 나아가 재량행위는 재판소에 의해 심사가능한 기속(법규)재량행위와 행정의 정치적·기술적 판단을 존중하여 재판소가 심사할 수 없는 자유(편의)행위, 둘로 나누었다. 여기서 재판소가「심사할 수 없다」(재량불심리원칙)는 것은 전전(戰前)에는 아예 재판의 대상이 되지 않는다(=각하)라는 의미로 이해되고, 전후(戰後)에는 재판소가 위법한 판단을 내릴 수 없다(=기각)는 것을 의미하는 것으로 받아들여졌다.41)

그렇기 때문에 행정행위가 기속행위인가 재량행위인가 나아가 재량행위일지라도 기속재량인가 자유재량인가를 구별하는 일이 무엇보다도 중요한 일이었다. 이에 대하여 대표적인 두 학설이 이른바 사사키설과 미노베설이다. 전자는 교토제국대학의 사사키 소우이치(佐々木惣一)에 의해서 주장된 것으로 자유재량행위인가의 여부를 법이 규정하고 있는 방법을 표준으로 하여 판단하였다. 이것을 문언(文言)설 또는 요건재량설이라 한다. 예를 들면, 법이 ① 행정행위를 할 수 있다고만 규정하고 그 요건을 따로 규정하고 있지 않은 경우, ② 「공익상 필요한 경우」 등 당연한 행정목적(종국목적)을 규정하고 있는 데 지나지 않는 경우에는 자유재량행위라고 보았다. 여기서 주의해야 할 점은 이 설(說)에서는 법문 중에 일의적(一義的)으로 명확하지 않은 불확정개념, 예를 들면, 「선량한 풍속」과 같은 개념을 사용하고 있는 경우일지라도 자유재량은 인정되지 않았다.

이에 대하여 동경제국대학의 미노베 다츠기치(美濃部達吉)는 자유재량행위인가에 대한 판단은 행정행위의 성질을 중시하여 판단하지 않으면 안 된다고 주장하였다. 이 설을 성질(性質)설 또는 효과재량설이라고 한다. 여기서 미노베는 다음과 같은 유명한 미노베 3원칙을 주장하였다.[42]

① 시민의 권리, 자유를 침해하는 행정행위에는 자유재량은 있을 수 없다.
② 시민에게 권리, 이익을 부여하는 행위는 원칙적으로 자유재량에 속한다.
③ 시민의 권리, 의무에 직접 관계없는 행정행위는 원칙적으로 행정기관의 자유재량에 속한다.

위의 두 가지 이론 중 미노베설이 전전(戰前)의 통설이었고 미노베 3원칙은 전후(戰後)의 학설에도 큰 영향을 끼쳤다.

(2) 다나카 지로우의 행정재량론

다나카는 미노베의 성질설에 바탕하여 법이 규정하고 있는 취지·목적에 대한 합리적인 해석에 의하여 자유재량의 유무를 판단해야 한다고 주장하였다. 그리하여 그는 법이 근대법치국가의 원칙에 비추어 사물의 성질상 행정청의 자유로운 재량을 허용하지 않고 일반법칙성을 예정하고 있는 경우는 기속재량이며 법이 행정목적에 비추어 행정청의 정치적 재량 또는 기술적 재량을 허용하는 취지인 경우는 자유재량이라고 보았다.

그러나 다나카의 업적은 위와 같은 자유재량행위의 구별론에 있는 것이 아니다. 그의 업적은 자유재량행위일지라도 행정에 인정된 재량권의 범위를 일탈하거나 재량권의 취지에 반하는 방식으로 이용하는 경우에는 당해 행정행위는 위법이며 그것을 재판소가 심사할 수 있다고 강조했다는 점에 있다. 즉, 그는 다음과 같이 말한다.

> 행정청의 정치적 재량 또는 기술적 재량에 속하는 예가 있지만 그것은 결코 행정청의 자의독단을 인정하는 취지는 아니다. 행정청의 재량권에는 당연히 일정한 한계가 있는 것이고 재량권을 남용하는 경우는 물론 재량권의 한계를 넘는 경우에는 단순히 부당에 그치지 않고 위법하게 되는 것이라고 말하지 않으면 안 된다.[43]

그리고 구체적인 재량심사수법으로서 조리상의 원칙(공익원칙·비례원칙·평등원칙) 위반이나 자의(恣意)에 근거한 행위, 사리(私利)를 추구하는 행위, 행정목적에 반하는 행위를 들고 이들에 해당하는 경우에는 자유재량행위라고 할지라도 재판소에 의해 위법하다는 판단이 내려질 수 있다고 하였다.[44]

(3) 최근의 행정재량론

일본 행정사건소송법 제30조는 「행정청의 재량처분에 대해서는 재량권의 범위를 넘거나 또는 남용에 있는 경우에 한하여 재판소는 그 처분을 취소할 수 있다」라고 규정하고 있다. 이것은 행정청에 재량이 인정된다고 하더라도 재량권의 일탈·남용이 있으면 처분은 위법하다고 판단되는 것을 의미한다. 그러나 최근의 행정재량론에서 주목해야 할 점은 논의의 중심이 행정행위가 자유재량인지의 여부를 묻는 2분론45)에서 재량심사 쪽으로 완전히 이동하였다는 점이다. 즉, 재량의 유무보다도 행정행위에는 기본적으로는 재량이 인정된다는 것을 전제로 하여 어느 정도의 재량을 인정할 것인가 바꾸어 말하면 재판소는 어떠한 방법으로 어디까지 행정청의 판단에 파고들어 심사할 것인가 하는 점에 중점을 두는 것이다.46)

이러한 상황 속에서 행정재량의 사법심사의 방법에 대해서는 판례·학설에서 다양한 방법이 전개되어 왔다. 이에 대한 판례와 연구는 무척 많은데 이를 크게 ① 사회관념심사와 ② 판단과정심사로 나눠볼 수 있다. 이하에서 간단히 살펴보기로 한다.

(a) 사회관념심사

이것은 고전적인 심사방법으로 「행정청의 판단이 전혀 사실에 기초하고 있지 않거나 또는 사회관념상 현저히 타당성을 결한 경우에 한하여」 행정행위를 위법하다고 하는 방법이다.47) 이 경우 통제수단으로서는 중대한 사실오인, 목적·동기위반, 신의칙위반, 평등원칙위반, 비례원칙위반을 들 수 있다.48)

(b) 판단과정심사

판단과정심사란 「판단요소의 선택이나 판단과정에 합리성을 결한 바가 없는가」49)하는 점에 중점을 두고 심사하는 방법이다. 이 심사방법은 앞서 언급한 사회관념심사와 모순되는 것이 아니어서, 아래에서 볼 수 있는 것처럼, 최고재는 이를 병행하는 방식으로 활용하는 것이 보통이다. 그리고 이 심사방법이 최고재판소의 판례로 정착한 것은 2006년도 2월 7일에 내려진 「공립학교시설의 목적외사용불허가

처분」50) 사건에 대한 판결 이후라고 볼 수 있다. 이 판결에서 최고재는 다음과 같이 설시하고 있다.

「위의 여러 가지 점, 그 밖의 전기(前記) 사실관계 등을 고려하면, … 본건 불허가처분은 중시해서는 안 되는 고려요소를 중시하는 등 고려한 사항에 대한 평가가 명백히 합리성이 결여되어 있고 다른 한편 당연히 고려해야 할 사항을 충분히 고려하지 않아 그 결과 사회통념에 비추어 현저히 타당성을 결한 것이라고 할 수 있다.」

이 판결이 내려진 이후에 행정재량의 통제기준으로서 판단과정심사의 방법이 최고재에서 널리 채용되었고 원칙·일반화되었다.51) 이 심사방식의 핵심은 위의 설시에서 알 수 있는 것처럼, 「행정청이 고려해야할 사항은 고려하지 않거나 또는 고려해서는 안 될 사항을 고려한 것은 아닌가」 하는 것을 살펴보는 것이다. 이와 같은 심사방법을 채용한 대표적인 사례가 시라이시 겐조우(白石健三)라는 재판관에 의해서 1963년에 내려진 두 개의 판결(이른바 ① 개인택시사건(東京地判昭和 38(1963)年 9月 18日 行裁例集 14卷 9号 1666쪽)과 ② 군마중앙버스사건)과 1973년에 내려진 「③ 닛코우 타로우 삼나무사건(東京高判昭和 48年 7月 13日 行裁例集 24卷 6 =7号 533쪽)」판결이다. 이 세 판결이 행정재량의 판단과정심사방식에 결정적인 영향을 끼쳤다. 이 가운데 ③ 닛코우 타로우 삼나무사건의 판결의 취지를 보면 다음과 같다.

재판소는 이상과 같은 여러 가지 사항을 꼼꼼히 인정한 후 결론으로서 「이상 … 의 판단을 종합하여 말하면 본 건 사업계획을 가지고 토지의 적정하고 합리적 이용에 기여한다고 인정해야 한다고 하는 항소인 건설대신의 판단은 그 판단에 있어서 본 건 토지 부근이 갖는 대신할 수 없는 문화적 제(諸)가치 내지 환경보전이라고 하는 본래 가장 중시해야 할 사항을 부당하고 안이하게 경시하고 그 결과 위의 보전요청과 자동차도로의 정비확충의 필요성과를 어떻게 하여 조화시킬 것인가의 수단, 방법의 탐구에 있어서 당연히 다해야 할 고려를 충분히 하지 않고…, 또 이 점의 판단에 대하여 올림픽개최에 따른 자동차교통량증가의 예상이라고 하는 본래 고려해서는 안 될 사항을 고려하고…, 동시에 폭풍에 의한 나무의 쓰러짐(이에 의한 교통장해)의 가능성 및 나무의 수의 쇠퇴의 가능성이라고 하는 본래 과대하게 평가해서는 안 되는 사항을 과중하게 평가한…점에서 그 재량판단의 방법 내지 과정에 과오가 있고, 이들의 과오가 없이 이들의 제(諸)점에 대하여 올바른 판단이 내려졌다고 하면 항소인 건설대신의 판단은 다른 결론에 도달할 가능성이 있었다고 인정된다. 이렇게 보면 본 건 사업계획을 가지고 토지의 적정하고 합리적 이용에 기여한다고 인정해야 한다고 하는 항소인 건설대신의 판단은 그 재량판단의 방법 내지 과정에 과오가 있는 것으로서 위법하다고 인정하지 않을 수 없다.」

위의 판결은 다음과 같은 판단의 틀을 갖고 있다. 먼저 ① 「본 건 토지를 사업용에 제공함으로써 잃게 되는 이익」과 ② 「본 건 토지를 사업용에 제공함으로써 얻게 되는 공공의 이익」을 비교형량한다. 이 과정에서 ①의 경우 가장 중시해야 할 사항이 「본 건 토지 부근이 갖는 대신할 수 없는 문화적 제(諸)가치 내지 환경보전」인데 건설대신은 이를 「부당하고 안이하게 경시」하였다고 재판부는 판시하고 있다. ②에 대해서는 「문화적 제(諸)가치·환경보전과 자동차도로정비의 필요성 등을 조화시키기 위한 대체안」에 대해서 충분히 고려해야 함에도 하지 않았고 오히려 중시하지 말아야 할 사항인 「폭풍에 의한 나무의 쓰러짐(이에 의한 교통장해)의 가능성」 그리고 고려해서는 안 되는 사항인 「올림픽개최에 따른 자동차교통량증가의 예상」을 고려하였다고 재판부는 보고 있다. 거기서 재판부는 건설대신의 판단은 그 재량판단의 방법 내지 과정에 과오가 있는 것으로서 본 건의 사업인정이 위법하다는 결론을 내리고 있다.[52]

위의 개인택시사건과 군마중앙버스사건 그리고 닛코우 타로우 삼나무사건의 판결의 재량심사에 관한 심사기준에 관한 내용은 1993년에 제정된 일본의 행정절차법상 신청에 대한 처분규정에 수용되었다.

VI. 행정입법론

행정입법에 관한 일본행정법의 전통적인 이론은 이를 법규명령과 행정규칙으로 엄격하게 나누고 후자에 대해서는 일반적으로 법적 효력을 인정하지 않았다. 그러나 이러한 입장에 대하여 꾸준한 비판이 있었고 양자를 상대화하기 위한 노력이 계속되었다. 그리고 이러한 논의에 결정적인 계기가 된 것이 1993년에 제정된 행정절차법상의「심사기준」이다.

심사기준은 행정법 일반이론에 의하면 행정규칙에 해당한다.[53] 그런데 이러한 심사기준은 행정절차의 법리의 발전에 따라 심사기준 자체의 법적 성질이 단순한 행정의 내부기준에서 일정한 정도의 구속성을 갖는 규범으로 변용했다고 보고 있다.[54] 이것을 '행정규칙의 외부화 현상'이라고 표현하는 학자도 있다.[55]

이처럼 행정절차법상의 심사기준은 법적으로는 이른바 행정규칙으로 분류되지만 단순한 내부기준에 그치는 것이 아니라 일정한 법적 구속력(=이른바 외부화현상)을 갖고 있다는 점에 대해서 학설은 일치하고 있다고 할 수 있다. 그러나 심사기준의 적용에 있어서 구체적인 경우에 어떠한 법적인 효과가 있는가에 대해서 매우 다양한 견해가 제시되고 있는 등 매우 유동적인 상태에 있다고 말할 수 있다. 이것은 행정절차법이 시행된 역사가 깊지 않아 판례의 축적이 부족한 측면에도 그 원인이 있다고 볼 수 있을 것이다. 다시 말하면, 행정절차법상의 심사기준의 법적 효과에 대한 논의는 현재 진행형이다.

VII. 원고적격론

　　행정행위론과 함께 일본행정법의 역사적인 전개를 잘 보여주는 테마가 원고적격론이다. 메이지 헌법 아래에서는 취소소송의 원고적격은 「행정청의 위법한 처분에 의해 권리를 훼손(毁損)당했다고 하는 자」(메이지 23년 법률 제106호)라고 하여 권리훼손을 요건으로 하였다. 그 후 1948년 7월 15일부터 시행된 「행정사건소송특례법」은 원고적격에 대하여 특별한 규정을 두고 있지 않았지만 학설·판례는 엄격한 의미에서의 권리침해를 필요로 하지 않고 법률상 보호되기에 충분한 정당한 이익이 있으면 족하다는 해석이었다.[56] 이 학설·판례를 기초로 하여 「행정사건소송법」(1962년 10월 1일 시행)은 원고적격에 관하여 다음과 같이 규정하였다.

　　　제9조　처분취소의 소(訴) 및 재결취소의 소(訴)(이하 「취소소송」이라고 한다.)은 당해 처분 또는 재결의 취소를 구함에 있어서 <u>법률상의 이익의 있는 자</u>(처분 또는 재결의 효과가 기간의 경과 그 밖의 이유에 의해 소멸된 후에도 아직 처분 또는 재결의 취소에 의하여 회복할 수 있는 법률상의 이익이 있는 자를 포함한다.)에 한하여 제기할 수 있다.(밑줄은 필자)

　　원고적격에 대한 위와 같은 규정방식에 따라 그 후 학설·판례는 「법률상의 이익」이 무엇을 의미하는 가에 대하여 치열한 논의를 전개하여 왔다. 이하에서 지금까지 전개되어온 원고적격에 대한 학설·판례를 간단히 소개하기로 한다.

1. 학설

학설은 「법률상의 이익」은 ① 「법률상 보호된 이익설」과 ② 「재판상 보호할 가치 있는 이익설」이라는 두 가지 입장이 대립해 왔다.[57]

「법률상 보호된 이익설」은 원고적격이 인정되기 위해서는 다음과 같은 세 가지 요건이 충족되어야 한다고 본다. 즉, ① 처분에 의하여 원고가 불이익을 입을 것(불이익요건), ② 당해 불이익이 법령상 보호되고 있다고 해석될 것(보호요건) 그리고 ③ 법령해석상 원고의 당해 불이익이 일반 공익에 해소되지 않는 개개인의 이익으로서 보호되고 있다고 인정될 필요가 있다는 요건이다.

이에 대하여 「보호할 가치 있는 이익설」은 어느 사람이 입은 불이익이 재판상 보호할 가치가 있는 것이라면 원고적격이 인정되어야 한다는 것이다. 이에 대한 근거로 ① 법률의 문언(文言)에 의해 재판에 의한 구제 여부가 결정된다는 것은 문제가 있다는 것, ② 제3자의 구제의 가능성을 충분히 검토한 후에 법률의 문언이 규정되는 케이스는 드물다는 것, ③ 환경보호나 소비자보호 등 제3자의 구제가 요청되는 분야에서 입법은 행정소송을 통한 보호에 관하여 냉담하였다는 등이다.[58] 그러나 이에 대하여 「법률상 보호된 이익설」의 입장에서 다음과 같은 비판이 있었다. 첫째, 보호할 가치있는 이익설은 행정사건소송법 제9조의 자의(字義)에 합치하지 않다는 점, 둘째, 이 학설에서는 원고적격의 판정기준이 불명확하여 자의적(恣意的) 해석에 빠질 염려가 있다는 점, 셋째, 이 설은 결국 취소소송의 객관소송화를 도모하는 것이고 그것은 법률의 규정 없이 민중소송을 인정하는 것이 되어 결과적으로 남소(濫訴)의 폐해를 낳아 사법권과 행정권의 균형을 깨트릴 염려가 있다는 점 마지막으로 사실상의 이익의 침해를 가지고 취소소송의 원고적격의 기초를 삼는다고 하지만 그와 같은 사실상의 이익의 침해에 대해서는 직

접 민사소송을 제기하면 되지 행정행위의 공정력을 취소소송으로 배제할 필요는 없다는 것이다.59)

2. 판례

판례는 이 점과 관련하여 일관되게 「법률상 보호된 이익설」의 입장을 견지해오고 있다. 이에 대한 판단의 틀을 명확히 제시한 사례가 주부련(主婦連)쥬스소송판결(最高裁昭和 53年(1978) 3月 14日 民集第 32卷 第2号, 211쪽)이다. 이 판결은 행정상의 불복신청적격을 갖는 자에 대하여 「당해 처분에 의해 자기의 권리 혹은 법률상 보호된 이익이 침해 또는 필연적으로 침해될 염려가 있는 자를 말한다」라고 하고, 「위에서 말하는 법률상 보호된 이익이란 행정법규가 사인(私人) 등 권리주체의 개인적 이익을 보호할 것을 목적으로 하여 행정권의 행사에 제약을 과함으로써 보장되고 있는 이익으로 그것은 행정법규가 다른 목적 특히 공익실현을 목적으로 하여 행정권의 행사에 제약을 과하고 있는 결과 간혹 일정한 자가 얻게 되는 반사적 이익과는 구별되는 것이다」라고 하였다.60)

그러나 여기서 유의해야 할 것은 「법률상 보호된 이익설」을 취하는 경우에 있어서도 법령을 유연하게 해석함으로써 원고적격의 범위를 확장하는 것이 가능하다는 점이다.61) 실제로 최고재판소는 1980년대에 들어서면서부터 원고적격의 범위를 실질적으로 확대하려는 노력을 기울여왔다. 그 대표적인 사례가 니이가타공항소송판결(最高裁平成元年(1989) 2月 17日 民集 第43卷 第2号, 56쪽)이다. 이 판결은 「당해 행정법규가 불특정 다수의 구체적 이익을 그것이 귀속하는 개개인의 개별적 이익으로서도 보호하는 것으로 하는 취지를 포함하는가의 여부는 당해 행정법규 및 그것과 목적을 공통으로 하는 관련법규의 관계규정에 의하여 형성된 법체계 속에서 당해 처분의 근거규정이 당해 처분을 통하여 위와 같은 개개인의 개별적 이익도 보호해야 하는 것으로서 지위가 부여되고 있다고 볼 수 있는가의 여부에 의해서 결정하여야 한다」라고 하였다. 그리하여 항공운송사업면허의 근거규정(항공법 제101조) 자체는 「경영상 및 항공보안상 적절한 것」인가의 심사를 요청하는데 그치지만 항공법 제1조의 목적규정이나 관련법규(공공비행장주변에 있어서 항공기소음에 의한 장해의 방지 등에 관한 법률. 이하에서는 항공기소음장해방지법이라 한다.)의 취지를 감안하면 소음장해의 유무 및 정도도 심사시 고려요소로 하여야 하며 따라서 신규노선면허에 의하여 현저한 소음피해를 입는 자에게는 면허취소를 수할 수 있는 원고적격이 인정된다고 하였다. 즉, 이 판결은 원고적격의 유무에 관하여 법령해석을 행하는 경우에는 당해 처분의 근거법규(이 사건에서는 항공법)만이 아니라 그것과 목적을 공통으로 하고 있는 관련법규(이 사건에서는 항공기소음장해방지법)의 관련규정도 고려에 넣어야 한다는 점을 말하고 있다.[62]

이 이외에도 최고재판소는 법률의 합리적 해석[63]이나 피침해 이익을 고려한 해석[64]을 통하여 원고적격의 범위를 확장하려는 노력을 보이고 있다.

3. 행정사건소송법 제9조 제2항의 의미

일본에서는 2004년 행정사건소송법 개정을 하여 원고적격과 관련하여 제9조 제2항을 신설하였다. 그 내용은 다음과 같다.

제9조 ② 재판소는 처분 또는 재결의 상대방 이외의 자에 대하여 전항에서 규정하는 법률상의 이익의 유무를 판단함에 있어서는 당해 처분 또는 재결의 근거가 되는 법령의 규정 문언만에 의하지 않고 당해 법령의

취지 및 목적 그리고 당해 처분에서 고려해야 할 이익의 내용 및 성질을 고려하는 것으로 한다. 이 경우에 당해 법령의 취지 및 목적을 고려함에 있어서는 당해 법령과 목적을 공통으로 하는 관련법령이 있을 때에는 그 취지 및 목적을 참작하는 것으로 하고 당해 이익의 내용 및 성질을 고려함에 있어서는 당해 처분 또는 재결이 그 근거가 되는 법령에 위반하여 행해진 경우에 피해를 입게 되는 이익의 냉용 및 성질 그리고 입은 피해의 태양 및 정도도 감안하는 것으로 한다.

위 조항의 신설은 「법률상 보호된 이익설」의 입장을 견지하면서도 원고적격의 유무의 판단에 있어서 지금까지 최고재판소가 취해온 유연한 해석수법을 모두 활용하여 원고적격을 긍정할 여지는 없는가를 검토할 것을 요구하는 것이며 이로써 원고적격의 범위의 실질적 확대를 도모하는 것이었다.[65]

VIII. 국가배상론

일본의 국가배상제도도 한국에서와 마찬가지로 공무원의 불법행위에 의한 경우(일본 국가배상법 제1조)와 영조물의 설치·관리에 의한 경우(동법 제2조)의 두 가지로 구성되어 있다. 이들에 대한 논의의 내용은 한국에서의 그것과 유사하게 전개되고 있지만 가장 두드러진 차이를 나타내면서 많은 시사점을 보여주는 것이 제1조 소송의 성립요건에서 핵심적인 요소라고 할 수 있는 위법·과실에 대한 것이다. 그리고 이 문제를 가장 극적으로 보여주는 장면이 ① 취소소송과 국가배상의 관계, ② 규제권한 불행사이다. 이하에서 간단히 살펴보기로 한다.

1. 취소소송과 국가배상의 관계에 있어서의 위법·과실[66]

(1) 위법과 과실의 의의

국가배상법에 있어서 위법은 객관적인 요건이라고 생각하여 행정활동이 객관적인 법규범에 위반하고 있는 것이라고 정의된다. 그리고 원래 과실은 공무원이 직무상의 주의를 결함으로서 위법한 결과를 발생시킨 것을 가리키는 주관적 요건으로서 객관적인 요건인 위법성과는 별개의 것으로 정리되어 왔다. 그러나 과실의 객관화가 진행됨에 따라 과실이란 주관적인 것이 아니라 오히려 예견가능성과 회피가능성을 전제로 한 공무원의 객관적인 주의의무위반으로 보는 것이 보통이다.[67]

그 결과 국가배상법에 있어서 위법과 과실은 상대화되어 과실판단과 위법판단이 실질적으로 공통적인 내용을 가질 수 있게 된다. 취소소송과 국가배상의 관계에 있어서도 이러한 현상이 나타나는 전형적인 예이다. 여기서 취소소송의 위법과 국가배상법상의 위법을 별개로 파악하는 설(위법성상대설)과 양자를 동일하게 파악하는 설(위법성일원설)이 등장하게 되었다.

(2) 위법성상대설

위법성상대설은 국가배상법에서 말하는 위법이란 취소소송에서 문제가 되는 것과 같은 처분효과의 전제요건에 관한 위법성이 아니라 「타인에게 손해를 가하는 것이 법이 허용하는 바인가 하는 견지에서 파악하는 행위규범성」으로 발생한 손해를 어떻게 분배하는 것이 적절한가 하는 견지에서 파악하는 위법이다.

그런데 위법성상대설도 그 내용이 다양하여 다음과 같은 세 가지 설이 있다. ① 피침해이익의 성질에 착안하는 결과불법설, 이와는 달리

③ 결과보다도 행위의 성질에 착안하는 행위불법설 그리고 ⑤ 국가배상법에 있어서 위법이란 「공무원이 별개의 국민에 대하여 부담하는 직무상의 법적 의무에 위배」한 때라고 보는 직무행위기준설이 그것이다. 그런데 ⑤ 직무행위기준설은 행위위법설의 입장에서 취하는 위법성상대설이라는 점에 주의하여야 한다. 이 설은 원래, 검찰의 공소제기위법을 판단하기 위한 학설이었으나 그 영역을 넓혀가고 있는 경향이다. 예를 들면, 운전면허취소처분, 소득세경정처분(세무서장이 자료를 수집하여 그것에 근거하여 과세요건사실을 인정, 판단함에 있어서 직무상 통상 기울여야 할 주의의무를 다함이 없이 소홀히 갱정을 했다고 인정할 수 있는 사정이 있는 경우에 한정됨) 등에도 적용되고 있는 것이다(그러나 위법성과 과실을 별개로 판단하는 입장을 취한다고 보이는 사례도 있음).

(3) 위법성일원설

공권력발동요건결여설이라고도 하며 취소소송과 국가배상에 있어서의 위법과 과실을 동일한 것으로 파악하는 설이다. 이 설은 양자에 있어서 위법성은 객관적인 법규범의 위반이며 시기나 주체 등의 제조건이 일치하는 것이라면 동일한 것으로 본다. 위법성일원설은 그 근거를 국가배상법이 갖는 법치주의를 보장하는 기능을 강조하는 데서 찾고 있다.

2. 규제권한 불행사[68]

(일본)국가배상법 제1조가 적용되는 전형적인 사례는 공무원이 사인의 신체·재산에 작위적으로 위해를 가하는 경우라고 할 수 있다. 그러나 사인의 활동범위가 비약적으로 증대하게 되자 거기서 발생하는 피해에 대하여 민법의 불법행위법에 의한 해결만에 의존할 수 없게 되

고 피해방지를 위하여 국가의 개입이 요구되게 되었다. 원래 경찰법은 위와 같은 요소를 갖고 있는 것이지만 환경행정법, 소비자행정법도 이와 같은 성질을 갖는다.[69] 이와 같은 배경에서 일본에서는 1970년대 후반부터 국가의 규제권한불행사를 이유로 하는 국가배상사건이 이른바 도쿄 스몬사건[70]을 필두로 다수 등장하게 되었다.[71]

한편 (일본)국가배상법 제1조는 공무원의 「작위」에 의한 불법행위가 전형적인 사례이기 때문에 규제권한불행사(=부작위)의 위법성을 어떠한 논리로 구성할 것인가가 문제가 된다. 왜냐하면, 행정편의주의에 바탕하여 규제권한을 행사할 것인가의 여부는 효과재량이기 때문에 권한을 행사하지 않아도 위법하다는 주장이 있을 수 있기 때문이다. 그리하여 이를 극복하기 위한 이론으로서 재량권수축론과 재량권소극적남용론이 제시되었다. 전자는 효과재량이 일정한 경우에는 제로로 수축하여 작위의무가 발생한다는 이론이며, 후자는 재량처분의 작위에 대하여 재량권의 일탈남용이 인정되는 것처럼 부작위도 재량권의 일탈·남용에 해당하는 때에는 위법하다고 하는 이론이다.[72] 그러나 주목해야 할 점은 양자 모두 규제권한불행사에 대한 위법성의 고려요소(① 피침해이익, ② 예견가능성, ③ 회피가능성, ④ 기대가능성)를 매우 중시하고 있다는 점이다(따라서 본고에서는 양자를 통칭하여 재량권수축론이라 칭한다).

위의 재량권수축론은 학계에 압도적인 영향을 끼쳤고 현재도 각종 교과서에서 채용되고 있는 실정이다. 이처럼 이 설은 학계에서 여전히 유력한 위치를 차지하고 있다. 그러나 최고재판소 판례는 아직까지 명시적으로 재량권수축론을 언급한 적이 없고[73] 학계에서도 이 설의 유용성을 인정하면서도 그 한계와 문제점을 지적하는 견해도 제시되어 힘을 얻어가고 있는 상황이다.[74]

Ⅸ. 행정조직법

행정조직법을 기술함에 있어서 먼저 문제가 되는 것은 행정조직의 대상을 어디까지 포함시키느냐 하는 점이다. 이것은 다름 아닌 행정조직법의 고찰의 대상인 행정조직의 의의의 문제이다. 이와 관련하여 일본 행정조직법에서는 행정조직이란 「널리 행정을 담당하기 위하여 존재하고 있는 국가 및 지방공공단체 그 밖의 공공단체 즉 행정주체의 조직」을 가리킨다75)라고 정의하는 것이 보통이다. 그런데 최근에는 「공사협동」이라는 개념 아래 전통적인 행정주체가 아닌 사인(私人)이 행정을 처리하는 사례가 늘고 있어 이에 관한 고찰 역시 매우 중요한 테마가 되고 있다. 그러나 여기에서는 편의상 국가행정조직을 주된 고찰의 대상으로 삼아 행정조직법에 관한 기본적인 사항을 중심으로 기술한다.76)

1. 행정조직편성권

행정조직편성권이란 행정조직의 편성에 관한 결정권한, 구체적으로는 성청(省廳)이나 내부부국의 설치와 그 소장범위의 배분에 관한 결정권한을 의미한다. 쉽게 말하면 이 편성조직권을 내각(정부)과 국회(의회)의 어느 쪽에 맡길 것인가 하는 점이다.77) 이 문제는 제2차 대전 후, 조직편성권을 천황에게 부여하고 있었던 메이지헌법78)이 개정되어 현행 헌법은 천황의 위 권한을 부인하고 있지만 이에 관한 명시적인 규정을 두고 있지 않은 데서 유래한다. 이 점과 관련하여 「국권의 최고기관」으로 「국가의 유일한 입법기관」인 국회에 조직편성권이 있다고 생각하는 견해와 전전(戰前)의 관제대권을 이어받는 형식으로 내각이 담당하는 「행정권」에는 조직편성권도 포함되어 있다는 견해도 있다.79) 또 중요한 조직에 관한 편성권은 국회가 행사하지만 조직의 세세한 부분에 관해서는 내각에 독자적인 편성권이 부여되어 있다는 절충설80)도 있다.

위와 같이 행정조직편성권에 대해서는 학설의 대립이 있지만 현행법은 행정조직의 주요부분에 대해서만 법률형식을 요구하고 있다. 즉, 국가행정조직법은 「행정조직으로 설치되는 국가의 행정기관은 성(省), 위원회 및 청(廳)으로 하고 그 설치 및 폐지는 별도로 법률이 정하는 바에 의한다」라고 규정하여 성청·위원회의 법률주의를 규정하고 있다(국가행정조직법 제3조 제2항). 이 이외에 특별한 기관과 지방지분부국의 설치 등 역시 법률의 규정에 따르지 않으면 안 된다(국가행정조직법 제8조의3 제9조). 한편 국가행정조직법의 규율 대상에 속하지 않는 내각관방이나 내각부는 내각법과 내각부설치법에 의하여 설치되고 있다.

2. 국가행정조직의 체계

국가의 행정조직의 중심은 내각을 최고의 행정기관으로 하고(헌법 제65조) 그 아래 설치되는 내각부(內閣府)와 각성(各省)이다. 내각과 이들 부(府)·성(省)은 국가행정을 행하기 위한 본래적인 국가기관이며 국가행정은 이들 기관을 통하여 행해지는 것을 기본적인 모습으로 하고 있다. 그리고 내각으로부터 독립한 기관으로 회계검사원(헌법 제90조)을 들 수 있다. 이하에서는 내각과 내각의 통할하에 있는 행정기관인 부(府)·성(省)에 대해서 간단히 살펴보기로 하자.

(1) 내각(內閣)

일본 헌법 제65조는 「행정권은 내각에 속한다」라고 규정하여 내각이 최고의 행정기관임을 밝히고 있다. 그리고 내각은 법률이 정하는 바에 따라 내각총리대신 및 그 밖의 국무대신으로 조직(헌법 제86조 제1항)되는81) 합의체 행정기관이며 그 직권은 각의(閣議)를 통해서 행사된다(내각법 제4조).

내각의 수장(首長)인 내각총리대신은 국회의원 중에서 국회의 의결로 지명을 받아(헌법 제67조 제1항) 천황이 임명한다(헌법 제6조 제1항). 총리대신은 국무대신을 임명하는 권한을 가지고 임의로 파면할 수 있을 뿐만 아니라 국무대신의 재임 중 소추동의권도 가지고 있다(헌법 제68조, 제75조). 또 그는 각의를 주재하며(내각법 제4조 제2항), 내각을 대표하여 의안(議案)과 법률안을 국회에 제출하고 일반국무·외교관계에 대하여 국회에 보고한다(헌법 제72조, 내각법 제5조). 그리고 행정각부에 대한 지휘감독권(헌법 제72조, 내각법 제6조), 주임대신 사이에서 벌어지는 권한쟁의에 대한 재정권(裁定權) 역시 총리대신의 권한에 속한다.

한편 국무대신은 내각의 구성원으로(헌법 제66조 제1항, 제68조 제1항) 문민만이 임명될 수 있다(헌법 제66조 제2항). 또 국무대신의 과반수는 국회의원으로 채워져야 한다(헌법 제68조 제1항).

(2) 부(府)·성(省)

내각(內閣)부(府)는 내각 및 내각총리대신의 지도성을 한층 강화하기 위하여 2001년 1월에 중앙성청등 개혁에 따라 발족되어 내각에 설치된 행정기관으로(내각부설치법 제2조) 내각보조사무(동법 제3조 제1항)를 행함과 동시에 국가의 행정사무를 분담관리하는 2면적 성격을 가지고 있다(중앙성청등개혁기본법 제10조 제1항). 내각부는 내각의 통할하에 있는 행정기관이지만 국가행정조직법의 적용대상은 아니다(국가행정조직법 제1조).

성(省)은 내각의 통할하에 행정사무를 처리하는 기관으로서 설치된다(국가행정조직법 제3조 제3항). 이 성(省)이야말로 국가행정조직의 중추

적인 행정기관으로 현재는 총무성을 필두로 하여 방위성까지 11개가
존재한다. 국가행정조직은 내각의 통할하에 내각부의 조직과 함께 임
무 및 이것을 달성하기 위하여 필요하게 되는 명확한 범위의 소장사무
를 갖는 행정기관 전체에 의하여 계통적으로 구성되어야 한다는 점을
국가행정조직법은 명시하고 있다(국가행정조직법 제2조 제1항).

3. 행정조직법의 새로운 과제

한편 국가행정은 위와 같은 내각이 통할하는 국가행정조직뿐 만아
니라 지방공공단체와 특별행정주체라고 불리는 독립행정법인, 국립대
학법인, 특수법인·인가법인·공공조합 등에 의해서도 수행된다. 뿐만
아니라 이른바 「공사(公私)협동(協働)」, 「행정법의 국제화」 그리고 「정
보화사회」의 등장 등으로 새로운 행정주체가 등장함으로써 행정조직법
이론에 새로운 과제를 던져주고 있다.

X. 지방자치법

1. 지방자치법의 역사

일본의 근대적인 지방제도는 메이지헌법이 제정되기 1년 전인
1888년에 제정된 시제·정촌제(市制町村制)에서 비롯된다.[82] 시제·정촌
제는 전국의 시 및 정촌(町村)을 자치단체로 승인하고 의결기관으로서
시회(市會), 정촌회(町村會)를 설치하였다. 제한선거(국세 2엔 이상의 납세자
에 의한)이긴 하였지만 주민이 직접선거로 의원을 선출하였다. 또 집행
기관으로서 시정촌장(市制町村長)을 두고 의회가 추천한 자를 정부가 재

가하여 임명되었다.[83] 그리고 1890년에는 군제(郡制), 부현제(府縣制)가 공포되어 시정촌(市町村),[84] 군(郡), 부현(府縣)이라는 3단계 자치단체가 성립하였다.

그 후 수차례의 개정, 즉 1899년 부현의회의 간접선거의 폐지·직접선거의 채용, 1923년 군제(郡制)의 폐지, 1924년 지방의원에 대한 보통선거제의 실시, 1926년 시정촌장의 시정촌회에 의한 자주적인 선임 등이 그것이다. 그러나 이러한 지방제도의 민주화의 경향은 1931년 만주사변을 계기로 중앙정부의 감독이 강화되었는데 특히 1943년에는 시장은 시회의 추천을 받아 내무대신이 임명하고 정촌장은 정촌회가 추천하고 부현지사가 임명하는 방식으로 바뀌어 시정촌에 대한 중앙정부의 통제가 한층 강화되었다.[85]

패전 후 일본국 헌법의 제정(1948년)으로 지방자치에 관한 규정이 설치되어 ① 「지방자치의 본지(本旨)」에 바탕한 지방자치의 존중(제92조), ② 지방공공단체의회의 의원 및 장의 공선제(公選制)(제93조), ③ 지방공공단체의 권능 특히 자치입법권, 자치행정권, 자치재정권의 보장(제94조) 그리고 ④ 지방자치특별법에 관한 주민투표(제95조)와 같은 지방자치제도의 대강을 헌법에 명기하게 되었다.[86]

2. 주요내용

(1) 지방자치의 본지(本旨)

일본 헌법 제92조는 「지방공공단체의 조직 및 운영에 관한 사항은 지방자치의 본지에 바탕하여 법률로 이것을 정한다」라고 규정하고 있다. 지방자치의 본지는 영어로 Principle of Local Autonomy로 "자신의 일은 자신이 규율한다"라고 해석할 수 있다. 따라서 이 원리에 의하면 다른 단체인 국가의 법률에 의한 개입을 배제해야 한다. 그런데 이 규정은 법률의 개입을 인정한 다음 다만 그 법률은 지방자치의 본지에 근거하지 않으면 안 된다는 것이다.[87]

여기서 과연 '지방자치의 본지(本旨)'가 무엇인가에 대하여 지금까지 많은 논의가 전개되어 왔다. 이 가운데 가장 주목을 받고 있는 이론이 「충실한 지방자치론」이다. 이 이론은 지방자치보장의 목적을 기본적 인권의 보장에서 구하고 인민주권의 원리에서 주민자치와 단체자치를 도출하여 자치체의회만이 아니라 주민에게도 입법기관성을 인정하여 지방공공단체 우선의 사무배분원칙(보완성의 원리, 근접성의 원리)이나 시정촌의 권한에서 명백하게 배제하고 있지 않은 모든 사무에 대하여 시정촌이 권한을 갖는다고 하는 「전권한성의 원칙」혹은 이들 사무배분의 원칙에 걸맞는 「자주재원배분의 보장원칙」이 지방자치의 본지의 구체적 내용이라고 설명한다.[88] 이 이론은 특히 지방분권개혁의 흐름 속에서 많은 학자들의 지지를 얻고 있다.

(2) 지방공공단체의 종류

일본 지방자치법은 지방공공단체를 보통지방공공단체와 특별지방공공단체로 나누고 있다. 전자에는 도도부현(都道府県), 시정촌(市町村)이 있고 후자에는 특별구, 지방공공단체 조합, 재산구, 지방개발사업단이 있다.

시정촌(市町村)은 「기초적인 지방공공단체」인데 대하여 도도부현(都道府県)은 「시정촌을 포괄하는 광역지방공공단체」이다(지방자치법 제2조 제3항, 제5항). 도도부현과 시정촌은 지방공공단체로서는 대등한 법인이다. 도도부현은 광역에 걸친 사무, 시정촌의 연락조정에 관한 사무, 규모나 성질에 있어서 시정촌이 처리하는 것이 적당하지 않은 사무를 처리한다고 하는 방식으로 시정촌과 역할분담을 하고 있다.

특별구는 도(都)의 구(區)(동경 23구)로 시(市)에 상당하는 「기초적인 지방공공단체」의 위치에 있지만 판례는 헌법상의 지방공공단체는 아니라고 하고 있다. 지방공공단체 조합은 복수의 지방공공단체가 사무를 공동처리하기 위하여 설치하는 독립적인 법인격을 갖는 조합이다(동법 제284조 제1항). 재산구란 시정촌·특별구의 일부분으로 재산(산림, 묘지, 들판 등) 또는 공공시설(공회당, 공민관, 요수로 등)에 대하여 이들의 관리·처분을 행하는 권능이 인정된 법인이다(동법 제294조 제1항). 지방개발사업단이란 일정한 지역의 종합개발계획을 실시하기 위하여 복수의 지방공공단체가 공동으로 설치하는 법인이다(동법 제298조 제1항).

(3) 지방공공단체의 조직

보통지방공공단체(도도부현(都道府県)·시정촌(市町村)에는 의결기관(의회)과 집행기관(장·위원회·위원)이 설치된다. 집행기관의 중심인 장(長)은 주민의 직접선거에 의해서 선출된다(수장제).

(4) 지방공공단체의 사무

헌법 제94조는 「지방공공단체는 재산을 관리하고 사무를 처리하며 행정을 집행하는 권능을 가지며 법률의 범위 내에서 조례를 제정할 수 있다」라고 규정하고 있다. 또 지방자치법은 국가와 지방공공단체의 역할분담의 원칙에 대하여 다음과 같이 규정하고 있다. 먼저 「지방공공단체는 주민의 복지증진을 도모하는 것을 기본으로 하여 지역에서의 행정을 자주적이며 종합적으로 실시하는 역할을 폭넓게 담당」하는 것으로 하고 있다(동법 제1조의 2 제1항). 그리고 국가가 담당하는 역할은 ① 국제사회에 있어서 국가로서의 존립에 관련된 사무, ② 전국적으로 통일하여 정하는 것이 바람직한 사무, ③ 지방자치에 관한 기본적인 준칙, ④ 전국적인 규모 또는 시점에 서서 행해지지 않으면 안 되는 시책·사업의 실시 그밖에 국가가 본래 수행해야할 역할을 중점적으로 담당하는 것으로 하고 있다(동법 제1조의2 제2항).

위의 원칙에 따라 지방자치법은 지방공공단체의 사무를 자치사무와 법정수탁사무로 나누고 있다. 지방공공단체가 처리하는 사무 가운데 법정수탁사무 이외의 것은 모두 자치사무이다(동법 제2조 제8항). 법정수탁사무에는 ① 「국가가 본래 수행해야 할 역할에 관한 것으로 국가에서 적정한 처리를 특히 확보할 필요가 있는 것으로서 법률 또는 이에 바탕한 정령(政令)으로 특별이 정한 것」(동법 제2조 제9항 제1호), ② 「도도부현이 본래 수행해야 할 역할에 관한 것으로 국가에서 적정한 처리를 특히 확보할 필요가 있는 것으로서 법률 또는 이에 바탕한 정령(政令)으로 특별이 정한 것」(동법 제2조 제9항 제2호)의 두 종류가 있다.

(5) 조례제정권

일본 헌법 제94조는 지방공공단체의 권능으로서 법률의 범위 내에서 조례를 제정할 수 있다는 점을 명시하고 있다. 이와 관련하여 지방자치법은 「보통지방공공단체는 법령에 위반하지 않는 한 제2조 제2항의 사무에 관하여 조례를 제정할 수 있다」(동법 제14조 제1항)라고 규정하고 있다. 즉, 보통지방공공단체는 법령에 저촉되지 않는 한 조례를 제정할 수 있는 것이다(자치입법권). 그러나 특히 법률과의 관계에서 조례를 제정할 수 있는 한계가 무엇인가에 대하여 많은 논쟁이 있다.[89]

XI. 맺음말

이상에서 행정법이론 가운데 전통적인 테마를 소재로 하여 일본 근대행정, 행정법의 에토스라고 할 수 있는 국가이데올로기에 바탕한 공익을 우위에 둔 권위적인 행정법이 학설과 판례가 어떻게 상호작용을 하면서 이를 극복해가고 있는가 하는 점에 중점을 두고 살펴보았다. 먼저 행정법의 기본원리 가운데 법치주의에 관해서는 독일식의 표현인 「법률에 의한 행정의 원리」 가운데 법률유보론을 중심으로 논의가 진행되고 있음을 알았다. 그런데 법률유보론 가운데 패전 이전의 통설인 침해유보설이 패전 후 일본국헌법의 제정에 따라 주권이 천황주권에서 국민주권으로 바뀌고 또 국가의 기능변화에 따라 다양한 학설이 주장되고 있음에도 여전히 유력한 설로 자리 잡고 있는 것은 매우 흥미 있는 사안이라 생각된다. 그리고 공익 우위의 행정법의 전형적인 예라고 할 수 있는 공·사법구별 이원론이 학설에 의해서 해체되어 대부분의 학자들이 수용하게 된 것 또한 눈여겨보아야 할 것이다.

행정법방법론의 경우 행정행위 중심에서 행정과정론 그리고 법적 시쿠미론으로 계속 그 한계점을 의식하며 논의가 진행되고 있다. 이어서 행정법학의 핵심이라고 할 수 있는 행정행위론의 경우, 다나카 지로우에 의한 분류체계, 공정력이론 그리고 재량론에서 학설과 판례가 서로 상호작용 하면서 일본법 특유의 이론을 형성해 가고 있는 것은 매우 주목할 만한 일이라고 생각된다. 마지막으로 행정입법은 법규명령과 행정규칙이라는 전통적인 분류방식은 그동안의 학설과 판례의 영향으로 1993년 행정절차법에 심사기준이 규정됨으로써 양자는 상대화의 길을 걷고 있음을 알았다.

그리고 위와 같은 노력은 행정구제법, 행정조직법 그리고 지방자치법 분야에서도 계속되고 있다.

미주

1) 俞珍式, (博士學位論文)「官民協調體制「法」の歷史的展開」(東京大學大學院 法學政治學研究科, 1998年 2月). 13.

2) 佐藤篤士,「法學史からみた日本の近代化」, 比較法學, (早稻大)第一卷一號, 32-34.

3) 山中永之佑編, 新日本近代法論, 法律文化社(2002), 1-2.

4) 小早川光郎, 行政法上, 弘文堂(1999), 15-18, 참조.

5) 大浜啓吉,「法の支配」とはなにか, 岩波親書(2016), 4, 16.

6) 大橋洋一, 行政法, 有斐閣(2001), 25.

7) 原田大樹,「法律による行政の原理」, 法学教室 373号(2011.10), 6.

8) 原田大樹, 상게논문, 6.

9) 原田尚彦,『行政法要論第に版』, 弘文堂(1989), 69.

10) 大橋洋一, 行政法, 有斐閣(2001), 34 이하.

11) 한수웅, 본질성이론과 입법위임의 명확성원칙, 헌법논총 제14집(2003), 574-577, 참조.

12) 유진식, 법률유보원칙의 실제와 개선방안 ―「자유·재산의 침해」에서 「법률의 규율밀도」로―」, 공법연구제44집 제2호(2015. 12.), 202.

13) 塩野宏, 行政法 I [第六版], 有斐閣(2015), 77, 이하. 小早川光郎, 行政法上, 弘文堂(1999), 114 이하.

14) 俞珍式, (修士学位論文)「経済行政における行政指導」, (東京大學大學院 法學政治學研究科(1992.3.), 2-29.

15) 成田頼明, 行政指導の機能と功罪, ジュリ741号(1981), 39쪽.

16) 俞珍式, (博士學位論文)「官民協調體制「法」の歷史的展開」(東京大學大學院 法學政治學研究科, 1998年 2月). 13-40, 참조.

17) 俞珍式, 行政指導の歷史性と行政法学,『行政法の発展と変革』(上), 有斐閣(2001), 600-602.

18) 대표적인 사례로「医療法勧告事件最高裁判決」(最判平成 17年 10月 25日 判

例時報 1920号 32頁)를 들 수 있다.

19) 原田尚彦, プレップ 行政法第に版, 弘文堂(1996), 40.

20) 田中二郎, 新版行政法, 弘文堂(1988), 79.

21) 田中, 상게서, 79-80.

22) 자료의 인용은 편의상 완성된 내용으로 다시 정리한 교과서를 사용하였다. 今村成和, 行政法入門第3版, 有斐閣(1987), 21-25.

23) 成田頼明, 行政法序説(1984年), 123 이하, 市原昌三朗, 行政法講義[改訂第に版](1996年), 44 이하, 兼子仁, 行政法学(1997年), 6쪽 등.

24) 大橋洋一, 行政法, 有斐閣(2001), 74 이하.

25) 美濃部達吉, 日本行政法上, 有斐閣(1941年), 41, 田中二郎, 行政法総論, 有斐閣(1967年), 88, 참조.

26) 塩野宏, 行政法Ⅰ[第六版], 有斐閣(2015), 54.

27) 塩野宏, 「行政過程総説」 『行政過程とその統制』(1989年), 3.

28) 塩野, 상게논문, 25-30.

29) 中原茂樹, 行政活動の法的仕組み, 高木光·宇賀克也編, 行政法の争点, 有斐閣(2014年), 28.

30) 野呂充, 行政法の規範大系, 礒部力·小早川光郎·芝池義一編, 行政法の新構想Ⅰ, 有斐閣(2011), 5쪽.

31) 野呂, 상게논문, 57.

32) 小早川光郎, 行政の過程と仕組み, 高柳信一, 行政法学の現状分析, 勁草書房(1991), 158-159.

33) 中原, 상게논문, 28-29.

34) 田中二郎, 新版 行政法 上巻 全訂第2版, 弘文堂(1988), 121.

35) 藤田宙靖, 行政法入門(第2版補訂), 有斐閣(2002), 103.

36) 小早川光郎, 行政法上, 弘文堂(1999), 265-269.

37) 最高裁平成 22年 6月 3日 判例時報 2083号, 71頁.

38) 兼子仁, 行政行為の公定力の理論, 東京大学出版会(1960)

39) 藤田宙靖, 公権力の行使と私的権利主張, 有斐閣(1992)

40) 小早川光郎, 先決問題と行政行為―いわゆる公定力の範囲をめぐる一考察―, 『公法の理論(上)』, 有斐閣(1983)

41) 田中二郎, 新版 行政法上巻 全訂第2版, 弘文堂(1988), 117.

42) 美濃部, 상게서, 167−171.

43) 田中, 상게서, 119.

44) 田中二郎, 司法権の限界, 弘文堂(1976), 145.

45) 현재 자유재량과 기속재량에 대해서 언급하지 않는 일본의 행정법교과서도 쉽게 볼 수 있다.

46) 中原茂樹, 基本行政法, 日本評論社(2014), 147.

47) 神戸税関事件(最判昭和 52年 12月 20日), マクリーン事件(最判昭和53年10月4日) 등이 대표적인 사례이다.

48) 中原, 상게서, 148.

49) 山本隆司, 行政裁量の判断過程審査―その意義, 可能性と課題―, 行政法研究 第14号(2016.6), 2.

50) 最判平成 18年 2月 7日(判例時報 1936号 63頁).

51) 山本, 상게논문, 2.

52) 中原, 상게서, 148−150, 참조.

53) 塩野宏・高木光, 条解行政手続法, 有斐閣(2000), 140.

54) 深澤龍一郎, 個人タクシー事件, 法学教室(2009. 10), No. 349, 27.

55) 塩野宏, 行政法Ⅰ[第五版] 行政法総論, 有斐閣(2009), 100−109, 참조.

56) 塩野宏, 行政法Ⅱ[第六版] 行政救済法, 有斐閣(2019), 130.

57) 塩野宏, 行政法Ⅱ[第六版] 行政救済法, 有斐閣(2019), 132.

58) 高橋滋, 行政訴訟の原告適格, 高木光・宇賀克也編, 行政法の争点, 有斐閣(2014年), 116.

59) 宮崎良夫, 原告適格, 成田頼明編, ジュリスト増刊行政法の争点, 有斐閣(1990), 211 참조.

60) 中原, 상게서, 343.

61) 高橋, 상게논문, 116.

62) 高橋, 상게논문, 116.

63) 伊達火力発電事件(最判昭和 60年(1985) 12月 17日 判決(訟務月報第 32巻 第9号, 2111頁).

64) もんじゅ訴訟判決(最判平成 4年(1992) 9月 22日 民集 第46巻 第6号, 571頁).

65) 高橋, 상게논문, 117.

66) 좀 더 구체적인 내용에 대해서는 宇賀克也, 行政法概説Ⅱ行政救済法, 有斐

閣 〈2006〉, 362−372 참조.

67) 한편 공무원 개인의 과실이 아니라 조직으로서의 행정주체의 공무운영상의 결함에 대해서 과실로 인정한 판례도 있다(집단예방접종에 의한 부작용으로 인한 손해배상을 다툰 소송에서 동경고등재판소(1992년 12월 18일 高民集 제45卷 제3号, 212쪽)는 후생대신의 과실을 인정하였다.

68) 유진식, 규제권한불행사와 국가배상 ─ 일본의 치쿠호진폐(塵肺)소송(最高裁 2004年 4月 27日 判決)을 소재로 하여 ─, 행정판례연구 XXIV−1(2019), 참조.

69) 塩野宏, 行政法 II [第六版], 有斐閣(2015), 326.

70) 東京地判 1978年 8月 3日, 判例時報 899号, 48頁.

71) 일본에서 규제권한불행사에 대한 국가배상책임을 논하는 경우 대표적인 판례로 다음과 같은 다섯 가지 사례를 드는 것이 보통이다. 즉, ① 택지건물거래업법상의 권한불행사에 관한 最判平成元年 1989年 11月 24日 判決(判例時報 1337号 48頁), ② 크로로킹 제1차소송에 관한 最判平成 7年 6月 23日 判決(判例時報 1539号 32頁), ③ 치쿠호진폐(塵肺)소송에 관한 最判平成 16年 4月 27日 判決(判例時報 1860号 34頁), ④ 칸사이미나마타소송에 관한 最判平成 16年 10月 15日 判決(判例時報 1876号 3頁) 그리고 ⑤ 센난아스베스트(석면)소송에 관한 最判平成 26年 10月 9日 判決(民集 68卷 8号 799頁)이 그것이다. 이 가운데 판례①②에서는 규제권한불행사에 대한 위법성이 부인되었고 판례③에서 최초로 국가책임이 인정되었으며 판례④⑤도 이를 인정하고 있다.

72) 宇賀克也, 行政法概説 II, 有斐閣(2006), 372.

73) 宇賀克也, 宅建業者の監督と国家賠償責任, 行政判例百選 II [第6版](2012), 471 등.

74) 塩野, 상게서, 331쪽. 山本隆司＝金山直樹, 最高裁判所民事判例研究, 法学協会雑誌第122巻第6号, 1115−1116.

75) 室井力, 行政組織法総説, 現代行政法大系7 行政組織法, 有斐閣(1988), 1.

76) 지방공공단체의 조직에 관해서는 항을 바꿔서 살펴보고 그 밖의 공공단체에 관한 기술은 생략하기로 한다.

77) 高橋信行, 行政組織編制権, 高木光·宇賀克也編, 行政法の争点, 有斐閣(2014), 168.

78) 대일본제국(메이지)헌법 제10조 천황은 행정각부의 관제 및 문무관의 봉급

을 정하고 문무관을 임면한다. 단, 이 헌법 또는 다른 법률에 특례가 있는 것은 각각 그 조항에 의한다.

79) 高橋信行, 상게 논문, 168.
80) 佐藤功, 行政組織法, 有斐閣(1985), 140－145, 宇賀克也, 行政法槪說 Ⅲ[第5版], 有斐閣(2919), 9－14.
81) 국무대신은 최대 17인이며 부흥청이 존속하는 기간 동안에는 1인이 증가된다. 내각법 제2조 제2항, 부흥청설치법 부칙 제6조 제2항.
82) 그 이전의 상황에 대해서는 山中永之佑編, 新日本近代法論, 法律文化社(2002), 2－6, 참조.
83) 原田尚彦, 地方自治の法としくみ, 学陽書房(1990), 15.
84) 시정촌에서 '정'은 우리나라의 '읍'에 '촌'은 '면'에 속한다.
85) 原田, 상게서, 18.
86) 原田, 상게서, 19.
87) 塩野宏, 行政法 Ⅲ[第四版] 行政組織法, 有斐閣(2012), 133.
88) 杉原泰雄, 地方自治の憲法論――「充実した地方自治」を求めて[補訂版] [2008], 白藤博行, 地方自治の本旨, 高木光・宇賀克也編, 行政法の争点, 有斐閣(2014), 202에서 재인용.
89) 구체적인 논의에 대해서는 斎藤誠, 条例制定権の限界, 高木光・宇賀克也編, 行政法の争点, 有斐閣(2014), 206－209, 참조.

참고문헌

田中二郎, 新版行政法 上巻 全訂2版, 弘文堂(1998).

小早川光郎, 行政法 上, 弘文堂(1999).

大橋洋一, 行政法1 現代行政過程論, 有斐閣, 2013年).

塩野宏, 行政法Ⅱ[第六版], 有斐閣(2015).

小早川光郎, 行政法講義[下Ⅰ], 弘文堂(2002).

宇賀克也, 行政法概説Ⅱ, 有斐閣(2006).

塩野宏, 行政法Ⅲ, 有斐閣(1995).

藤田宙靖, 行政組織法, 良書普及会(1994).

佐藤功, 行政組織法, 有斐閣(1985).

宮崎良夫, 行政訴訟の法理論, 三省堂(1984).

阿部泰隆, 行政訴訟要件論, 弘文堂(2003).

小林久起, 行政事件訴訟法, 商事法務(2004).

小早川光郎·高橋滋, 改正行政事件訴訟法, 第一法規(2004).

제3장 민 법

제 1 절 민법전과 민법학 · 재산관계와 법

권 철

I. 일본민법전 — 제정 및 개정

머리말

일본민법전은 1898년에 시행된 이래 사회의 변화에 따라 부분적 혹은 전체적으로 수차례의 개정을 거쳐 현재의 모습에 이르게 되었다. 그 일련의 개정 과정을 살펴보는 작업은 현재의 일본민법전의 모습을 이해하는데 도움이 될 것이다. 이하에서는 현행 일본민법전에 이르기까지 일본민법의 제정 경위 및 시행 이후의 개정 경과에 대해서 개관한다.

일본은 제정법으로 두 개의 민법전을 가지고 있다. 1890년에 제정된 이른바 '舊民法'과 1896년, 1898년 제정되어 1898년 시행된 민법전이 그것이다. 후자(이른바 '明治民法(메이지민법'))는 모두 5편으로 구성되어 있는데 제4편(친족)과 제5편(상속)은 1947년에 전면 개정되었고, 제1편부터 제3편(총칙, 물권, 채권)은 거의 개정되지 않다가 최근 채권관계에 관한 규정이 상당 부분 개정되어 2020년부터 시행되었다. 제4편과 제5편도 최근에 주요한 개정이 이루어졌다. 현행 민법전의 편별은 다음과 같다.

민법(1898(明治29)년 법률89호)

제1편 총칙(제1조~제174조의 2)
　　제1장 인　제2장 법인　제3장 물건　제4장 법률행위　제5장 기간의 계산
　　제6장 시효
제2편 물권(제175조~제398조의 22)
　　제1장 총칙　제2장 점유권　제3장 소유권　제4장 지상권　제5장 영소작권
　　제6장 지역권　제7장 유치권　제8장 선취특권　제9장 질권　제10장 저당권

제3편 채권(제399조~제724조)

　제1장 총칙　제2장 계약　제3장 사무관리　제4장 부당이득　제5장 불법행위

제4편 친족(제725조~제881조)

　제1장 총칙　제2장 혼인　제3장 친자　제4장 친권　제5장 후견　제6장 보좌 및 보조　제7장 부양

제5편 상속(제882조~제1044조)

　제1장 총칙　제2장 상속인　제3장 상속의 효력　제4장 상속의 승인 및 포기 제5장 재산의 분할　제6장 상속인의 부존재　제7장 유언　제8장 유류분

1. 민법전 편찬 — 19세기 말: '구민법'에서 '메이지민법'으로

(1) 일본민법 편찬 전사(前史)

　구민법전 제정에 이른 경위를 간단하게 살펴보면 다음과 같다. 사법경(司法卿) 에토 신페이(江藤新平)가 민법전 편찬에 착수한 것은 1870 (明治3)년의 일이었다. 에토가 실각한 후에는 후임 사법경인 오오키 타카토(大木喬任)가 이를 이어받아 작업을 진행하였다. 이 시기의 중심과제는 신분법(身分法)의 정비로, 완성된 여러 초안도 신분법 부분에 관련된 것이었다. 이는 신분관계의 확정이 만사의 기초가 된다고 생각하였고, 또한 무사법(武士法)·서민법(庶民法)의 통일이 긴급한 과제라고 생각하였기 때문이었다. 그러나 미츠쿠리 린쇼(箕作麟祥)를 중심으로 작성된 몇몇 안은 프랑스민법을 번역하는 수준을 넘지 못하였다. 이에 1879년 오오키는 사법성 법률고문 브아소나드(Gustave Emile Boissonade)에게 프랑스어로 민법전의 원안 기초를 명하게 된다.

(2) 구민법전 편찬

브와소나드의 원안은 원로원의 민법편찬국에서 심의하였는데 이노우에(井上毅)의 실각과 더불어 조직의 재편성이 이루어져 1887년 가을에는 사법대신(司法大臣) 야마다 아키요시(山田顯義)를 위원장으로 한 법률취조위원회가 설치되어 이후 이 위원회에서 본격적인 심의가 이루어지게 되었다. 그리고 1888년에는 브와소나드가 기초한 재산법부분(재산편·재산취득편의 대부분·채권담보편·증거편)이 완성되었다. 그리고 1890년에는 일본인 위원(쿠마노 빈조(熊野敏三)·이소베 시로(磯部四郎)·이노우에 세이치(井上正一)) 등 사법성학교 1기생·프랑스유학파를 중심으로 6명이 분담이 기초한 가족법 부분(人事編·재산취득편 중 상속 부분)이 완성되어 양자 모두 같은 해에 공포되었다(조문번호는 편마다 붙어 있다). 이리하여 일본 최초의 민법전은 1893년 1월 1월의 시행일을 기다리기만 하면 되는 상황이었다.

그런데 구민법전 공포를 전후하여 이 법전(특히 신분법 부분)에 대한 비판의 목소리가 높아졌다. 1889년 5월 법학사회(法學士會: 도쿄대 법학부 동창회)가 "법전 편찬에 관한 의견"을 발표한 것을 효시로 반대의견이 여럿 공표되었고, 이에 대한 반론도 나왔다(호즈미 야츠카(穗積八束)의 논문 "민법이 나오니 충효가 망한다(民法出デテ忠孝亡ブ)"는 1891년에 나옴). 이것이 '법전논쟁'이라고 불리는 것이다. 결국 1892년 무라타 타모츠(村田保) 등에 의해 제국의회에 민법·상법 시행연기법률안이 제출되어 귀족원에서 3일간의 대논쟁을 거쳐 법안가결에 이르렀다. 단행파는 계속해서 시행연기법률안의 재가를 방해하는 공작을 했으나 가결 후 5개월이 지난 1892년 말에 동 법률이 공포되었다. 이로 인하여 민법과 상법은 '수정을 하기 위하여 1896년 12월 31일까지 시행이 연기'되었던 것이다.

(3) 현행 민법전 편찬

민법·상법 시행연기법이 공포된 다음해인 1893년에 법전조사회가 설치되었다. 법전조사회는 호즈미 노부시게(穗積陳重)·토미이 마사아키라(富井政章)·우메 켄지로(梅謙次郎)의 3명(전원 도쿄제국대학 교수)을 기초위원으로 하여 원안 작성을 담당하게 하고(분담하여 기초, 합의에 의해 성안), 주사위원회(主査委員會)와 위원총회의 2단계의 심사를 하는 것으로 하였다(다만, 총칙 심사 도중에 1단계 심사로 변경). 그리고 심사의 결과로 얻은 성안에 대해 정리회(整理會)에서 조정이 이루어졌다.

최종적으로 민법전은 2개로 나누어진 형태로 공포되었다. 이른바 '재산법' 부분(총칙·물권·채권)에 해당하는 "민법 제1편·제2편·제3편"은 1896년 4월 27일에 공포되었고(1896년 법률 제89호), '가족법' 부분(친족·상속. 당시는 일반적으로 '신분법'이라고 불렸다)인 "민법 제4편·제5편"은 1898년 6월 21일에 공포되었다(1898년 법률 제9호). 5편 모두 1898년 7월 16일부터 시행되었다. 그리고 제4편·제5편은 제2차 세계대전 후 신헌법 공포에 맞추어 1947년에 전면 개정되었다(1947년 법률 제222호).

민법전 편찬에 있어서 외국법의 영향에 관해서 주목할 점은 편찬 당시 민법전의 기초위원이었던 호즈미 등이 맡은 임무가 신민법전의 기초가 아니라 구민법전의 '수정'에 지나지 않았다는 점이다. 따라서 현행 일본민법전 편찬에 있어 구민법전이 중요한 역할을 하게 되었고 결과적으로 민법전에 프랑스법의 영향이 강하게 남은 것은 당연한 일이다. 그러나 신민법전의 편별에 관해서는 "법전조사의 방침" 제2조에서 총칙, 물권, 인권, 친족, 상속의 5편 구성으로 정하였다. 이는 색슨민법(1863년 제정)의 편별과 동일하며 현행의 독일민법(당시 에는 아직 제1초안(1888년)의 단계)의 구성에 가깝다. 이는 구민법전이 채용하였던 인사편(人事編)을 선두로 하는 프랑스민법 전형의 편별(인스티투네오스식)을 지양하고 이른바 판덱텐 방식을 채용하는 입장을 명백히 한 것으로 적어도 편별상의 외관에서 보면 독일형의 법전 내지는 초안의 영향을 수용하는 자세가 엿보인다. 따라서 일본의 민법전에는 편찬의 최초 방침 단계에서부터 프랑스와 독일 양국의 영향이 혼재되어 있었다고 말할 수 있을 것이다.

2. 민법전 개정 1― 20세기 중반: '신헌법'과 민법 중 친족상속편의 전면 개정

제2차 세계대전에서 패전한 일본은 연합군 점령 하에 새로운 국가체제로 이행하게 되었다. 1946년 11월에 신헌법('일본국헌법')이 제정되고, 이에 터잡아 1947년 12월 신민법이 성립하였다.

신헌법은 가족생활에 있어 개인의 존엄과 남녀평등을 선언하였다(헌법 제24조). 이와 함께 와가츠마 사카에(我妻榮) · 나카가와 젠노스케(中川善之介)를 중심으로 가족법 대개정이 추진되어 이듬해인 1947년 말에는 현행의 친족편과 상속편(종래의 광의의 가족법)이 성립하고, 1948년 1월 1일부터 시행되었다. 그 후 일본국헌법을 "신헌법"이라고 부르듯이, 상당 기간 동안 이 개정법은 "신민법"이라고 불렸다.

구체적으로는 "가(家)" "호주" "가독상속"이 폐지되어 평등한 부부와 미성년 자녀들로 이루어진 가족이 이상적인 것으로 제시되었다. 상속의 면에서도 장남의 단독상속에서 자녀들의 균분공동상속으로 제도가 변화되었다. 덧붙여 1947년 개정에서는 민법의 첫머리에 "개인의 존엄과 양성의 본질적 평등"을 선언하는 규정(제1조의2＝현행 제2조)과 함께, "공공의 복지", "신의성실", "권리남용금지"를 명시하는 규정(제1조)이 마련된 것을 부언해 둔다.

이렇게 가(家)제도의 잔재를 대부분 일소하고 형식적인 남녀평등을 실현한 새로운 가족법은 전후 일본사회 형성에 큰 역할을 해 왔다고 평가된다. 습속(習俗)이 법률에 의해서 리드되어 온 것이다. 전통적인 가족법을 남겨 둔 유럽 각국에서는 1960년대부터 70년대에 걸쳐 이혼의 자유화를 중심으로 하는 여러 개혁이 추진되었으나 일본에서는 그러한 개혁을 새로이 할 필요가 없을 정도로 1947년 전면 개정된 가족법의 내용은 선진적인 것이었다. 한편 이와 같이 민법전의 친족편과 상속편이 전면적으로 개정된 후 이러한 개혁은 과도한 것이었다는 비판의 소리도 있었다.

3. 민법전 개정 2─20세기 말·21세기 초: '제3의 법제개혁기'

일본민법전이 시행된 후 100주년을 맞이한 1998년 이후의 시기는, 19세기 말의 법전편찬기(위 1.), 제2차 세계대전 후의 법률 개정기(위 2.)에 이은 '제3의 법제개혁기'로 불리곤 한다. 이하에서는 민법의 구체적인 개정사항을 중심으로 제3의 법제개혁기로 불리는 최근 20여년의 움직임을 살펴보자.

일본민법의 앞 3편(총칙, 물권, 채권)은 1971년에 근저당제도가 신설된 것(제398조의2─제398조의22)을 제외하면 실질적인 개정이 이루어지지 않다가 1990년대 말부터 최근 20여 년 동안에 주요한 개정이 이루어졌다. 1999년에는 행위능력제도가 개정되어 성년후견제도가 도입되었다 (제7조─제21조, 제839조─제876조의10). 2003년에는 담보제도가 개정되었다. 2004년에는 민법의 앞 3편(총칙, 물권, 채권)이 메이지시대 문어체(카타카나)로 되어 있던 것이 전면적으로 현대어화되었다(제1편─제3편). 더불어 보증제도가 개정되었다. 2006년에는 법인제도가 전면 개정되었다 (민법의 규정 대부분 삭제. 제38조─제84조). 가장 최근에는 2020년부터 시행된 채권관계(계약법) 전면개정을 비롯하여, 친족편과 상속편에 주목할 만한 개정이 이루어졌다.

(1) 재산법

가. 1960년대·70년대 — 입법의 부재

제2차 세계대전 후 일본사회는 1960년대·70년대에 걸쳐 빠른 속도의 경제성장을 경험했다. 이 시기에는 공업화와 도시화가 진전되어 일본사회의 구조와 국민의 멘탈리티도 크게 변화했다. 그럼에도 불구하고 민법의 재산법 부분은 큰 개정을 경험하지 않았다. 그 대신에 이 시기에는 판례법이 현저하게 발전되었다. 첫째, 4대 공해소송으로 대표되는 산업공해에 대하여 오염물질을 배출한 기업의 책임이 문제가 되었다. 둘째, 상계·담보·이자 등 금융거래의 영역에서 한쪽 당사자에게 과도하게 유리한 합의가 부정되었다. 전자는 불법행위, 후자는 계약에 관련되는 것이어서 판례는 대담한 법 창조를 할 수 있었다. 또한 '약자 보호'라는 슬로건이 이러한 법 창조를 지탱하였다고 할 수도 있다. 이 시기에는 민법을 개정하지 않고 민법을 사회에 적합하게 할 수 있었다고 하겠다.

나. 1990년대·00년대 — 입법의 태동

1970년대 후반부터 1990년대 초반까지 10여 년 동안 일본경제는 절정기를 맞이하였다. 그러나 거품경제가 붕괴된 후, '잃어버린 20년'이라 불리는 정체기가 찾아왔다. 이러한 상황을 타파하기 위해서 민법에 관해서도 몇몇 개혁이 시도되었다. 단기간에 집중적으로 입법이 이루어졌다. 이러한 경향은 금융의 촉진(자금조달 촉진, 부동산의 적정한 이용, 담보실행의 효율화)과 소비자보호의 강화, 그리고 법인제도의 개혁으로 이루어져 있다.

민법개정은 신헌법 공포에 맞춘 1947년의 제4편·제5편의 전면개정이나 1971년의 근저당권입법 등은 있었으나 1975년경까지는 그다지 횟수가 많지 않았다. 게다가 그중 상당수는 타 법률의 개정에 따른 이른바 기계적인 변경이었다. 그러나 1990년대에 들어서부터 민법 자체의 개정도 늘어나기 시작하였고, 게다가 주변의 특별법 제정 및 민법의 원칙을 수정하는 특례를 만드는 이른바 '특례법'의 제정 등을 포함하면, 근년에는 민사입법 러시라는 단어가 과언이 아닐 정도로 급속하게 증가한 것을 알 수 있다.

다. 2020년 시행된 채권법 전면개정

(가) 개관　　채권법 개정에 대한 논의가 시작된 것은 1990년대 말 무렵이었지만, 실제로 다양한 개정안이 나오게 된 것은 법무성이 채권법 개정을 고려하고 있다는 소식이 보도된 2006년 이후이다. 그 후 여러 개의 학자 그룹이 개정안을 발표하였다. 대표적인 것은 '민법(채권법)개정검토위원회안'(이 안에 대해서는 법무부에서 출간한 번역본 "일본 채권법개정의 기본방침"을 참조)과 '민법개정연구회안'으로 둘 다 2009년에 발표되었다. 2009년 10월 법무대신이 법제심의회에 민법(채권관계)의 재검토에 관한 자문을 한 것을 시작으로 법제심의회에서 심의가 시작되었다. 민법(채권관계) 부회에서는 크게 3개로 구분하여 제1기에서는 심의대상이 되는 논점을 정리하고, 제2기에 중간시안을 정리한 후, 제3기에 최종적으로 요강안을 정리하는 것으로 목표를 세우고 작업을 진행하였는데, 최종적으로 이 부회가 정리한 요강안은 2015년 2월에 개최된 법제심의회 총회에서 채택되어 즉시 법무대신에게 회부되었다. 법무성에서는 이 안을 국회에 제출하였고 2017년에 민법 중 채권법 분야에 대해서 전반적으로 재검토하는 '민법의 일부를 개정하는 법률'(2017년 법률 제44호)이 성립하여 같은 해 6월에 공포되었고 2020년 4월 1일부터 시행되었다.

(나) **개정의 필요성**　민법 중 제3편 채권을 중심으로 하는 채권관계의 여러 규정에 대해서는 2004(平成 16)년에 민법재산편의 조문 표현을 현대어화한 것을 계기로 보증제도를 재검토하는 등 부분적인 개정을 하였지만, 전반적인 재검토가 이루어진 적이 없었고 대략 1896(明治 29)년의 제정 당시의 규정 내용 그대로 유지되고 있었다. 그 동안 일본의 사회·경제 상황은 거래량이 크게 증대되었고 거래 내용이 복잡화·고도화되는 한편, 정보 전달 수단이 비약적으로 발전되는 등 다양한 면에서 현저하게 변화가 있었다. 이러한 변화에 대해 종래에는 법무성 소관 법령의 범위에 한정하지 않고 관계 부처와도 연계하여 민법의 특칙을 정한 법률을 제정하는 등의 방법으로 대처해 왔다. 하지만 거래에 관한 가장 기본적인 규율을 정하고 있는 민법의 채권관계 규정에 대해서도 이러한 변화에 대응시켜 나갈 필요가 발생하고 있다. 또한 그 동안의 재판 실무에서는 다수의 사건에 대해서 민법을 해석·적용하는 중에 방대한 양의 판례가 축적되어 왔다. 그리고 확립된 학설상의 논의가 실무에서 널리 받아들여져 불문의 규율로 해석의 전제가 된 것도 많다. 그러나 이러한 것들 중에는 조문만으로는 쉽게 알 수 없는 것도 적지 않았기 때문에 법률 전문가가 아닌 일반 국민에게는 민법이 정한 기본적인 규율이 알기 어려운 상태가 되어 있다. 이 때문에 민법 중 채권관계의 규정에 대해서 그중에서도 거래사회를 뒷받침하는 가장 기본적인 법적 인프라인 계약에 관한 규정을 중심으로 사회·경제의 변화에 대하여 대응하기 위한 재검토를 진행하면서 국민 일반에게 알기 쉬운 것으로 한다는 관점에서 판례나 통설적 견해 등 현재 실무에서 적용하고 있는 기본적인 규율을 적절하게 명문화하는 등 전반적인 재검토를 할 필요성이 높아졌다.

(다) **개정의 개요**　민법개정은 전술한 법제심의회의 답신에 기한 것이기 때문에, 개정의 대상이 된 범위는 기본적으로 법제심의회에 대

한 자문과 마찬가지로 계약을 중심으로 하는 채권관계 규정이다. 따라서 제3편 채권의 규정을 비롯하여 채권과 관계가 깊은 규정인 제1편 총칙에 배치되어 있는 것(의사표시, 소멸시효 등)도 대상이 되고 있다. 다른 한편, 제3편 채권의 규정 중 사무관리, 부당이득, 불법행위에 관한 것은 기본적으로 대상이 아니지만, 불법행위에 기한 손해배상에 있어서의 중간이자 공제 비율이나 그 장기·단기의 권리행사기간에 대해서는 법정이율이나 소멸시효 등에 관한 개정과 밀접하게 관련되는 관계로 대상에 포함되어 있다. 한편 이번 민법개정은 채권관계 규정이라는 상당히 광범위한 영역을 전반적으로 재검토하는 것이었기 때문에, 법제심의회의 심의 과정에서는 민법의 편별 구성이나 규정의 배치에 대해서 이번 기회에 발본적인 재검토를 하는 것을 제안하는 의견도 있었다. 그러나 물권법이나 가족법 부분은 검토 대상이 아니라는 형식적인 제약이 있었고 오랫동안 사용하여 익숙해진 조문 번호나 규정의 배치를 크게 변경하면 실무상의 편리성 등의 면에서 바람직하지 못하다는 의견이 적지 않았던 것 등의 이유에서 현행법의 편별 구성은 유지되고 규정의 배치를 크게 바꾸는 것도 이루어지지 않았다. 예컨대 착오는 제95조, 채무불이행에 의한 손해배상은 제415조, 불법행위에 의한 손해배상은 제709조 등, 현재의 법률 실무가에게 널리 익숙해져 있는 조문 번호에 대해서는 신설 규정을 삽입하는 때에 가지 번호를 이용하여 가능한 한 조문 번호를 유지하고 있다.

라. 이 개정에 관한 구체적인 사항은 별도로 후술한다(Ⅲ.).

(2) 가족법

가. 1960년대·70년대

가족법에 관해서는 1962년(특별연고자제도 도입), 1980년(배우자상속분 인상) 그리고 1987년(특별양자제도 도입(제817조의2−제817조의11))에서 개정

이 실현되었다. 그러나 이러한 개정은 민법을 필요에 따라 보완하는 것
으로 근본적인 개정은 아니었다.

나. 1990년대·00년대

그런데 1990년대에 들어오면서 사정이 변했다. 세 가지를 지적할
필요가 있다. 첫째, 입법의 대상이 보다 현대적인 것이라는 점이다. 아
직 개정이 이루어지지는 않았지만, 1996년 개정요강(부부별성제 도입, 비
적출자 상속분 평등화)이나 2003년 중간시안(생식보조의료에 의하여 태어난 자
의 친자관계)이 그 예이다. 또한 1999년에 개정이 실현된 성년후견제도
도 그러하다. 둘째, 사회의 다양화에 수반하여 여론이 나뉘었다. 특히
가족법에서 이러한 경향이 뚜렷한데 그 결과로 일원적인 가치에 터잡
아 입법하는 것이 곤란하게 되었다. 1993년 이후 자민당 정권의 구심
력이 약해진 것도 박차를 가했다고 할 수 있다. 그 결과 1996년 개정요
강도 2003년 중간시안도 개정에 이르지 못하였다. 셋째, 사회의 고령화
와 가정폭력에 대한 대응책이 필요하게 되었다. 그 결과 성년후견제도
개정(1999년)이 실현되었고, 아동학대 방지법(2000년), 가정폭력방지법
(2001년)이 제정되었다.

다. 상속편 개정(2019, 2020년 시행)

2018년 7월, '민법 및 가사사건절차법의 일부를 개정하는 법률'이
성립되었다. 일본민법 중 상속법 분야는 1980년대 이래 실질적인 큰
개정이 이루어지지 않았는데, 그 사이에 일본사회의 고령화가 더욱 진
전되고 상속 개시 시의 배우자의 연령도 상대적으로 고령화되었기 때
문에 그 보호의 필요성이 높아졌다. 이번 상속법 개정은 이러한 사회경
제 정세의 변화에 대응하는 것인데, 이른바 '생존배우자'의 생활에 배려
한다는 관점에서 배우자의 거주 권리를 보호하기 위한 방책 등이 포함
되어 있다. 그 밖에도 유언의 이용을 촉진하고 상속을 둘러싼 분쟁을

방지하는 등의 관점에서 자필증서유언의 방식을 완화하는 등 많은 항목이 개정되었다. 유언서의 방식 완화는 2019년 1월 13일부터 시행되었고, 배우자의 주거 권리는 2020년 4월 1일부터 시행되었다. 개정의 구체적인 내용은 가족관계와 법(고철웅 교수 집필부분)에서 후술한다.

라. 친족법 개정 — 특별양자 관계(2020년 시행)

민법 등 일부를 개정하는 법률(2019년 법률 제34호)이 2019년 6월 7일 성립하였다(같은 달 14일 공포). 특별양자 제도는 가정에서 보호받지 못하는 아이에게 따뜻한 가정을 제공하여 그 건전한 양육을 도모하는 것을 목적으로 창설된 오로지 아이의 이익을 위한 제도이다. 현재 아동보호시설에는 보호자가 없거나 학대 등의 원인으로 다수의 아이가 입소하고 있는데, 그중에는 특별양자 입양을 함으로써 가정에서 양육하는 것이 적절한 아이도 적지 않다고 지적되고 있다. 따라서 특별양자입양의 성립요건을 완화하여 이 제도를 보다 이용하기 쉬운 것으로 할 필요가 있다. 이번 개정에서는 특별양자 제도의 이용을 촉진하기 위해서 특별양자 입양에서 양자가 되는 사람의 연령의 상한을 원칙 6세 미만에서 원칙 15세 미만으로 올리는 것과 동시에, 특별양자 입양의 성립 절차를 2단계로 나누어 양부모가 되는 사람의 부담을 경감하는 등의 개정을 하고 있다. 이 개정은 2020년 4월 1일부터 시행되었다. 또한 시행 시점에 이미 계속 중인 특별양자 입양의 성립 심판 사건에 대해서는 개정 전 민법 및 가사사건절차법이 계속 적용된다.

(3) 기타: 성년연령 규정 개정(2022년 시행)

2018년 6월 13일 민법의 성년연령을 20세에서 18세로 낮추는 것 등을 내용으로 하는 민법의 일부를 개정하는 법률이 성립되었다. 민법이 정하는 성년연령은 단독으로 계약을 체결할 수 있는 연령이라는 의미와 친권에 따르지 않아도 되는 나이라는 의미를 가진 것인데, 이 연령은 1896(메이지 29)년에 민법이 제정된 이래 20세로 규정되었다. 이것은 1876년 태정관 포고(太政官 布告)를 이어받은 것이라고 한다. 성년연령의 재검토는 약 140년 만의 일인데 18세, 19세의 젊은이가 스스로의 판단에 의해서 인생을 선택할 수 있는 환경을 정비하고, 적극적인 사회 참여를 촉진시켜 사회를 활력 있게 하는 의의를 가지는 것이라고 생각된다. 여성의 혼인 개시 연령은 16세로 정해져 있었는데, 남성의 혼인 개시 연령 18세와 달라서 이번 개정에서는 여성의 혼인 연령을 18세로 인상하여 남녀의 혼인 개시 연령을 통일하였다. 그 밖에 연령 요건을 정하는 다른 법령에 대해서도 필요에 따라서 18세로 낮추는 등의 개정을 하였다. 이 개정은 2022년 4월 1일부터 시행된다.

맺음말

이상으로 19세기 후반의 일본민법전 편찬시기에서 시작하여(1.), 제2차 세계대전 후의 친족·상속편 대개정(2.), 그리고 최근의 채권법 대개정과 가족법 개정(3.)에 이르기까지의 흐름을 개관해 보았다. 민법 개정 작업은 계속 이어지고 있다. 법무부 자문기구인 법제심의회에서는 민법·부동산등기법 개정 관련으로 소유자불명토지에 관한 여러 문제, 그리고 친자법제와 관련해서는 친생자추정(嫡出推定)이나 징계권에 관한 여러 문제를 중심으로 검토가 이루어지고 있다. 그리고 그 다음 단계의 개정을 염두에 둔 연구회가 설치되어 개정을 위한 준비작업이 진행되고 있다. 수년 내에 물권법과 가족법 그리고 담보법이 개정될 것으로 예상된다.

II. 일본민법학 — 시기별 특징

일본민법이 제정된 이후의 민법학에 관하여 시기별로 그 특징을 살펴본다.* (1) 학설계수(1899–1920), (2) 사회법학(1921–1940), (3) 패전 후 법제개혁(1945–1965), (4) 이익형량법학(1966–1988), (5) 세계화와 시민사회(1989–2003), (6) 교육과 입법(2004–2020)

1. 학설계수(1899–1920)

이 시기의 특징은 완성된 민법전을 해석적용함에 있어서 독일민법학의 영향을 강하게 받았다는 점에 있다. 예컨대 의사표시이론, 물권변동무인론, 채무불이행 3유형론체계라는 이론이 수입되었다. 이러한 현상은 '법전계수'와 대비하여 '학설계수'라고 불린다. 이 시기 민법학의 흐름을 대변하는 책이 바로 하토야마(鳩山秀夫) 교수의 교과서이며, 이에 의하여 일본민법은 상당한 논리성을 갖추게 되었다고 볼 수 있다. 이 시기는 민법전이 제정된 이후 민법학 발전의 초기단계가 일단 완성을 본 시대라고 할 수 있다.

2. 사회법학(1921–1940)

세계적으로는 1918년 제1차 세계대전의 종료를 계기로 그리고 일본 내에서는 1923년 관동대지진의 영향으로 법의 사회화가 진행되었다. 예컨대, 공업화에 따른 인구집중이 시작되어 도시주택부족이 문제

---

* 이하의 내용은 주로 大村敦志, 民法総論, 岩波書店 (2001) 및 제4회 동아시아 민사법 국제학술대회(대만 개최) 자료집에 게재된 원고 大村敦志, "일본민법의 소개"를 참조하였다.

되었고, 1920년에는 토지 및 가옥임차인 보호를 강화하기 위한 토지 및 가옥의 임대차법이 제정되었다. 또한 대지진 후에 피해자의 주거확보가 큰 사회문제로 대두되어 학계에서는 다양한 법률을 제안하였다. 도시에서는 노동문제가 등장했는가 하면, 농촌에서는 소작농문제가 중요한 이슈가 되었다. 나아가 도시와 농촌을 막론하고 가족의 역할을 재검토해야 한다는 요구가 제기되었다. 이 시기의 민법학을 이끈 것은 스에히로 이즈타로(末弘嚴太郎) 교수와 호즈미 시게토(穂積重遠) 교수였다. 이들은 1921년에 도쿄대학 판례연구회를 창설하고 일본민법학에 있어서 판례연구의 기초를 마련하였다. 이들은 사회분야에 관심을 가졌던 관계로 체계구축에 그다지 큰 열의를 보이지는 않았다. 이때 개념법학과 새로운 사회법학을 결합하고 체계화하여 아래 소개하는 시기까지 재산법의 통설적 지위를 점한 것이 바로 와가츠마 사카에(我妻栄) 교수의 민법교과서(民法講義 시리즈)다.

3. 패전 후 법제개혁(1945-1965)

이 시기는 제2차 세계대전의 패전과 이에 따른 미군(정확하게는 連合国軍 最高司令官 総司令部 / General Headquarters; GHQ)의 점령에 의해 체제변화가 크게 발생한 시기였다. 새 헌법 하에서 종래의 법체계는 큰 변화를 경험하게 되었다. 이미 살펴본 바와 같이(Ⅰ.2.) 민법은 1947년에 가족법(친족상속편)이 전면 개정되어 개인의 존엄과 남녀평등이 강조되었다. 이러한 법 개정은 당시의 법의식보다 앞서가는 것이었고, 그 후 30년 동안 입법이 국민의 의식을 견인하는 시대가 계속되었다고 할 수 있다. 또한 이러한 개정과 함께 가사사건 전담법원으로 가정재판소(家庭裁判所)가 설치된 것은 특히 주목할 만하다. 한편, 이러한 대개정에 관하여서는 앞서 언급한 와가츠마 교수 이외에 나카가와 젠노스케(中川善

之助) 교수가 기초 작업을 담당하였다. 전후 가족법학은 나카가와 교수가 주도하게 되었다. 실정법질서의 대변화는 전통적인 법해석에 대하여 불신 및 무력감을 초래하였다. 다른 한편, 법의식의 실상과 그 변혁의 필요성에 관한 의문이 제기되면서 일본의 현실적 관습조사를 중심으로 하는 법사회학이 성행하였다. 법사회학을 이끈 것은 가와시마(川島武宜) 교수이며, 이 분야에 관한 학문성과의 집대성은 『법사회학강좌(法社會學講座)』(전 10권, 1972-73)에서 볼 수 있다.

4. 이익형량법학(1966-1988)

1960년대 후반 순차적으로 이익형량론을 주장한 가토 이치로(加藤一郎) 교수와 호시노 에이치(星野英一) 교수가 대표적 학자였다. 이 시기는 일본 경제가 고도로 성장한 시기이며 다양한 사회변화가 발생하였다. 종래 주택문제 이외에 교통사고, 공해 그리고 중소기업의 자금조달 등이 민법상 중요한 문제가 되었다. 이들 문제에 대하여 해결을 제시한 것은 입법이 아니라 판례 및 학설이었다. 이 시기는 '판례의 시대'라고 말할 수 있다. 예컨대, 공해문제에 관하여서는 4대 공해소송이라고 불리는 하급심판결이 탄생하였다. 최고재판소 또한 담보(대물변제예약 혹은 담보적 상계의 효력)나 이자(제한초과이자의 반환청구)에 관하여, 제정법규범으로부터 상당히 괴리된 해결책을 제시하였다. 그리고 학설은 판례와 협력하여 민법상 불법행위와 금융거래법 분야에 대하여 새로운 관점을 불어넣었다. 이 때 규범문언에 구속되지 않고 결과의 타당성을 더욱 고려하는가 하면, 모든 사건에 통일적으로 적용되는 일률적인 결론을 제시하기보다는 개별 사건마다 그에 맞는 규범을 형성하여 현실적으로 유연한 태도를 보였다. 이처럼 이익형량법학의 영향은 매우 큰 것이었다. 이 시기에는 또한 일본민법의 역사를 반성하기 시작했다. 1965년에 호시노 교수는 일본민법의 독일적 외관에도 불구하고 프랑스민법의 흔적과 영향이 적지 않게 남아있음을 지적하고, 일본민법이 독일의 영향만 받았다는 도식적인 사고에 일격을 가했다. 그 후 일본민법 안에 존재하는 프랑스민법의 영향 재발견하고자 하는 연구방법론이 유력해져서 이른바 프랑스민법의 르네상스라 불리는 현상이 나타났다. 다른 한편, 1960년대 후반에는 기타가와 젠타로(北川善太郎) 교수가 '학설계수'의 과정을 규명하였다. 이러한 계수사와 학설사 연구는 『민법강좌(民法講座)』(전 7권＋별권 2권, 1984－85/90)에 집대성되어 있다.

5. 세계화와 시민사회(1989-2003)

세계적으로 사회주의 붕괴와 함께 일본 내에서는 버블경제의 붕괴까지 겹쳐져 그야말로 이 시기는 세계경제의 후퇴에 따른 사회구조의 재편이 진행된 때라고 볼 수 있다. 앞의 시기에 입법이 지체되었던 것과 달리 이 시기에는 입법활동이 활발해져 '제3의 법제개혁기' 혹은 '대입법시대'로 불린다. 민법을 예로 들자면, 1990년과 1991년에 일본사법학회가 제조물책임법과 소비자계약법을 다룬 것을 들 수 있다. 그 후 미국의 규제완화요청과 유럽연합의 소비자보호법의 영향을 받아, 1994년에 제조물책임법, 2000년에는 소비자보호법이 각각 제정되었다. 사회주의의 붕괴는 시민사회의 가치가 재발견되는 계기를 제공했다. 한신(阪神)대지진 때(1995)에는 자원봉사단체가 활약했으며, 1998년에는 이른바 NPO 법이 제정되어 비영리단체(협의의 시민사회)의 활동에도 많은 기대를 걸게 되었다. 다른 한편, 국제연합을 중심으로 하는 남녀평등사상의 강조는 가족법관련 영역의 입법을 촉진하였다. 2001년 가정폭력방지법은 그 성과의 하나로 볼 수 있다. 그리고 민법 가족법분야에 관하여는 1996년 혼인법 개정요강이, 2003년 인공생식관련 친자법 개정시안이 마련되었다. 다만 모두 입법으로 연결되지 못하였다. 이는 다원화사회에 있어서 가족법개정의 어려움을 엿볼 수 있는 대목이다. 한편, 1990년대 초 히라이 요시오(平井宜雄) 교수는 이익형량법학을 비판하였다. 즉 일본사회는 이제 등질성(等質性)을 상실하여 더 이상 공통의 가치판단을 찾을 수 없다고 보고, 이제는 이익형량이 아닌 논의에 의한 법률론을 중시하여야 한다고 주장했다. 이 시기에 일본민법전은 100주년을 맞이했다. 이를 계기로『민법전의 백년(民法典の百年)』(진 4권, 1998)이 간행되었다. 이는 민법전이 특별법과 판례에 의하여 어떻게 수정되어 왔는지를 밝히는데 그 목적이 있다. 이러한 작업을 거쳐 1998년 일본사법학회에서 심포지엄 대주제로 채권법개정논의가 다루어졌다.

6. 교육과 입법(2004-)

이 시기의 가장 큰 특징은 1999년부터 시작된 사법제도 개혁이라고 할 수 있다. 즉 개혁의 일환으로 2004년 법과대학원(로스쿨) 제도가 발족했다. 법과대학원의 교육목적은 실무가 양성에 있기 때문에, 민법학자는 판례중심 교육시스템에 대부분의 시간을 할애하게 된다. 다른한편, 2004년 민법개정에 의하여 용어의 현대일본어화가 이루어졌다. 이러한 형식적인 현대화에 이어 내용적인 현대화 작업이 계속되었다. 앞서 언급한 바와 같이, 채권법 전면개정은 민법학계의 큰 관심사였는데, 2006년 법무성이 채권법개정계획을 분명히 함으로써 채권법개정은 더욱 박차를 가하게 되었다. 구체적으로는 2008년부터 2009년에 걸쳐 여러 연구자로 구성된 그룹이 대대적인 개정시안을 발표하였다. 그중하나가『채권법개정의 기본방침(債権法改正の基本方針)』(전 5권, 2009－2010)이며 그 후의 민법개정에 영향을 미쳤다. 채권법개정안은 2017년에 국회를 통과하였다. 다원화사회에서는 대규모의 민법개정이 상당히 어려운데, 특수한 외교적인 조건 내지 영향력이 없었음에도 불구하고 채권법의 전면적인 개정작업이 가능하였다는 것은 그 의미가 크다고 할 수 있다. 최근의 민법개정에 관하여는 Ⅰ.3. 및 Ⅲ.을 참조.

Ⅲ. 채권관계(계약법) 개정 개관

위(Ⅰ.3.) '일본민법전의 제정 및 그 후의 개정'에서 개관한 바와 같이, 계약법에 관한 규정을 중심으로 민법을 전면 개정하는 개정법이 2020년 4월 1일부터 시행되었다. 이번 전면 개정의 대상이 된 재산법 부분이 성립한 것이 1896년인 것을 감안하면 120여 년 만의 개정이다. 이하에서는 이러한 채권관계(계약법) 개정에 관하여 약간의 구체적인 부연설명을 한다.*

1. 민법의 명확화

(1) 규정의 명확화

가. 이해하기 어려운 용어의 명확화

(가) '채권의 준점유자'를 '수령권자로서의 외관을 가진 자'로　개정 전 제478조는 '채권의 준점유자에 대한 변제'에 대해서 정하고 있었다.1) 개정민법 제478조에서는 이 '채권의 준점유자'를 '수령권자'('채권자

---

* 채권관계(계약법) 개정을 반영한 최신 교과서로는, 大村敦志 『新基本民法・契約編・第2版』(2020); 中田裕康 『債権総論・第四版』(2020); 内田貴 『民法Ⅲ・第4版』(2020)를 들어둔다. 이하의 내용은 山本敬三 『民法の基礎から学ぶ民法改正』(2017), 大村敦志・道垣内弘人編 『解説・民法(債権法) 改正のポイント』(2017)를 참조하였다. 일본민법의 최신 개정을 포함한 전조문의 번역서로는 권철 편역, 2020년판・일본민법전(박영사, 2021) 참조.

및 법령의 규정 또는 당사자의 의사표시에 따라 변제를 수령할 권한을 부여받은 자')
'이외의 자'이고 '거래상 사회통념에 비추어 수령권자로 인정되는 외관을 가진 자'로 개정하였다.2)

(나) **'하자'를 '계약부적합'으로**　개정 전 제570조는 매도인의 '하자담보책임'에 대해서 규정하고 있었다.3) 개정민법에서는 '하자'라는 용어를 쓰지 않는다. 개정민법 제562조에서는 '종류, 품질 또는 수량에 관하여 계약내용에 적합하지 않은' 것이라고 하고 있다. 이것은 용어를 바꾼 것일 뿐만 아니라 매도인의 책임에 관한 규율도 개정한 것인데 이 점에 관해서는 후술한다(2.(2)가.(다)).

나. 이해하기 어려운 표현의 명확화

(가) **무권대리인의 책임**　개정 전 제117조는 여러 사항을 조문에 집어넣어서 이해하기 어려웠는데, 이번 개정으로 이를 정리하여 규정되어 있는 사항들의 상호관계를 알기 쉽게 하였다.4)

(나) **조합의 업무결정 및 집행방법**　개정민법 제670조5) 1항은 '결정'과 '집행'을 명확하게 나누어 규정하여 '결정'은 다수결에 의해야 하지만 '집행'은 각 조합원이 해도 괜찮은 것으로 하였다. 그리고 개정민법 제670조 제2항은 우선 조합업무의 '결정 및 집행'은 '조합계약이 정하는 바에 따라, 1인 또는 수인의 조합원 또는 제3자에게 위임할 수 있다'고 정하고, 제3항 전단에서 이 업무집행자는 '조합업무를 결정하고 이를 집행한다'고 규정하여서, 이제까지 당연한 전제로 되어 있던 것을 명확히 하였다. 그리고 제3항 후단에서 업무집행자가 수인 있는 때에는 업무결정은 업무집행자의 다수결에 의하지만 집행은 각 업무집행자가 한다고 규정한다.

(2) 기본원칙의 명문화

개정 전 민법에 명확히 규정되어 있지 않았지만, 전제로 되어 있었던 기본원칙을 명문화하는 것으로 제521조[6]와 제522조[7]를 들 수 있다. 이는 법률가에게는 당연한 사항이라고 할 수 있지만 개정 전 민법에는 관련 규정이 없었다. 이와 같은 중요한 기본원칙을 일반국민에게 알 수 있도록 규정을 두자는 논의가 반영된 것이다. 그러나 실제로 이러한 사항은 이번 개정에서 거의 실현되지 못하였다. 이러한 추상적인 원칙을 규정하면, 어떻게 사용될지 알 수 없고 이상한 주장을 이끌어내기 위한 구실이 될 수 있다는 의견이 강했기 때문이었다. 이 점과 관련해서도 후술한다(3.).

(3) 확립된 규율의 명문화와 합리화

가. 규정의 신설

(가) 의사능력　　의사능력에 관한 제3조의2가 신설되었다.[8] 판례는 계약 등의 법률행위를 함에는 행위의 결과를 판단하기에 충분한 만큼의 정신능력 즉 의사능력을 가지고 있어야 하고, 의사능력이 없는 자가 한 법률행위는 무효라고 하고 있는데, 이러한 규율은 고령화 사회가 진전되면서 앞으로 더욱 중요한 것이 될 것으로 생각되는 만큼 이번 개정에서는 이것을 명문화하였다.

(나) 대리권 남용　　대리권의 남용에 관한 규정도 신설되었다.[9] 판례에서 확립된 규율은 개정 전 민법의 조문만으로는 알 수 없었기 때문에 개정민법 제107조는 이것을 명확하게 민법에 규정한 것이다.

(다) 채권자대위권의 전용(轉用)　　판례법리로 확립되어 있는, 등기청구권 보전을 위한 채권자대위권의 전용에 관한 명문 규정을 두었다. 채권자대위권의 요건을 규정하는 제423조[10] 상의 '자기의 채권을 보전

하기 위하여'라는 표현 중에 책임재산을 유지하기 위한 목적과 특정의 권리를 실현하기 위한 목적이 포함되어 있다는 것은 적어도 이 조문만을 읽어서는 알 수 없다. 이에 개정민법 제423조의7은 등기청구권에 대하여 이와 같은 대위행사가 인정된다는 것을 제423조와는 독립적으로 규정하였다.11)

(라) 부동산임차인에 의한 방해정지 청구 등   제605조의4도 판례법리로 인정되고 있는 사항을 명문화하였다.12) 판례는 토지나 건물과 같은 부동산의 임차인에 대해서, 그 임차권의 대항요건을 구비하고 있으면 아무런 권원 없이 임차물을 점거하고 있는 사람에 대해서는 물론 임차권에 기하여 임차물을 점거하고 있는 사람에 대해서도 임차물의 반환을 청구할 수 있다고 인정하고 있다. 개정민법 제605조의4는 이러한 판례에 의해 인정되어 온 규율을 민법에 명확하게 규정한 것이다.

(마) 임대차 종료 시 원상회복의무와 보증금(敷金)의 취급   임대차 실무에서는 원상회복의무의 범위를 둘러싸고 분쟁이 발생하는 경우가 많고 보증금의 반환을 둘러싼 분쟁도 마찬가지로 많은 것 등을 고려하여, 이번 개정에서는 통상의 사용 등에 의하여 발생한 임차물의 손모 등에 대해서는 임차인이 원상회복의무를 지지 않는 것, 임대차 종료 시에 보증금은 원칙적으로 반환하여야 하는 것 등, 임대차 종료 시의 원상회복이나 보증금 반환에 관한 기본적인 규율을 명문화하였다(개정 민법 제621조·제622조의2).13)14)15)

나. 규정의 보충 및 수정

(가) 단순보충 형

(a) 소비대차의 이자   개정 전 민법에는 이자에 대한 규정은 거의 없었다. 소비대차에는 '이자 있는 소비대차'와 '이자 없는 소비대차'라는 표현뿐이었다(개정 전 제590조). 이에 개정민법 제589조16)를 두었다.

한편 이 규정은 서면으로 하는 소비대차에 관한 신설규정인 제587조의 2[17]와 연동되어 있다.

(b) 압류를 받은 채권을 수동채권으로 하는 상계의 금지   개정 전 민법 제511조(한국민법 제498조에 해당)를 개정하는 것이다. 예전의 판례는 자동채권의 변제기가 원래 수동채권의 변제기보다 뒤인 경우에는 비록 그 후 자동채권의 변제기가 와도 상계는 인정되지 않는다고 하였다. 그러나 그 후 판례는 입장을 바꾸어 어느 쪽의 변제기가 먼저 도래하는지에 관계없이 (은행의) 상계를 인정하였다(무제한설). 개정민법 제511조[18]는 이러한 판례에 따라 '압류 전에 취득한 채권에 의한 상계로 대항할 수 있다'고 규정함으로써, 변제기에 관계없이 압류 전에 취득한 채권이 있으면 그것을 자동채권으로 하여 상계할 수 있다는 것을 명확히 한 것이다.

(나) 해체·정리 형 — 수령지체

개정 전 민법 제413조는 채권자가 채무 이행의 제공이 있었던 때부터 '지체의 책임을 진다'고 규정하고 있었다.[19] 이 규정의 해석으로 판례·학설에 의하여 몇 가지 규율이 인정되어 왔다. 개정민법 제413조는 이 중 몇 가지 규율을 구체적으로 규정한다.[20] ① 수령지체 후의 주의의무 경감(동조 제1항), ② 수령지체에 의한 증가비용 부담(동조 제2항), ③ 수령지체 중의 이행불능과 대가를 지급할 의무. 개정민법 제413조의2[21]는 채권자가 수령지체를 한 후에 채무이행이 불능으로 된 때에는 그 이행불능이 '채권자의 책임으로 돌려야 할 사유'에 의한 것으로 본다고 규정한다. 그렇게 되면 개정민법 제536조 제2항 전단에 의하여 채권자는 타방 채무의 이행을 거절할 수 없게 된다.[22] 개정민법 제567조 제2항은 매매계약에 대하여 이와 동일한 내용을 확인하는 규정을 두고 있다.[23]

(다) 일반화 형

개정 전 민법 제108조(한국민법 제124조에 해당)에서는 대리인의 자기계약과 쌍방대리를 금지하고 있었다. 그러나 본인의 이익과 대리인의 이익이 상반되는 상황에서 하는 행위는 자기계약과 쌍방대리에 한정되는 것은 아니다. 이에 판례는 개정 전 제108조의 적용범위를 이익상반행위로 넓게 해석하여 왔다. 개정민법 제108조는 이러한 고려에서 새롭게 제2항을 부가하여 규정함으로써[24] 원래의 규정 취지가 적용될 수 있는 다른 예에도 널리 적용될 수 있도록 규정을 일반화하였다.

(라) 수 정 형

(a) 위임의 임의해제   위임은 어느 쪽 당사자도 언제나 임의해제할 수 있다. 다만 상대방에게 불리한 시기에 위임을 해제하는 때에는 상대방의 손해를 배상해야 한다. 이는 개정 전후를 묻지 않고 제651조에서 규정하는 바이다(개정 전 제651조 제1항과 제2항. 개정민법 제651조 제1항과 제2항 제1호). 문제는 위임이 수임자의 이익도 목적으로 하는 경우에 생길 수 있는데, 판례는 원칙적으로 임의해제는 인정되지 않는다고 하면서 다만 위임자가 임의해제를 포기하였다고는 할 수 없는 사정이 있는 때에는 임의해제를 인정해도 괜찮다고 해왔다. 이에 비하여 개정민법은 위임이 수임인의 이익도 목적으로 하고 있는 때에도 임의해제는 인정하면서 수임인의 이익은 손해배상을 인정하는 것으로 고려하면 충분하다고 규정한다(개정민법 제651조 제2항). 이 경우에는 개정민법이 이제까지의 판례를 기초로 하면서 그것을 일부 수정한 것이라고 할 수 있다.

(b) 착오   ① 개정 전 민법 제95조[25]에서는 단지 '착오가 있었던 때'라고 규정하고 있는데, 이 '착오'에는 표시착오 이외에 동기착오가 포함된다고 해석되어 왔다. 개정민법 제95조[26] 제1항에서는 '착오'에는

표시착오(제1호)와 동기착오(제2호)가 포함된다는 것을 명문으로 규정한다. ② 개정 전 제95조에서 '법률행위의 요소'라는 용어에 대해서 판례를 참조하면서 그 의미를 명확하게 한다(개정민법 제95조 제1항). ③ 착오가 인정된 경우의 효과에 대해서는 개정 전 제95조에서 '무효로 한다'라고 하고 있던 것을 개정민법에서는 '취소할 수 있다'로 바꾸었다(개정민법 제95조 제1항). ④ 동기착오의 경우에 의사표시의 효력이 부정되기 위한 요건. 판례에 의하면 동기착오는 '동기가 표시되어 법률행위의 내용이 된' 때에 인정된다고 해왔는데, 이러한 판례법의 일반적 표현을 실제로 어떻게 이해해야 하는지 다툼이 있었다('내용화 중시설', '동기표시 중시설' 등). 개정민법의 심의에서는 어느 견해에 따라서 요건을 정해야 하는지에 대해서 큰 논쟁이 있었다. 결론적으로 '그 사정이 법률행위의 기초로 되어 있는 것이 표시되어 있던 때에 한하여' 취소할 수 있다고 규정하였다(개정민법 제95조 제2항). 이것은 이제까지의 판례법을 변경한 것은 아니라고 설명되고 있는데, 판례법의 이해가 나뉘고 있었던 만큼 앞으로도 해석이 나뉠 가능성이 있다. 애당초 판례법을 일원적으로 이해하는 것이 어려운데도 이를 무리하게 일원적으로 규정하려고 한 탓에 앞으로도 해석이 복잡하게 될 수밖에 없다고 할 것이다. ⑤ 표의자에게 중과실이 있는 경우의 예외를 명문화하였다(개정민법 제95조 제3항 본문). 이것은 개정 전 민법에서도 학설에서 주장되었던 견해를 명문화한 것이다.

2. 민법의 현대화 ─ 사회·경제의 변화에 대한 대응

(1) 거래활동의 합리화

가. 거래환경·사회정세의 변화에 대한 대응

(가) 계약의 성립시기　　기본원칙은 의사표시가 상대방에게 도달된 때부터 효력이 발생한다는 것이다. 이것은 개정 전후 변함이 없다(제97조 제1항, 한국민법 제111조 제1항에 해당). 그러나 계약에 관해서 민법에서는 '승낙의 통지를 발송한 때'에 성립한다고 하고 있었다(개정 전 제526조 제1항, 한국민법 제531조 제1항에 해당). 개정민법은 이러한 계약의 성립시기에 관한 특별한 규율을 삭제하였다. 따라서 원칙인 제97조가 이에 적용되어, 승낙이 상대방에게 도달한 때에 계약이 성립되게 된다. 이는 통신수단이 발달하여 도달까지 시간이 걸리지 않고 거의 확실하게 도달하기 때문에 계약의 성립시기에 예외를 둘 필요가 없기 때문이다.

(나) 도급계약의 해제　　개정 전 민법에서는 물건을 만드는 일을 내용으로 하는 도급계약을 한 경우, 물건에 하자가 있어서 계약의 목적을 달성할 수 없는 때에는 도급인이 계약을 해제할 수 있다고 규정하고 있었다(개정 전 제635조 본문, 한국민법 제668조에 해당).[27] 다만 목적물이 '건물 기타 토지의 공작물'인 때에는 해제가 인정되지 않는다고 규정하고 있었다(개정 전 제635조 단서). 그러나 개정민법에서는 이 규정을 삭제하였다. 통상의 계약과 마찬가지로 해제를 인정한다는 것이다. 이는 120년 전 민법이 제정될 당시에는 해제가 인정되어 건물을 철거할 수 있게 되면 사회 전체에 손실이 되고 수급인이 큰 부담을 지게 되어 산업을 보호할 수 없다는 생각이 지배적이었던 것에 비하여, 현재는 사회·경제적 변화로 사정이 바뀐 것에 대응한 예라고 할 것이다.

(다) 법정이율, 중간이자의 공제　　개정 전 민법 하에서 법정이율은

이자, 지연손해금 이외에도 장래의 일실이익에 관계되는 손해배상액을 산정하는 때의 중간이자 공제 등에서 이용되었는데, 민법 제정 이래 연 5%인 채 한 번도 변경되지 않았다(개정 전 제404조 등, 한국민법 제379조에 해당). 그러나 근래의 초저금리 상황 하에서 법정이율이 시중 금리를 크게 넘어섰기 때문에 채무자가 지급할 지연손해금 등의 액이 부당하게 고액이 되는 한편, 중간이자 공제의 경우에는 부당하게 배상액이 억제되는 결과가 되어 당사자 간의 공평을 저해하는 결과가 생기고 있다. 또한 시중금리는 앞으로도 크게 변동될 가능성이 있기 때문에 고정제인 상태로 법정이율을 변경하면 장래에 법정이율과 시중금리가 크게 괴리되는 사태가 재차 발생할 우려가 있다. 이에 이번 개정에서는 법정이율을 연 3%로 낮추면서 시중의 금리동향에 맞추어 법정이율이 완만하게 변동되는 변동제를 채용하였다(개정민법 제404조).[28]

나. 거래의 신속화 — 소멸시효(시효기간의 통일)

개정 전 민법에서는 채권에 관하여 10년의 소멸시효(개정 전 제167조 제1항, 한국민법 제162조 제1항에 해당)의 특례로서 직업별로 1년에서 3년까지의 단기소멸시효가 정해져 있었다(개정 전 제170조 – 제174조, 한국민법 제163, 164조에 해당). 그러나 특히 거래가 매우 복잡·다양화되고 있는 현대사회에서는 이러한 세세한 특례가 존재함으로써 어떤 규정이 적용되는지를 확인하는데 번거롭고 잘못 적용하거나 규정을 간과하는 위험도 있을 뿐만 아니라 다양한 직업이 생겨나서 특례의 합리성 자체가 의심스러워졌다. 이에 이번 개정에서는 이 단기소멸시효의 특례를 모두 폐지하였고 이에 수반된 시효기간의 대폭적인 장기화를 회피하기 위하여 '권리를 행사할 수 있는 것을 안 때로부터 5년간 행사하지 아니한 때'에도 소멸시효에 의하여 채권은 소멸한다는 뜻의 규정을 추가하였다(개정민법 제166조 제1항 제1호).[29]

다. 거래의 인프라 정비

(가) 장래채권의 양도성　이 점에 대하여 판례에 변천이 있는데, 현재는 장래에 채권이 발생할 가능성이 어느 정도 있는지에 관계없이 원칙적으로 장래채권의 양도가 유효하다는 입장이다. 개정민법은 이를 반영하여 제466조의6을 두었다.[30]

(나) 채무인수　개정 전 민법에서는 채무인수에 대하여 전혀 규정이 없었다. 개정민법은 판례·학설에서 인정된 규율을 기초로 병존적 채무인수와 면책적 채무인수에 관한 필요한 규율을 명문화하였다(개정민법 제470조 이하).

(다) 소비임치　개정 전 민법은 소비임치[31]가 소비물을 빌리는 계약과 비슷하다고 보아 소비대차에 관한 규정을 준용하고 있었다(개정 전 제666조, 한국민법 제702조에 해당). 그러나 같은 소비물을 대상으로 하여도 그것을 빌리는 계약과 보관하는 계약은 역시 차이가 있다고 할 것이다. 이것은 특히 언제 반환하는지(반환시기)와 관련하여 나타난다. 개정민법은 이러한 것을 반영하여 제666조를 개정하였다(개정민법 제666조 제1항, 제2항).[32] 그리고 개정민법은 '예·저금계약'의 경우에는 그 특성을 고려하여 소비차주의 반환에 관한 소비대차의 규정(개정민법 제591조 제2항, 제3항)을 준용한다고 규정한다(개정민법 제666조 제3항).

(라) 사해행위취소권　개정 전 민법은 사해행위취소권에 대하여 3개의 규정만으로 규율하고 있었다. 이들 규정은 단순한 것으로 어떠한 경우에 사해행위취소권이 인정되는지, 사해행위가 취소되면 어떠한 효과가 인정되는지 등 여러 문제가 해석에 맡겨져 있었다. 실제로 방대한 판례가 축적되었고, 이러한 문제점을 지적하여 보다 합리적인 해결을 제안하는 학설도 유력하게 주장되었다. 개정민법은 이러한 상황을 감안하여 ① 사해행위취소권의 요건, ② 행사 방법 등, ③ 효과, ④ 기간

의 제한으로 나누어 총 14개의 규정으로 정비하였다. 상세한 규정을 두고 있고 입법론적으로 흥미로운 부분이라고 할 수 있다.[33]

(2) 계약의 존중과 격차의 시정

가. 계약의 존중

(가) 채무불이행에 의한 손해배상과 계약해제　개정 전 민법은 채무불이행에 의한 손해배상에 대하여 제415조[34](한국민법 제390조에 해당)에 규정하고 있었는데 이번 개정의 대상이 되었다. 개정민법 제415조[35] 제1항은 채무불이행이 단지 '채무자의 책임으로 돌릴 수 없는 사유'에 의한 때가 아니고, '계약 그 밖의 채무의 발생원인 및 거래상의 사회통념'에 비추어 '채무자의 책임으로 돌릴 수 없는 사유'에 의한 때에 채무자의 면책이 인정된다고 규정하고 있다. 이는 채무자가 어떠한 경우에 채무불이행책임을 지고 또는 면하는지는 계약에 의하여 결정된다고 하는 생각에 터 잡은 것이다. 개정민법 제415조 제1항은 '계약 그 밖의 채무의 발생원인'뿐만 아니라 '및'으로 '거래상의 사회통념'을 들고 있다. 그러나 개정민법을 심의하는 과정에서 이것은 '거래상의 사회통념도 고려하여 정해지는 계약 그 밖의 채무 발생원인의 취지에 비추어'라는 의미라는 것에 대해서 의견이 일치되었다고 한다. 양자가 '및'으로 연결되어 있는 것은 조문의 서술방식에 관한 이제까지의 관례에 따른 것이라고 한다.

　계약해제에 관해서도 개정이 이루어졌다. 계약해제는 채무자의 채권을 소멸시키는 것인데, 이러한 불이익을 채무자에게 부과하는 것에는 '책임으로 돌릴 수 있는 사유'로 과실이 있을 것이 필요하고 채무자에게 과실이 없다면 해제는 인정되지 않는다고 생각되어 왔다(개정 전 제543조[36]에 규정된 것이 다른 규정에도 당연히 적용다고 파악). 개정민법은 계약해제에 대하여 채무자에게 '책임으로 돌려야 할 사유'(귀책사유)가 있는지 여부는 고려하지 않는 것으로 하였다. 그리고 개정민법은 채권자가 계약을 해제할 때의 수순을 정한다. 이에 의하면 채무자가 채무를 이행하지 않는 경우는 채권자가 상당한 기간을 정하여 그 이행을 최고하고 그 기간 내에 이행이 없는 때에 비로소 계약을 해제할 수 있다고 규정한다(최고해제). 다만 채무자가 채무를 이행하지 않는 경우라 하더라도 다양한 경우가 있다. 이에 개정민법은 '그 기간을 경과한 때의 채무불이행이 그 계약 및 거래상의 사회통념에 비추어 경미한 때'에는 해제가 인정되지 않는다고 규정한다(개정민법 제541조).[37] 다만 개정민법은 채무 전부의 이행이 불능인 경우를 비롯하여 채권자가 최고를 하여도 계약을 한 목적을 달성하기에 충분한 이행이 이루어질 전망이 없는 때에는 채권자는 최고를 하지 않고 즉시 계약을 해제할 수 있다고 규정한다(무최고해제, 제542조 제1항).[38]

(나) **계약에 기한 채무이행이 처음부터 불능인 경우 ― 원시적 불능** 개정 전 민법에서는 채무의 이행이 처음부터 불능인 '원시적 불능'의 경우에 관한 규율을 정하지 않고 있었다. 그러나 처음부터 이행할 수 없는 계약은 무의미하기 때문에 계약은 무효라고 생각되고 있었다. 다만 불능이 계약체결 전에 일어났는지 후에 일어났는지에 따라 손해배상의 내용이 달라지는 것은 합리적이지 않다고 하는 주장도 유력하게 주장되었다. 개정민법은 계약에 기한 채무이행이 그 계약의 성립 시에 불능이었다고 하더라도 제415조(채무불이행에 의한 손해배상)에 따라 그 이행불능으로 생긴 손해의 배상을 청구하는 것을 방해하지 않는다고 규정하였다(개정민법 제412조의2).[39] 이에 따라 계약 성립 시에 채무이행이 불능이더라도 계약은 유효하다고 파악하게 된다. 계약의 존중 즉 계약에서 생긴 문제는 계약에 따라 해결해야 한다는 생각이 이제까지는 인정되지 않았던 장면까지 넓게 인정된 것이다.

(다) **계약 부적합책임** 개정 전 민법에서는 매매의 목적물에 하자

가 있는 경우에는 매수인이 매도인에 대하여 손해배상을 청구할 수 있고, 또한 하자 때문에 계약의 목적을 달성할 수 없는 때에는 계약을 해제할 수 있다고 하고 있었다(개정 전 제570조, 한국민법 제580조에 해당).[40] 개정 전 민법에서 규정하는 이러한 하자담보책임에 대해서는, 특정물 도그마를 전제로 한 '법정책임'이라고 이해되고 있었다. 그러나 이에 대해서는 특정물도그마의 부정을 전제로 한 강한 반대 견해가 주장되었다('계약책임설'). 개정민법은 이러한 계약책임설을 채용하였는데, 그 이유는 특정물도그마가 현대적 시장사회와 맞지 않고 '계약의 존중'이라는 사고가 보다 적합하다는 판단 하에 하자담보책임을 계약책임으로 파악한 것이다. 결과적으로 개정민법에서는 책임의 요건으로 '하자'라는 용어가 사라졌고, 이에 대신하여 '인도된 목적물의 종류, 품질 또는 수량에 관하여 계약의 내용에 적합하지 않은 것일 때'에 매도인의 책임이 인정되고 있다(개정민법 제562조 제1항).[41] 책임의 요건은 '계약의 내용에 적합하지 않은 때' 즉 계약부적합으로 파악하게 된 것이다.

책임의 내용에 대해서도 계약책임으로 정비되었다. 우선 추완청구권이 새롭게 인정되었다(개정민법 제562조 제2항). 그 밖에도 개정민법은 새롭게 매도인에게 대금감액청구권을 인정하는 규정을 두었다(개정민법 제563조).[42] 그리고 손해배상에 대해서는 제415조 규정에 의한 손해배상 청구를 방해하지 않는다고 규정한다(개정민법 제564조).[43] 또한 해제에 대해서는 제541조(최고해제)와 제452조(무최고해제) 규정에 의한 해제권을 방해하지 않는다고 한다(개정민법 제564조).

기간의 제한에 대해서 보면, 개정민법은 기존의 1년 기간제한은 종류 또는 품질에 관한 계약부적합의 경우에 한정된다고 규정한다(개정민법 제566조).[44] 그리고 매도인이 부적합을 알게 된 때부터 1년 이내에 부적합이 있다는 것을 매도인에게 통지하면 충분하다고 규정한다(같은 조).

나. 격차의 시정

(가) 정형약관(규정의 신설)　　현대사회에 있어서는 거래의 원활·신속화를 위하여 상세한 거래조건 등을 정한 약관을 이용한 정형적 거래가 대량으로 이루어지고 있는데, 약관에 관해서는 현행법이 특단의 규정을 마련하지 않아서 법적으로 불안정한 상황이 발생해 있었다. 이에 이번 개정에서는 약관을 이용한 거래의 법적 안정성을 확보하기 위하여 정형약관이라는 새로운 개념을 마련하고 정형약관이 계약의 내용이 되기 위한 요건(편입요건), 부당조항의 취급, 정형약관의 사후적인 변경 요건 등에 관한 규정을 신설하였다(개정민법 제548조의2-제548조의4).

(나) 보증(공증인에 의한 보증의사 확인절차 창설)　　사업을 위하여 부담한 대여금 등 채무를 주채무로 하는 보증계약에 있어서는 그 보증채무 액이 다액이 되기 쉬워서 보증인의 생활이 파탄되는 예도 상당수 존재하고 있는데, 보증계약은 개인적 관계 등에 따라 이루어지는 경우가 많은 것, 보증계약 체결 시에는 보증인이 실제로 이행을 청구 받을지 여부가 불확실한 것 등의 이유로, 보증인 중에는 그 위험성을 충분히 자각하지 못하고 안이하게 보증계약을 체결하는 사람이 적지 않다고 지적되고 있다. 이에 이번 개정에서는 위험성을 충분히 자각하지 못하고 안이하게 보증인이 되는 사태를 방지하기 위하여 사업을 위하여 부담한 대여금 등 채무를 주채무로 하는 개인보증계약에 대해서는 일정한 예외를 두어서 공증인이 보증인이 되려고 하는 사람의 보증의사를 사전에 확인하지 않으면 무효가 된다고 규정한다(개정민법 제465조의6-제465조의9).

3. 개정되지 않은 항목

법제심의회의 각 부회에서 개정을 위하여 검토가 이루어졌지만 개정에 이르지 못한 항목도 상당히 많다. 개정이 되지 않은 이유는 다양하지만 전체적으로 공통된 원인으로 지적되는 것으로 다음과 같은 사항을 들 수 있다.

(1) 합의(consensus)주의

첫째로 '합의주의'라고 할 수 있는 자세이다. 일본 법제심의회에서는 전통적으로 각 담당부회에서 전원 만장일치 원칙을 취해 오고 있다.[45] 이에 따라 이견이 있는 경우에는 다수결에 의하여 안을 채택하는 것이 아니고 아예 제안에서 **빼는** 방침이 이번 개정에서도 유지되었다. 이러한 자세는 중간시안 이후인 제3기부터 현저해져서 그 결과 많은 개정제안이 삭제되었다.

시민사회의 기본법이라고 할 수 있는 민법의 개정에서 충분한 합의가 없이 개정을 하면 개정 후에 혼란을 초래할 수 있다는 면이 없지는 않다. 따라서 이러한 '합의주의'는 국민 각계각층에 받아들여질 개정을 실현하기 위한 방책으로 개정 후의 혼란을 가능한 한 방지하기 위한 실천적 의의가 있다는 것은 틀림이 없을 것이다. 다만 그 결과로 일부에서라도 강한 반대가 제기되면 실제적으로 중요하고 필요한 제도나 규정인 경우에도 명문화에 실패하는 예가 적지 않았다. 예를 들면, 폭리행위, 계약의 해석, 사정변경, 불안의 항변권, 교섭파기·계약체결시의 정보제공의무, 채권양도의 대항요건, 준위임의 다양화 등이 그 일부이다. 실천적으로 중요하기 때문에 일정한 규율을 정할 필요가 있는 사항이지만, 구체적으로 명문화하려고 하면 좀처럼 의견이 일치되기 힘든 것들이다. 특히 이해관계가 있는 곳에서 강한 반대가 제기되면, 다수의 의견이 거의 일치된 경우에도 개정이 미루어진 경우가 많았다.

(2) 규율화

두 번째로 규율화라고 말할 수 있는 것이다. 이것은 한마디로 말하면, 가능한 한 요건과 효과를 명확하게 정한 규율을 규정하는 것이 바람직하다는 자세이다. 따라서 입법을 하는 이상 그 효력이 미치는 범위를 명확하게 해두지 않으면 사회·경제활동이 혼란스럽게 될 수 있다. 애매한 조문을 규정하면 생각지 못한 용도로 사용될 가능성이 있기 때문에 그렇게 되지 않도록 가능한 한 요건과 효과를 명확하게 정해둘 필요가 있다는 것이다. 여기서는 이러한 이유로 명문화가 되지 못한 예로 폭리행위와 사정변경에 관한 제안을 소개한다.

폭리행위에 대해서는 제3단계에서 심의된 부회자료80B에서 [갑안]과 같은 제안이 이루어졌다. 또한 사정변경에 대해서는 같은 제3단계에서 심의된 부회자료77A에서 아래와 같이 제안되었다. 모두 일본민법에는 규정이 없었지만, 판례에 의하여 인정되어 온 일반적인 정식을 거의 그대로 규정한 것이다.

부회자료80B

제1. 법률행위(폭리행위가 무효가 되는 경우)
폭리행위에 대해서는 다음과 같은 견해가 있는데 어떻게 생각할 것인가.
[갑안] 폭리행위에 대해서 다음과 같은 규율을 두는 것으로 한다.
　　　당사자 일방에게 현저하게 과대한 이익을 얻게 하거나 또는 상대방에게 현저하게 과대한 불이익을 주는 계약은 상대방의 궁박, 경험부족 그 밖의 계약에 대한 합리적인 판단을 곤란하게 하는 사정을 부당하게 이용하여 된 것인 때에 한하여 무효로 한다.
[을안] 폭리행위에 대해서는 새로운 규정을 두지 않는다.

사정변경 법리에 대해서 다음과 같은 규정을 두는 것으로 한다.

계약 체결 후에 천재, 사변 그 밖의 사유에 기하여 계약의 기초가 된 사정에 현저한 변경이 생긴 경우에, 다음 각 호에 모두 해당하는 때에는 당사자는 당해 계약을 해제할 수 있다.

① 사정의 현저한 변경이 계약 당시 각 당사자가 예견할 수 없었던 특별한 것일 것.

② 사정의 현저한 변경이 당해 해제권을 행사하려고 하는 당사자의 책임에 돌릴 수 없는 것일 것.

③ 당해 계약을 존속시키는 것이 계약의 취지에 비추어 당사자 간의 형평을 해하는 현저하게 부당한 것일 것.

그러나 이러한 제안은 최종적으로 합의에 이르지 못하고 명문화하지 못하였다. 그 이유는 첫째로 실제로는 다양한 사정이 고려되고 있는데 일반적인 정식으로 명문화하면 문언에 규정이 되지 않은 사정을 고려하는 것이 불가능해질 염려가 있다고 생각되었기 때문이다. 이에 비하여, 보다 추상적인 규정으로 하면 그러한 염려가 없어질 수도 있지만 그렇게 되면 이제까지 고려되지 않았던 사정까지 고려될 가능성이 생겨서 필요 이상으로 일반화되어 생각하지 못한 방식으로 사용될 우려가 있을 수 있다. 모두 규율화의 요청에서 보면 인정되지 않는다고 생각된 것이다. 그러나 이렇게 명문화가 미루어지면, 앞으로도 판례, 학설에 맡겨지게 될 것이므로 명확성이나 안정성이 떨어지고 결국 규율화의 요청에 반하게 된다. 문제는 규율화에는 한계가 있다는 것이다. 규율이라는 것은 대부분의 경우 예외적인 규율, 예외의 예외적인 규율이 수반된다. 모든 규율을 모두 규정하는 것은 불가능한 것이고, 그렇게 하려고 한다면 규율이 필요 이상으로 복잡하게 되어 투명성이 결여되게 된다. 일반적인 규율이 정해진 경우에 그 규율의 과부족을 조정하는 것이 해석의 역할이라고 할 수 있다. 조금 더 해석이 적절하게 이루어지는 것을 신뢰하여 필요하고 중요한 규율은 명문화하는 방침을 채용하는 것이 바람직하다는 견해가 유력하다.

(3) 법제집무의 방침

정부가 제출한 법안을 체크하는 내각 법제국(우리나라 법제처에 해당)의 방침도 개정안의 왜소화에 한몫하였다. 예컨대 '당연한 것은 규정하지 않는다.', '다른 규정을 보면 알 수 있는 것은 규정하지 않는다.'는 것이 이에 해당한다. 이러한 견해가 제3단계의 최종단계에서 매우 큰 영향을 미쳤다. 결과적으로 그 때까지 거의 이견이 없었던 제안이 탈락된 경우도 있다. 대표적인 예를 소개한다.

가. 이행청구권 등

우선 이행청구권에 관한 제안이다. 부회자료68A에서는 "채권자는 채무자에 대하여 그 채무의 이행을 청구할 수 있다"고 하면서 "채무의 이행이 불능(그 채무가 계약에 의하여 생긴 것인 경우에는 당해 계약의 취지에 비추어 불능인 것을 말한다.)인 때에는 채권자는 그 채무의 이행을 청구할 수 없다"고 제안되어 있었다. 그러나 실제 개정에서는 이 전반부분이 삭제되어 후반부분만이 규정되었다. 이것은 후반부분을 규정하면 전반부분에 해당하는 것은 당연히 표현된다는 이유에 의한 것이다.

나. 매도인의 의무

또 하나의 예는 매도인의 의무에 관한 제안이다. 여기에서도 부회자료75A에서는 매도인의 의무 중 하나로 "매도인은 매매의 목적이 물건인 때에는 성상 및 수량에 관해서 계약의 취지에 적합한 것을 매수인에게 인도할 의무를 진다"고 규정하는 것이 제안되어 있었다. 그러나 개정민법에서는 삭제되었다. 이것은 매도인이 계약의 내용에 적합한 것을 매수인에게 인도할 의무를 지는 것은 당연하므로 규정할 것까지도 없다. 따로 매수인에게 추완청구를 인정하는 규정(개정민법 제562조 제1항)을 두기 때문에, 이 규정에서 의무를 알 수 있다는 이유에 의한 것이다. 그러나 매도인이 이러한 의무를 지는 것은 당연하다고 할 수 없다. 개정 전까지는 하자담보책임에 관하여 법정책임설을 취하고 있었기 때문에 특정물매매의 경우 매도인은 "이 물건을 인도"할 의무밖에 지지 않는다고 생각되어 왔다. 이번 개정에서는 이 점을 계약책임설로 전환하는 것이 커다란 포인트의 하나이다. 매도인의 의무에 관한 정함은 이러한 전환을 선언하는 것이어서 매우 중요한 의미를 가지는 것이었다.

이와 같이 "당연한 것은 규정하지 않는다", "다른 규정에서 알 수 있는 경우는 규정하지 않는다"는 자세는 전문가의 발상이다. 당초에 "국민일반에게 알기 쉬운 것으로 한다"는 법무성의 자문 요청내용과도 모순된다. 이러한 점에 대해서는, 무엇을 위한 개정이었는지 문제시될 수 있다는 비판이 존재한다.

Ⅳ. 재산관계와 법: 물권변동·재산·단체·불법행위

일본민법의 재산법 부분에 관하여 4개 주제를 선정하여 살펴본다.

1. 물권변동

(1) 부동산 물권변동의 법적구성: 제177조

가. 제도: 부동산등기제도와 대항요건주의

일본법에서는 토지와 건물이 별개의 부동산으로 취급된다. 이것을 직접 나타내는 규정은 없지만 부동산의 등기에 관해서 규정하는 부동산등기법은 이것을 전제로 하고 있다. 구체적으로 부동산등기법에서는 토지와 건물 각각에 대해서 등기부를 두고 있다. 이러한 점은 독일이나 프랑스 법제와는 구별되지만, 우리법제가 일본의 영향을 받은 관계로 우리에게는 익숙하게 느껴질 수 있다. 토지와 건물에 관한 각 등기부는 3개 부분으로 구성된다. ① 토지나 건물을 특정하는 정보가 포함된 표제부, ② 소유권 이전을 기록하는 갑구, ③ 소유권 이외의 권리에 관한 설정 및 이전을 기록하는 을구이다. 예전에는 등기부가 바인더식으로 되어 있었는데 최근에는 전산화되어 있다. 이러한 점도 우리법제와 같다. 그런데 다음과 같은 점에서 큰 차이가 있다. 즉 일본에서는 부동산에 관한 권리변동(물권변동)에 대해서 등기부에 기재(등록)되는 것은 다음과 같은 의미를 가진다. 첫째로 당사자 사이에서는 물권변동의 원인이 있으면 등기가 없어도 유효하게 권리가 이전된다. 예컨대 매매계약이 성립되면 그것만으로 매도인에서 매수인으로 소유권이 이전되는 것이다(민법 제176조).[46] 그러나 둘째로 이러한 물권변동을 제3자에게 대항하기 위해서는 등기가 필요하다. 예컨대 방금의 예에서 매매계약을 원인으로 하는 소유권이전 등기를 해야 하는 것이다.

나. 문제: 이중양도의 법적구성

A가 같은 부동산을 B에게 매도하고 나서 다시 C에게 매도한 경우, 일본법에서는 먼저 등기를 갖춘(이전등기를 한) 쪽이 소유권을 취득

한다. 위에서 언급한대로 A와 B 사이의 매매는 등기가 없어도 유효하게 성립한다. 그러나 등기를 하지 않으면 B는 자신의 소유권을 제3자 C에게 대항할 수 없다. 한편 C가 등기를 하면 C는 자신의 소유권을 제3자 B에게 대항할 수 있게 된다(민법 제177조).[47] 이러한 결론에 반대는 없다. 그러나 어떻게 이렇게 되는지 설명을 하는 것은 상당히 어려운 문제이다. 왜냐하면 A와 B의 계약에 의하여 A에서 B로 부동산 소유권이 이전된다고 하면 그 단계에서 A는 그 부동산의 소유자가 아니게 되는 것이다. 그렇다면 무권리자인 A와 계약을 한 C는 유효하게 소유권을 취득할 수 없게 될 것이다. 그럼에도 불구하고 C가 소유권을 취득하는 것을 어떻게 설명하면 좋을지, 이것이 이른바 '이중양도의 법적구성' 문제이다. 이에 관해서는 다양한 설명이 이루어지고 있는데, 그 중에 '공신력설'이라고 불리는 견해가 있다. 이 학설은 A가 제1양도에 의해서 무권리자가 된다. 그러나 A에게 여전히 등기가 남아있기 때문에(A에서 B로 이전등기가 되지 않고 등기부상 A가 소유권자로 기재되어 있었기 때문에), A가 소유권자라고 믿은(등기를 믿은) C의 '신뢰'를 보호하는(등기에 '공신력'을 부여하는) 것이 필요하다. 이것을 위한 규정이 바로 제177조라고 설명하는 것입니다. 가령 A가 더 이상 권리자가 아닌 것을 C가 알고 있었다고 한다면 C는 등기를 믿고 있었던 것은 아니다. 공신력설은 이러한 악의의 C는 보호할 가치가 없다고 한다. 즉 C가 소유권을 취득하려면 A가 무능력자인 것에 대해서 선의인 것이 필요한 것이다. 그러나 판례와 통설은 공신력설이 아닌 배신적 악의자설에 서있다. C는 선의가 아니어도 소유권을 취득할 수 있다고 한다. 다만 C가 배신적 악의자(단지 악의일 뿐만 아니라 신의칙상 허용되지 않는)인 경우에는 제177조가 적용되지 않는다(법기술적으로는 제177조의 '제3자'에서 제외된다고 한다).

(2) 부동산 물권변동과 제3자 보호: 제94조 제2항 유추적용

가. 제1단계: 제94조 제2항 유추적용 법리의 등장

일본법의 등기에는 공신력이 없기 때문에 허위등기를 믿고 거래관계를 맺었다고 하여도 권리를 취득할 수 있는 것은 아니다. 예를 들면 어떤 부동산에 대하여 A명의로 등기가 되어 있지만 A는 실제로는 무권리자인 경우에는 A로부터 그 부동산을 구입한 B는 소유권을 취득할 수 없다. 그러나 A명의의 허위등기가 이루어진 것에 진정한 권리자인 C가 가담한 경우에는 허위등기를 신뢰한 B를 보호하는(B가 소유권을 취득하는) 판례법리가 형성되어 있다. 이 경우의 법률구성은 제94조 제2항의 유추적용이다. 제94조 제2항은 원래 통모하여 허위의 의사표시를 한 경우, 이러한 의사표시의 무효는 제3자에게 대항할 수 없다고 하는 것이다. 예를 들면 C와 A가 통모하여 매매를 한 것으로 하고 등기를 C로부터 A로 이전한 경우, 가공의 매매계약은 무효이지만 B에 대하여 무효를 주장할 수 없다(유효로 취급된다. 따라서 A가 권리자로 다루어진다). 그런데 판례는 엄밀한 의미에서 '통모'가 없어도 이에 유사한 사정이 있는 경우에는 제94조 제2항을 유추적용한다고 하고 있다. 이러한 한도에서는 등기에 공신력이 있는 것과 유사한 결과가 되는 것이다.

나. 제2단계: 제94조 제2항 유추적용 법리의 확장

당초에는 제94조 제2항 유추적용 법리는 한정된 경우에 적용되고 있었는데, 그 후 널리 이를 이용해야 한다고 주장하는 학설이 유력해졌다. '취소와 등기', '취득시효와 등기', '유산분할과 등기', '상속포기와 등기' 등, 일본에서는 '○○와 등기'라고 불리는 여러 문제가 있는데, 이들 문제의 포인트는 제94조 제2항 유추적용 법리를 이용하는지 여부(제177조를 이용하는지)에 있다고 할 수 있다.

2. 재산

각론의 두 번째 주제는 '재산'이다. 구체적으로는 '거주이익의 후퇴와 채권양도의 촉진'에 관하여 생각해 본다. 우선 1990년대 초 이른바 '버블경제 붕괴'[48] 이후 '부동산'을 둘러싼 관념이 어떻게 변했는가에 관하여 살펴본다(1). 이어서 법제도의 면에서 어떠한 문제가 나타났는가에 관하여 살펴본다(2).

(1) 총론

가. 거주에서 자산으로

(가) 주택난의 해소　　20세기의 일본에 있어서 주택문제는, 특히 도쿄를 비롯한 도시부에서는 매우 중요한 사회문제였다. 그 원인은 1923년의 관동대지진과 1944－45년의 세계대전에 의한 주택난에서 찾을 수 있다. 구체적으로 보면, 관동대지진(1923년 9월 1일)으로 완전히 무너지거나 불에 탄 주택은 약 37만호, 동경대공습(1945년 3월 10일)에 의해 전소된 주택은 약 27만호에 달한다. 이에 지진 후 및 전쟁 후에는 임차인(차지인・차가인)의 보호가 큰 문제가 되었다. 민법・민법학에서도 임대차(차지차가) 문제는 1950년대의 중요문제였다. 그러나 1960년대에는 주택문제가 일단락되었고, 1970년대 이후에는 민법학자의 관심이 다른 문제로 향하게 되었다.

(나) 차지차가법의 개정　　임차인(차지인・차가인)의 보호를 위해서 1921년에 차지법・차가법이 제정되었다. 이 법률은 판례에 의해 보완됨과 동시에, 1966년에는 법개정에 의하여 조정・강화되었다. 그런데 1990년에 들어서면서 반대의 흐름 즉 임차인의 지나친 보호를 시정하는 움직임이 나타났다. 구체적으로 1991년에 신차지차가법이 제정되고, 1999년에 개정이 이루어졌다. 1990년대 개정에서는 우선 정기차지

권이 도입되었고 이어서 정기차가권이 도입되었다. 여기에서 '정기'라는 것은, 일반적인 차지권·차가권에 관해서는 존속보장이 되어있는 것과 달리, 존속보장이 되지 않는 즉 갱신청구가 되지 않는다는 의미이다. 이러한 개정에 의하여 부동산이 실질적으로는 빌린 사람의 물건이 되어버린다고 하는 상황의 타파를 꾀하였던 것이다.[49]

나. 부동산에서 채권으로

(가) 메인뱅크 제도　　버블 경제기에는 여신(대출)을 받기 위한 불가결한 재산이 부동산이었다. 일본의 기업은 부동산에 담보권(저당권)을 설정하고 계열 은행에서 대출을 받는 것이 1990년대 이전의 주된 방법이었다. 각 기업에는 중심적으로 대출을 해주는 은행이 존재한다고 하는 체제(메인뱅크제)가 있었던 것이다. 그런데 버블이 붕괴되어 지가가 급락하면서 부동산을 담보로 한 금융이 어렵게 되었다. 이에 따라 예를 들어 신주 발행과 같이 자본시장에서 자금을 조달하는 수단이 취해지게 되었다. 다른 한편, 담보 목적물로 부동산 이외의 것이 주목받게 되었다.

(나) 채권양도담보　　이에 따라 활용되게 된 것이 채권의 양도담보이다. 물품대금 채권이나 신용카드 채권 등을 담보로 대출을 받는 것이다. 일본민법에서는 채권양도를 대항하기 위해서는 채무자에 대한 통지 또는 채무자의 승낙이 필요하게 되어 있다(민법 제467조). 그런데 채권양도담보의 대상이 되는 채권에는 소액·다수인 것이 많기 때문에 대항요건을 갖추는 것이 쉽지 않다. 이런 점에서 1998년에 채권양도특례법이 제정되어 등기에 의해 대항요건을 갖추는 것이 가능하다는 특례가 인정되게 되었다.

(2) 각론 — 최근의 변화

가. 투자대상으로서의 임차권

(가) **차임채권의 양도**　　우선, 부동산임대차에 관해서 거주자보호가 아닌 투자자의 보호가 문제시되었다. 구체적으로는 다음과 같은 사건이 일어났다. A는 자기소유의 부동산을 B(대항요건을 갖춤)에게 임대하고 있었는데, X로부터 대출을 받기 위하여 B에 대한 장래의 차임채권을 담보를 위하여 양도하였다(양도통지를 하였음=대항요건을 갖춤). 그 후 A는 당해부동산을 Y에게 양도하였다(등기를 함=대항요건을 갖춤). A는 X에 대한 변제를 하지 않았기 때문에, X는 A에 대하여 익월 이후의 차임을 자신에게 지급하도록 요구하였으나, 그것을 안 Y가 X에 대하여 이의를 제기하였다. 이 경우 차임채권이 귀속되는 것은 X인가, Y인가라는 문제이다. 판례(最高裁判所 判決 平成 10年(1998) 3月 24日 民集 52卷 2号 399頁)에 의하면, 이 경우는 우선 대항요건을 갖춘 X가 채권을 취득하게 된다. 그 결과, A로부터 부동산을 양수한 Y는 B에 대하여 부동산을 이용하게 할 의무는 부담하지만 차임은 받을 수 없다고 하는 결과가 된다. 과연 이것은 적절한가라는 점이 문제되었다. 이와 같은 상태를 인정함으로써, A는 차임채권을 소유권으로부터 분리하여 담보로 하는 것이 가능하게 되지만, 동시에 일본법에서는 인정되고 있지 않은 사용·수익의 권한이 없는 소유권(프랑스법에서는 nu-propriété(허유권)라고 불림)을 인정하는 결과가 되기 때문이다.

(나) **장기거주권의 창설**　　실은 사용·수익의 권한이 없는 소유권 즉 허유권은 2018년 상속법개정에 의해서도 발생한다. 개정에 의하여 유산분할 등에서 피상속인의 배우자는 종신의 배우자거주권을 취득하는 것이 가능하게 되었다. 종신의 이용권이 인정되면, 당해부동산을 취득한 자는 사용도 수익도 할 수 없게 되는 즉 그 소유권은 허유권이

라는 결과가 된다. 이와 같이 소유권이 있는 자에게 항상 사용·수익의 권한이 없으면 안 된다고 하는 사고방식은 최근의 일본법 하에서는 흔들리고 있다고 할 수 있다.

나. 담보목적으로서의 장래채권

(가) 장래채권양도의 승인　채권양도에 관해서는 장래채권의 양도가 인정되어 널리 행해지게 된 것이 주목할 만하다. 이미 1970년대 후반에 장래채권양도는 일정한도에서 인정된다고 여겨져 왔지만 1990년대 말의 판례에 의해 보다 넓게 일반적으로 장래채권양도가 인정되게 되었다. 심지어 아직 구체적인 채권이 발생하지 않은 시점에서 양도 통지를 해두면 그것으로 대항요건을 갖춘 것이 된다고 하는 사고방식이 확립되었다. 이러한 일련의 판례법은 최근의 채권법개정에 의해 모두 조문화되었다.

(나) 물권과의 비교　이러한 경향은 약간 지나친 감도 있다. 간략하게 설명하면, 채권도 물권과 마찬가지로 재산권이기 때문에 원칙적으로 양도가 가능하다(일본민법 제466조). 그런데 아직 존재하지 않는 채권을 양도가능하다고 한다면, 아직 존재하지 않는 물권에 관해서도 양도하는 것은 가능한 지 문제가 될 수 있다. 이 점은 반드시 명확하지는 않지만, 일본법상 양도 자체가 불가능하지는 않다고 할 수도 있다. 그러나 대항요건을 갖추는 것이 가능한가에 관해서는 불가능하다고 할 것이다. 그렇다면 장래 획득할 물권에 관해서는 대항요건을 갖추는 것이 불가능한데, 장래 획득할 채권에 관해서는 양수하여 대항요건을 갖추는 것이 가능하다는 것이 된다. 이것은 일종의 역전현상이다. 종래 채권에는 물권에 준하는 형태로 양도에 대한 보호가 부여되어 온 것인데, 채권에 물권 이상의 보호가 부여되는 것이 되기 때문이다. 지금은 존재하지 않는 권리를 미리 양도하는 것도 가능한가. 이 점이 문제가

된다.

3. 단체

여기에서는 구체적으로 '단체의 설립자유화와 구성원의 자유·평등'의 문제를 다룬다. 우선 일본의 비영리단체의 상황에 관하여 두 종류의 단체를 중심으로 설명한다(1). 이어서 법제도의 면에서 어떠한 문제가 나타나고 있는지 각각의 단체에 관하여 살펴본다(2).

(1) 총론 — 공익에서 비영리로

1898년 민법전에는 법인에 관한 규정이 있었는데, 이는 공익법인에 관한 일반법으로서의 역할을 하고 있었다. 이에 비하여 영리법인에 관해서는 회사법(2006년 회사법 제정 전에는 상법)이 규율하고 있다. 그렇다면 공익도 영리도 아닌 단체는 어떻게 되는가 하면, 이러한 단체는 특별법이 없는 한 법인은 될 수 없었다. 그러한 단체로서 지연(地緣)단체(특정 지역에 사는 사람들의 단체), 임의단체(어떤 목적을 위해서 모인 사람들의 단체)에 대해서 살펴보자. 고전적인 사회학용어로 말하자면 게마인샤프트(Gemeinschaft)와 게젤샤프트(Gesellschaft) 혹은 커뮤니티와 어소시에이션이라는 것이다.

가. 지연단체의 변질

(가) 이리아이권(入會權)과 이리아이단체(入會團體)　　입회권이라는 것은 관습적인 권리로 마을의 주민이 가까운 산에 들어가 풀을 베거나 나뭇가지를 줍거나 하는 권리인데, 민법전에도 규정이 마련되어 있다(민법 제263조, 제264조). 입회권은 권리를 가지는 촌민(행정상의 촌민이 아니고, '자연촌'의 주민)에게 공유적으로 속한다고 하여, 그 공유는 지분이 없

는 공유라고 여겨져 왔다(일본민법에는 공동소유의 유형으로 '공유'만이 규정되어 있는데, 학설이나 판례에서 '총유'의 용어가 사용되는 경우도 있다). 이 공유적인 권리를 가지는 사람들은 입회단체를 구성하고 있어서, 이것은 법인은 아니지만 권리능력 없는 사단이라고 해석되어 왔다.

(나) **입회권과 금전채권**　　이미 언급한 바와 같이 입회권은 풀을 베거나 나뭇가지를 줍는 등의 형태로 마을산을 이용할 권리이다. 그렇다면 이 권리가 침해된 경우에는 어떻게 되는가. 구체적으로 문제가 된 것은, 어떠한 사정(토지수용 등)에 의해 토지소유권이 상실되었다거나 제한된 경우이다. 이 경우 입회권에 대한 보상이 필요하게 되는데, 보상자에 대한 금전채권의 형태를 취하게 된다. 그렇다면 이 금전채권은 마을사람(입회단체의 구성원)의 공유에 속하는가. 금전채권은 원칙적으로 분할채권이 되는 것이 원칙인바, 입회권이 금전채권으로 변하였고, 더 이상 마을사람들이 공동으로 산을 관리하고 이용한다는 실체도 없는 경우에도 입회권·입회단체는 종래의 성질을 유지하고 있다고 보아야 하는 것인가.

나. 임의단체의 발달

(가) **일반법인법**　　2006년 개정 이전의 민법에서는 공익법인에 관한 규정이 마련되어 있어서 공익목적은 아니지만 영리도 아닌 단체(비영리단체)는 법인은 될 수 없었다. 그런데 1998년의 NPO법, 2002년의 중간법인법, 그리고 2006년의 일반법인법이라는 3개의 법률 제정에 의해(중간법인법은 일반법인법에 흡수되었으나, NPO법은 아직 잔존) 이러한 상황은 크게 변하였다. 현재는 모든 비영리단체는 일반법인법의 규정에 따라 법인이 되는 것이 가능하다. 비영리법인이 된 다음에 공익인정을 받으면 공익법인이 된다고 하는 제도가 만들어진 것이다.50)

(나) **대외관계에서 내부관계로**　　일반법인법의 제정은 입법 차원에

서의 큰 변화였는데, 판례·학설 차원에서도 법인에 관한 문제의 소재가 변화하고 있다. 1970년대에 주로 문제시된 것은 법인과 거래상대방의 관계 즉 법인의 대외관계였다. 구체적으로는 법인의 능력범위가 논의되었는데, 만약 어떠한 사항이 법인의 능력 밖에 있는 경우에는 거래가 무효가 되어 상대방은 손해를 입게 되는 것이다. 이에 비하여 2000년대에 들어와서는 법인의 내부관계 즉 법인과 구성원의 관계가 문제시되었다.

(2) 각론

가. 권리의 평등

(가) 입회단체와 세대 단위　지연단체인 입회단체에 대해서는 입회지(地[山])가 미군기지로 이용되고 있는 케이스와 관련해 보증금의 배분이 문제가 되었다. 첫 번째 논점은 입회권은 세대 단위의 권리인가 개인 단위의 권리인가라는 점이었다. 판례[51]는 이 점에 관해서 세대 단위로 하는 것에 합리성이 있다고 하였다. 이에 따르면 보증금은 개인 단위가 아닌 세대단위로 분배되게 된다. 그 이유는 입회지(地[山])의 관리·이용도 세대단위로 행해져왔다는 점을 들었다.

(나) 입회단체와 남녀평등　이 사례에서 다투어진 제2의 논점은 입회권이 마을에 사는 남성 세대주에게만 승계된다고 하는 규약(관습에 기초한 것)이 유효한지 여부였다. 이 점에 관해서는 약간 세부적인 문제가 있지만, 판례는 여성세대주에게 이리아이단체의 구성원자격을 인정하지 않는 것은 남녀평등의 원칙에 반한다고 하였다. 이 장면에서는 여성이라는 이유로 이리아이권을 승계할 수 없다는 것은 문제가 있다는 점이 중시되었지만, 그렇다고 하면 장남·장녀만이 입회권을 승계하고 차남·차녀가 승계할 수 없는 것은 이상하지 않은가 하는 의문이 생길 수도 있다. 판례는 입회권의 전통적 성격을 유지하면서, 남녀평등이라는

근대적 가치를 어떻게 해서든 반영하고자 하였는데 여기에서 다소 무리가 발생하고 있는 것으로 생각된다.52)

나. 탈퇴의 자유

(가) 사법서사회   지연단체 이외의 단체에서는 얼마 전부터 탈퇴의 자유가 문제되고 있다. 유명한 사건은 사법서사회 등의 직업단체에 관한 것이다.53) 사법서사회는 강제가입 단체이기 때문에 탈퇴는 불가능하다. 그러한 단체가 단체의 목적과는 관계가 적은 기부를 하는 것의 가부가 문제시 되었다. 완전한 임의단체라면 그와 같은 기부를 하는 것에 반대하는 사람은 탈퇴하면 되지만, 그것이 불가능한 경우에는 구성원의 양심·신조에 반하는 기부가 행해지는 것을 묵인해야 하는데 이것이 문제가 될 수 있다는 것이다. 앞서 든 사례에서 문제가 된 기부는 재해 시의 기부였기 때문에 기부 자체는 위법하지 않았으나, 다른 사례54)는 정치헌금에 관한 것이었는데 이 경우에는 위법하다(회비납입거부는 적법하다)고 판결되었다.

(나) 요트클럽과 종교단체   완전한 임의단체로부터의 탈퇴가 문제가 된 사례도 있다. 판례에서는 요트클럽의 예, 종교단체(소유권을 포기하고 공동생활을 함)의 예가 있는데55) 두 사례 모두 탈퇴 시의 환급(환급을 하지 않는다고 하는 규약·계약의 효력)이 문제되었다. 환급의 제한은 탈퇴의 자유를 실질적으로 제약하게 되는 것으로 두 사례 모두 일정요건 하에서 환급이 인정되었다. 또한 단체의 성질로서는 전자는 조합, 후자는 권리능력없는 사단이라고 판시되었다. 1990년대 이후에는 단체 안에서의 개인의 권리 혹은 개인이 단체를 통하여 자기의 목적을 추구한다고 하는 것이 중시되는 흐름이라고 볼 수 있다.

4. 불법행위

(1) 총설

가. 일본민법전은 채권의 발생 원인으로 계약·사무관리·부당이득·불법행위를 열거하고 있다(제3편 채권 제2장－제5장). 이중에서 계약과 불법행위가 채권의 2대 발생원인으로 불릴 만큼 중요하다. 그런데 예전에는 계약이야말로 주된 발생원인이고 불법행위를 포함한 나머지는 종된 발생원인이어서 그다지 중요하지 않은 것으로 취급되었다. 예컨대 일본민법전의 기초자인 우메 켄지로(梅謙次朗)의 교과서에서 제709조56)(불법행위에 관한 기본규정)를 설명하는 부분은 기껏해야 1－2면 정도에 불과했다. 이것은 산업혁명 이전의 사회에서는 불법행위가 그다지 중요한 의미를 가지지 못한 것이 반영된 것이다. 그런데 이와 같이 예외적인 채권 발생원인으로 취급되던 불법행위가 오늘날의 사회에서는 커다란 의미를 가지게 되었다. 제2차 세계대전 후 일본의 민법 관련 공간 판결 중에 5건 중의 1건은 불법행위 관련인 것은 이러한 점을 단적으로 나타내고 있다. 사회가 복잡해지면서 위험이 증대되었고 이에 따라 타인에게 피해를 주는 것이 늘어난 것이다. 이러한 상황을 반영하여 불법행위는 계약과 더불어 채무의 2대 발생원인으로 다루어지고, 민법 개설서에서는 상당한 분량이 불법행위에 관한 설명에 할애되고 있다.

계약은 법률행위(행위)로 파악되는 것에 비하여 불법행위는 법률사실('소위(所爲)')이라고 파악되기도 한다. 다만 불법행위라고 하더라도 행위자의 의사와 관련이 문제가 된다는 것에 유의해야 한다(제709조는 고의나 과실을 요구한다). 의사를 원인으로 하여 원하는 대로 효과가 발생하는 것은 아니지만, '소위(所爲)'가 불법행위로 평가되어 채무를 부담하게 되는 것에는 의사의 관여가 필요한 것이다. 다만 이러한 의사는 법률행위에서의 의사와는 다른 차원에서 파악된다. 어떤 효과에 직접적으로 지향된 의사와 어떤 사실의 원인이 된 의사는 같지 않다. 그러나 일본법에서는 이러한 점의 구별이 애매하다. 불법행위의 문제로 논의되어야 할 사항이 간단히 불법행위의 문제로 전환되기도 한다.[57] 사기적인 거래에서 문제되는 사업자의 책임을 불법행위로 추궁하는 판례의 태도는 이러한 점을 잘 보여주고 있다. 행위 차원의 의사와 사실 차원의 의사로 환치되는 것이다. 이렇게 되는 원인을 밝히는 것은 어려운 문제이다.[58] 우리나라의 학설과 판례에서 유사한 동향이 발견된다면 비교법적으로도 흥미로운 논점이 될 것이다.

나. 일본의 불법행위법은 '위법성론', '상당인과관계론' 등을 비롯하여 다양한 점에서 독일민법학의 영향을 크게 받아 왔다. 그러나 민법전 규정의 구조를 보면, 권리침해·강행규정위반·선량한 풍속위반의 3유형으로 구성되는 독일민법과는 달리, 일반불법행위에 대하여 통일적이고 포괄적인 규정을 두는 프랑스민법에 가깝다는 지적도 있다.[59]

(2) 민법상 불법행위법 개관

가. 일반불법행위

일본민법 상 불법행위의 통칙규정인 제709조는 ① 고의·과실, ② 권리침해, ③ 손해, ④ 인과관계를 주된 요건으로 하고 있다. 그리고 이러한 요건이 갖추어진 경우에는 발생한 손해를 가해자가 배상할 책임을 지게 된다. 다만 불법행위에 관한 규율은 제709조만으로 완결된 것은 아니다. 가해자 측의 요건(책임이 조각되는 경우를 규정하는 소극적 요건)으로, 책임능력에 관한 규정(제712조, 제713조),[60] 정당방위 등에 관한 규정(제720조)[61]이 있고, 피해자 측의 요건으로 손해의 종류에 관한 규정(제710조, 제711조)[62]나 피해자의 범위에 관한 규정(제711조, 제721조)이 있다. 또한 효과에 대해서는 금전배상이 원칙인데(제722조 제1항 ⇒ 제417

조),63) 명예훼손의 경우에는 특칙이 있다(제723조).64) 그리고 배상청구권의 소멸시효에 관한 규정도 있다(제724조).65) 최근의 채권법개정에서는 제417조의2, 제724조의2가 추가되었다. 한편, 일본민법은 가해자가 여러 명인 경우나 피해자에게도 책임이 있는 경우에 대처하기 위한 조정규정을 두고 있다. 공동불법행위에 관한 규정(제719조)66)나 과실상계에 관한 규정(제722조 제2항)67)이다.

나. 특수불법행위

민법 제709조는 자신의 행위에 관한 책임을 규정한 것이다. 그리고 원칙적으로 사람은 자신의 행동에 책임을 지면 된다(과실책임주의). 그러나 예외가 있다. 타인의 행위에 대해서 책임을 지는 경우나 물건에서 발생하는 피해에 대해서 책임을 지는 경우가 있다. 전자에 해당하는 것이 사용자책임(제715조)68)나 책임무능력자의 감독자책임(제714조),69) 도급인의 책임(제716조)70)이고, 후자에 해당하는 것이 공작물책임(제717조),71) 동물관리자의 책임(제718조)72)이다. 이러한 민법상의 특수불법행위 이외에도 특별법상 인정되는 경우도 있다. 예컨대 자동차손해배상보장법에 의한 '운행공용자책임'이나 제조물책임법에 의한 '제조물책임' 등이다.

(3) 불법행위의 적용범위 확대

불법행위법은 적용범위가 넓어지고 있고 요건과 효과에서도 변화가 일어나고 있다. 이러한 현상의 원인에 관해서 간단하게 살펴보자.

가. 사건·사고의 증대

불법행위법은 1950년대 이후의 교통사고, 공해 문제 등 다발성이고 대량의 피해가 발생하는 사건·사고의 영향으로 크게 변화가 있었다. 산업문명이 만들어 낸 자동차, 공장, 약품 등은 정상적으로 기능하는 경우에는 커다란 편익을 가져오지만 일단 사고가 발생하면 그에 따른 피해도 크다. 이러한 사건·사고 중에서 교통사고는 어느 정도의 확률로 상당히 빈번하게 발생한다는 특색이 있다. 따라서 이를 처리하기 위해서는 정형성이 요구된다. 손해산정방법의 정밀화는 교통사고의 이러한 성격에서 유래한 것이다. 공해나 약품피해는 과실 증명, 인과관계 증명이 중요한 문제이다. 이른바 '4대공해소송'(四日市 천식, 熊本 미나마타병, 新潟 미나마타병, 富山 이타이이타이병)이나 약품피해 소송(東京 스몬)에서는 과실에 대해서 높은 주의의무를 부과하거나, 과실을 추정하는 방법이 채택되었다. 또한 인과관계와 관련해서는 역학(疫學)적 증명이나 간접반증 이론이 이용되었다. 이와 같이 산업화에 따른 사건·사고의 증대가 불법행위법을 양적, 질적으로 발전시킨 커다란 요인이 되었다고 할 수 있다.

나. 권리의식의 고양

두 번째 요인은 권리의식의 고양이다. 일본인은 소송을 싫어한다고 종종 일컬어지는데, 제2차 세계대전 이후 민주주의 영향 등으로 1960-70년대에는 주민운동이 힘을 얻어 공해문제에 대한 시민운동이 활발해졌다. 공해문제 이후에도 문제가 발생하면 소송으로 다투는 경향이 점차 강해졌다. 각종의 사고를 비롯하여 사람의 신체에 관한 사고 이외에도 손해배상을 청구하는 사례가 늘어났다. 예컨대 ① 사생활(프라이버시), 성희롱, ② 독점금지법 위반, 사기판매 등이 있다. 앞의 2가지 예는 인격적 이익(인격권) 침해에 따른 정신적 손해를 입은 경우이고, 뒤의 2가지 예에서는 불공정한 거래방법에 따라 경제적인 손해를 입은 경우라고 할 수 있는데, 각각 소송이 제기되어 다투어졌다. 인격권 침해에 관한 것으로는 위에서 언급한 프라이버시 문제가 있다. 프라이버시는 명문 규정으로 인정되는 개념은 아니다. 이 개념이 문제가 된

초기 사건으로 1960년대 미시마 유키오(三島由紀夫)의 소설『宴のあと (After the Banquet)』사건이 있다. 작가 미시마 유키오가 실재 정치가를 모델로 집필한 소설에 대해서 모델이 된 인물이 소송을 제기한 사건이다. 이 사건 이후에 프라이버시 침해를 불법행위로 인정하는 판결이 늘어나서73) 최고재판소에서도 프라이버시라는 용어를 사용하게 되었다. 명예훼손이 불법행위가 되는 것은 조문상으로 분명하다. 실제로 소송이 늘어난 것은 1990년대에 들어서이다. 최근에는 주간지의 보도에 대해서 연예인이나 정치가가 소송을 제기하는 것은 흔한 일이 되었다. 그 밖에도 다양한 인격적 이익에 대한 침해에 대해서 소송이 제기되기도 있다. 예를 들어 '이름', '성적 자유', '종교', '의료' 등 다양하게 다투어지고 있다. 이러한 판례가 등장하면서 학설에서도 프라이버시에 관한 연구, 인격권에 관한 연구가 활발해지고 있다.

제 2 절 가족관계와 법

고 철 웅

1. 부부 간의 법적 관계

(1) 법률혼과 사실혼

일본 민법상 법률상 혼인을 하기 위해서는 다음과 같은 실체적 요건을 만족시켜야 한다. 혼인연령은 18세 이상이어야 하며(제731조),[74] 중혼이 아니어야 한다(제732조). 우생학 내지 사회윤리의 관점에서 근친자 등 가족 간에는 혼인할 수 없으며(제734-제736조), 미성년자의 경우에는 부모의 동의를 받아야 한다(제737조).

혼인을 하게 되면 부부간에는 동거, 협력, 부조(扶助) 의무가 발생하고(제752조), 상호간에 정조의무도 부담한다. 부부중 일방배우자가 제

3자와 부정한 관계를 맺은 경우 다른 당사자는 제3자를 상대로 제3자가 고의 또는 과실이 있는 한, 남편 또는 부인으로서의 권리를 침해하였다는 이유로 손해배상청구를 할 수 있다(最判 1979年(昭和 54) 3月 30日 民集 33卷 2号 303頁).[75] 다만, 혼인관계가 파탄한 후에 혼인당사자가 제3자와 부정한 관계를 맺은 경우, 제3자는 다른 당사자에게 불법행위책임을 부담하지 않는다(最判 1996年(平成 8) 3月 26日 民集 50卷 4号 993頁).[76]

한국과 달리 일본 민법은 약혼에 관한 규정을 두고 있지 않다. 그러나 당사자끼리 합의를 하면 약혼을 맺는 것은 가능하며, 정당한 이유 없이 약혼을 파기한 상대방에게는 채무불이행 내지 불법행위에 의한 손해배상책임을 진다(最判 1963年(昭和 38) 9月 5日 民集 17卷 8号 942頁). 법률혼이 아니더라도 일정한 경우에 파트너와의 관계를 법적보호에 준하는 것으로 보아 보호하자는 견해가 일찍이 주장되었고(中川善之助, 準婚理論), 판례는 이를 받아들여 내연(內緣)관계의 부당파기에 관해 불법행위책임을 인정하였다(最判 1958年(昭和 33) 4月 11日 民集 12卷 5号 789頁). 그러나 16년간 파트너로서 사실혼 관계를 계속하였으나, 주거 및 생계를 따로 하였고 여성이 자녀양육에 전혀 관여하지 않는 등의 경우에는 남성이 일방적으로 그 관계를 파기하더라도 관계존속에 관한 권리침해가 없기 때문에 손해배상책임을 부정한 판례도 있다(最判 2004年(平成 16) 11月 18日 判時 1881号 83頁).

일본에서는 과거에 비해 사실혼을 보호해야 하는 이유가 다양화되고 있다. 예전에는 호주나 부모의 동의를 받을 수 없는 등의 이유로 어쩔 수 없이 혼인신고를 못한 경우가 많았다. 반면 지금은 당사자가 의도적으로 혼인신고를 안하는 경우도 있다. 부부가 서로 다른 성을 유지하기 위해서(夫婦別姓), 혼인제도에 내재되어 있는 전통적인 성역할 구분을 피하기 위해서, 고령자끼리의 혼인시 상속의 회피를 위해서 등도 그 이유가 되고 있다. 최근 한 하급심은 동성끼리의 혼인신고를 수리하지 않는 것은 헌법위반이라며 국가를 상대로 손해배상을 청구한 사안에서 결과적으로 원고의 청구를 기각하였으나, 법 아래 평등을 규정한 일본 헌법 제14조에 위반한다는 판단을 하여 주목을 받고 있다(札幌地判 2021年(令和 3) 3月 17日).

(2) 이혼과 재혼

이혼의 형태는 크게 나누어 협의이혼과 재판이혼(가정법원의 조정이혼, 심판이혼 등 포함)이 있다. 일본에서는 기독교 전통에 의해 이혼을 금지해 온 유럽과 달리 이혼에 관한 종교적 제약이 없었기에 비교적 쉽게 이혼할 수 있었다. 에도(江戸)시대에 서민들 사이에서 남편이 세 줄 반의 이혼사유를 적어 부인을 쫓아내는 속칭 "미쿠다리한(三行半)"이라는 이혼 관행도 있었다.77) 현재는 부부가 이혼에 관해 합의하고 신고를 하면 이혼이 성립한다(협의이혼, 제763조, 제764조).

2015년도 인구동태통계에 의하면 이혼 총 건수가 약 22만 6천건인데, 협의이혼이 약 19만 9천건으로 90%의 비율을 차지한다. 한편, 일방배우자가 부정한 행위를 하였을 때, 악의의 유기를 당했을 때, 생사를 3년 이상 알 수 없을 때 등 혼인을 계속하기 어려운 중대한 사유가 있을 때에 일방배우자는 상대방에게 재판상 이혼을 청구할 수 있다(제770조). 이혼사유를 만든 유책당사자가 다른 당사자에게 이혼청구를 할 수 있는지에 관해 "이혼청구를 인용하는 것이 현저하게 사회정의에 반한다는 것과 같은 특별한 사정이 인정되지 않는 한" 이혼청구는 허용된다(最大判 1987年(昭和 62) 9月 2日 民集 41卷 6号 1423頁).78) 다만 그 요건으로 ① 상당히 장기간의 별거, ② 미성년자의 부존재, ③ 이혼으로 인한 정신적·사회적·경제적으로 가혹한 상태에 처해지지 않을 경우를 만족해야 한다.

부부 중 일방이 불륜을 하여 이혼에 이르게 된 경우, 피해배우자는 불륜을 한 배우자를 상대로 부정행위를 이유로 한 위자료 청구를 할 수 있다. 이는 "상대방의 유책불법인 행위에 의해 어쩔 수 없이 이혼에 이르게 된 것에 관해 상대방에게 손해배상을 청구하는 것"으로, 재산분할과는 성질이 다른 것이다(最判 1956年(昭和 31) 2月 21日 民集 10巻 2号 124頁). 청구대상이 되는 손해는 이혼이 성립할 때 비로소 평가될 수 있기 때문에 청구권의 소멸시효의 기산점은 이혼이 성립한 때가 된다(最判 1971年(昭和 46) 7月 23日 民集 25巻 5号 805頁). 한편, 피해배우자가 불륜을 한 배우자가 아니라 함께 불륜을 한 제3자를 상대로 이혼을 원인으로 하는 위자료를 청구한 경우에는 제3자가 부당한 의도로 이혼을 하게 만들었다는 등의 특별한 사정이 없는 한 인정되지 않는다(最判 2019年(平成 31) 2月 19日 民集 73巻 2号 187頁).

여성의 경우, 전혼 해소 이후 100일 동안은 재혼이 금지되어 있다 (733조). 종래 재혼금지기간은 6개월이었다. 최고재판소는 부성(父姓)추정의 중복을 피하기 위한 기간을 넘어 혼인금지기간을 설정하는 것은 정당성을 결여한다며, 100일을 초과하는 부분은 헌법 제14조 제1항, 제24조 제2항에 위반한다고 판시하였다(最大判 2015年(平成 27) 12月 16日 民集 69巻 8号 2427頁). 2016년 민법 개정에 의해 전혼해소로부터 6개월을 100일로 단축되었다.[79]

2. 자녀와의 법적 관계

(1) 친생자

일본에서는 부부가 혼인 중에 태어난 자녀를 적출자(嫡出子), 혼인 외의 자녀를 비적출자라 한다. 모자관계는 분만의 사실에 의해 명확하나, 부자관계는 혼인중에 부인이 임신한 자녀에 관해, 법률상 남편을 자녀의 아버지로 추정한다(제772조). 부자관계의 추정을 부정하기 위해서는 적출부인의 소(嫡出否認の訴)를 제기해야 한다(제775조). 적출부인의 소는 남편이 자녀 또는 모(母)를 상대로 자녀의 출생을 안 날로부터 1년 이내에 해야 한다(제774조, 제775조, 제777조).[80] 그 외에 한국의 친생자관계존부의 확인의 소와 같이(한민 제865조), 적출자로 추정되지 않는 자녀와의 부자관계를 부인하는 방법으로 친자관계부존재확인소송을 제기할 수 있다(인사소송법 제2조 제2호). 친자관계의 조기확정을 통한 신분관계의 안정을 위해 요건을 엄격히 규정하는 적출부인의 소와는 달리 친자관계부존재확인의 소는 확인의 이익이 있으면 소를 제기할 수 있기 때문에 상대적으로 요건이 엄격하지 않다. 호적상의 부모와 그 적출자로 기재되어 있는 자 사이의 친자관계에 관해, 호적상 부모 이외의 제3자(호적상의 형제)가 친자관계부존재확인청구의 소를 제기한 경우, 친자관계부존재확인청구는 권리남용에 해당한다(最判 2006年(平成 18) 7月 7日 民集 60卷 6号 2307頁). 혈연관계가 없다는 점에 다툼이 없다고 하더라도, 일정한 경우에는 법률상 친자관계를 부정하는 것은 허용되지 않는다는 최고재판소의 입장을 나타낸 것이다.

비혼인 여성이 출생한 자의 친자관계는 친생추정이 미치지 않기 때문에 모자관계와 부자관계를 각각 결정해야 한다. 모자관계는 분만의 사실에 의해 성립하나, 부자관계는 인지에 의해 발생한다(제779조). 최근 아버지에 의한 인지무효의 여부가 문제가 된 사안이 있다. 아이가 3명 있는 필리핀 여성과 혼인한 일본인 남성이 그 중 한 명을 인지하여 그 아이는 일본국적을 취득하였다. 그러나 그 뒤 부부관계가 나빠졌고, 이혼에 이르렀다. 남성은 여성을 상대로 이혼청구를 하였고 동시에 자녀를 상대로 인지무효의 소를 제기하였다. 1심, 항소심 둘 다 이혼청구를 인용하였고, 최고재판소는 인지무효에 관해서 다음과 같이 판단하였다. "인지자는 민법 제786조[81]에 규정하는 이해관계인에 해당하며,

본인이 한 인지의 무효를 주장할 수 있다고 해야 한다. 이 논리는 인지자가 혈연상의 부자관계가 없다는 것을 알면서 인지를 한 경우에도 다르지 않다"며 인지무효를 인정하였다(最判 2014年(平成 26) 1月 14日 民集 68卷 1号 1頁).

(2) 양자

양자는 보통양자와 특별양자[82]의 두 종류가 있다. 보통양자는 당사자 간에 입양에 관한 합의와 신고가 필요하다. 미성년자를 양자로 하는 경우에는 원칙적으로 가정법원의 허가가 필요하다(제798조). 양자가 되는 자가 15세 미만일 경우, 법정대리인의 승낙이 있어야 한다(제797조 제1항).

출생 직후의 타인의 자녀를 자기의 친생자로 출생신고를 한 경우 이를 입양신고를 한 것으로 볼 수 있는지에 관해, 판례는 출생신고를 입양신고로 볼 수 없다는 입장을 취하고 있다(最判 1975年(昭和 50) 4月 8日 民集 29卷 4号 401頁). 만약 이를 인정할 경우, 미성년자를 양자로 할 경우에 가정법원의 허가를 받아야 된다고 하는 일본 민법 제798조를 침해하는 결과를 야기하기 때문이다. 이렇게 출생신고를 한 자녀를 "짚 위로부터의 양자"(藁の上からの養子)라 부른다.

한편, 상속세의 절세목적으로 자신의 손자(당시 2살)를 부모의 동의 하에 입양한 경우 그 입양의 효력여부가 문제가 된 판례가 최근 나왔다. 최고재판소는 오직 상속세의 절세를 위해 양자입양을 하는 경우라고 하더라도, 곧바로 해당 입양에 관해 일본 민법 제802조 제1호에서 말하는 "당사자 간에 입양을 할 의사(意思)가 없을 때"에 해당한다고 볼 수 없다고 판단하였다(最判 2017年(平成 29) 1月 31日 民集 71卷 1号 48頁).

특별양자 제도는 1987년에 신설되었다. 친부모와 양부모 모두와 친족관계로 연결된 보통양자와 달리 특별양자는 친부모와의 친족관계는 단절되고, 양부모와의 친족관계만 성립한다. 한국에서는 특별양자에 해당하는 친양자가 일반 양자보다 훨씬 많이 이용되는데 반해, 일본에서는 특별양자보다 보통양자가 훨씬 많이 이용되고 있다. 친생자와 친양자를 호적상 구분하여 기재하기 때문에 호적을 보면 친생자가 아니라는 것을 쉽게 알 수 있는 점이 문제점으로 지적되고 있다. 최근에 특별양자제도의 이용촉진을 위해 민법 등 관련법을 개정하였다(권철 교수 집필 부분 참조).

※ 인공생식/의료보조생식 — 대리출산과 친자관계

일본에서는 한국과 같이 전통적으로 모자관계는 분만에 의해 성립한다고 해석되어 왔다. 그러나 인공생식 및 의료보조생식 기술의 발전으로 부인 이외의 여성의 난자를 이용하여 남편의 정자와 체외수정하여 부인의 자궁에 착상시켜 출산하는 경우나 부부의 수정란을 제3자인 여성에게 착상시켜 출산하는 경우도 나타나고 있다. 전자는 경우에는 부인이 분만하므로 모자관계가 문제가 되지는 않으나 후자의 경우에는 제3자가 분만을 하기 때문에 모자관계가 문제가 될 수 있다. 이에 관해 유명한 여성 연예인이 자궁적출로 프로레슬러인 남편과의 사이에 임신할 수 없게 되자 미국 네바다(Nevada) 주의 여성과 대리모 계약을 맺어 아이를 출산한 것이 일본 내에서 화제가 되었다. 대리모 계약에는 태어난 아이는 일본인 부모가 법률상의 부모이며, 대리모와 그의 남편은 어떠한 법적 권리도 주장할 수 없다는 조항이 포함되어 있었다. 그러나 대리모와 그의 남편이 태어난 쌍둥이 아이들이 자신의 아이들이라고 주장했기에 일본인 부부는 네바다 주법원에 친자관계확정 신고를 하였고, 법원으로부터 일본인 부부가 법률상의 부모라는 판결을 받았다. 그 후 아이들을 데리고 일본에 귀국한 뒤 일본의 구청에 출생신고를 하였는데, 구청에서는 엄마가 분만을 하지 않았다는 이유로 친생자관계가 인정되지 않는다며 출생신고 불수리(不受理) 처분통지를 하였다. 이에 일본인 부부는 일본 법원에 출생신고의 불수리 처분통지 불복신청을 하였다. 1심은 원고들의 주장을 인정하지 않았지만, 원심은 원고들의 주장을 인정하여 출생신고서를 수리하도록 명령하였다. 이에 구청이 최고재판소에 항고하였다. 최고재판소는 현행 민법의 해석상 출생한 자의 모가 되는 것은 자를 임신하고 출산한 여성이기 때문에 임신하고 출산하지 않은 여성은 난자의 제공자라고 하더라도 모가 되지 않는다고 판시하였다(最決 2007年(平成 19) 3月 23日 民集 61卷 2号 619頁). 한편 보충의견에서는 현행법상 원고 부부에게 아이들을 친생자로 입양할 수 있는 기회가 있다며 구제방안을 제시하였다. 2020년 12월에는 생식보조의료의 제공 등 및 이로 인해 출생한 자의 친자관계에 관한 민법의 특례에 관한 법률이 성립하였다(2021년 3월 11일 시행, 9조와 10조는 2021년 12월 11일 시행). 이 법률은 생식보조의료를 인공수정 또는 체외수정 혹은 체외수정배이식(体外受精胚移植)을 사용한 의료라고 정의하였다(동법 2조). 또한 여성이 자기 이외의 여성의 난자를 사용한 생식보조의료에 의해 자녀를 임신하여 출산한 경우에는 출산한 여성을 그 자녀의 모(母)라고 명시하였고(9조), 부인이 남편의 동의를 얻어 남편 이외의 남성의 정자를 사용한 생식보조의료에 의해 임신한 자녀를 상대로 남편은 그 자녀가 적출자라는 것을 부인할 수 없다고 규정하였다(10조).

3. 가족의 등록과 표상(表象)

(1) 가족 등록-호적

일본 헌법 제24조는 "혼인은 양성의 합의에만 의거하여 성립"한다고 규정한다. 혼인을 함에 있어 제일 중요한 것은 당사자간의 합의며, 혼인은 일종의 계약이다. 그렇다고 해서 당사자간의 자유로운 계약만으로 혼인이 법적으로 성립하는 것은 아니며 다음과 같은 제도적 요소도 만족시켜야 한다. 혼인신고만을 위한 의사(意思)가 아니라, 진정으로 혼인을 할 의사(실체의사)가 있어야 한다(最決 1969年(昭和 44) 10月 31日 民集 23卷 10号 1894頁). 절차적으로는 공공기관의 호적담당 공무원에게 혼

인신고서를 제출하여 수리되어야 한다(형식적 성립요건). 이를 혼인신고
주의(届出婚主義)라 부른다. 혼인신고주의를 채택한 이유는 다음과 같이
설명된다.[83] 에도(江戸)시대 혼인 풍습으로 무사(武士) 계급은 주가(主家)
에 혼인신고를 출원(願出)하도록 하였으나, 서민층은 관행에 따라 의식
(결혼식)만 했었다. 메이지 정부는 민법 제정시 출원주의(願出主義)를 채
택하려고 하였으나, 서민들이 본인들의 관행과는 다르다고 해서 서민
층에 침투하지 않았다. 결국 절충안으로서 민법은 혼인신고주의를 채
택하였다. 국가가 혼인성립에 관해 관여할 수 있는 제도적 기반이 마련
된 것이다.

　혼인신고를 하면 원칙적으로 부부는 새로운 호적에 편제되고, 항
목에는 남편 또는 부인이라 기재된다. 혼인신고서 작성시 당사자의 의
사가 존재하였다면, 혼인신고시 당사자 일방이 의사능력을 잃었다고
하더라도, 혼인이 무효가 되는 것은 아니다(最判 1969年(昭和 44) 4月 3日
民集 23巻 4号 409頁). 한편 연령을 위반하여 혼인을 한 경우나 사기, 강박
으로 인한 혼인의 경우에는 취소원인이 없어진 뒤에 추인을 인정하고
있다(제745조 제2항, 제747조 제2항). 혼인신고서 작성시 일방당사자가 상
대방의 의사에 의거하지 않아 혼인의사 결여로 무효인 혼인이라고 하
더라도, 당시 부부로서 실질적 생활관계가 있고, 나중에 상대방이 추인
을 한 경우에는 혼인을 소급하여 유효라고 인정하였다(最判 1972年(昭和
47) 7月 25日 民集 26巻 6号 1263頁).

　이혼 또한 혼인 절차에서와 같이 협의이혼서를 호적창구에 제출하
여 담당공무원이 이를 수리하면 협의이혼이 성립한다. 일방적으로 이
혼서를 제출한 경우라도 이혼이 성립할 수 있는데 이를 막기 위해 일방
당사자가 사전에 신고하면 이혼서를 수리하지 않는 "불수리신고제도
(不受理申出制度)"가 있다.

　호적은 신분변동의 공증을 위한 제도이면서 동시에 공시(公示)를

위한 제도이다. 2008년 호적법 개정으로 본인확인에 관한 규정이 신설되어(호적법 제27조의2) 개인정보보호를 위해 호적열람이 종전보다 제한되기 때문에 공시를 위한 제도적 기능이 일부 약화되었다.

한편, 일본의 일반 국민들과는 달리, 천황(天皇) 및 황족(皇族)은 황실전범(皇室典範) 및 황통보령(皇統譜令)에 의거하여 호적대신에 황통보라는 장부에 신분에 관한 사항이 기재된다. 천황과 황후의 신분사항은 대통보(大統譜)에 기재되고, 그 외 황족의 신분관계는 황족보(皇族譜)에 기재된다.

(2) 부부와 자녀의 氏名

일본은 혼인을 할 때 남편 또는 아내의 氏를 따라 氏를 통일해야 한다(제750조). 氏는 "うじ(우지)"라 읽는다. 현대 일본에서 氏와 姓은 거의 동의어로 사용되고 있으나, 氏는 "家"의 호칭, 姓은 "혈통"의 호칭이라는 의미로 구별해서 사용하기도 한다. 다만, 현실상 부인이 남편의 氏를 따르는 경우가 96% 이상이다. 최근 최고재판소는 일본 민법 제750조가 규정하는 부부 同氏 원칙이 헌법 제13조의 "개인의 존중", 헌법 제14조 제1항의 차별금지 및 헌법 제24조 제2항의 "개인의 존엄과 양성의 본질적 평등"을 위반하지 않는다고 판시하였다(最大判 2015年(平成 27) 12月 16日 民集 69巻 8号 2586頁). 다수의견은 氏는 가족의 호칭으로서의 의미도 있고, 혼인을 포함한 신분변동에 의해 바뀔 수 있다는 것은 성질상 예정된 것이기 때문에, "氏 변경을 강제당하지 않을 자유"가 헌법상 보장된 인격권의 한 내용이라 할 수 없다고 판시하였다. 또한 부부 同氏 원칙은 남녀간에 형식적인 불평등이 존재하지 않으므로 헌법 제14조 제1항에 위반하지 않는다고 하였다. 가족은 사회의 자연적이고 기초적인 단위이기 때문에 호칭을 하나로 정하는 것에는 합리성이 있고, 부부 同氏는 가족이라는 하나의 집단의 구성원이라는 것을 대외적으로 공시하고 식별하는 순기능이 있다. 물론 氏 변경으로 인해 자기동일성(identity)의 상실 등 불이익도 발생할 수 있으나, 통칭(通稱)사용 등으로 불이익이 완화되고 있기 때문에 헌법 제24조 제2항에도 위반하지 않는다고 하였다. 그러나 반대의견 1명 내지 의견 4명은 예외를 인정하지 않는 부부 同氏 원칙이 헌법 제24조가 규정하는 개인의 존엄 및 양성의 본질적 평등에 위반한다고 보았다.

이혼을 하게 되면 부인은 혼인 이전의 氏로 복귀하지만, 이혼일로부터 3개월 이내에 신고하면 혼인당시의 氏를 계속 사용할 수도 있다(제767조). 이는 혼인 당시의 氏로 사회생활을 계속적으로 하는 여성의 이익을 보호하는 측면이 있고, 자녀와 같은 氏를 사용함으로 인해 주위로부터 불필요한 오해를 방지한다는 측면도 있다. 양자는 입양 시에 양친의 氏로 바뀌며(제810조), 파양 시에 입양 전의 氏로 복귀한다(제816조 제1항, 제808조 제2항).

4. 가족을 돌볼 권리와 의무

(1) 친권

친권은 부모의 미성년자에 대한 권리의무를 총칭하는 것이다. 친권은 미성년자의 인격에 관한 내용과 재산에 관한 내용으로 크게 나눌 수 있다. 미성년자의 인격 관련해서는 신체적인 감호와 정신적인 교육을 할 권리의무가 있다(제820조). 감호교육의 권리의무를 원활히 수행하기 위해서 부모에게는 거소지정권(제821조), 징계권(제822조), 직업허가권(제823조)이 있다. 친권자는 친권자가 아닌 자가 자녀를 데리고 간 경우에는 원칙적으로 자녀를 친권자에게 인도하라고 청구할 수 있다(最判 1994年(平成 6) 11月 8日 民集 48卷 7号 1337頁). 별거 중인 부부 일방이 자녀를 데리고 간 경우에 다른 일방이 자녀를 자신에게 인도하라는 청구를 한 경우에는 구속자의 감호가 자녀의 복리에 반하는 것이 명백한 때에만 인정된다(最判 1993年(平成 5) 10月 19日 民集 47卷 8号 5099頁). 국제결혼의 증가로 가족이 국제화 되면서 친권자의 의사에 반하여 자녀를 탈취하는 경우가 늘고 있다. 이 문제에 관해 국제적으로는 1980년에 "국제적인 자녀의 탈취에 관한 헤이그 협약(Convention on civil aspects of international child abduction)"이 체결되었는데, 일본은 조약 인준이 늦어 2014년 4月부터 상기 조약이 발효되었다.[84]

한편, 친권자는 미성년자를 대리해서 많은 결정을 할 수 있으나 아무리 친권자라고 하더라도 친권자의 의사만으로 "자녀의 행위를 목적으로 하는 채무"를 자녀에게 부담시킬 수 없다(제824조 단서). 친권자는 혼인이나 입양 등 신분에 관한 행위도 대신할 수 없으며 최종 결정권을 가지는 자는 자녀이다.

부모는 미성년자의 재산을 관리할 권한과 자녀의 법률행위에 관해 대리권을 가진다(제824조). 친권자의 재산관리권은 재산보전이 주된 목적이다. 경우에 따라 친권자와 자녀의 이익이 대립되는 경우가 발생할 수 있다. 이 때 친권자는 자녀를 위해 법원에 특별대리인 선임을 요구해야 한다(제826조). 이익상반행위에 해당하는지는 동기 등 여부를 불문하고 외형적으로 판단된다(最判 1967年(昭和 42) 4月 18日 民集 21卷 3号 671頁). 형식적으로는 이익상반행위에 해당하지 않더라도 실질적인 관점에서는 대리권의 남용에 해당되는 경우도 있다(最判 1992年(平成 4) 12月 10日 民集 46卷 9号 2727頁).

최근 일본에서도 부모에 의한 자녀 학대에 관한 사건이 끊이지 않고 있어 사회적 문제가 된 만큼 법무성에서 친권에 관한 법개정을 추진 중이고, 민법(친자법제)등 개정에 관한 중간시안(中間試案)이 나온 상황이다(2021년 3월 현재).

(2) 부양

부모가 미성년자인 자녀를 부양할 의무에 대해서는 친권 부분의 설명에 갈음하고, 이하에서는 성년의 자녀가 부모에 대해 부담하는 부양의무에 대해 설명하기로 한다. 부양의 방법에는 인수부양(引取扶養), 자력부양(資力扶養)의 두 종류가 있다. 부모를 직접 모시고 사는 것이 인수부양, 자신의 자력 수준에 따른 경제적인 부양을 하는 것이 자력부양이다. 메이지 민법 당시에는 두 부양을 모두 규정하였으나,[85] 현행민법은 인수부양을 삭제하였기 때문에 자력부양이 원칙이다. 부양의무자의 범위는 피부양자의 직계혈족과 형제자매가 1차 부양의무자이고, 그 외의 3촌 이내의 친족이 2차 부양의무자이다(제877조). 1차 부양의무자는 경제적 여력이 있는 자가 부양의무를 지니며, 2차 부양의무자는 특별한 사정이 있는 경우 가정법원의 심판에 의해 부양의무를 부담하게 된다. 예를 들어, 1차 부양의무자가 경제적 여력이 없거나 1차 부양의무자가 적임자가 아니고 2차 부양의무자가 경제적 대가를 받았거나 많은 상속을 받은 경우 등을 들 수 있다. 부양의무자가 여러 명일 경우 누가 어느 정도로 부양의무를 부담할지는 당사자 간의 협의에 의하고, 협의가 되지 않을 때에는 가정법원이 부양권리자의 수요, 부양의무자의 자력 그 외 모든 사정을 고려하여 정한다(제879조). 오래 전 판례이긴 하나, 과거의 부양료에 관해서는 청구를 한 뒤의 부양료에 관해서는 청구 가능하다는 것이 판례의 입장이다(大判 1901年(明治 34) 10月 3日 民錄 7卷 9号 11頁). 배우자의 부모를 부양한 원고(납)가 부모의 사후에 인연을 끊고 살던 배우자의 오빠(피고)를 상대로 과거의 부양료를 구상(부당이득반환청구)한 경우, 이를 인용한 하급심 사례가 있다(神戸地判 1981年(昭和 56) 4月 28日 判タ 452号 143頁). 생활보호에 관해서는 보충성의 원칙이 정해져 있고, 민법상의 부양의무자가 있는 경우에는 국가에 의한 보호보다는 부양의무자에 의한 부양이 우선한다(생활보호법 제4조 제2항). 부양의무가 있는 자녀가 부모의 부양의무를 해태했고, 국가가 그 비용을 대신 지불했을 경우에는 비용의 전부 또는 일부를 부양의무자에게 구상할 수 있다(생활보호법 제77조).

(3) 후견

고령자 인구의 증가로 인해 고령자를 대상으로 한 악질적인 범죄가 증가하였고, 고령자의 재산관리 등에 보다 유연하게 대처하기 위해 1999년에 성년후견제도 및 임의후견계약제도를 도입하였다(2001년부터 시행).86) 종래의 금치산·준금치산 제도 대신, 성년후견·보좌(保佐)·보조(補助) 제도로 개선하여 고령자의 자기결정의 존중과 실질적인 보호수단을 마련하였다. 대상자의 능력감정을 보다 간소화하였고, 호적기재를 폐지하였다. 배우자를 법정후견인으로 하는 규정과 후견인을 한명으로 정하는 규정을 삭제하였다(개정전 제840조, 제843조). 사법통계연보에 의하면 성년후견의 신청은 2000년에 7400건 정도였으나, 2013년에는 28,000건으로 늘어났고, 1999년의 금치산 신청 건수와 비교하여 10배가 늘어났다는 점은 평가할 만하다. 다만, 제도 개선의 한 축인 보조제도가 거의 사용되지 않고 있으며, 성년후견인이 유산분할을 위해 선임되는 경우가 많다는 점에서 고령자 "본인"을 위한 제도라기보다 오히려 "다른 친족을 위한 선임"이 되고 있는 문제점도 있다.

성년후견인은 취소권과 대리권을 행사할 수 있다(제9조, 제859조 제1항). 보좌인은 법정사항에 관해 동의권 및 취소권을 행사할 수 있고(제13조 제1항, 제4항), 신청에 의해 특정사항에 관해 대리권도 행사할 수 있다(제876조의4 제1항). 보조인은 신청에 의해 특정사항에 관해 동의권 및 취소권, 대리권을 행사할 수 있다(제17조 제1항, 동조 제4항, 제876조의9 제1항). 후견인 등의 보수 및 후견사무에 관한 비용은 피성년후견인 등의 재산에서 지불해야 한다(제862조, 제861조 제2항, 제876조의5 제2항, 제876조의10 제1항).

성년후견인은 성년피후견인의 생활, 요양간호 및 재산관리의 사무를 담당하며, 사무를 담당할 때 성년피후견인의 "심신의 상태 및 생활의 상황"을 배려해야 한다(제858조). "생활, 요양간호"의 문언 해석에 관해서는 개호계약이나 개호시설의 입소계약 등의 요양간호에 관한 법률행위를 상정하고 있고, 재산관리의 지침이라 할 수 있다. 이는 후견인에게 사실행위로서 개호(介護)와 같은 의무를 부과하는 것은 아니라는 점에 주의할 필요가 있다. "심신의 상태 및 생활의 상황"을 배려해야 할 의무는 "신상배려의무(身上配慮義務)"라 부르나, 이 또한 주의의무에 지나지 않는다.

5. 재산의 승계

(1) 상속 일반

고령화, 저출산이 심각한 일본은 경제성장기에 축적된 1700조엔에 달하는 개인자산이 주목받고 있다. 성년후견입법 및 신탁법 개정시 고령자의 자기결정이 중시되는 한편, 재산관리를 위탁받은 사람들의 권한남용으로부터 어떻게 고령자를 지킬 것인지도 논의되고 있다. 고령자가 가진 자산을 노린 사기나 범죄 등이 끊이지 않고 있다. 이러한 사회적 배경을 전제로 일본 민법상 상속 제도 일반에 관해서 간단히 보기로 한다.

상속인은 피상속인의 일신에 전속하는 것 이외에 피상속인의 재산에 속한 모든 권리의무를 승계한다(제896조). "피상속인의 재산"에는 적극재산 이외에 채무와 같은 소극재산도 포함된다. 반면 생전에 증여한 물건, 생명보험, 신탁 등은 상속재산에 포함되지 않는다.

피상속인의 배우자 및 자녀는 항상 상속인이 된다(제890조, 제887조 제1항). 피상속인의 내연관계에 있는 자나 예전에 혼인을 했던 전혼의 배우자는 상속인에 포함되지 않는다. 피상속인의 자녀에 관해서는 친생자, 양자 구별없이 상속인이 된다. 태아의 경우에도 상속에 관해서는 이미 태어난 것으로 본다(제886조).

피상속인의 자녀가 상속개시 전에 이미 사망한 경우나 상속 결격 내지 폐제(廢除)로 인해 상속권을 상실한 경우, 만약 그 사람에게 다시 자녀가 있을 때에는 그 자녀가 대습상속인이 된다(제887조 제2항). 폐제란, 상속 결격과 같이 당연히 상속자격을 박탈될 정도의 사유는 아니지만, 추정상속인이 피상속인을 학대한다거나 그 외 피상속인이 상속하고 싶지 않을 정도의 비행(非行)을 한 경우, 피상속인은 가정법원의 심판 또는 조정으로 추정상속인의 상속권을 박탈할 수 있는 제도이다(제892조). 대습상속인을 포함하여 상속인이 아무도 없는 경우에는 직계존속이 상속인이 되고, 직계존속도 없는 경우에는 형제자매가 상속인이 된다(제889조 제1항).

한편 피상속인 또는 선순위 혹은 동순위의 상속인을 고의로 사망시켰기에 형을 처벌 받은 자, 피상속인이 살해된 것을 알면서도 고소, 고발하지 않았던 자, 사기 또는 강박으로 피상속인이 유언을 하거나 취소하거나 변경하는 것을 방해한 자, 사기 또는 강박으로 피상속인에게 유언을 시키거나 취소하거나 변경시킨 자, 유언서를 위조, 변조, 파기 등을 한 자는 상속결격 사유에 해당한다.

상속인은 각자가 스스로 자신의 상속권을 포기할 수 있다(제938조, 제939조). 피상속인이 생전에 부담하던 채무의 승계를 피하기 위해 상속인은 각자의 판단으로 상속포기를 할 수 있다. 상속인 전원에 의해 적극재산의 범위가 플러스인 범위 내에서 상속재산을 승인하는 한정승인이라는 제도도 있다(제922조, 제923조). 상속개시를 안 날로부터 3개월 이내에 가정법원에 신청을 해야 된다(제915조). 이런 절차를 거치지 않으면, 단순승인한 것으로 간주되며, 상속인은 무한정으로 피상속인의 권리 의무를 계승한다(제921조, 제920조).

유언에 의한 상속분의 지정이 없는 경우에는 법률이 정하는 상속분에 따르게 된다(법정상속분). 상속분의 비율은 가족구성에 따라 다르다. 배우자와 자녀가 있을 경우 각 2분의 1이며, 배우자와 직계존속이 있을 경우 배우자 3분의 2, 직계존속 3분의 1, 배우자와 형제자매가 있을 경우, 배우자 4분의 3, 형제자매 4분의 1이 상속분이다.

상속인 중에 생전에 피상속인으로부터 증여를 받은 자가 있는 경우에는 상속개시 시점에 존재하는 재산만을 상속재산으로 한다면 상속인 간에 불공평을 야기할 것이다. 따라서 피상속인으로부터 유증을 받거나 혼인, 입양을 위해 혹은 생계의 자본으로서 증여를 받은 특별수익자가 있는 경우에는 상속개시시 재산에 증여가액을 가산하여 이를 상속재산으로 하여 법정상속분을 계산하고, 특별수익자에 대해서는 유증 또는 증여 가액과 비교하여 그 잔액을 상속분으로 한다. 공동상속인 간에 상속분의 양도는 양도에 관한 상속분에 포함되는 적극재산 및 소극재산의 가액 등을 고려하여 산정된 해당 상속분에 재산적 가치가 없는 경우를 제외하고는 민법상 증여에 해당한다고 보아야 한다(最判 2018年 (平成 30) 10月 19日 民集 72卷 5号 900頁).

최근 보통예금채권(및 통상저금채권, 정기저금채권)의 공동상속에 관해서 중요한 판례변경이 있었다(最大決 2016年(平成 28) 12月 19日 民集 70卷 8号 2121頁).[87] 사안을 간략히 보면 다음과 같다. 원고와 피고는 소외인의 상속인이고 각각의 법정상속분은 2분의 1이었다. 소외인은 부동산(약 258만엔) 외에 예금채권(약 4500만엔)을 가지고 있었고, 피고에게는 생전에 5500만엔을 증여했다. 이에 원고는 피고를 상대로 1심과 원심은 피고가 생전에 소외인으로부터 받은 증여가 특별수익에 해당하기 때문에 피고의 상속분은 제로가 된다고 하여 원고가 부동산을 취득한다고 판단하였다. 피고는 종전 판례(最判 1954年(昭和 29) 4月 8日 民集 8卷 4号 819頁, 最判 2004年(平成 16) 4月 20日 集民 214号 13頁)에 따라 가분채권은 상속개시와 동시에 각 공동상속인에게 상속분에 의거하여 분할귀속된다며 예금채권은 상속개시와 동시에 분할귀속되며 부동산만 유산분할의 대상이 된다고 주장하였다. 이에 최고재판소는 공동으로 상속한 보통예금채권 및 통상저금채권, 정기저금채권은 유산분할의 대상이 되기 때문에 상속개시와 동시에 분할되는 것은 아니라고 판시하며 종전 판례를 변경하였다.[88] 보통예금채권 및 통상저금채권에 관해서는 개별상속인의 사정이나 재산상황을 고려하는 유산분할을 통하는 것이 공동상속인간의 실질적 공평성을 도모하기 때문이고, 정기저금채권에 관해서는 상속개시와 동시에 분할된다고 해석한다면 정기저금에 관한 사무처리의 정형화, 간소화에 관한 취지와 맞지 않기 때문이라고 판시하였다. 신용금고의 정기예금 및 정기적금도 당연분할 되는 것은 아니다(最判 2017年(平成 29) 4月 6日 集民 255号 129頁).

(2) 유언, 유류분

피상속인은 유언으로 상속인의 상속분을 자유로이 지정할 수 있다(제902조 제1항). 15세 이상의 자는 의사능력이 있는 한 유언을 할 수 있다. 피상속인의 사후에는 의사를 확인할 방법이 없으므로, 민법은 유언의 방식을 엄격하게 정하고 있다. 유언의 종류는 크게 보통방식과 특별방식으로 나뉜다. 보통방식은 자필증서유언, 공정증서유언, 비밀증서유언으로 구별된다. 특별방식은 사망위급자(제976조), 전염병격리자(제977조), 재선자(在船者)(제978조), 선박조난자(제979조)의 경우이다.

민법은 유언의 자유에 일정한 한계를 설정하여 근친자에게 일정한 권리(유류분)를 인정하고 있다. 피상속인의 재산이라 하더라도 모든 재산을 피상속인의 의사만으로 처분할 수 없다. 왜냐하면 근친자도 유형 혹은 무형으로 가족재산의 형성에 기여해 왔기 때문이다. 유류분 권리자는 배우자, 자녀, 직계존속인 상속인에 한정된다. 직계존속만이 상속인일 경우에는 피상속인의 재산의 3분의 1이 유류분이다. 그 외에는 2분의 1이 유류분으로 인정된다. 유류분이 침해당했을 경우에 유류분 권리자는 유증 및 증여의 감액을 청구할 수 있다(제1031조). 유언자가 상속인이 다수임에도 불구하고 특정 상속인에게 재산을 특정 유증하는 경우에는 별도의 절차, 요건 구비 없이 "— 에게 상속시킨다(상속한다)"는 취지의 유언을 하면(유언의 형식을 갖추었다는 전제), 그 재산은 유언자의 사망시에 특정 상속인에게 승계된다(最判 1991年(平成 3)4月 19日 民集 45卷 4号 477頁). 특정물의 유증의 경우, 수유자는 유증에 의한 권리취득에 관해 대항요건을 구비하지 않으면 권리취득을 제3자에게 대항할 수 없다(最判 1964年(昭和 39) 3月 6日 民集 18卷 3号 437頁). 반면 상속시킨다는 취지의 유언으로 부동산 또는 공유지분권을 취득한 경우에는 등기 없이도 제3자에게 대항할 수 있다(最判 2002年(平成 14) 6月 10日 判時 1791号 59頁). 특정채권이 유증된 경우, 채무자에 대한 통지 또는 채무자의 승낙을 통해 수유자는 채권취득에 관해 대항할 수 있다. 이 경우 채무자에 대한 통지는 수증의무자가 이를 해야 한다(最判 1974年(昭和 49) 4月 26日 民集 28卷 3号 540頁).

일반적인 유산분할절차에 의하면 유증의무자인 상속인 전원이 공동으로 이전등기를 신청하게 되나, 상속시킨다는 취지의 유언의 경우에는 특정 상속인이 자신의 신분을 증명하는 서류(호적등본)와 유언서를 지참하면, 단독으로 등기이전신청을 할 수 있다(부동산 등기법 제63조 제2항).

여러 상속인 중 한 명에게 재산전부를 상속시킨다는 취지의 유언을 하였을 때, 해당 상속인이 상속채무를 모두 승계한다는 의사가 명확하다는 등의 특별한 사정이 없는 한 상속채무도 모두 승계한다는 의사표시로 해석해야 한다(最判 2009年(平成 21) 3月 24日 民集 63권 3号 427頁).

6. 배우자의 거주권 보호

(1) 상속법 개정 동향

1897년에 시행된 메이지 민법 친족편은 1. 총칙 뒤에 2. "호주 및 가족"이 존재하였고, 상속편은 가독상속과 유산상속으로 크게 나뉘어져 있었다. 가독(家督)이란 호주권과 재산권을 포함하는 것으로, 호주의 모든 권리의무 즉, 호주의 지위를 가리킨다. 가독상속은 호주의 교대에 따른 가산의 승계에 지나지 않고, 청산이 필요한 상속은 아니었다. 따라서 1인의 단독상속이고 원칙적으로 장남이 상속한다. 적출자(嫡出子), 남성, 연장자가 우선적으로 상속한다. 가독상속인은 제사도 승계하였다(구 제987조 계보(系譜), 제구(祭具) 및 분묘(墳墓)의 소유권은 가독상속의 특권에 속한다). 이와 같은 혈통에 의한 가산승계제도였던 가독상속제도는 천황제와의 결합, 남녀평등원칙 등에 반한다는 이유로 2차 대전 후 일본국헌법의 제정으로 폐지되었다. 그 후 일본은 고도경제성장을 거쳐 버블경제시대에 이르렀고, 국민의 가치관, 인생관 등이 변화하여 1991년부터 법제심의회에서 친족법 개정에 관한 검토를 시작했다.[89] 법제심의회는 1996년에 혼인적령에 관한 남녀 18세 통일안, 선택적 부부별성(夫婦別姓) 제도의 도입 등을 비롯한 "민법의 일부를 개정하는 법률요강안"을 확정하여 법무대신에게 답신하였으나 반대가 많아 국회에 상정되지못하였다. 한편 1962년(특별연고자에 대한 유산분할제도 신설 등), 1980년(배우자의 법정상속분 증가, 기여분제도 신설, 유류분 개정 등)에는 상속법이 일부 개정되었고, 1987년에는 특별양자 제도가 도입되는 등 개별 제도는 적

지 않은 변화가 있었다.[90]

비적출자의 상속분을 적출자의 상속분의 2분의 1로 하는 민법 규정이 위헌이라는 판례(最大決 2013年(平成 25) 9月 4日 民集 67卷 6号 1320頁)가 계기가 되어 상속법 개정에 관한 검토가 시작되었다. 판례에 의하면 자녀의 상속분은 균등해지는 반면 상대적으로 배우자의 상속분이 줄어드는 것이 아닌가라는 우려가 있었고, 생존배우자의 보호를 어떻게 할 것인지가 상속법 개정의 큰 목표 중 하나였다. 법제심의회 내에 민법(상속관계) 부회가 2015년 4월에 설치되어 2018년 1월까지 검토를 한 뒤 법무대신에게 "민법(상속관계)등 개정에 관한 요강"을 답신하였다. 이를 바탕으로 법무성은 법률안을 입안하였고, 2018년 3월 각의결정에 의거하여 제196회 국회에 제출되어 중의원 및 참의원의 법무위원회 등의 심의를 거쳐 2018년 7월에 "민법 및 가사사건절차법의 일부를 개정하는 법률"로서 성립하여 공포되었다(단계적 시행을 거쳐 2020년 4월 1일 이후 완전 시행). 주요 개정 내용은 ① 생존배우자의 거주권 보호, ② 유산분할 등에 관한 수정, ③ 유언방식 완화 및 유언증서 보관제도 신설, ④ 유류분 제도에 관한 수정, ⑤ 상속의 효력 등의 수정, ⑥ 상속인 이외의 자가 피상속인에게 개호 등의 기여를 하였을 경우의 반영제도 신설 등이다. 아래에서는 지면 관계상 이번 상속법 개정 중에서도 종래 없었던 제도를 새로 창설한 것으로 주목받았던 배우자거주권과 배우자단기거주권에 관해서만 간단히 소개하기로 한다.

(2) 배우자거주권 및 배우자단기거주권

사회의 고령화의 진전 및 평균수명의 신장에 따라 피상속인 사망 후에도 그 배우자가 장기간에 걸쳐 생활을 계속하는 경우가 늘고 있다. 따라서 살던 집에서 계속 거주하면서 저금 등을 생활자금으로 사용하고 싶다는 것이 생존배우자의 일반적인 생각이다. 배우자거주권은 생존배우자의 현실을 제도화 한 것이다.

예전에는 배우자 일방이 사망한 후에 생존배우자가 건물을 이용하려면 "이 건물은 배우자가 취득하고, 배우자 사망 후에는 자녀가 취득한다"라는 내용의 유언을 작성하는 "후계유증(後継ぎ遺贈)"이나 부담부유증 등의 법리를 이용하는 방법이 존재했었다. 그러나 후계유증은 기한부 소유권을 관념할 수 없기 때문에 당연히 인정되는 것은 아니었고, 부담부유증도 건물소유자가 제3자에게 건물을 넘기면 건물이용에 관한 채권만을 가지는 건물이용자는 대항할 수 없기 때문에 배우자의 거주보호에 문제가 있었다. 배우자거주권은 종전의 이러한 문제점을 일정 부분 해결해 주었다.

또한 배우자거주권은 피상속인 사망 이후 생존배우자의 생활자금의 지원적인 측면에서도 생존배우자에게 유리한 제도이다. 예를 들어 고인이 생존배우자와 자녀에게 2억원의 자택과 3억원의 예금을 상속한 경우, 종전 제도에 의하면 법정상속분이 각 2억 5천만원이므로 생존배우자가 자택에 계속 살 경우에는 예금을 5천만원만 받을 수 있었다. 반면 개정 상속법에 의하면 2억원의 자택의 가치를 1억원의 배우자거주권과 1억원의 부담부소유권으로 나누어, 배우자는 전자의 거주권과 1억 5천만원의 예금을 상속받고, 자녀는 후자의 소유권과 1억 5천만원의 예금을 상속받게 된다. 결과적으로 배우자는 같은 집에 거주하면서 노후에 사용가능한 예금도 많이 받게 되어 배우자의 보호가 강화되었다.

배우자거주권은 배우자가 거주하고 있던 건물의 전부 또는 일부를 무상으로 사용 및 수익할 권리이다(제1028조). 배우자거주권은 원칙적으로 종신에 걸쳐 인정되고(제1030조), 등기를 하면 제3자에 대한 대항력도 인정되기 때문에(제1031조 제2항), 상당히 강한 권리라 할 수 있다. 배우자의 사망으로 이 권리는 종료한다(제1036조에 의한 제597조 제3항 준용).

권리종료 관련하여 입법과정에서 배우자가 거주권을 행사하여 일정 기간 거주한 뒤에 요양병원 등에 입원한 경우, 배우자는 건물소유자를 상대로 배우자거주권의 매수청구권을 가지는지에 관해 논의가 있었으나, 결과적으로 인정되지 않았다.

배우자거주권은 유산분할(제1028조 제1항 제1호), 유증의 목적(동항 제2호), 공동상속인들의 합의(제1029조 제1호), 배우자의 생활을 유지하기 위해 특별히 필요한 경우(동조 제2호)에 인정된다. 배우자거주권은 양도가 불가능하며(제1032조 제2항), 거주건물의 사용 및 수익을 제3자에게 허락하는 경우에는 소유자의 승낙이 필요하다(동조 제3항). 배우자거주권을 취득한 배우자는 유산분할을 할 때에 그 권리에 상당하는 가치를 상속으로 취득한 것으로 고려된다. 이 점이 배우자단기거주권과는 다르다.

다음으로 배우자단기거주권을 보기로 한다. 배우자단기거주권은 종전에 판례로 인정되는 것을 참조하여 명문화하였다. 공동상속인 중 한 명이 피상속인의 허락을 받아 유산인 건물에 동거하고 있었던 때에는 특별한 사정이 없는 한, 피상속인과 해당상속인 간에 유산분할시를 종기로 하는 사용대차계약이 성립하였다고 추인되고, 피상속인과 동거하던 상속인이 다른 공동상속인과의 관계에서 건물을 무상으로 이용할 권리를 인정하였다(最判 1996年(平成 8) 12月 17日 民集 50卷 10号 2778頁). 다만, 이 판례는 어디까지나 당사자의 의사에 관한 합리적 해석에 의거한 것이기 때문에 피상속인이 명확히 이와는 다른 의사를 표시하는 등의 경우에는 배우자의 거주권은 단기적으로도 보호받지 못한다. 이번 상속법 개정에서는 상기 판례에서 보호받지 못하는 경우도 포함하여 피상속인의 의사 여부에 관계없이 배우자가 종전에 거주하고 있던 건물에 피상속인의 사망 후에도 계속해서 무상으로 거주할 수 있도록 할 수 있는 권리를 창설하였다.

배우자단기거주권은 거주건물의 소유권을 상속 또는 유증으로 취득한 자를 상대로 배우자가 무상으로 거주건물을 이용할 권리이다(제1037조). 사용대차와 유사한 권리의 성질을 가지는 법정채권이기 때문에 배우자거주권과는 달리 대항요건도 존재하지 않으며, 존속기간도 단기간으로 한정된다. 배우자단기거주권의 만료에 관해서는 다음 두 경우가 있다. 첫째, 배우자를 포함한 공동상속인이 거주건물에 관해 유산분할을 할 경우에는 귀속확정일 또는 상속개시일 두 개 중 나중 날짜가 배우자단기거주권의 만료일이다(제1037조 제1항 제1호). 둘째, 그 이외의 경우, 거주건물취득자가 배우자단기거주권 소멸을 신청한 날로부터 6개월을 경과하는 날이 만료일이다(동항 제2호). 배우자단기거주권이 소멸되면 배우자는 거주건물의 반환의무를 부담하고, 배우자거주권을 취득하게 될 경우에는 반환의무를 부담하지 않는다(제1040조 제1항).

　　배우자는 종전의 사용법에 따라서 선량한 관리자의 주의로서 거주건물을 사용해야 하며, 건물취득자의 승낙이 없으면 제3자에게 거주건물을 사용시킬 수 없다(제1038조 제1항, 제2항).

미주

1) [개정 전] 제478조(채권의 준점유자에 대한 변제) 채권의 준점유자에 대하여
한 변제는 그 변제를 한 자가 선의이며 과실 없었던 때에 한하여 그 효력이
있다.

2) 개정민법 제478조(수령권자로서의 외관을 가진 자에 대한 변제) 수령권자(채권
자 및 법령의 규정 또는 당사자의 의사표시에 의하여 변제를 수령할 권한을
부여받은 제3자를 말한다. 이하 같다) 이외의 자로서 거래상의 사회통념에
비추어 수령권자로서의 외관을 가진 자에 대하여 한 변제는 그 변제를 한
자가 선의이며 과실 없었던 때에 한하여 그 효력이 있다.

3) [개정 전] 제570조(매도인의 하자담보책임) 매매의 목적물에 숨겨진 하자가
있는 때에는 제566조의 규정을 준용한다. 다만, 강제경매의 경우에는 그러
하지 아니하다.

4) 개정민법 제117조(무권대리인의 책임) ① 타인의 대리인으로 계약을 한 자는
자기의 대리권을 증명한 때, 본인의 추인을 얻은 때를 제외하고 상대방의
선택에 좇아 상대방에 대하여 이행 또는 손해배상의 책임을 진다. ② 전항
의 규정은 다음의 경우에는 적용하지 아니한다. 1. 타인의 대리인으로 계약
을 한 자가 대리권 없음을 상대방이 알고 있었던 때. 2. 타인의 대리인으로
계약을 한 자가 대리권 없음을 상대방이 과실에 의하여 알지 못한 때. 다만,
타인의 대리인으로 계약을 한 자가 자기에게 대리권 없음을 알고 있었던 때
에는 그러하지 아니하다. 3. 타인의 대리인으로 계약을 한 자가 행위능력의
제한을 받고 있었던 때.

5) 개정민법 제670조(업무 결정 및 집행 방법) ① 조합의 업무는 조합원의 과반
수로 결정하고 각 조합원이 이를 집행한다. ② 조합 업무의 결정 및 집행은
조합계약이 정하는 바에 따라 1인 또는 수인의 조합원 또는 제3자에게 위임
할 수 있다. ③ 전항의 위임을 받은 자(이하 '업무집행자'라 한다)는 조합의
업무를 결정하고 이를 집행한다. 이 경우에 업무집행자가 수인인 때에는 조
합의 업무는 업무집행자의 과반수로 결정하고 각 업무집행자가 이를 집행한

다. ④ 전항의 규정에도 불구하고 조합의 업무에 대하여는 총조합원의 동의에 의하여 결정하거나 또는 총조합원이 집행하는 것을 방해하지 않는다. ⑤ 조합의 통상업무는 위 각항의 규정에도 불구하고 각 조합원 또는 각 업무집행자 단독으로 행할 수 있다. 다만, 그 완료 전에 다른 조합원 또는 업무집행자가 이의를 말한 때에는 그러하지 아니하다.

6) 개정민법 제521조(계약의 체결 및 내용의 자유) ① 누구든지 법령에 특별한 정함이 있는 경우를 제외하고 계약을 할 것인지의 여부를 자유롭게 결정할 수 있다. ② 계약의 당사자는 법령의 제한 내에서 계약의 내용을 자유롭게 결정할 수 있다.

7) 개정민법 제522조(계약의 성립과 방식) ① 계약은 계약의 내용을 제시하여 그 체결을 제의하는 의사표시(이하 '청약'이라 한다)에 대하여 상대방이 승낙을 한 때에 성립한다. ② 계약의 성립에는 법령에 특별한 정함이 있는 경우를 제외하고 서면의 작성 그 밖의 방식을 구비할 것을 요하지 아니한다.

8) 개정민법 제3조의2(의사능력) 법률행위의 당사자가 의사표시를 한 때에 의사능력이 없었던 때에는 그 법률행위는 무효로 한다.

9) 개정민법 제107조(대리권의 남용) 대리인이 자기 또는 제3자의 이익을 도모할 목적으로 대리권 범위 내의 행위를 한 경우에 상대방이 그 목적을 알았거나 알 수 있었을 때에는 그 행위는 대리권 없는 자가 한 행위로 본다.

10) 개정민법 제423조(채권자대위권의 요건) ① 채권자는 자기의 채권을 보전하기 위하여 필요한 때에는 채무자에게 속하는 권리(이하 '피대위권리'라 한다)를 행사할 수 있다. 다만, 채무자의 일신에 전속하는 권리 및 압류할 수 없는 권리는 그러하지 아니하다. ② 채권자는 그 채권의 기한이 도래하지 아니한 동안에는 피대위권리를 행사할 수 없다. 다만 보존행위는 그러하지 아니하다. ③ 채권자는 그 채권이 강제집행에 의하여 실현할 수 없는 것인 때에는 피대위권리를 행사할 수 없다.

11) 개정민법 제423조의7(등기 또는 등록의 청구권을 보전하기 위한 채권자대위권) 등기 또는 등록을 하지 않으면 권리의 득실 및 변경을 제3자에 대항할 수 없는 재산을 양수한 자는, 그 양도인이 제3자에 대하여 가지는 등기절차 또는 등록절차를 할 것을 청구하는 권리를 행사하지 아니하는 때에는, 그 권리를 행사할 수 있다. 이 경우에는 전3조의 규정을 준용한다.

12) 개정민법 제605조의4(부동산의 임차인에 의한 방해의 정지 청구 등) 부동산의

임차인은 제605조의2 제1항에서 규정하는 대항요건을 갖춘 경우에 다음 각호의 사유가 발생한 때에는 각각 당해 각호에서 정하는 청구를 할 수 있다. 1. 그 부동산의 점유를 제3자가 방해하고 있는 때: 그 제3자에 대한 방해의 정지 청구 2. 그 부동산을 제3자가 점유하고 있는 때: 그 제3자에 대한 반환의 청구

13) 개정민법 제621조(임차인의 원상회복의무) 임차인은 임차물을 수취한 후에 이것에 발생한 손상(통상의 사용 및 수익에 의하여 발생한 임차물의 손모(損耗) 및 시간 경과에 의한 변화를 제외한다. 이하 본조에 있어서 같다)이 있는 경우에 임대차가 종료한 때에는 그 손상을 원상으로 회복할 의무를 진다. 다만, 그 손상이 임차인의 책임에 돌아갈 수 없는 사유에 의한 것인 때에는 그러하지 아니하다.

14) 개정민법 제622조의2(보증금(敷金)) ① 임대인은 보증금(敷金. 어떠한 명목에 의하는지를 묻지 않고 차임채무 그 밖의 임대차에 기하여 발생하는 임차인의 임대인에 대한 금전의 급부를 목적으로 하는 채무를 담보할 목적으로 임차인이 임대인에게 교부하는 금전을 말한다. 이하 본조에서 같다)을 수취하고 있는 경우에 다음에 열거하는 때에는 임차인에 대하여 그 수취한 보증금의 액으로부터 임대차에 기하여 발생한 임차인의 임대인에 대한 금전 급부를 목적으로 하는 채무액을 공제한 잔액을 반환하여야 한다. 1. 임대차가 종료하고 또한 임대물의 반환을 받은 때. 2. 임차인이 적법하게 임차권을 양도한 때. ② 임대인은 임차인이 임대차에 기하여 발생한 금전 급부를 목적으로 하는 채무를 이행하지 아니한 때에는 보증금을 그 채무의 변제에 충당할 수 있다. 이 경우에 임차인은 임대인에 대해서 보증금을 그 채무의 변제에 충당할 것을 청구할 수 없다.

15) 위에서 부금(敷金, 시키킹)은 '보증금'으로 번역하였는데. 간단하게 부연설명을 하면 다음과 같다. 일본에서 부동산의 임대차 계약 체결 시에 임차인이 임대인에게 임료(차임) 이외의 명목으로 금전이 교부되는 경우가 있다. 부금(시키킹), 보증금, 권리금, 예금(레이킹) 등이다. 원래 관습에 의한 것인데 명칭이나 내용이 시대나 지역에 따라 다양하다. 통설에 의하면, 부금(시키킹)은 부금계약에 기하여 임차인이 져야할 채무의 담보로 임대인에게 교부되는 금전이다. 부금의 수수는 주로 건물 임대차에서 예전부터 행해져왔는데, 현재는 토지 임대차에서도 볼 수 있다. 그 액은 임료 1개월분 내지 6

개월분인 경우가 많다. 부금은 임대차계약 체결 시에 교부되는 임료 이외의 금전으로 가장 일반적인 것으로 메이지민법 제정 당초부터 언급되고 있었다(제316조, 제619조 2항). 2020년부터 시행되고 있는 개정민법은 종래 판례, 학설에 의해서 형성되어온 개념을 명문으로 정의한 것이다. 우리의 경우와 비교하면, 보증금의 액수에서 차이가 있다고 할 것이다. 즉 한국에서는 최근 월세(차임)가 늘어나고 있지만, 이른바 전세금으로 불리는 보증금의 액수가 부동산 가액의 50퍼센트 이상을 차지하는 경우가 상당히 많다. 이러한 경우 보증금은 임차인이 져야할 채무의 담보라는 측면도 있지만, 고액의 보증금의 이자수익이 월 차임을 갈음하는 것이라는 점에서 일본의 경우와 다르다. 우리의 경우에는 민사특별법인 주택임대차보호법이나 상가임대차보호법에서는 이 보증금(이른바 채권적 전세의 전세금)의 반환에 관하여 매우 두터운 보호책을 두고 있다는 점도 특징적이다.

16) 개정민법 제589조(이자) ① 대주는 특약이 없으면 차주에게 이자를 청구할 수 없다. ② 전항의 특약이 있는 때에는 대주는 차주가 금전 그 밖의 물건을 수취한 날 이후의 이자를 청구할 수 있다.

17) 개정민법 제587조의2(서면으로 하는 소비대차 등) ① 전조의 규정에도 불구하고 서면으로 하는 소비대차는 당사자 일방이 금전 그 밖의 물건을 인도할 것을 약정하고 상대방이 그 수취한 물건과 종류, 품질 및 수량이 같은 물건으로 반환할 것을 약정함에 의하여 효력이 생긴다. ② 서면으로 하는 소비대차의 차주는 대주로부터 금전 그 밖의 물건을 수취할 때까지 계약을 해제할 수 있다. 이 경우에 대주는 그 계약의 해제에 의하여 손해를 받은 때에는 차주에 대하여 그 배상을 청구할 수 있다. ③ 서면으로 하는 소비대차는 차주가 대주로부터 금전 그 밖의 물건을 수취하기 전에 당사자의 일방이 파산절차개시의 결정을 받은 때에는 그 효력을 잃는다. ④ 소비대차가 그 내용을 기록한 전자적 기록에 의하여 이루어진 때에는 그 소비대차는 서면에 의한 것으로 보아 전3항의 규정을 적용한다.

18) 개정민법 제511조(압류를 받은 채권을 수동채권으로 하는 상계의 금지) ① 압류를 받은 채권의 제3채무자는 압류 후에 취득한 채권에 의한 상계로 압류채권자에게 대항할 수 없지만, 압류 전에 취득한 채권에 의한 상계로써 대항할 수 있다. ② 전항의 규정에도 불구하고 압류 후에 취득한 채권이 압류 전의 원인에 기하여 발생한 것인 때에는 그 제3채무자는 그 채권에 의한 상

계로 압류채권자에게 대항할 수 있다. 다만, 제3채무자가 압류 후에 타인의 채권을 취득한 때에는 그러하지 아니하다.

19) [개정 전] 제413조(수령지체) 채권자가 채무이행을 받는 것을 거부하거나 또는 받을 수 없는 경우에는 그 채권자는 이행의 제공이 있는 때부터 지체의 책임을 진다.

20) 개정민법 제413조(수령지체) ① 채권자가 채무이행을 받는 것을 거부하거나 받을 수 없는 경우에 그 채무의 목적이 특정물의 인도인 때에는 채무자는 이행의 제공을 한 때부터 그 인도를 할 때까지 자기의 재산에 대한 것과 동일한 주의로써 그 물건을 보존하면 충분하다. ② 채권자가 채무의 이행을 받는 것을 거절하거나 받을 수 없음으로 인하여 그 이행의 비용이 증가한 때에는 그 증가액은 채권자의 부담으로 한다.

21) 개정민법 413조의2(이행지체 중 또는 수령지체 중의 이행불능과 귀책사유) ① 채무자가 그 채무에 대하여 지체의 책임을 지고 있는 동안에 당사자쌍방의 책임으로 돌릴 수 없는 사유로 그 채무의 이행이 불능이 된 때에는, 그 이행불능은 채무자의 책임으로 돌려야 할 사유에 의한 것으로 본다. ② 채권자가 채무이행을 받는 것을 거부하거나 받을 수 없는 경우에 이행의 제공이 있은 때 이후에 당사자쌍방의 책임으로 돌릴 수 없는 사유로 그 채무의 이행이 불능이 된 때에는 그 이행불능은 채권자의 책임으로 돌려야 할 사유에 의한 것으로 본다.

22) 개정민법 제536조(채무자의 위험부담 등) ① 당사자 쌍방의 책임으로 돌릴 수 없는 사유로 인하여 채무를 이행할 수 없게 된 때에는 채권자는 반대급부의 이행을 거절할 수 있다. ② 채권자의 책임으로 돌려야 할 사유로 인하여 채무를 이행할 수 없게 된 때에는 채권자는 반대급부의 이행을 거절할 수 없다. 이 경우에 채무자는 자기의 채무를 면함으로써 이익을 얻은 때에는 이를 채권자에게 상환하여야 한다.

23) 개정민법 제567조(목적물의 멸실 등에 대한 위험의 이전) ① 매도인이 매수인에게 목적물(매매의 목적으로서 특정한 것에 한한다. 이하 본조에 있어서 같다)을 인도한 경우에 그 인도 시 이후에 그 목적물이 당사자 쌍방의 책임으로 돌릴 수 없는 사유에 의하여 멸실 또는 손상된 때에는 매수인은 그 멸실 또는 손상을 이유로 이행의 추완 청구, 대금의 감액 청구, 손해배상 청구 및 계약 해제를 할 수 없다. 이 경우에 매수인은 대금의 지급을 거절할 수

없다. ② 매도인이 계약의 내용에 적합한 목적물로써 그 인도 채무의 이행을 제공했음에도 불구하고 매수인이 그 이행의 수령을 거절하거나 또는 수령할 수 없는 경우에, 그 이행의 제공이 있은 때 이후에 당사자 쌍방의 책임으로 돌릴 수 없는 사유에 의하여 그 목적물이 멸실 또는 손상된 때에도 전항과 같다.

24) 개정민법 제108조(자기계약 및 쌍방대리 등) ① 동일한 법률행위에 관하여 상대방의 대리인으로서 또는 당사자 쌍방의 대리인으로서 한 행위는 대리권 없는 자가 한 행위로 본다. 다만, 채무의 이행 및 본인이 미리 허락한 행위에 관하여는 그러하지 아니하다. ② 전항 본문에서 규정하는 것 외에 대리인과 본인의 이익이 상반하는 행위에 관하여는 대리권 없는 자가 한 행위로 본다. 다만, 본인이 미리 허락한 행위에 관하여는 그러하지 아니하다.

25) [개정 전] 제95조(착오) 의사표시는 법률행위의 요소에 착오가 있는 때에는 무효로 한다. 다만, 표의자에게 중대한 과실이 있은 때에는 표의자는 스스로 그 무효를 주장할 수 없다.

26) 개정민법 제95조(착오) ① 의사표시는 다음의 착오에 기한 것으로 그 착오가 법률행위의 목적 및 거래상의 사회통념에 비추어 중요한 것인 때에는 취소할 수 있다. 1. 의사표시에 대응하는 의사가 없는 착오 2. 표의자가 법률행위의 기초로 삼은 사정에 대한 인식이 진실에 반하는 착오 ② 전항 제2호의 규정에 의한 의사표시의 취소는 그 사정이 법률행위의 기초로 되어 있음이 표시되어 있던 때에 한하여 할 수 있다. ③ 착오가 표의자의 중대한 과실로 인한 것이었던 경우에는 다음에 드는 경우를 제외하고 제1항 규정에 의한 의사표시의 취소를 할 수 없다. 1. 상대방이 표의자에게 착오가 있음을 알았거나 중대한 과실로 알지 못한 때. 2. 상대방이 표의자와 동일한 착오에 빠져 있던 때. ④ 제1항의 규정에 의한 의사표시의 취소는 선의이고 과실 없는 제3자에게 대항할 수 없다.

27) [개정 전] 제635조 일의 목적물에 하자가 있고 그로 인하여 계약의 목적을 달성할 수 없는 때에는 도급인은 계약의 해제를 할 수 있다. 다만, 건물 그 밖의 토지의 공작물에 대해서는 그러하지 아니하다.

28) 개정민법 제404조(법정이율) ① 이자가 발생하는 채권에 대하여 다른 의사표시가 없는 때에는 그 이율은 그 이자가 발생한 최초의 시점의 법정이율에 의한다. ② 법정이율은 연 3%로 한다. ③ 전항의 규정에도 불구하고 법정이

율은 법무성령으로 정하는 바에 의하여 3년을 일기(一期)로 하여 일기(一期)마다, 다음 항의 규정에 따라 변동하는 것으로 한다. ④ 각기(各期)의 법정이율은 본항의 규정에 따라 법정이율에 변경이 있은 기(期) 중 직근의 것(이하 이 항에서 '직근변동기'라 한다)의 기준비율과 당기의 기준비율과의 차이에 상당하는 비율(그 비율에 1% 미만의 소수점이 있는 때에는 이를 버린다)을 직근변동기의 법정이율에 가산하거나 감산한 비율로 한다. ⑤ 전항에서 규정하는 '기준비율'이란 법무성령에서 정하는 바에 의하여 각기(各期)의 초일이 속하는 해의 6년 전 년도의 1월부터 전전년의 12월까지의 각월에 있어서의 단기대부의 평균이율(당해 각월에 있어서 은행이 새로이 행한 대부(대부기간이 1년 미만의 것에 한한다)에 관한 이율의 평균을 말한다)의 합계를 60으로 나누어 계산한 비율(그 비율에 0.1% 미만의 소수점이 있는 때에는 이를 버린다)로서 법무대신이 고시하는 것을 말한다.

29) 개정민법 제166조(채권 등의 소멸시효) ① 채권은 다음에 드는 경우에는 시효에 의해 소멸한다. 1. 채권자가 권리를 행사할 수 있음을 안 때로부터 5년간 행사하지 아니한 때. 2. 권리를 행사할 수 있는 때로부터 10년간 행사하지 아니한 때. ② 채권 또는 소유권 이외의 재산권은 권리를 행사할 수 있는 때로부터 20년간 행사하지 아니한 때에는 시효에 의해 소멸한다. ③ 전2항의 규정은 시기부 권리 또는 정지조건부 권리의 목적물을 점유하는 제3자를 위하여 그 점유의 개시 시부터 취득시효가 진행하는 것을 방해하지 아니한다. 다만, 권리자는 그 시효를 갱신하기 위하여 언제나 점유자의 승인을 구할 수 있다.

30) 개정민법 제466조의6(장래채권의 양도성) ① 채권의 양도는 그 의사표시의 때에 채권이 현실로 발생하여 있을 것을 요하지 아니한다. ② 채권이 양도된 경우에 그 의사표시의 때에 채권이 현실로 발생하여 있지 않은 때에는 양수인은 발생한 채권을 당연히 취득한다. ③ 전항에서 규정하는 경우에 양도인이 다음 조의 규정에 의한 통지를 하거나 또는 채무자가 동조의 규정에 의한 승낙을 한 때(이하 '대항요건 구비시'라 한다)까지 양도제한의 의사표시가 있는 때에는 양수인 그 밖의 제3자가 그것을 알고 있었던 것으로 보아 제466조 제3항(양도제한의 의사표시가 있는 채권이 예금저금채권인 경우에 있어서는 전조 제1항)의 규정을 적용한다.

31) '임치'는 우리민법의 용어로 번역한 것이다. 일본민법에서는 '寄託'이라고 한다.

32) 개정민법 제666조(소비임치) ① 수치인이 계약에 의하여 임치물을 소비할 수 있는 경우에는 수치인은 임치된 물건과 종류, 품질 및 수량이 같은 물건으로 반환하여야 한다. ② 제590조 및 제592조의 규정은 전항에서 규정하는 경우에 준용한다. ③ 제591조 제2항 및 제3항의 규정은 예금 또는 저금에 관한 계약에 의하여 금전을 임치한 경우에 준용한다.

33) 일본의 개정민법에 관한 상세한 내용은 개별 논문을 참조.

34) [개정 전] 제415조(채무불이행으로 인한 손해배상) 채무자가 채무의 본지에 좇은 이행을 하지 아니한 때에는 채권자는 이로 인하여 생긴 손해의 배상을 청구할 수 있다. 채무자의 책임으로 돌려야 할 사유로 인하여 이행할 수 없게 된 때에도 같다.

35) 개정민법 제415조(채무불이행으로 인한 손해배상) ① 채무자가 채무의 본지에 좇은 이행을 하지 아니한 때 또는 채무의 이행이 불능인 때에는 채권자는 이로 인하여 생긴 손해의 배상을 청구할 수 있다. 다만, 그 채무의 불이행이 계약 그 밖의 채무의 발생원인 및 거래상의 사회통념에 비추어 채무자의 책임으로 돌릴 수 없는 사유로 인한 것일 때에는 그러하지 아니하다. ② 전항의 규정에 의하여 손해배상의 청구를 할 수 있는 경우에 채권자는 다음 각호의 때에는 채무의 이행에 갈음하는 손해배상의 청구를 할 수 있다. 1. 채무의 이행이 불능일 때. 2. 채무자가 그 채무의 이행을 거절하는 의사를 명확하게 표시한 때. 3. 채무가 계약에 의해 발생한 경우에 그 계약이 해제되거나 또는 채무의 불이행에 의한 계약의 해제권이 발생한 때.

36) [개정 전] 제543조(이행불능으로 인한 해제권) 이행의 전부 또는 일부가 불능이 된 때에는 채권자는 계약을 해제할 수 있다. 다만, 그 채무의 불이행이 채무자의 책임으로 돌릴 수 없는 사유로 인한 것인 때에는 그러하지 아니하다.

37) 개정민법 제541조(최고에 의한 해제) 당사자 일방이 그 채무를 이행하지 아니하는 경우에 상대방이 상당한 기간을 정하여 그 이행을 최고하고, 그 기간 안에 이행이 없는 때에는 상대방은 계약을 해제할 수 있다. 다만, 그 기간을 경과한 때에 있어서의 채무의 불이행이 그 계약 및 거래상의 사회통념에 비추어 경미한 때에는 그러하지 아니하다.

38) 개정민법 제542조(최고에 의하지 않는 해제) ① 다음의 경우에는 채권자는 전조의 최고를 하지 않고 즉시 계약을 해제할 수 있다. 1. 채무 전부의 이행이 불능인 때. 2. 채무자가 그 채무 전부의 이행을 거절하는 의사를 명확하게

표시한 때. 3. 채무 일부의 이행이 불능인 경우 또는 채무자가 그 채무 일부의 이행을 거절하는 의사를 명확하게 표시한 경우에 잔존하는 부분만으로는 계약을 한 목적을 달성할 수 없는 때. 4. 계약의 성질 또는 당사자의 의사표시에 의하여 특정한 일시 또는 일정한 기간 안에 이행하지 아니하면 계약을 한 목적을 달성할 수 없는 경우에 채무자가 이행을 하지 아니하고 그 시기를 경과한 때. 5. 위 각호에 드는 경우 외에 채무자가 그 채무의 이행을 하지 않고 채권자가 전조의 최고를 하여도 계약을 한 목적을 달성하기에 족한 이행이 될 가능성이 없음이 분명한 때. ② 다음에 드는 경우에는 채권자는 전조의 최고를 하지 아니하고 즉시 계약 일부를 해제할 수 있다. 1. 채무 일부의 이행이 불능인 때. 2. 채무자가 그 채무 일부의 이행을 거절하는 의사를 명확하게 표시한 때.

39) 개정민법 제412조의2(이행불능) ① 채무의 이행이 계약 그 밖의 채무 발생원인 및 거래상의 사회통념에 비추어 불능인 경우에는 채권자는 그 채무의 이행을 청구할 수 없다. ② 계약에 기한 채무의 이행이 그 계약의 성립 시에 불능이었음은 제415조의 규정에 의하여 그 이행의 불능으로 발생한 손해의 배상을 청구하는 것을 방해하지 아니한다. 〈본조 신설〉

40) [개정 전] 제570조(매도인의 하자담보책임) 매매의 목적물에 숨겨진 하자가 있는 때에는 제566조의 규정을 준용한다. 다만, 강제경매의 경우에는 그러하지 아니하다.

41) 개정민법 제562조(매수인의 추완청구권) ① 인도된 목적물이 종류, 품질 또는 수량에 관하여 계약의 내용에 적합하지 않은 때에는, 매수인은 매도인에 대해서 목적물의 보수(補修), 대체물의 인도 또는 부족분의 인도에 의한 이행의 추완을 청구할 수 있다. 다만, 매도인은 매수인에게 상당하지 않은 부담을 지우는 것이 아닌 한 매수인이 청구한 방법과 다른 방법에 의한 이행의 추완을 할 수 있다. ② 전항의 부적합이 매수인의 책임으로 돌려야 할 사유에 의한 것인 때에는 매수인은 동항의 규정에 의한 이행의 추완의 청구를 할 수 없다.

42) 개정민법 제563조(매수인의 대금감액청구권) ① 전조 제1항 본문에서 규정하는 경우에 매수인이 상당한 기간을 정하여 이행의 추완의 최고를 하고 그 기간 안에 이행의 추완이 없은 때에는 매수인은 그 부적합의 정도에 따라 대금의 감액을 청구할 수 있다. ② 전항의 규정에도 불구하고 다음의 경우

에는 매수인은 동항의 최고를 하지 않고 바로 대금의 감액을 청구할 수 있다. 1. 이행의 추완이 불능인 때. 2. 매도인이 이행의 추완을 거절하는 의사를 명확하게 표시한 때. 3. 계약의 성질 또는 당사자의 의사표시에 의하여 특정 일시 또는 일정 기간 내에 이행을 하지 않으면 계약을 한 목적을 달성할 수 없는 경우에 매도인이 이행을 하지 않고 그 시기를 경과한 때. 4. 전3호의 경우 외에 매수인이 전항의 최고를 하여도 이행의 추완을 받을 가능성이 없음이 명백한 때. ③ 제1항의 부적합이 매수인의 책임으로 돌려야 할 사유에 의한 것인 때에는 매수인은 전2항의 규정에 의한 대금의 감액을 청구할 수 없다.

43) 개정민법 제564조(매수인의 손해배상청구 및 해제권의 행사) 전2조의 규정은 제415조의 규정에 의한 손해배상의 청구, 제541조 및 제542조의 규정에 의한 해제권의 행사를 방해하지 않는다.

44) 개정민법 제566조(목적물의 종류 또는 품질에 관한 담보책임 기간의 제한) 매도인이 종류 또는 품질에 관하여 계약의 내용에 적합하지 않은 목적물을 매수인에게 인도한 경우에 매수인이 그 부적합을 안 때로부터 1년 이내에 그 취지를 매도인에게 통지하지 않은 때에는 매수인은 그 부적합을 이유로 이행의 추완의 청구, 대금의 감액의 청구, 손해배상의 청구 및 계약의 해제를 할 수 없다. 다만, 매도인이 인도 시에 그 부적합을 알았거나 또는 중대한 과실로 알지 못했을 때에는 그러하지 아니하다.

45) 이와 관련해서는 우리나라의 경우에는 다수결에 의하여 다수표를 얻은 안이 최종안이 되는 것과 비교되는 점에서 흥미로운 차이점을 발견할 수 있다.

46) 제176조(물권의 설정 및 이전) 물권의 설정 및 이전은 당사자의 의사표시만에 의하여 그 효력을 발생한다.

47) 제177조(부동산에 관한 물권변동의 대항 요건) 부동산에 관한 물권의 득실 및 변경은 부동산등기법(2004년 법률제123호)과 그 밖의 등기에 관한 법률이 정하는 바에 따라 등기하지 아니하면 제3자에게 대항할 수 없다.

48) '버블경제'란 경제의 실체보다도 높은 자산평가가 행해지는 것이다. '버블'이라는 단어 자체는 18세기 영국의 South Sea Bubble 사건에서 유래된 표현으로, 일본에서는 1980년 이전에는 경제사의 전문가 정도밖에 알지 못했던 단어였는데, 1980년대 후반부터 약 5년간의 주가·지가 급상승을 동반한 호경기를 가리켜 이 단어가 사용되게 되었다. 구체적으로 지표를 확인해 보

면, 주가는 1985년에 13,113엔에서 1989년에는 38,915엔까지 급등했는데, 1992년에는 2만엔을 밑돌았다. 이러한 경기후퇴를 '버블경제 붕괴'라고 부른다. 이후 1990년대를 거치면서 일본경제는 침체하게 된다.

49) 최근 우리나라에서 이루어진 임대차법 개정에 따른 갱신청구권 신설과 비교해보면, 흥미로운 한일 양국의 차이를 알 수 있다.

50) 권철, "일본의 새로운 비영리법인제도에 관한 소고", 비교사법 14권 4호, 2007

51) 最高裁判所 判決 平成 18年(2006) 3月 17日 民集 60卷 3号 773頁.

52) 우리나라의 종중 여성구성원에 관한 2005년 7월 21일 대법원 전원합의체 판결과 비교하면 흥미롭다. 일본판결에서는 지연단체가 우리나라에서는 혈연단체가 문제가 된 점을 비롯하여 법리구성에도 주목할 만한 차이점이 존재하지만, 우리 대법원 전원합의체 판결의 소수의견까지 참조하면 문제의 공통점도 발견할 수 있다. 이 문제에 대해서는 大村敦志·權澈 『日韓比較民法序說』(有斐閣, 2010) 48면 이하를 참조.

53) 最高裁判所 判決 平成 14年(2002) 4月 25日 判例時報 1785-31.

54) 最高裁判所 判決 平成 8年(1996) 3月 19日 民集 50卷 3号 615頁.

55) 最高裁判所 判決 平成 11年(1999) 2月 23日 民集 53卷 2号 193頁; 最高裁判所 判決 平成 16年(2004) 11月 5日 民集 58卷 8号 1997頁.

56) 제709조(불법행위에 의한 손해배상) 고의 또는 과실로 인하여 타인의 권리 또는 법률상 보호되는 이익을 침해한 자는 이로 인하여 생긴 손해를 배상할 책임을 진다.

57) 이러한 문제를 이론적인 관점에서 다루는 것으로 奧田昌道編 『取引関係における違法行為とその法的処理(ジュリスト合本, 1996)이 있다. 그 후의 「特集·取引関係における不法行為法の役割」 ジュリスト1154号(1999)도 참조.

58) 大村敦志 『民法総論』(2001), 『新基本民法·不法行為編·第2版』(2020) 참조.

59) 平井宜雄 『債権各論 II·不法行為』(弘文堂, 1992) 7면 이하.

60) 제712조(책임능력) 미성년자는 타인에게 손해를 가한 경우에 자기 행위의 책임을 변식하기에 충분한 지능을 갖추지 못한 때에는 그 행위에 대하여 배상책임을 지지 아니한다. 제713조 정신상의 장애로 인하여 자기 행위의 책임을 변식할 능력이 없는 상태에 있는 동안에 타인에게 손해를 가한 자는 그 배상의 책임을 지지 아니한다. 다만, 고의 또는 과실로 인하여 일시적으

로 그 상태를 초래한 때에는 그러하지 아니하다.

61) 제720조(정당방위 및 긴급피난) ① 타인의 불법행위에 대하여 자기 또는 제3자의 권리 또는 법률상 보호되는 이익을 방위하기 위하여 부득이 가해행위를 한 자는 손해배상의 책임을 지지 아니한다. 다만, 피해자로부터 불법행위를 한 자에 대한 손해배상의 청구를 방해하지 아니한다. ② 전항의 규정은 타인의 물건에서 생긴 급박한 위난을 피하기 위하여 그 물건을 손상한 경우에 준용한다.

62) 제710조(재산 이외의 손해배상) 타인의 신체, 자유나 명예를 침해한 경우 또는 타인의 재산권을 침해한 경우의 어느 쪽인가를 불문하고 전조의 규정에 의하여 손해배상의 책임을 지는 자는 재산 이외의 손해에 대해서도 그 배상을 하여야 한다.
제711조(근친자에 대한 손해배상) 타인의 생명을 침해한 자는 피해자의 부모, 배우자 및 자에 대해서는 재산권이 침해되지 아니한 경우에도 손해의 배상을 하여야 한다.

63) 제722조(손해배상의 방법, 중간이자 공제 및 과실상계) ① 제417조 및 제417조의2의 규정은 불법행위로 인한 손해배상에 대하여 준용한다.
제417조(손해배상의 방법) 손해배상은 다른 의사표시가 없는 때에는 금전으로 그 금액을 정한다.

64) 제723조(명예훼손에 있어서 원상회복) 타인의 명예를 훼손한 자에 대해서는 법원은 피해자의 청구에 의하여 손해배상에 갈음하거나 손해배상과 함께 명예를 회복하는 데에 적당한 처분을 명할 수 있다.

65) 제724조(불법행위로 인한 손해배상청구권의 소멸시효) 불법행위로 인한 손해배상청구권은 다음의 경우에는 시효로 인하여 소멸한다. 1. 피해자 또는 그 법정대리인이 손해 및 가해자를 안 때로부터 3년간 행사하지 않은 때. 2. 불법행위 시부터 20년간 행사하지 않은 때.

66) 제719조(공동불법행위자의 책임) ① 수인이 공동의 불법행위로 타인에게 손해를 가한 때에는 각자가 연대하여 그 손해를 배상할 책임을 진다. 공동행위자 중 어느 자가 손해를 가한 것인지를 알 수 없는 때에도 같다. ② 행위자를 교사한 자 및 방조한 자는 공동행위자로 보아 전항의 규정을 적용한다.

67) 제722조(손해배상의 방법, 중간이자 공제 및 과실상계) ② 피해자에게 과실이 있는 때에는 법원은 이를 고려하여 손해배상액을 정할 수 있다.

68) 제715조(사용자 등의 책임) ① 어느 사업을 위하여 타인을 사용하는 자는 피용자가 그 사업집행에 관하여 제3자에게 가한 손해를 배상할 책임을 진다. 다만, 사용자가 피용자의 선임 및 그 사업의 감독에 상당한 주의를 한 때 또는 상당한 주의를 하여도 손해가 발생하였을 때에는 그러하지 아니하다. ② 사용자에 갈음하여 사업을 감독하는 자도 전항의 책임을 진다. ③ 전2항의 규정은 사용자 또는 감독자의 피용자에 대한 구상권의 행사를 방해하지 아니한다.

69) 제714조(책임무능력자의 감독의무자 등의 책임) ① 전2조의 규정에 의하여 책임무능력자가 그의 책임을 지지 않는 경우에 그 책임무능력자를 감독할 법정의무를 지는 자는 그 책임무능력자가 제3자에게 가한 손해를 배상할 책임을 진다. 다만, 감독의무자가 그 의무를 게을리 하지 아니한 때 또는 그 의무를 게을리 하지 아니하여도 손해가 발생하였을 것인 때에는 그러하지 아니하다. ② 감독의무자에 갈음하여 책임무능력자를 감독하는 자도 전항의 책임을 진다.

70) 제716조(도급인의 책임) 도급인은 수급인이 그 일에 관하여 제3자에게 가한 손해를 배상할 책임을 지지 아니한다. 다만, 도급 또는 지시에 대하여 도급인에게 과실이 있는 때에는 그러하지 아니하다.

71) 제717조(토지의 공작물 등의 점유자 및 소유자의 책임) ① 토지의 공작물의 설치 또는 보존의 하자로 인하여 타인에게 손해를 발생시킨 때에는 그 공작물의 점유자는 피해자에 대하여 그 손해를 배상할 책임을 진다. 다만, 점유자가 손해의 발생을 방지하는 데 필요한 주의를 한 때에는 소유자가 그 손해를 배상하여야 한다. ② 전항의 규정은 죽목의 재식(栽植) 또는 지지(支持)에 하자가 있는 경우에 준용한다. ③ 전2항의 경우에 손해의 원인에 대하여 달리 그 책임을 부담할 자가 있는 때에는 점유자 또는 소유자는 그 자에 대하여 구상권을 행사할 수 있다.

72) 제718조(동물의 점유자 등의 책임) ① 동물의 점유자는 그 동물이 타인에게 가한 손해를 배상할 책임을 진다. 다만, 동물의 종류와 성질에 따라 상당한 주의로 그 관리를 한 때에는 그러하지 아니하다. ② 점유자에 갈음하여 동물을 보관하는 자도 전항의 책임을 진다.

73) 모델 소설로 사회적으로 화재를 불러일으키고 최고재판소 판결까지 내려진 예로 재일교포 작가 유미리의 소설 『石に泳ぐ魚』에 관한 사건이 있다.

74) 이하에서는 특별한 언급이 없는 한 괄호 내 조문은 모두 일본 민법을 가리킨다. 또한 일본 민법을 "일민", 한국 민법을 "한민"이라 약칭한다. 혼인연령은 남자 18세, 여자 16세 이상이었으나, 2018년 성인연령 관련 민법개정으로 18세로 통일되었다.

75) 부인이 있는 남성과 동거한 여성은 고의 또는 과실이 있는 한 부인에 대하여 불법행위를 구성하고, 정신상의 고통을 위자할 의무가 있다(대법원 1981.7.28. 선고 80다1295 판결).

76) 한국도 이 경우 불법행위책임을 부담하지 않는다(대법원 2014.11.20. 선고 2011므2997 전원합의체 판결).

77) 이에 관해서 자세히는 穗積重遠『離縁状と縁切寺』(1942), 高木侃『読みなおす日本史 三くだり半と縁切り寺 江戸の離婚を読みなおす』(2014) 참조.

78) 한국에서는 유책배우자에 의한 이혼청구는 원칙적으로 금지되고 상대방에게 이혼 의사가 있다고 판단될 수 있는 객관적이고 명백한 특별한 사정이 있는 경우에는 예외적으로 허용될 수 있다(대법원 1987.4.14. 선고 86므28 판결 등). 최근 전원합의체 판결은 예외의 허용기준을 구체적으로 제시한 바 있다(대법원 2015.9.15. 선고 2013므568 전원합의체 판결).

79) 한국에서는 2005년 3월 31일 민법개정으로 민법 구 811조(재혼금지기간)를 삭제하였다.

80) 한국은 남편 뿐 아니라 부인도 남편 또는 자녀를 상대로 친생부인의 소를 제기할 수도 있고, 사유있음을 안 날로부터 2년 내에 소를 제기해야 한다는 점에서 요건이 다르다(한민 847조 1항).

81) 일민 786조(인지에 대한 반대의 사실의 주장) 자녀 그 외의 이해관계인은 인지에 관하여 반대의 사실을 주장할 수 있다.

82) 일본의 "보통양자"와 "특별양자"는 한국에서의 "일반양자"와 "친양자"에 각각 대응한다.

83) 大村敦志「婚姻の成立」道垣内弘人=大村敦志『民法解釈ゼミナール親族・相続』(1999) 5頁 참조.

84) 한국은 2012년 12월에 협약에 가입하였고, 협약은 2013.3.1. 발효되었다.

85) 메이지 민법 961조는 "부양의무자는 그 선택에 따라 부양권리자를 인수하여 이를 부양하거나 이를 인수하지 않고 생활의 비용(資料)을 급부할 필요가 있다"고 규정하였다.

86) 임의후견계약제도는 "임의후견계약법"이라는 특별법에서 규정하였다(한국은 민법 959조의 14이하에 규정). 성년후견제도와 임의후견계약이 경합하는 경우에는 본인의 이익을 위해 특별히 필요한 경우를 제외하고 임의후견이 우선한다(임의후견계약법 4조 1항 2호, 10조).

87) 일본에서 "보통예금"은 "일반은행"에 예금을 맡기는 것을 말하고, "통상저금"은 "우체국은행"에 예금을 맡기는 것을 말한다. 정기저금은 일정금액을 일정기간 동안 예금하는 것으로, 예금인출을 자유롭게 할 수 없으나 이자가 일반예금보다 높게 설정되어 있다.

88) • 예금·저금을 유산분할의 대상이 되지 않는다고 하는 경우(종래의 판례)
원고: 부동산 250만엔＋예금·저금 4500만엔 * 1/2＝2500만엔
피고: 예금·저금 4500만엔 * 1/2＋특별수익 5500만엔＝7750만엔
• 예금·저금을 유산분할의 대상이 된다고 하는 경우(새로운 판례)
원고: 부동산 250만엔＋예금·저금 4500만엔＝4750만엔
피고: 특별수익 5500만엔

89) 법제심의회 민법부회(法制審議会民法部会)는 원래 가족법 개정을 염두에 두고 설치된 부회였다. 민법부회가 상설부회였던 시절에는 재산법소위원회와 신분법소위원회가 설치되었고, 후자는 활발하게 활동을 했었다. 현재 민법부회는 상설이 아니고 개정자문(諮問)이 있을 때마다 설치되는 형태로 바뀌었다. 채권법 개정 및 상속법 개정 종료로 인해, 법제심의회 민법(채권관계)부회 및 민법(상속관계)부회 관련 자료는 일본 법무성 홈페이지 내에서도 "심의가 종료된 부회"에서 열람할 수 있다.

90) 한국은 1990년 민법개정 때 특별연고자에 대한 유산분할제도(1057조의 2)와 기여분 제도(1008조의 2)를 입법화하였다.

참고문헌

제1절
◼ 단행본
大村敦志 『民法総論』(2001)
大村敦志・権澈 『日韓比較民法序説』(2010)
大村敦志 『新基本民法・総則編・第2版』(2019)
大村敦志 『新基本民法・物権編・第2版』(2020)
大村敦志 『新基本民法・契約編・第2版』(2020)
大村敦志 『新基本民法・不法行為編・第2版』(2020)
内田貴 『民法Ⅲ・第4版』(2020)
中田裕康 『債権総論・第四版』(2020)
山本敬三 『民法の基礎から学ぶ民法改正』(2017)
大村敦志・道垣内弘人編 『解説・民法(債権法) 改正のポイント』(2017)
권철 편역, 2020년판・일본민법전, 근간(2021)

◼ 일본법 관련 사이트
법개정에 관한 자료는 法務省 法制審議會 http://www.moj.go.jp/shingikai_
  index.html
현행 법령 검색은 https://elaws.e-gov.go.jp/
논문(정기간행물) 검색은 https://ci.nii.ac.jp/ja
법률포털사이트(유료)는 https://www.tkc.jp/law/lawlibrary/

제2절

■ 저서

青竹美佳＝金子敬明＝幡野弘樹『民法5親族・相続判例30!』(2017).

内田貴『民法Ⅳ 親族・相続』(2002).

大村敦志『家族法[第3版]』(2010).

大村敦志『新基本民法7 家族編』(2014).

大村敦志『新基本民法8 相続編』(2017).

道垣内弘人＝大村敦志『民法解釈ゼミナール親族・相続』(1999).

星野英一『家族法』(1994).

■ 논문

곽민희, "일본의 배우자 상속법제 개정 작업 관견(管見)", 경상대학교 법학연
  구 26권 1호, 2018.

곽민희, "2018년 일본 개정 상속법 개관", 안암법학 57권, 2018.

박인환, "일본의 상속법 개정동향 — 배우자거주권 및 상속재산분할 등을 중심
  으로 — ", 인하대학교 법학연구 21집 3호, 2018.

이승현, "일본 개정민법상 배우자의거주권 보호 규정에 관한 고찰", 전남대학
  교 법학논총 38권 4호, 2018.

현소혜, "배우자 거주권 제도의 도입 필요성과 도입방안", 가족법연구 33권 1호,
  2019.

水野紀子(류일현 역), "일본에서의 상속법 변천", 가족법연구 30권 2호, 2016.

堂園幹一郎 외, "相続法改正の概要(1) — (4・完)", NBL1133 − 1139号, 2018 −
  2019.

제4장 일본*의 형사법

백 광 균

I. 서론

일본의 형사법은 우리와 마찬가지로 범죄 자체를 다루는 실체법과 범죄자를 다루는 절차법으로 나눌 수 있고, 실체법에서는 형법(刑法), 절차법에서는 형사소송법(刑事訴訟法)이 일반법으로 기능한다. 이처럼

---

* 일본국 헌법(日本国 憲法)에서 정한 국명은 「일본국」이나, 이하에서는 통칭에 따라 「일본」으로만 표기한다.

형사법 체계 자체가 우리와 비슷하고 판례, 실무 또한 닮은 부분이 상당히 존재한다. 그러나 상세히 들여다보면, 법 문화와 관행의 차이, 특히 일본이 제2차 세계대전 종결 후, 1945년 9월부터 1952년 4월까지 7년 가까이 연합국군 최고 사령관 총사령부(連合国軍 最高司令官 総司令部 / General Headquarters; GHQ)의 지배를 받으면서, 미국 형사법의 영향을 받는 등 복합적 사정에서 비롯한 여러 차이 또한 결코 무시할 수 없다.

이하에서는 일본의 형사법을 우리의 그것과 공통점, 차이점을 중심으로 범죄와 형벌(II), 수사와 공소, 공판(III), 재판원재판(IV) 순서로 살펴보고, 그 특징을 요약함으로써 결론(V)을 갈음하고자 한다.*

II. 범죄와 형벌

형법은 범죄와 형벌을 다루는 일반법으로 크게 총칙(総則)과 죄(罪; 우리의 각칙에 상응한다) 총 2편으로 나뉘는데, ① 총칙 편은 통칙, 형, 기간계산, 형의 집행유예, 가석방, 형의 시효와 소멸, 범죄의 불성립과 형의 감면, 미수죄, 병합죄(우리의 경합범에 상응한다), 누범, 공범, 작량감경, 가중감경의 방법 총 13장, ② 죄 편은 내란에 관한 죄부터 훼손, 은닉의 죄까지 총 39장으로 구성한다. 이하에서는 주요 내용을 개관해본다.

1. 범죄 일반

(1) 죄형법정주의

헌법 제31조는 「누구라도 법률에서 정한 절차에 의하지 아니하면,

---

* 이하 법령과 판례는 특별한 표시가 없는 한 일본의 그것을 의미하고, 국내외 법령은 2021. 3. 30. 현재 시행 중인 것을 기준으로 삼았다.

생명이나 자유를 빼앗기거나, 그 밖의 형벌을 받지 아니한다.」라고 죄형법정주의를 명시한다. 그 내용으로는 통상 법률주의, 소급 처벌 금지, 유추해석 금지, 명확성의 원칙, 내용의 적정성 원칙 등을 드는데, 주요 판례는 다음과 같다.

最高裁判所 大法廷 判決 昭和 37年(1962) 5月 30日 刑集 16卷 5号 577頁

지방자치법 제2조 제3항 제1, 7호처럼 상당히 구체적인 내용에 관하여 위법 제14조 제5항처럼 한정된 형벌 범위에서 조례로 벌칙을 정할 수 있도록 한 것은 헌법 제31조의 의미에서 법률이 정한 절차에 의하여 형벌을 부과하는 것이라고 할 수 있다.*

最高裁判所 決定 平成 28年(2016) 7月 27日 刑集 70卷 6号 571頁

형의 일부 집행유예에 관한 각 규정(형법 제27조의2-7)의 신설은 피고인의 재범방지와 개선, 갱생을 꾀하기 위하여 선고형 일부에 집행을 유예한다는 새로운 선택지를 재판소에 주는 취지로 풀이되고, 특정 범죄에 부과할 형의 종류나 양을 변경하는 것은 아니다. 그렇다면, 형의 일부 집행유예에 관한 위 각 규정의 신설은 형사소송법 제411조 제5호에서 말하는 「형의 변경」에 해당하지 아니한다.

大審院 判決 明治 36年(1903) 5月 21日 刑録 9輯 874頁

전류는 유체물이 아니어도 오관의 작용에 의하여 그 존재를 인식할 수 있고, 이를 용기에 수용하여 독립한 존재로 소유할 수 있음은 물론 용기에 축

---

* 현행 지방자치법(地方自治法) 제14조 제3항은 「보통지방공공단체는 법령에서 특별히 정한 것을 제외하고, 조례 중에 조례를 위반한 사람에게 징역(懲役), 금고(禁錮) 2년 이하, 벌금(罰金) 100만 엔 이하, 구류(拘留), 과료(科料), 몰수(没収)의 형 또는 과태료(過料) 5만 엔 이하를 부과하는 취지의 규정을 둘 수 있다.」라고 정한다.

적하여 소지하고, 한 장소에서 다른 장소로 이전하는 등 인력에 의하여 임의로 지배할 가능성과 관리가능성을 겸유함으로써 넉넉히 절도죄 성립에 필요한 절도의 요건을 갖출 수 있다.

┃칼럼┃ 판례 인용 방식

　　최고재판소(最高裁判所)는 1947년 대심원(大審院)이 폐지되자, 그 최종심 역할을 이어받았는데, 장관(長官, 우리의 대법원장에 상응한다) 1명, 판사(判事, 우리의 대법관에 상응한다) 14명 총 15명이 5명씩 소법정[小法廷, 우리 대법원의 소부(小部)에 상응한다] 3개로 나뉘어 활동하고, 전원이 대법정(大法廷, 우리 대법원의 전원합의체에 상응한다)을 구성한다. 최고재판소의 대법정 판례는 인용할 때에도 해당 사실을 밝혀주는 것이 보통이다.

　　판례의 연도는 서력 대신 일본에 고유한 원호(元号)에 따라 표기하는데, 원호별 원년(元年)은 明治 1868년, 大正 1912년, 昭和 1926년, 平成 1989년, 令和 2019년이다. 서력으로 환산하려면, 明治 ＋67년(1800년대)/－33년(1900년대), 大正 ＋11년(1900년대), 昭和 ＋25년(1900년대), 平成 ＋88년(1900년대)/－12년(2000년대), 令和 ＋18년(2000년대)이다.

　　판례는 통상 사건번호로만 인용하는 우리와 달리, 판례집 및 소재 지점(권 / 호 / 쪽)으로 인용하는 것이 일반적인데, 주요 판례집을 인용할 때 쓰는 약칭은 다음과 같다.

판례집	약칭
大審院 民事判例集 / 最高裁判所 民事判例集	民集
大審院 刑事判例集 / 最高裁判所 刑事判例集	刑集
大審院 民事判決録 / 大審院 刑事判決録	民録 / 刑録
高等裁判所 民事判例集 / 高等裁判所 刑事判例集	高民 / 高刑
下級裁判所 民事裁判例集 / 下級裁判所 刑事裁判例集	下民 / 下刑
行政裁判月報 / 刑事裁判月報 / 家庭裁判月報	行月 / 刑月 / 家月

(2) 위법성

형법 제35 – 37조는 일견 범죄에 해당하는 행위이어도 위법성을 조각하는 사유로서 정당행위, 정당방위, 긴급피난을 정하는데, 우리와 달리 야간 등 과잉방위, 과잉피난의 면책, 자구행위와 피해자의 승낙(우리 형법 제21조 제3항, 제22조 제3항, 제23 – 24조)은 형법에서 명시적으로 정하지 아니한다. 다만, 판례는 자구행위,[1] 피해자의 승낙으로 위법성을 조각할 수 있음을 긍정한다. 주요 판례는 다음과 같다.

名古屋高等裁判所 判決 昭和 37年(1962) 12月 22日 高刑 15卷 9号 674頁

이른바 안락사를 인정하여야 할지는 논의가 있는데, 어떻든 간에 인위적으로 지극히 존엄하여야 할 인명을 끊는 것인 이상, 다음과 같이 엄격한 요건에서만 시인할 수 있는 데에 그친다고 할 것이다.

① 병자(病者)가 현대의학의 지식, 기술에 비추어 불치병에 걸렸고, 죽음이 목전에 임박할 것
② 병자의 고통이 깊고 누구라도 실제 보기에 참지 못할 정도일 것
③ 오로지 병자의 고난을 완화할 목적일 것
④ 병자의 의식이 명료하여 의사를 표명할 수 있을 경우, 본인이 진지하게 촉탁 또는 승낙하였을 것
⑤ 의사의 손에 의할 것을 원칙으로 삼되, 이에 의하지 못할 경우, 의사에 의하지 못함을 수긍할 만한 특별한 사정이 있을 것
⑥ 방법이 윤리적으로도 타당한 것으로 인용할 수 있을 것

最高裁判所 決定 平成 29年(2017) 4月 26日 刑集 71卷 4号 275頁

형법 제36조는 급박, 부정한 침해라는 긴급 상황에서 공적 기관에 의한 법적 보호를 구하도록 기대할 수 없으면, 침해를 배제하기 위한 개인에 의한

대항행위를 예외적으로 허용한 것이다. 따라서 행위자가 침해를 예견한 다음 대항행위에 이른 경우, 침해의 급박성 요건은 침해를 예견하였다는 점에서 바로 없어진다고 풀이할 것은 아니고, 대항행위에 선행하는 사정을 포함한 행위 전반의 상황에 비추어 검토하여야 한다. 구체적으로는 사안에 걸맞게 행위자와 상대방의 종전 관계, 예견된 침해의 내용, 침해를 예견한 정도, 침해 회피의 용이성, 침해장소에 나갈 필요성, 침해장소에 머무를 타당성, 대항행위의 준비 상황(특히 흉기의 준비 여부, 준비한 흉기의 성질과 형상 등), 실제 침해행위의 내용과 예견된 침해의 같고 다름, 행위자가 침해에 임한 상황 및 당시 의사 내용 등을 고려하여 행위자가 그 기회를 이용하여 적극적으로 상대방에게 가해행위를 할 의사로 침해에 임한 때 등 앞서 본 형법 제36조의 취지에 비추어 허용되는 것이라고 할 수 없을 경우, 침해의 급박성 요건을 갖추지 못하였다고 보아야 한다.

最高裁判所 決定 昭和 57年(1982) 5月 26日 刑集 36巻 5号 609頁

사용자 측이 단체교섭 요구에 불응하였다는 단순한 부작위가 있음에 그친 경우, 아직 형법 제36조 제1항에서 말하는 「급박, 부정한 침해」가 있었다고는 할 수 없다고 풀이함이 타당하다.

大阪高等裁判所 判決 昭和 45年(1970) 5月 1日 高刑 23巻 2号 367頁

피고인은 30-40m 전방에 중앙선을 넘어 고속으로 맞은 편에서 달려오는 차를 발견하고, 그와 충돌 위험을 느낀 상태였던 이상, 정말로 자기 생명, 신체에 대한 현재의 위험한 상태에 있었다고 할 수밖에 없고(이러한 상태에 이르기까지 피고인 측에 과실을 인정할 점은 없다), 이 충돌 위험을 피하려고 운전대를 왼쪽으로 꺾어 약 1m 왼쪽으로* 가까워진 피고인의 행동은

---

* 일본에서 차량은 도로교통법(道路交通法) 제17조 제4항에 따라 도로의 중앙을 기준으로 왼쪽으로 통행하는 것이 원칙이므로 맞은 편에서 중앙선을 넘어온 차량을 피할 때도 통상 왼쪽으로 피한다.

현재 위난을 피하기 위하여 부득이한 행위였다고 할 수밖에 없다. (…) 게다가 피고인이 취한 감속 행위는 후속하는 피해자 A가 운전하던 이륜차와 충돌함으로써 그가 입은 손해가 앞서 대향차와 정면충돌로 발생할 손해를 넘어서는 것으로는 여겨지지 아니하는 이상, 이 사건은 형법 제37조 제1항 전단의 이른바 긴급피난 행위라고 하여야 한다.

(3) 책임

형법 제38조는 「고의」라는 제목하에 죄를 저지를 의사가 없는 행위는 법률에 특별한 규정이 있을 경우에만 처벌하고(제1항), 무거운 죄에 해당함을 모른 채 그에 해당하는 행위를 한 경우, 무거운 죄로 처벌할 수 없으며(제2항), 법률을 몰랐어도 죄를 저지를 의사가 없었다고 볼 수는 없으나, 정상에 따라 형을 감경할 수 있다(제3항)고 정한다. 우리 형법 제13−16조에 해당하는 내용인데, 법률의 착오에 정당한 이유가 있을 때에만 면책을 인정하는 우리와 달리, 정상에 따라 형의 임의적 감경만 정하나, 판례는 법률의 착오에 타당한 이유가 있으면 고의가 없었다고 보아 해당 범죄 성립을 부정한다. 주요 판례는 다음과 같다.

東京高等裁判所 判決 昭和 27年(1952) 12月 26日 高刑 5卷 13号 2645頁

설령 피고인이 현실로 인식한 사실이 아직 절도 실행의 착수라고는 풀이할 수 없어도, 보통인인 피고인이 자기 밭의 도난을 막으려고 감시하던 중, 심야에 절취 목적으로 도구를 준비하여 밭에 접근하다가 인적을 확인하고 도망친 제3자를 절취의 현행범인으로 믿고 체포하고, 바로 그 취지를 경찰서에 통보하여 경찰관의 출동을 기다리며, 자신의 행위를 법률상 허용되는 것으로 믿은 데에는 타당한 이유가 있다고 풀이할 수 있으므로, 피고인의 위 행위는 죄를 저지를 의사에서 나온 것이라고 할 수 없다.

> 大阪高等裁判所 判決 平成 21年(2009) 1月 20日 判例タイムズ 1300号 302頁
>
> 이 사건 각 수입행위 당시의 구체적 상황에서 피고인이 적법하게 판단, 행동하는 것은 실제로 상당히 곤란하고, 피고인이 총기류에 관한 상당히 전문적인 지식을 지녔음을 고려하여도, 일개 개인인 피고인에게 그러한 판단에 이르지 못하였음을 법적으로 비난하는 것은 지나치게 가혹하다고 할 수 있다. (...) 피고인에게는 이 사건 각 부품의 수입이 권총부품수입죄의 구성요건에 해당하는 위법한 행위라는 취지의 인식이 없었고, 그 인식이 없었음에 타당한 이유가 있었다고 할 수 있으니, 권총부품수입죄의 고의를 인정할 수 없어 피고인에게 위 죄는 성립하지 아니한다.

(4) 미수

형법 제43조는 범죄의 실행에 착수하여 마치지 못한 사람은 형을 감경할 수 있고, 자의로 범죄를 중지하였으면 형을 감경, 면제한다고 정한다. 우리 형법 제25 - 26조와 같은 내용인데, 우리와 달리 불능범에 대한 처벌규정은 없으나, 판례는 범죄 결과가 발생할 위험성이 있으면 일반 미수범으로 보아 처벌한다. 예컨대 황산에 의한 살인 시도,[2] 가짜 원료에 의한 각성제 제조 시도[3] 등에서는 결과 발생 위험성이 없다고 보아 무죄를 인정하였고, 치사량 이하 공기 주사에 의한 살인 시도,[4] 불충분한 양의 촉매를 사용한 각성제 제조 시도[5] 등에서는 결과 발생 위험성이 있다고 보아 미수범으로 처벌하였다.

(5) 공범

형법 제60 - 65조는 공범에 관한 사항을 정하는데, 우리와 달리 간접정범과 특수 교사, 방조에 대한 규정(우리 형법 제34조)이 없고, 구류, 과료로만 처벌할 죄의 교사, 방조범은 특별한 규정이 있을 경우에만 처벌한다고 정한다(형법 제64조). 판례는 우리와 마찬가지로 오랜 기간 공모공동정범의 개념과 적용을 널리 인정해왔으나,[6] 우리와 달리 과실범의 공동정범 성립은 일관되게 부정해왔다.[7]

最高裁判所 決定 平成 28年(2016) 7月 12日 刑集 70卷 6号 411頁

업무상과실치사상죄의 공동정범이 성립하려면 공동한 업무상 주의의무를 공동으로 위반할 필요가 있다고 풀이되는데, 앞서 본 경찰서 직제와 직무집행 상황 등에 비추어 보면, A 지역관은 이 사건 경비계획책정의 제1차적 책임자이자 현지 경비본부의 지휘관이라는 입장인 반면, 피고인은 부서장(副署長)이자 경찰서 경비본부의 경비 부본부장으로서, B 서장이 경찰서 조직 전체를 지휘, 감독하는 것을 보좌하는 입장이므로, A 지역관과 피고인이 각각 분담하는 역할은 기본적으로 달랐다. 이 사건 사고 발생방지를 위하여 요구될 수 있는 행위도 (...) 피고인은 각 시점을 통틀어 기본적으로는 B 서장에게 진언하는 등으로 A 지역관 등에 대한 지휘, 감독이 적절히 이루어지도록 보좌하는 데에 있었다고 볼 수 있어 이 사건 사고를 회피하기 위하여 양자가 부담하는 구체적 주의의무가 공동한 것이라고는 볼 수 없다. 피고인에게 A 지역관의 업무상과실치사상죄의 공동정범이 성립할 여지는 없다고 볼 것이다.

---

(6) 죄수 관계

형법 제45-54조는 「병합죄 / 併合罪」라는 장 제목하에 죄수 관계에 관한 사항을 정하는데, 우리의 경합범, 상상적 경합범(우리 형법 제37-40조)과 비슷한 내용을 정한다. 다만, 판결이 확정된 죄와 그 확정 전에 범한 죄를 경합범으로 보되, 형의 감경, 면제를 인정하는 우리와 달리, 확정판결을 거지지 아니한 죄는 「여죄 / 余罪」로 포착하여 새로이 처단한다고만 정하고, 법정형 범위를 구체적으로 정하지 아니한다(형법 제50조).

판례는 우리와 마찬가지로 상습도박죄에서 여러 도박행위(집합범), 같은 장소, 기회에 이루어진 이틀간의 절취행위(접속범), 여러 달에 걸쳐 한정된 장소에서 같은 사람에게 공통한 동기에서 반복한 상해행위(연속범) 등 포괄일죄 개념을 널리 인정한다.[8]

2. 형벌

(1) 종류

형법 제9-21조는 형에 관한 사항을 정하는데, 형벌의 종류는 우리와 마찬가지로 주형(主刑)인 사형, 징역, 금고, 벌금, 과료와 부가형(付加刑)인 몰수가 있다.

유기금고는 장기가 유기징역 장기의 2배를 넘어야만 더 무거운 형으로 보고(형법 제10조 제1항; 우리는 장기 그 자체만 넘으면 더 무거운 형으로 본다, 우리 형법 제50조 제1항 단서), 유기징역, 유기금고의 장기는 원칙적으로 20년, 가중하면 30년이다(형법 제12-14조; 우리는 각각 30년, 50년이다, 우리 형법 제42조).

벌금에 대한 노역장 유치의 상한은 원칙적으로 2년, 병과하면 3년(형법 제18조 제1, 3항; 우리는 구별 없이 3년이다, 우리 형법 제69조 제2항)이다. 미결구금일수는 일부만 산입할 수 있는데(형법 제21조), 종전 우리 형법 제57조 제1항도 같은 내용을 담고 있었으나, 해당 내용은 헌법재판소 2009. 6. 25. 선고 2007헌바25 전원재판부 결정에서 위헌으로 판단 받아 효력을 상실하였고, 2014. 12. 30. 법률 제12898호로 형법이 일부 개정되면서 삭제되었다.

	사형	징역, 금고		벌금	구류 과료	합계
		무기	유기			
약식명령	–	–	–	198,315	1,444	199,759
제1심 간이재판소	–	–	3,403	819	8	4,230
제1심 지방재판소	2	18	45,714	1,711	–	47,445
합계	2	18	49,117	200,845	1,452	251,434
	0.00%	0.01%	19.53%	79.88%	0.58%	100%

【통계】 2019년 우리나라 양형 현황10)

	사형	징역, 금고		벌금, 과료		구류 등	합계
		실형	집행유예	실형	집행유예		
즉결심판	–	–	–	58,827	–	40	58,867
약식명령	–	–	–	471,412	–	–	471,412
제1심	3	63,131	81,565	59,780	1,695	2	206,176
합계	3	63,131	81,565	590,019	1,695	42	736,455
	0.00%	8.57%	11.08%	80.12%	0.23%	0.01%	100%

2019년 일본 양형 현황에서는 벌금이 79.88%로 압도적 다수를 차지하고, 유기징역, 유기금고가 19.53%이며, 나머지는 미미한 수준이다. 우리나라 또한 벌금, 과료11) 80.35%, 징역, 금고 19.65%로 일본의 그것과 비슷한 분포를 보인다. 참고로 2019년 인구가 일본 126,264,930명, 우리나라 51,709,100명임을 고려하면,12) 국민 1인당 처벌 건수는 우리나라가 일본의 7.15배에 이른다.

(2) 사형

일본은 우리와 마찬가지로 사형 제도가 존속하고, 사형 선고 또한 매년 몇 건 수준으로 이루어지는데, 1998년 이래 30년 이상 사형을 집행하지 아니해온 우리와 달리[13] 실제 사형을 집행하고 있다.

┃ 칼럼 ┃ 옴 진리교 사건

옴 진리교 교단은 1989년 坂本 변호사 일가 살해 사건, 1994년 松本 사린 사건, 1995년 지하철 사린 사건 등 숱한 사건을 일으켜 합계 29명이 사망하고 약 6,500명이 피해를 보았다. 1995년 강제수사가 시작되어 총 192명이 기소되었고, 수괴인 교단 대표 麻原彰晃(본명: 松本智津夫) 등 13명에 대한 사형이 확정되었다. 일부 신자가 계속 도망친 탓에 형사재판이 장기화하였으나, 2018년 1월 지하철 사린 사건 등에 관계한 수형자 高橋克也의 상고가 배척, 사건이 종결되어 사형수가 사건에서 증언할 필요가 없어지자, 2018. 7. 6. 7명, 2018. 7. 26. 6명에 대한 사형이 집행되었다. 교단에 대한 강제수사 23년여 만에 교단 소속 사형수 13명 전원에 대한 형이 집행된 셈이다.[14]

┃ 칼럼 ┃ 사형존폐론

사형은 사람의 생명을 앗아가는 극히 중대한 처벌이기에 사형 제도의 존폐에 대해서는 종래 많은 논의가 계속되었다. 일본 법무성(法務省)은 2010년 「사형의 존재 방식에 대한 연구회 / 死刑の在り方についての勉強会」를 꾸려 사형 제도의 근본 사상과 철학, 범죄억지력, 오판의 우려, 피해 감정, 범인의 갱생가능성, 국민 여론, 국제적 조류 등을 다각도에서 검토하고, 2012년 3월 그 결과를 공표한 바 있다.[15] 일본 내각부(內閣府)는 매년 사형 제도를 비롯한 기본적 법 제도에 관한 여론 조사를 시행하는데, 최근 2019년 조사 결과에서는 사형도 불가피하다는 응답이 80.8%로 사형은 폐지하여

우리나라에서도 사형 제도의 존폐, 합헌성에 대한 논의는 상당 기간 계속되었는데, 헌법재판소에서는 일관되게 합헌으로 판단해왔다[헌법재판소 1996. 11. 28. 선고 95헌바1 전원재판부 결정(합헌 7명, 위헌 2명); 헌법재판소 2010. 2. 25. 선고 2008헌가23 전원재판부 결정(합헌 5명, 일부 위헌 1명, 위헌 3명) 참조]. 2010년 결정 당시 합헌 의견이 재판관 9명 중 5명으로 과반수이기는 하였으나, 그중 2명은 사형 대상 범죄를 흉악범, 극악범죄 등으로 제한하는 입법 조치가 필요하다는 의견을 덧붙였다.

(3) 집행유예17)

형법 제25－27조의7은 형의 집행유예를 정하는데, 금고 이상 형을 받은 바 없거나, 금고 이상 형을 받은 바 있어도 그 집행 종료, 면제일부터 5년 안에 금고 이상 형을 받은 바 없는 사람에게 징역, 금고 3년 이하 또는 벌금 50만 엔(5백만 원 상당)18) 이하를 선고할 경우, 그 전부의 집행을 1년 이상 5년 이하 기간 유예할 수 있다(형법 제25조 제1항). 또한, 금고 이상 형을 받은 바 있어도 그 전부의 집행을 유예받은 사람에게 징역, 금고 1년 이하를 선고하면서 정상에 참작할 것이 있으면, 마찬가지로 집행을 유예할 수 있으나, 앞선 집행유예에 붙은 보호관찰 기간 중에 다시 범죄를 저지른 경우에는 그러하지 아니하다(같은 조 제2항).

형의 전부 집행유예 기간 안에서는 보호관찰을 붙일 수 있는데, 집행유예 중의 집행유예에는 반드시 보호관찰을 붙여야 하고, 보호관찰은 행정관청의 처분으로 임시 해제할 수 있다(형법 제25조의2 제1, 2항). 또한, ① 유예 기간 안에 죄를 저질렀고, 그 형의 전부에 대한 집행유예를 선고받지 아니한 때, ② 유예선고 전에 저지른 다른 죄로 금고 이상 형을 받았는데, 그 전부에 대한 집행유예를 선고받지 아니한 때, ③ 유예선고 전에 다른 죄로 금고 이상 형을 받았음이 발각된 때에는 형의 전부 집행유예를 취소하여야 한다(형법 제26조). 유예 기간 안에 다시 죄를 저질러 벌금을 받았거나, 보호관찰 준수사항을 중대하게 위반하였거나, 유예선고 전에 다른 죄에 관한 금고 이상 형을 받아 그 전부를 유예받았음이 발각된 때는 형의 전부 집행유예를 취소할 수 있다(형법 제26조의2). 형의 전부 집행유예가 취소되지 아니한 채 유예 기간이 지나면 형의 선고를 효력을 잃는다(형법 제27조).

2013년 형법 개정으로 형의 일부 집행유예 제도도 도입되었는데, 금고 이상 형을 받은 바 없거나, 금고 이상 형을 받은 바 있어도 그 전부의 집행을 유예받았거나, 그 집행 종료, 면제일부터 5년 안에 금고 이상 형을 받은 바 없는 사람에게는 형 일부의 집행을 유예할 수 있다(형법 제27조의2 제1항). 이 경우, 유예받은 형의 유예 기간은 유예받지 못한 형의 집행 종료, 면제일부터 진행하는 것이 원칙이나, 다른 사건으로 집행할 징역, 금고가 남아있으면 그 형의 집행 종료, 면제일부터 진행한다(같은 조 제2, 3항). 형 일부의 집행유예가 취소되지 아니한 채 유예 기간이 지나면, 유예받지 못한 부분의 기간을 형기로 삼아 감경하고, 그 집행 종료, 면제일에 형의 집행을 마친 것으로 본다(형법 제27조의7).

2019년 일본 제1심 양형 현황을 보면, ① 지방재판소의 징역, 금고 3년 이하 총 42,564건 중 집행유예는 전부 28,689건(67.40%), 일부 1,362건(3.63%), 합계 30,051건(70.60%)이고, ② 벌금 총 2,530건(간이재판소 819건 + 지방재판소 1,711건) 중 집행유예는 4건(0.16%)이다.[19]

2019년 우리나라 제1심 양형 현황을 보면, ① 징역, 금고 3년 미만 총 135,499건 중 집행유예 81,565건(60.20%), ② 벌금, 과료 총 61,475건 중 벌금형 집행유예 1,695건(2.76%)으로[20] 집행유예 비율로만 보면 징역, 금고에서는 일본의 0.85배로 약간 낮은 수준이고, 벌금에서는 일본의 17.44배로 한참 높은 수준이다.

3. 개인 법익에 대한 범죄

개인 법익에 대한 범죄는 크게 생명, 신체, 자유, 인격, 재산에 대한 것으로 나눌 수 있는데, 이하에서는 차례로 살펴본다.

(1) 생명에 대한 범죄

살인의 죄(형법 제199-203조), 낙태의 죄(형법 제209-211조), 유기의 죄(형법 제217-219조)가 해당한다. 우리와 달리 영아살해에 대한 감경처벌규정, 존속살해에 대한 가중처벌규정, 살인 음모와 학대에 대한 처벌규정이 없고, 살인 예비는 징역 2년 이하에 처하되, 정상에 따라 형을 면제할 수 있다(형법 제201조). 존속살해는 구 형법 제200조에 따라 사형 또는 무기징역으로 가중처벌하였으나, 1973년 최고재판소에서 평등 원칙을 위반하였다고 보아 위헌으로 판단하였고,* 1995년 형법 개정에 따라 존속상해치사, 존속유기, 존속체포·감금 등 존속에 대한 다른 범죄에 관한 가중처벌규정과 함께 일괄 삭제되었다.

最高裁判所 大法廷 判決 昭和 48年(1973) 4月 4日 刑集 27卷 3号 265頁

존속살해의 법정형은 사형 또는 무기징역형으로 한정되는 점(현행 형법상 외환유치죄를 빼고 가장 무거운 것이다)에서 지나치게 엄격하다고 할 것이고, 앞서 본 입법 목적, 즉 존속에 대한 경애와 보은이라는 자연적 애정과 보편적 윤리의 유지, 존중의 관점만으로 보아도 충분히 납득할 만한 설명이 어려우며, 합리적 근거에 기초한 차별적 취급으로 정당화한다고는 도저히 볼 수 없다.

이상에 따라서 형법 제200조는 존속살해의 법정형을 사형 또는 무기징역

---

* 일본은 우리와 달리 헌법재판소가 따로 없고, 최고재판소에서 법률의 헌법 위반 여부까지 판단한다.

형으로만 한정하는 점에서 그 입법 목적 달성을 위해서 필요한 한도를 한참 넘어 보통살인에 관한 형법 제199조의 법정형*에 견주어 현저히 불합리한 차별적 취급을 한 것으로 인정되어 헌법 제14조 제1항**을 위반하여 무효라고 하여야 하고, 따라서 존속살해에도 형법 제199조를 적용할 수밖에 없다.

우리나라에서도 존속살해 등 존속에 대한 범죄에 관한 가중처벌규정의 위헌 여부가 다투어진 바 있으나, 헌법재판소는 일관되게 합헌으로 판단해왔다[헌법재판소 2002. 3. 28. 선고 2000헌바53 전원재판부 결정(존속상해치사: 9명 전원 합헌); 헌법재판소 2013. 7. 25. 선고 2011헌바267 전원재판부 결정(존속살해: 합헌 7명, 위헌 2명) 참조]. 2013년 결정 당시 합헌 의견은 「1995년 이 사건 법률조항의 법정형이 종래의 '사형 또는 무기징역'에서 '사형, 무기 또는 7년 이상의 징역'으로 개정되었고, 법정형의 하한이 '5년 이상의 징역'인 일반 살인죄와의 법정형의 격차가 현저하게 줄어들어 기존에 제기되었던 양형에 있어서의 구체적 불균형의 문제도 해소되었다고 봄이 상당」하다는 이유를 들었다.

(2) 신체에 대한 범죄

상해의 죄(형법 제204-208조의2), 과실상해의 죄(형법 제209-211조)가 해당한다. 폭행(형법 제208조)은 상해의 죄에 속하고, 과실치사와 업무상 과실치사상 등(형법 제210-211조)은 과실상해의 죄에 속하는데, 우리와 달리 폭행죄는 반의사불벌죄가 아니고, 구성요건 또한 폭행하였으나 상해에 이르지 아니한 때로 정하기에 폭행이 상해에 이르렀으면 바로

---

* 위 판결 당시 사형, 무기 또는 3년 이상 징역이었고, 현재는 사형, 무기 또는 5년 이상 징역이다.
** 「모든 국민은 법 앞에 평등하고, 인종, 신조, 성별, 사회적 신분, 출신에 따라 정치적, 경제적, 사회적 관계에서 차별받지 아니한다.」라고 정한다.

상해가 성립한다. 따라서 폭행치사상에 대한 처벌규정은 따로 없다.*

2명 이상이 공동으로 타인의 생명, 신체, 재산을 해칠 목적으로 집합한 경우, 흉기를 준비하거나 그 준비를 알며 집합하거나 집합시켰으면, 구체적인 가해행위 없이도 처벌할 수 있다(형법 제208조의2). 이것은 1950년대 폭력단체, 이른바 「야쿠자 / やくざ」 사이의 항쟁이 일반 시민에게도 상당한 위협이 되자, 치안 유지를 위한 대응의 일환으로 1958년 형법을 개정하여 도입한 범죄이다.21)

신체에 대한 범죄의 주요 판례는 다음과 같다.

最高裁判所 決定 昭和 55年(1980) 11月 13日 刑集 34卷 6号 396頁

과실에 의한 자동차 충돌 사고처럼 거짓으로 보험금을 편취할 목적으로 피해자의 승낙을 얻어 그에게 고의로 자기가 운전하는 자동차를 충돌하여 상해를 입힌 경우, 위 승낙은 보험금을 편취한다는 위법한 목적에 이용하기 위하여 얻은 위법한 것으로 해당 상해행위의 위법성을 조각하지 못한다고 풀이함이 타당하다.

最高裁判所 判決 昭和 58年(1983) 6月 23日 刑集 37卷 5号 555頁

흉기준비집합죄는 개인의 생명, 신체, 재산뿐 아니라, 공공적인 사회생활의 평온도 마찬가지로 보호 법익으로 삼는 것이고, 또한 위 죄는 이른바 추상적 위험범으로 이른바 요격 형태의 흉기준비집합죄가 성립하려면 꼭 상대방으로부터 습격받을 개연성이나 절박성이 객관적 상황으로 존재할 필요는 없고, 흉기를 준비한 집합 상황이 사회생활의 평온을 해칠 수 있는 상태이면 충분하다고 할 것이다.

---

* 독일에서도 폭행은 독자적인 범죄가 아니라 상해미수로 처벌한다(독일 형법 제223조 제2항).

(3) 자유에 대한 범죄

주거를 침해하는 죄(형법 제130-132조), 강제외설, 강제성교 등의 죄(형법 제176-181조), 체포, 감금, 협박, 약취, 유인, 유괴, 인신매매의 죄(형법 제220-229조), 신용, 업무에 대한 죄(형법 제233-234조의2)가 해당한다. 우리와 달리 강요(형법 제223조)는 협박의 죄에 속한다.

성범죄는 우리와 달리 특별법 없이 형법에서 모두 다루는데, 1907년 형법 제정 당시 「외설, 간음, 중혼의 죄」라는 제목하에 시작한 이래 상당한 변천을 거쳐왔다. 1958년 형법 개정으로 2명 이상이 현장에서 공동으로 저지른 강간죄를 친고죄에서 제외하고, 2004년 형법 개정으로 강간죄와 강간치사상죄의 법정형을 올리면서 집단강간죄 등을 창설하였다. 그러나 여전히 성범죄 피해자의 목소리를 충분히 반영하지 못하였다는 지적이 있었고, 성범죄 피해자 지원 단체의 활동, 정부의 남녀 공동 계획·참여 기본계획(男女共同参画基本計画) 등에 힘입어 재검토가 계속되었다. 그 결과 2017년 형법 개정으로 제목을 「외설, 강제성교 등, 중혼의 죄」로 바꿈과 아울러, 성적 자유에 관한 벌칙을 대폭 강화하였다. 이에 따라 ① 강간죄를 강제성교 등 죄로 바꾸어 구성요건을 확장하면서 법정형을 올리고, ② 부모 등 입장에 편승한 감독자 성교 등 죄를 신설하고, ③ 친고죄 규정을 모두 삭제하였다.[22]

현재 13세 이상에게 폭행, 협박으로 성교, 항문성교, 구강성교를 한 사람은 유기징역 5년 이상으로 처벌하고, 13세 미만에게는 폭행, 협박 여부를 불문하고 위 각 행위를 한 사람을 같은 형으로 처벌한다(형법 제177조). 치사상 범죄 중 강제외설(強制猥褻, 우리의 강제추행에 상응한다)에 기초한 것은 무기 또는 3년 이상 징역, 강제성교 등에 기초한 것은 무기 또는 6년 이상 징역으로 처벌한다(형법 제181조).

그러나 여전히 불법촬영 등 이른바 디지털 성범죄에 대한 처벌규

정은 따로 없어 외설물을 반포 또는 공연히 진열하거나, 유상반포 목적으로 소지, 보관한 경우에만 징역 2년 이하, 벌금 250만 엔(2,500만 원 상당) 이하, 과료로 처벌할 수 있다(형법 제175조). 다만, 지방공공단체별로는 대개 조례를 통하여 불법촬영 관련 행위를 처벌한다. 도쿄도(東京都)의 경우,「공중에 현저히 폐를 끼치는 폭력적 불량행위 등 방지에 관한 조례 / 公衆に著しく迷惑をかける暴力的不良行爲等の防止に関する条例」에서 주거, 공공장소 등에서 통상 가려지는 속옷, 신체 등 부위를 무단으로 촬영하거나 촬영하는 기계를 반입, 설치하는 행위를 금지하고, 이를 위반하면 징역 1년 이하 또는 벌금 100만 엔(1,000만 원 상당) 이하로 처벌한다(위 조례 제5조 제1항 제2호, 제8조 제2항 제1호).

자유에 대한 범죄의 주요 판례는 다음과 같다.

尼崎簡易裁判所 判決 昭和 43年(1968) 2月 29日 下刑 10卷 2号 211頁

주거침입죄의 보호 법익은 「주거권」이라는 법적 권리가 아니라 사실상 주거의 평온인 이상, 남편의 부재중에 주거자인 아내의 승낙을 얻어 평온하게 그 주거에 들어가는 행위는 설령 간통 목적이 있었다고 치더라도, 주거침입죄가 보호하려는 사실상 주거의 평온을 해치는 태양의 진입이라고는 할 수 없는 이상, 주거침입죄는 성립하지 아니한다고 풀이함이 타당하다.

最高裁判所 判決 昭和 23年(1948) 11月 25日 刑集 2卷 12号 1649頁

강도 목적으로 더욱이 공범 3명을 대동하여 심야에 가택 안에 침입하였다면, 설령 그것이 종전 자신도 살아오던 그리운 친부의 집이었어도, 아버지로서도, 세상으로서도 이것을 보고 정당하다거나 「이유가 있는」 가택 침입이라고는 인정할 수 없을 것이다.

京都地方裁判所 判決 昭和 45年(1970) 10月 12日 刑月 2卷 10号 1104頁

피해자는 이 사건 범행 당시 생후 약 1년 7개월을 갓 지난 유아인 이상, 법적으로 보아 의사능력조차 없었다고 추인할 수 있는데, 자력과 임의로 다다미방을 기어 다닌다든지, 벽, 창 등에 기대어 서서 걸어 다닌다든지 할 수 있었던 사실은 충분히 인정할 수 있다. 나아가 위 아기는 당시 의사능력 유무와 관계없이 자연적, 사실적 의미에서 임의적인 보행 등을 할 수 있는 행동력을 지닌 것으로 인정하여야 하므로, 이 사건 감금죄의 객체로 적격성을 충분히 갖추고 있었다고 풀이함이 타당하다. 그리고 위 아기가 피고인의 행동에 공포나 기피 감정을 보였다고는 인정하지 못하여도, 위 아기가 이 사건 범죄에 대한 피해의식을 지녔는지는 범죄 성립에 조금도 지장을 주지 못한다.

名古屋地方裁判所 判決 昭和 55年(1980) 7月 28日 刑月 12卷 7号 709頁

피해자는 피고인을 권위 있는 의사로 잘못 믿고 피해자의 심리 상태에 즉응한 피고인의 극히 효과적인 언동으로 말미암아 경악, 불안한 나머지 냉정한 판단력, 비판력이 사라진 극히 불안한 심리 상태에 빠져 당시 상황에서 자유로운 의사하에 행동할 정신적 여유를 잃어 피고인이 설명하는 대로 피고인과의 성교에 의한 치료를 받을 수밖에 없다고 잘못 믿고, 간음행위를 거부하는 것을 기대할 수 없는 상태, 즉 심리적으로 형법 제178조에서 말하는 「항거불능 상태」에 있었다고 할 수밖에 없다.

最高裁判所 決定 平成 20年(2008) 1月 22日 刑集 62卷 1号 1頁

피고인은 피해자가 각성하여 피고인의 티셔츠를 붙잡는 등 때문에 외설행위를 할 의사를 상실한 후, 그 자리에서 도주하려고 피해자를 폭행하였는데, 피고인의 이러한 폭행은 위 준강제외설행위에 수반하는 것이라고 할 수 있는 이상, 이로 말미암아 생긴 피해자의 상해에는 강제외설치상죄가 성립한다고 볼 것이다.

> 東京高等裁判所 判決 昭和 27年(1952) 7月 3日 高刑 5卷 7号 1134頁
>
> 업무방해죄로 보호되는 법익은 사실상 평온히 이루어지는 일정한 업무로,
> 업무가 개시된 원인이 된 계약이 민법상 유효하다든지, 업무에 관한 행정상
> 의 허가가 존재함은 꼭 해당 업무의 요건은 아니라고 풀이함이 타당하다.

(4) 인격에 대한 범죄

비밀을 침해하는 죄(형법 제133-135조), 명예에 대한 죄(형법 제230-232조)가 해당하는데, 피해자의 생명, 신체, 자유에 대한 구체적 침해 없이 그 순수한 인격에 대한 범죄이므로, 모두 피해자가 고소하여야만 처벌할 수 있는 친고죄로 정한다(형법 제135, 232조).

우리와 마찬가지로 사실적시에 의한 명예훼손은 공공의 이해에 관한 사실로 오로지 공익을 위한 것이고 진실임을 증명하였으면 처벌하지 아니한다(형법 제230조의2 제1항). 그러나 우리와 달리 ① 공소가 제기되지 아니한 사람의 범죄행위에 관한 사실은 공공의 이해(利害)에 관한 사실로 간주하고(같은 조 제2항), ② 공무원, 공직선거 후보자에 관한 것은 진실임을 증명하기만 하면 처벌하지 아니한다(같은 조 제3항). ①은 수사에 대한 일반 국민의 협조를 구함과 아울러, 범죄사실에 대한 여론의 감시를 보장하는 취지이고, ②는 공무원의 선정과 파면은 국민의 고유한 권리라는 데에서 유래한 것이다.[23]

아울러, 우리와 달리 출판물이나 정보통신망에 의한 명예훼손(우리 형법 제309조, 정보통신망 이용촉진 및 정보보호 등에 관한 법률 제70조)을 가중처벌하는 규정도 따로 없다.

인격에 대한 범죄의 주요 판례는 다음과 같다.

(5) 재산에 대한 범죄

절도, 강도의 죄(형법 제235−245조), 사기, 공갈의 죄(형법 제246−251조), 횡령의 죄(형법 제252−255조), 도품 등에 관한 죄(형법 제256−257조, 우리의 장물에 관한 죄에 상응한다), 훼손, 은닉의 죄(형법 제258−264조)가 해당하는데, 배임(형법 제247조)은 사기, 공갈의 죄에 속한다.

우리 형법과 내용, 체계가 대체로 비슷하나, 우리와 달리 배임수증재(우리 형법 제357조)에 대한 처벌규정이 없다. 권리행사방해(우리 형법 제

323조) 또한 개별 처벌규정은 없으나, 절도, 강도의 죄에서 자기 재물이어도 타인이 점유하거나 공무소의 명령에 따라 간수하면 타인의 재물로 간주하기에(형법 제242조) 실제로는 그 상당 부분을 처벌 대상으로 삼는 셈이다.

우리와 달리 부동산침탈행위를 범죄로 보아 징역 10년 이하로 처벌하는데(형법 제235조의2), 이것은 제2차 세계대전 종결 후, 대도시에서 토지 부족 때문에 불법 점거가 횡행하자, 정당한 권원 있는 사람을 보호하기 위하여 1960년 형법 개정으로 경계손괴죄(형법 제262조의2)와 함께 도입한 것이다.24)

재산에 대한 범죄의 주요 판례는 다음과 같다.

東京高等裁判所 判決 昭和 45年(1970) 4月 6日 判例タイムズ 255号 235頁

화장지의 형상, 품질, 수량, 용도 및 피해자가 이에 대하여 특별한 주관적 사용가치를 인정하였음을 엿볼 만한 증거가 없는 점에 비추어 보면, 이 사건 화장지는 가치가 미미하여 형법상 보호할 만한 것이라고는 인정하기 어려운 이상, 피고인의 이 사건 행위는 절도죄를 구성하지 아니하고, 금원 절취의 목적을 이루지 못한 것으로 절도미수죄를 구성하는 데에 그친다고 풀이함이 타당하다.*

東京地方裁判所 判決 昭和 37年(1962) 12月 3日 判例タイムズ 140号 114頁

피고인이 A를 살해한 본인이어도 이미 9시간 정도 지난 경우, 사망 후 「바로」라고 하기 어렵고, 또한 사망과 전혀 별개의 기회에 가져간 것인 이상, 진즉 사망한 A에게 위 통장의 점유를 인정할 수 없다고 보아야 한다.

---

* 피고인이 백화점 승강기에서 피해자의 바지 주머니로부터 화장지 13장을 훔친 사안이다.

広島地方裁判所 判決 昭和 50年(1975) 6月 24日 刑月 7卷 6号 692頁

피고인은 형무소 복역을 꾀하여 당초부터 절도 범인으로 자수할 생각에서 행위에 이른 것이고, 그 때문에 바로 100m 이내 근접한 파출소에 피해품을 들고 출두하여 증거품으로 임의제출한 이상, 경제적 용법에 따라 이용, 처분할 의사는 전혀 인정할 수 없고, 자기를 절도 범인으로 만들기 위하여 틀림없이 타인의 소유물이라고 행동하였기에 자기 소유물과 마찬가지로 행동할 의사가 있었다고도 볼 수 없음은 명백하다. 그뿐만 아니라, 해당 물품에 대한 점유침해가 있었다고는 하여도 그것은 실제 일시적인 것으로 피고인의 주관적 의도가 즉시 피해자에게 반환, 수복한 것은 아니나, 즉시 근접 파출소에 출두, 자수하여 임의로 제출한 것으로 인정할 수 있고, 일시적으로나마 권리자를 배제하려는 의사는 없었다고 풀이할 것이며, 실제 피해품은 위 과정을 거쳐 영치절차 후 당일 피해자에게 가환부에 따라 반환되었다. 그렇다고 하면, 피고인의 행위에 관한 불법영득의사는 인정하기 어렵고, 달리 위 인정을 좌우할 수 있는 증거는 없다.

東京高等裁判所 判決 平成 元年(1989) 2月 27日 高刑 42卷 1号 87頁

형법 제236조 제2항의 강도는 폭행, 협박으로 피해자의 반항을 억압한 다음 그 의사에 어긋나게 불법으로 재산상 이익을 얻는 것을, 같은 조 제1항에서 정한 재물강취에 필적한다고 평가하여 이와 마찬가지로 처벌하려고 하는 이상, 그 대상인 재산상 이익은 재물의 경우와 마찬가지로 반항이 억압되지 아니한 상태에서 피해자가 임의로 처분할 수 있는 것일 필요가 있다고 풀이하여야 한다. 그런데 현행법상 상속개시에 의한 재산의 승계는 생전 의사에 기초한 유증, 사인증여(死因贈与) 등과 달리 사람의 사망을 유일한 원인으로 발생하는 것이므로 그 안에 임의 처분이라는 관념을 녹여낼 여지가 없는 이상, 같은 조 제2항에서 말하는 재산상 이익에는 해당하지 아니한다.*

---

* 피고인이 자기 부모의 유산을 노리고 살해하려고 기도하였다가 미수에 그친 사안이다.

最高裁判所 決定 昭和 42年(1967) 12月 21日 刑集 21卷 10号 1453頁

사기죄가 성립하려면, 피기망자가 착오로 무언가 재산적 처분행위를 할 필
요가 있다고 풀이하여야 한다. 그런데 이 사건 피기망자인 간이재판소(簡易
裁判所) 재판관은 제소 전 화해절차에서 출석한 당사자 사이의 화해 합의가
성립하였다고 인정하여 조서에 기재하게 한 것에 그치고, 택지 소유자를 갈
음하여 처분한다는 취지로 의사표시를 한 것은 아니다(이 점은 재판소를 기
망하여 승소판결을 얻고 이를 기초로 상대방으로부터 재물을 취득하는 이
른바 소송 사기와는 다른 것으로 풀이하여야 한다). 또한, 이 사건 택지의
소유권이전등기도 소유자의 의사에 기초하지 아니한 채 내용이 허위인 위
화해조서로 등기 공무원을 속인 결과가 된 것이 그치고, 등기 공무원은 부
동산을 처분할 권한도 지위도 없는 이상, 피고인의 이들 행위로 피고인 등
이 택지를 편취한 것이라고는 볼 수 없다.

大審院 判決 明治 42年(1909) 4月 16日 刑録 15輯 452頁

훼손, 손괴란 그저 물질적으로 기물, 그 밖에 물건의 형체를 변경, 멸절할
경우뿐 아니라, 사실상, 감정상 물건을 다시 본래 목적에 이바지할 수 없는
상태에 이르게 한 경우도 포함한다고 해석함이 타당하다고 보아야 하는 까
닭에 이 사안처럼 피고인이 영업상 접객 식음에 이바지할 그릇과 술병에 방
뇨한 이상, 피해자 입장에서 다시 위 물품을 영업에 쓸 수 없음은 물론이다.

4. 사회 법익에 대한 범죄

(1) 공공 안전, 건강에 대한 범죄

소란(騷亂)의 죄(형법 제106-107조), 방화, 실화의 죄(형법 제108-118
조), 출수(出水), 수리에 관한 죄(형법 제119-123조), 통행을 방해하는 죄
(형법 제124-129조), 아편 연기에 관한 죄(형법 제136-141조), 음료수에 관

한 죄(형법 제142-147조)가 해당한다. 주요 판례는 다음과 같다.

최고재판소 결정 平成 元年(1989) 7月 7日 刑集 判例タイムズ 710号 125頁

피고인은 12층 집합건물인 이 사건 아파트 내부에 설치된 승강기의 바구니 안에 불을 붙여 그쪽 벽으로 사용되던 화장 강판의 표면 약 0.3㎡를 태웠으니, 현주건조물 등 방화죄가 성립한다고 본 원심의 판단은 정당하다.

大阪地方裁判所 判決 昭和 41年(1966) 9月 19日 判例タイムズ 200号 180頁

당초 형법 제110조가 제1항에서 같은 조 제2항의 자기 소유물에 대한 방화일 경우보다 법정형을 무겁게 둔 이유는 방화죄가 공공위험죄임과 동시에 재산권 침해의 성질도 함께 띠고 있음이 고려된 것으로 여겨진다. 소유자가 소유권을 포기한 물건은 태워도 재산권 침해를 이유로 형을 가중하여야 할 것이 아님은 두말할 나위가 없으니, 방화 범인의 소유물에 준하여 취급함이 타당하다.

最高裁判所 判決 昭和 36年(1961) 12月 1日 刑集 15巻 11号 1807頁

원판결은 형법 제125조 제1항의 전차통행위험죄에서 위험이란「전차의 안전한 통행을 막을 우려가 있는 상태, 즉 전복, 충돌 등 사고 발생 가능성이 있는 상태를 말한다」고 한 다음, 피고인들이 공모하여 이른바 인민 전차를 운행하여 전차의 왕래에 위험을 일으킨 것을 인정하여 형법 제125조 제1항을 적용, 처단하였다. (...) 원판결의 이 점에 대한 판단은 정당하다.*

---

* 피고인들이 국철(国鉄) 직원으로서 파업의 일환으로「인민 전차 / 人民電車」라고 쓰인 전차를 京浜東北線에서 운행하였는데, 京浜東北線 자체에는 다른 전차가 달리지 아니하였으나, 그 때문에 山手線과 노선을 공유하는 구간에서 山手線이 시간표대로 운행하지 못하는 혼란이 빚어진 사안이다.

(2) 공공 신용에 대한 범죄

통화위조의 죄(형법 제148-153조), 문서위조의 죄(형법 제154-161조의 2), 유가증권위조의 죄(형법 제162-163조), 지불용 카드 전자기록에 관한 죄(형법 제163조의2-5), 인장위조의 죄(형법 제164-168조), 부정 지시 전자기록에 관한 죄(형법 제168조의2-3)가 해당한다. 주요 판례는 다음과 같다.

名古屋高等裁判所 判決 昭和 35年(1960) 7月 14日 刑集 15卷 3号 684頁

「東京都 千代田区 筆町 7番地 司法局 別館 人権擁護委員会 会計課」라는 것이 정확히 실재하지 아니하여도, 위 위원회 회계과 작성 명의 증명서는 형식과 외관에서 일반인으로 하여금 공무소인 위 위원회가 직무권한 내에서 작성한 공문서로 잘못 믿게 할 만한 것으로 인정함이 타당하니, 피고인이 위 문서를 작성, 행사한 것은 공문서위조 및 그 행사죄를 구성한다고 보아야 한다.

最高裁判所 決定 昭和 56年(1981) 4月 8日 刑集 35卷 3号 57頁

교통사고 원표 중의 진술서는 문서의 성질상 작성명의인 아닌 사람이 작성함은 법령상 허용되지 아니하는 것으로 위 진술서를 타인 명의로 작성한 경우, 미리 그 타인의 승낙을 얻었어도, 사문서위조죄가 성립한다고 풀이할 것이다.

東京地方裁判所 判決 平成 4年(1992) 5月 28日 判例タイムズ 806号 230頁

설령 이 사건 지원자가 대리 수험이 이루어지는 것을 어떻게든 인식하고 「승낙」하였어도, 이 사건처럼 실제 문서 작성명의인과 현실 작성자의 인격 동일성에 관한 기망이 있을 경우, 그 목적으로 주어진 「승낙」을 유효하다고 인정할 수 없음은 당연하다. 그러한 「승낙」은 작성자에게 적법한 작성 권한을 준다는 성질의 것일 수 없고, 오히려 문서위조죄의 공범을 구성하는 행위로 평가받아야 할 것이다.

最高裁判所 決定 平成 5年(1993) 10月 5日 刑集 47卷 8号 7頁

피고인은 자기 성명이 제2도쿄변호사회(第2東京弁護士会) 소속 변호사 A와 동일한 점을 이용하여 위 변호사로 행세하고 「변호사 A」의 명의로 이 사건 각 문서를 작성한 것이다. 가령 명의인으로 표시된 사람의 성명이 피고인의 성명과 동일하여도, 이 사건 각 문서가 변호사로서 업무와 관련하여 변호사 자격을 지닌 사람이 작성한 형식, 내용인 이상, 이 사건 각 문서에 표시된 명의인은 제2도쿄변호사회 소속 변호사 A로 변호사 자격이 없는 피고인과는 다른 인격의 사람임이 명백하니, 이 사건 각 문서의 명의인과 작성자의 인격 동일성에 어긋남이 생겼다고 보아야 한다. 따라서 피고인은 위 동일성을 속인 것으로 그 각 행위는 사문서위조죄 및 그 행사죄가 성립한다고 한 원심 판단은 정당하다.

---

(3) 풍속에 대한 범죄

외설, 중혼의 죄(형법 제174-175, 184조), 도박, 복표에 관한 죄(형법 제185-187조), 예배소, 분묘에 관한 죄(형법 제188-192조)가 해당하는데, 사체손괴 등(형법 제190조)은 예배소, 분묘에 관한 죄에 속한다. 주요 판례는 다음과 같다.

最高裁判所 決定 平成 26年(2014) 11月 25日 刑集 68卷 9号 1053頁

피고인들이 운영하는 전송 사이트에는 인터넷을 통한 내려받기 조작에 맞추어 자동적으로 데이터를 송신하는 기능이 갖추어져 있어 고객에 의한 조작은 피고인들이 의도한 송신의 계기가 되는 것에 그치고, 이에 맞추어 피고인들은 서버 컴퓨터로부터 고객의 PC로 데이터를 송신하였다고 보아야 한다. 따라서 불특정인인 고객에 의한 내려받기 조작을 계기로 삼았어도, 그 조작에 맞추어 자동적으로 데이터를 송신하는 기능을 갖춘 전송 사이트를 이용, 송신하는 방법으로 외설 동영상 등 데이터 파일을 해당 고객의 PC 등 기록매체상에 기록, 보존시키는 것은 형법 제175조 제1항 후단에서 말하는 외설적인 전자기록의 「반포」에 해당한다.

5. 국가 법익에 대한 범죄

내란, 외환, 국교에 관한 죄(형법 제77-94조), 공무집행을 방해하는 죄(형법 제95-96조의6), 도주, 범인은닉, 증거인멸의 죄(형법 제97-105조의2), 위증, 허위고소의 죄(형법 제169-173조), 오직(汚職)의 죄(형법 제193-198조, 우리의 공무원의 직무에 관한 죄에 해당한다)가 해당한다. 강제집행방해목적 재산손괴 등(형법 제96조의2, 우리의 강제집행면탈에 상응한다), 공적 경매, 입찰 방해, 담합(형법 제96조의6)은 공무집행을 방해하는 죄에 속하고, 우리와 달리 직무유기, 피의사실공표(우리 형법 제122, 126조)는 처벌 규정이 따로 없다. 주요 판례는 다음과 같다.

札幌高等裁判所 判決 平成 17年(2005) 8月 18日 高刑 58卷 3号 40頁

형법 제103조는 수사, 심판 및 형의 집행 등 넓은 의미에서 형사 사법 작용을 방해하는 사람을 처벌하려는 취지의 규정이다. 그리고 수사기관이 누가 범인일지 모르는 단계에서 수사기관에 자신이 범인이라는 취지로 허위 사실을 신고한 경우, 그것이 범인 발견을 막는 행위로 수사라는 형사 사법 작용을 방해하고, 위 조에서 말하는 「도피」에 해당함은 명백하다. 그렇다면, 범인이 사망자여도 이 점에는 차이가 없다고 풀이된다. 물론 무죄나 면소의 확정판결을 받은 사람 등은 도피시켜도 위 조에 따라 처벌되지 아니하나, 이러한 사람은 이미 법률상 소추나 처벌될 가능성을 완전히 상실하여 수사 필요성도 없어진 이상, 이러한 사람을 도피시켜도 어떠한 형사 사법 작용을 방해할 우려는 없다. 반면, 이 사건처럼 사망자일 경우, 위와 같이 그 우려 가 있음에 비추어 보면, 위 조에서 말하는 「죄를 저지른 사람」에는 사망자 도 포함한다고 풀이하여야 한다.

東京高等裁判所 決定 昭和 28年(1953) 7月 14日 判例時報 9号 3頁

형법 제193조의 직권남용죄가 성립하려면 공무원이 직권을 남용하여 의무 없는 일을 시키거나 권리를 방해할 필요가 있는데, 이 사건에서는 도청을 위하여 누구에게도 의무 없는 일을 시킨 사실이 없을 뿐 아니라, 누구도 권 리를 방해받지 아니하였음이 기록에 비추어 명백하다. 왜냐하면 위 조에서 이른바 권리를 방해한다는 것은, 일정한 권리가 구체화하고 현실로 행사할 수 있을 구체적 조건을 갖춘 경우 공무원이 직무집행의 구체적 조건을 갖추 지 못하였는데도 현실로 위 권리행사를 방해한다는 의미로 A 등의 기본적 인권에 추상적으로 위협이나 침해를 주는 데에 그친 행위는 아직 위 권리행 사방해에 해당할 수 없기 때문이다.

最高裁判所 決定 平成 16年(2004) 11月 8日 刑集 58卷 8号 905頁

수뢰의 공동정범이 공동하여 수수한 뇌물은 현존하는 경우, 공범 각자에게 각각 전부 몰수를 선고할 수 있으니, 몰수할 수 없을 경우의 추징도 몰수의 환형처분임에 비추어 보면, 공범 각자에게 각각 수수한 뇌물 가액 전부의 추징을 명할 수 있다고 풀이함이 타당하고, 뇌물을 공동수수한 사람 중에 공무원 신분이 없는 사람이 포함된 경우에도 달리 취급할 이유는 없다.
 다만, 수수한 뇌물을 범인 등으로부터 필수적으로 몰수, 추징하는 취지는 수뢰 범인 등에게 부정한 이익의 보유를 허용하지 아니하고, 이것을 박탈하 여 국고에 귀속시킨다는 점에 있다고 풀이된다. 또한, 뇌물을 수수한 공범 각자로부터 각각 가액 전부를 추징할 수 있어도, 추징이 몰수를 갈음하는 처분이니, 그 전원에게 중복하여 전부를 집행하는 것은 허용될 리 없고, 공범 중 1명이나 여러 명에게 전부 집행을 마치면, 다른 사람에게는 집행할 수 없음은 물론이다.

III. 수사와 공소, 공판

형사소송법은 범죄자에 대한 절차를 다루는 일반법으로 총칙, 제1심, 상소, 재심, 비상상고, 약식절차, 재판의 집행 총 7편으로 나뉘는데, 이하에서는 수사와 공소, 공판을 중심으로 주요 내용을 개관해본다.

1. 수사

(1) 압수, 수색, 검증

재판소에 의한 절차는 형사소송법 제99-142조, 수사기관에 의한 절차는 형사소송법 제218-222조에서 정한다. 전자기록 매체에 대한 압수절차를 상세히 정하는 것이 특징인데, 집행자는 전자기록 매체의 압수를 갈음하여 직접 또는 압수당할 사람을 통하여 압수할 기록 매체에 기록된 전자기록을 다른 기록 매체로 복사, 인쇄, 이전한 다음, 그 기록 매체를 압수할 수 있다(형사소송법 제110조의2). 여기서 「이전」이란 다른 기록 매체에 전자기록을 복사하고, 당초 기록 매체에서는 전자기록을 지우는 것을 말하는데, 해당 내용이 몰수 대상이거나 위험물의 제조방법을 담는 등 사정이 있으면, 이전에 의한 압수를 검토할 필요가 있다.[25]

수사기관의 압수, 수색, 검증은 우리와 마찬가지로 재판관이 발부한 영장에 의함이 원칙이나(형사소송법 제218조 제1항), 피의자를 체포, 구류(勾留, 우리의 구금에 상응한다)할 경우, 피의자가 유류하거나, 소유자 등이 임의로 제출한 경우에는 영장 없이도 가능하다(형사소송법 제220−221조). 그러나 압수, 수색, 검증에 필요한 영장은 우리와 달리 검찰관뿐 아니라, 검찰 사무관, 사법경찰원(우리의 사법경찰관에 상응한다)도 직접 청구할 수 있고(형사소송법 제218조 제4항), 범행 중이나 범행 직후에 긴급한 경우 영장 없이 압수, 수색, 검증을 허용하는 규정(우리 형사소송법 제216조 제3항)은 따로 없다.

❙ 칼럼 ❙ 재판관과 검찰관

재판관 정원은 2021. 3. 30. 현재 최고재판소 장관 1명, 최고재판소 판사 14명, 고등재판소 장관 8명, 판사 2,155명(경력 10년 이상), 판사보(判事補, 경력 10년 미만) 897명, 간이재판소 판사 806명 총 3,881명이다(재판소법 제5조, 재판소 직원 정원법 제1조). 그중에서 간이재판소 판사는 변호사 자격이 없어도 임명될 수 있는 점이 특징이고(재판소법 제44조 제1항 제4, 5호), 실제로도 재판소 직원 출신이 다수를 차지하면서 활동하고 있다.

검찰관은 검사총장(検事総長, 우리의 검찰총장에 상응한다), 차장검사(次長検事, 우리의 대검찰청 차장검사에 상응한다), 검사장(検事長, 우리의 고등검찰청 검사장에 상응한다), 검사, 부검사(副検事, 우리의 검사직무대리에 상응한다)로 나뉘는데, 부검사는 변호사 자격이 없어도 임명될 수 있다(검찰청법 제3, 18조).

(2) 체포, 구류

재판소에 의한 절차는 형사소송법 제57−98조, 수사기관에 의한 절차는 제199−217조에서 정한다. 우리와 달리 체포전치주의를 채택하였기에 수사기관에서는 현실적으로 피의자를 체포한 다음에만 구류를 청구할 수 있다. 체포의 종류는 우리와 마찬가지로 체포장(逮捕状, 우리의 체포영장에 상응한다)에 의한 체포, 긴급체포, 현행범체포 총 3가지인데, 체포장은 압수, 수색, 검증 영장과 마찬가지로 검찰관뿐 아니라, 검찰사무관, 사법경찰원도 직접 재판관에게 청구할 수 있고, 피의자를 긴급체포한 경우에도 즉시 체포장을 청구하여야 한다(형사소송법 제199, 210조).

사법경찰원은 직접 피의자를 체포하거나 체포된 피의자를 넘겨받았으면, 그 신체가 구속되고 48시간 안에 검찰관에게 송치하여야 하고, 검찰관은 직접 피의자를 체포하거나 체포된 피의자를 넘겨받았으면 그 신체가 구속되고 48시간, 피의자를 송치받았으면 그때부터 24시간 안에 재판관에게 구류를 청구하여야 하나, 부득이한 사정으로 위 각 시간제한을 따르지 못한 경우에도, 그 사유를 소명하여 구류를 청구할 수 있다(형사소송법 제203-206, 211, 216조).

검찰관은 구류를 청구한 날부터 10일 안에 공소를 제기하지 못하면 즉시 피의자를 석방하여야 하나, 위 기간은 불가피한 사정이 있을 경우 검찰관의 청구에 따라 재판관이 10일 범위에서 연장할 수 있고, 내란, 외환, 국교, 소란에 관한 죄에서는 다시금 5일 범위에서 같은 방식으로 연장할 수 있다(형사소송법 제208-208조의2, 211, 216조).

반면, 기소 후 공판 과정에서는 우리와 달리 따로 구속 기간 제한(우리 형사소송법 제92조)이 없는데, 이에 따라 재판소로서는 피고인의 신체가 구속된 상태로 기간에 구애받지 아니하고 심리를 진행할 수 있다. 재판원재판은 뒤에서 보듯이 중대 범죄를 대상으로 삼기에 피고인이 구속된 상태에서 진행하기 마련인데, 구류 기간에 제한이 없기에 평균 10개월이 넘게 충실히 심리할 수 있다. 대규모 조직범죄였던 옴 진리교 사건에서 수괴에 대한 공판은 제1심만 1995년부터 2004년까지 무려 9

년간 진행하였다.[26]

우리나라와 비슷하게 독일에서는 수사와 공판을 포함하여 구속 기간을 총 6개월로 제한하나, 이 기간은 고등법원의 결정에 따라 연장될 수 있고, 제1심에서 공판개시결정을 내리면 판결을 선고할 때까지 그 진행이 정지되며, 나아가 자유형 등 자유를 박탈하는 처분을 선고한 다음부터는 위 제한이 없어진다(독일 형사소송법 제121조). 결국, 독일 또한 실질적으로는 일본처럼 피고인에 대한 구속 기간 제한이 없는 셈이다.

【통계】 2019년 일본 체포, 구류 현황[27]

		청구				직권 발부	총 발부
		발부	각하*	취하	합계		
체포장	통상	78,957	56	1,227	80,240	–	80,240
		98.40%	0.07%	1.53%	100%	–	–
	긴급	6,701	32	–	6,733	–	6,733
		99.52%	0.48%	–	100%	–	–
	합계	85,658	88	1,227	86,973	-	86,973
		98.49%	0.10%	1.41%	100%	-	-
구류장		94,115	6,262	2	100,379	2,263	96,378
		93.76%	6.24%	0.00%	100%	–	
		97.65%	–	–	–	2.35%	100%

---

* 일본은 우리와 달리 구류청구를 배척할 때 「기각」이 아니라 「각하」라는 표현을 쓴다.

	청구			직권 발부	총 발부
	발부	기각	합계		
체포영장	36,948	832	37,780	–	37,780
	97.80%	2.20%	100%	–	–
구속영장	24,044	5,608	29,652	37,211	61,255
	81.09%	18.91%	100%	–	–
	39.25%	–	–	60.75%	100%

2019년 체포장 / 체포영장 발부율은 일본 98.49%, 우리나라 97.80%로 대동소이하나, 구류장 / 구속영장 발부율은 일본 93.76%, 우리나라 81.09%로 다소간 차이를 보이고, 전체 발부 중 청구에 의한 발부 비율은 일본 97.65%, 우리나라 39.25%로 매우 큰 차이가 난다. 구류 / 구속이 필요한 사건이어도, 일본에서는 거의 다 수사 단계에서 구류장을 발부하는 반면, 우리나라에서는 불구속 수사 원칙(우리 형사소송법 제198조 제1항)에 따라 수사 단계보다 오히려 공판 단계에서 1.5배 정도 더 많이 구속영장을 발부하는 셈이다.

(3) 피의자 조사

형사소송법 제198조는 피의자 조사에 대한 사항을 정하는데, 피의자는 체포, 구류된 경우가 아니면 출석을 거부하거나 출석 후 언제라도 퇴거할 수 있고, 조사 전에 진술거부권을 고지받으며, 조사 내용을 기재한 조서를 열람, 낭독한 다음 그 증감, 변경을 요청할 수 있으며, 조서 내용이 틀림없음에 관한 서명날인을 요구받을 수 있으나, 서명날인은 거절할 수도 있다.

2016년 형사소송법 제301조의2가 신설되어 ① 사형, 무기징역, 무기금고에 해당하는 죄에 관한 사건, ② 단기 1년 이상 유기징역, 유기금고에 해당하고 고의에 의한 범죄행위로 피해자가 사망한 죄에 관한 사건, ③ 경찰이 송치, 송부하지 아니한 사건에서 체포, 구류된 피의자가 불리한 사실을 승인한 진술을 기재한 서면에 대하여 나중에 피고인, 변호인이 임의성을 다투면, 검찰관이 임의성을 증명하기 위하여 원칙적으로 해당 조사 과정을 녹음, 녹화한 기록 매체에 대한 증거조사를 청구하여야 하는 제도가 도입되었고, 2019. 6. 1.부터 시행 중이다.

경찰을 필두로 수사기관에서는 위 조항 신설 후, 그 시행 전부터 해당 사건에서 피의자에 대한 조사 과정을 녹음, 녹화해왔다.[29] 그러나 대상 사건이 전체의 3% 미만에 그치고, 우리와 달리 피의자 조사에 변호사가 입회할 수 있는 법률상 근거(우리 형사소송법 제243조의2) 또한 없어 수사기관에서는 피의자 조사에 변호인 입회를 허용하지 아니한다. 이에 일본 변호사연합회(日本弁護士連合会)에서는 ① 녹음, 녹화 대상을 모든 사건으로 확대하고, ② 피의자 조사 과정에 변호인 입회를 보장할 것을 주창함은 물론 이른바 「피의자 노트」라는 이름으로 피의자 자신이 조사 과정에서 필요한 내용을 기록할 수 있는 양식을 제공하고 있다.[30]

2. 공소

(1) 기소와 불기소

공소에 관한 사항은 형사소송법 제247－270조에서 정하는데, 국가소추주의와 기소편의주의 등 우리와 대체로 내용이 비슷하다. 공소는 검찰관이 담당하되, 범인의 성격, 나이와 처지, 범죄의 경중과 정상, 범죄 후 정황에 따라 소추할 필요가 없으면, 공소를 제기하지 아니할 수 있다(형사소송법 제247-248조). 불기소 처분에 대한 일반적인 불복 방법으로는 검찰심사회(檢察審査会)에 대한 심사청구(검찰심사회법)가 있고, 공무원 직권남용 등 일정 범죄에서는 재판소에 대한 심판회부청구(형사소송법 제262-269조)도 가능하며, 실무상으로는 상급 검찰청의 장에게 감독권 발동을 촉구하는 방법도 인정된다.[31]

공소제기는 피고인의 인적 사항, 공소사실, 죄명을 기재한 기소장(起訴状, 우리의 공소장에 상응한다)을 제출하는 방식으로 하되, 공소사실 안에서는 구체적 일시, 장소, 방법을 특정한 소인(訴因)을 명시하여야 한다(형사소송법 제256조 제1-3항). 죄명에는 적용 법조를 기재하여야 하는데, 소인과 적용 법조는 여럿을 예비적, 택일적으로 기재할 수 있고, 기소장에는 재판관에게 사건에 관한 예단을 불러올 우려가 있는 서류 등을 첨부하거나, 그 내용을 인용할 수 없다(같은 조 제4-6항).

┃ 칼럼 ┃ 공소사실과 소인

대륙법계에서는 「공소사실」이라는 개념으로 공소제기의 효력과 심판 범위, 판결의 효력이 미칠 범위 등이 정해지고, 공소사실 범위에서는 실제 구체적 심판 대상이 되지 아니한 사실이어도 판결의 효력이 미치고 추가 기소가 허용되지 아니한다. 예컨대 독일에서는 기소장 변경절차 자체가 없고, 대신 법원은 피고인의 방어권을 보장하는 한, 기소장과 다른 사실관계, 법률을 적용하여 유죄판결을 할 수 있다(독일 형사소송법 제265조). 반면, 영미법계에서는 그보다 좁은 소인(訴因, count)이라는 개념을 두어 실제 심판 대상만을 특정한다. 이를 받아들인 현행 일본 형사소송법의 해석으로도 심판의 대상은 추상적인 공소사실 전부가 아니라, 구체적인 소인, 즉 법률적으로 재구성한 구체적 사실로 한정되고, 그와 다른 사실로 유죄를 인정하려면 기소장 변경절차(형사소송법 제312조)를 거쳐야 한다.[32]

(2) 현황

【통계】 2019년 일본 검찰 처분 결과[33]

범죄*	기소**		불기소***			합계
	구공판	구약식	기소유예	혐의 불충분	나머지	
일반	74,235	81,138	414,116	40,026	15,872	625,387
	11.87%	12.97%	66.22%	6.40%	2.54%	100%
도로교통	6,951	120,520	99,641	5,030	1,992	234,134
	2.97%	51.47%	42.56%	2.15%	0.85%	100%
합계	81,186	201,659	513,757	45,056	17,864	859,522
	9.45%	23.46%	59.77%	5.24%	2.08%	100%

【통계】 2019년 우리나라 검찰 처분 결과[34]

기소		불기소				합계
구공판	구약식	기소유예	무혐의	각하	나머지	
205,418	493,693	242,471	324,017	162,762	350,110	1,778,471
11.55%	27.76%	13.63%	18.22%	9.15%	19.69%	100%

　　2019년 검찰 처분 현황을 보면, 기소 중 구공판 / 구약식 비율은 일본 9.45% / 23.46%, 우리나라 11.55% / 27.76%로 기소 비율은 일본이 우리보다 약간씩 낮은 수준인 반면, 기소유예 비율은 일본 59.77%,

---

* 「도로교통범죄」는 도로교통법, 자동차의 보관장소 확보 등에 관한 법률(自動車の保管場所の確保等に関する法律) 위반 범죄, 「일반 범죄」는 도로교통범죄를 제외한 나머지 범죄를 의미한다.
** 「구공판」은 공판 절차 청구, 「구약식」은 약식명령 청구를 의미하고, 이하 같다.
*** 종국처분이 아닌 기소중지, 참고인중지는 제외한 것이고, 이하 같다.

우리나라 13.63%로 일본이 우리의 4.38배에 이른다. 이것은 일본 검찰이 기소편의주의 원칙을 우리보다 상당히 광범위하게 활용하고 있음을 시사한다. 이처럼 사건을 엄격히 선별, 기소하는 관행은 뒤에서 보듯이 형사재판에서 0.2%대라는 극히 낮은 무죄율을 뒷받침하고 있다. 이 점은 다음과 같이 묘사되기도 한다.35)

우리나라에서 검찰관이 피의자를 기소할 때에 필요한 혐의 정도는 「유죄의 확신」이다. 「혐의만으로 사람을 기소할 것은 아니라는 것이 검찰관 기소의 존재 방식에 관한 전통적 사고방식이랄까 마음가짐이었다. 그리고 현재도 계속되는 실무 관행이기도 하다.」. 「유죄의 확신」은 재판관이 유죄판결을 할 때의 심증에 가까운 것으로 이해된다. 이러한 「확신」의 유무를 정하기 위하여 담당 검찰관은 피의자에게 유리, 불리한 일체 증거를 검토하고, 이미 판명된 피의자의 해명뿐 아니라, 공판에서 나오리라 예측되는 해명, 반증 등도 고려한다. 담당 검찰관은 자기 판단의 옳고 그름에 관한 조언을 동료에게 구하기도 하고, 결재라는 형태로 상사의 검토, 조언을 받는다. 주목받는 중대 사건은 때에 따라서는 상급 검찰청과 협의를 거쳐 기소, 불기소가 결정되기조차 한다.

범죄의 혐의가 일응 「유죄의 확신」을 충족한 경우에도 우리나라에서는 검찰관에게 폭넓은 소추 재량이 인정되니(형사소송법 제248조 - 기소편의주의), 피의자가 언제나 기소되는 것은 아니다. 담당 검찰관은 그 재량권 행사에도 신중한 태도로 임한다. 그리고 기소유예 처분은 본인의 개선, 갱생에 이바지하는 점이 크다고 보아 그 형사정책적 기능이 강조된다.

검찰관의 불기소 처분에는 확정판결처럼 일사부재리효는 없으나[最高裁判所 判決 昭和 32年(1957) 5月 24日 刑集 11卷 5号 1540頁], 사실상 최종적인 것이고, 일단 불기소한 사건을 다시금 기소하는 일은 별로 없다. 또한, 기소한 사건의 공소 취소(형사소송법 제257조)도 거의 없다. 그것만으로도 기소, 불기소 결정에는 한층 신중함이 요구된다고 할 것이다.

우리나라 공소권 운용의 특색은 실로 그 신중함에 있다고 할 것이다.

3. 공판

(1) 쟁점 및 증거정리절차

2004년 형사소송법 개정으로 쟁점 및 증거정리절차가 도입되었는데(형사소송법 제318조의2-32), 효율적인 심리를 위하여 공판 전이나 기일 사이에도 쟁점 및 증거정리를 수행할 근거를 마련하고, 이와 더불어 증거개시제도를 창설한 것이 특징이다. 일정한 경우 검찰과 변호인 쌍방 모두 증거개시의무를 지고, 그 증거개시를 거부하면, 재판소는 거부한 상대방의 의견을 들어 증거개시를 명할 수 있으며, 그 명령은 상대방이 즉시항고로 다툴 수 있다(형사소송법 제316조의26).

【통계】 2018년 공판 전 정리절차 회부 현황[36]

	미회부				회부				합계
	자백	부인	나머지	합계	자백	부인	나머지	합계	
종국	43,672	3,900	984	48,556	520	726	9	1,255	49,811
	87.68%	7.83%	1.98%	97.48%	1.04%	1.46%	0.02%	2.52%	100%
	89.94%	8.03%	2.03%	100%	41.43%	57.85%	0.72%	100%	—
평균 심리 기간(개월)	2.6	8.5	1.6	3.1	7.7	13.4	13.2	11.0	3.3

❙ 칼럼 ❙ 재판 신속화에 관한 검증 보고서

최고재판소는 재판 신속화에 관한 법률(裁判の迅速化に関する法律) 제8조 제1항에 따라 2005년부터 2년마다 재판 신속화에 관한 검증 결과를 공표해왔는데, 2019년 8번째 검증 결과를 공표하였고, 2021년 9번째 검증 결과를 공표할 예정이다. 해당 보고서는 민사, 형사, 가사 등 분야별, 심급별로 평균 심리 기간 등 재판 신속화에 관한 사항을 중심으로 각종 지표를 일목요연하게 정리해두었기에 일본 사법의 현황을 한눈에 파악하는 데에 큰 도움이 된다. 그간 공표된 결과의 상세는 https://www.courts.go.jp/toukei_siryou/siryo/index.html 참조.

2018년 기준 공판 전 정리절차에 회부한 사건은 전체의 2.52%에 그쳤고, 그 안에서는 부인 57.85%, 자백 41.43%였다. 평균 심리 기간은 미회부 사건 3.1개월, 회부 사건 11.0개월로 회부 사건이 미회부 사건의 3.58배에 이른다. 쟁점과 증거가 복잡한 사건을 위주로 공판 전 정리절차에 회부하기 때문으로 보인다.

(2) 증거

증거에 관한 사항은 형사소송법 제317－328조에서 정하는데, 증거로 삼을 수 있는 자격, 즉 증거능력에 관한 규율이 우리와 상당히 다르다. 피고인이 자신에게 불리한 사실을 승인하였거나, 특히 신용할 정황에서 진술한 내용을 담은 서류는 피고인의 서명이나 날인이 있으면, 진술의 임의성 조사를 거쳐 증거로 삼을 수 있다고 보아(형사소송법 제322, 325조), 서류의 작성 주체나 상황과 관계없이 증거능력을 동일하게 판단한다. 제2차 세계대전 종결 후 새로 형사소송법을 제정하는 과정에서 일본 측에서는 종전 수사기관 자백 과정에서 일어난 인권유린의 문제를 극복하기 위하여 피고인이 이의하지 아니할 경우에만 조서에 증거능력을 부여하는 안을 제시하였으나, 오히려 입법 작업을 주도한 연합국군 최고 사령관 총사령부 측에서 강력히 반대하면서 제시한 안이 거의 그대로 관철된 결과이다.[37]

반면, 우리나라에서 현재 검사 작성 피의자신문조서는 진정성립, 경찰 작성 피의자신문조서는 피고인 측의 내용 인정을 전제로만 증거로 삼을 수 있다(우리 형사소송법 제312조). 그러나 위 조항은 2020. 2. 4. 법률 제16924호로 개정되어 피의자신문조서는 작성 주체를 불문하고 모두 피고인 측의 내용 인정을 전제로만 증거로 삼을 수 있게 바뀌었고, 2022. 1. 1. 시행될 예정이다.

일본에서 피고인이 불리한 사실을 승인한 것 자체만으로 해당 진술에 원칙적으로 증거능력을 부여한 것은 무릇 사람이 거짓을 꾸며내면서까지 자신에게 불리한 사실을 폭로하지 아니한다는 경험칙과 더불어 피고인은 공판정에서 진술할 의무가 없기에 공판정에서 불리한 진술을 받지 못할 경우, 공판정 외에서 한 진술을 증거로 삼을 필요성과 타당성도 있음을 근거로 삼은 것이다.[38]

한편, 피고인 아닌 제3자의 진술을 담았고 해당인의 서명이나 날인이 있는 서류는 ① 재판관 앞에서 작성된 것이면, 진술자가 사망 등으로 진술할 수 없거나, 공판에서 종전 진술과 달리 진술한 때, ② 검찰관 앞에서 작성된 것이면, 진술자가 사망 등으로 진술할 수 없거나, 공판에서 종전과 상반되거나 실질적으로 달리 진술하였고, 종전 진술을 공판 진술보다 더 신용할 만한 특별한 정황이 있을 때, ③ 그 밖에는 진술자가 사망 등으로 진술할 수 없고, 그 진술이 범죄사실 유무의 증명에 불가결하며, 신용할 만한 특별한 정황에서 이루어진 때에만 진술의 임의성 조사를 거쳐 증거로 삼을 수 있다고 보아(형사소송법 제321, 325조) 서류의 작성 주체와 상황에 따라 증거능력을 차등 취급한다.

위와 같은 규율은 서류뿐 아니라, 제3자의 공판 진술이 피고인 등 다른 사람의 진술을 담은 경우에도 마찬가지로 적용되나, ① 당사자가 동의한 서면과 진술, ② 당사자가 증거로 삼는 데에 합의한 서면, ③ 진술의 증명력을 다투는 증거, 이른바 탄핵증거일 경우에는 적용되지 아니한다(형사소송법 제324, 326-328조).

(3) 증거수집 등 합의

2016년 형사소송법 개정으로 피의자, 피고인과 검찰 사이의 합의 제도가 도입되었다. 전모를 파악하기 어려운 조직범죄에 효율적으로 대응하려는 취지인데, 특정 범죄에 대한 사건에서 검찰관은 피의자, 피고인이 수사, 공판에서 진실을 진술하거나, 증거수집과 제출에 협력할 것을 조건으로 공소 부제기, 특정한 소인과 적용 법조에 의한 공소제기, 약식명령 청구, 특정한 구형 등을 합의할 수 있다. 또한, 절차의 적정성을 담보하기 위하여 ① 제3자 재판에서 합의 내용 서면의 증거조사청구의무, ② 변호인의 일관된 관여, ③ 합의 위반에 대한 제재 등 여러 제도적 장치를 강구해두었다(형사소송법 제350조의2-15).[39]

(4) 재판

공판의 재판에 관한 사항은 형사소송법 제329-350조에서 정하는데, 우리와 거의 같은 내용이다.

【통계】 2019년 일본 제1심 형사재판 현황[40]

재판소	유죄	무죄	공소기각	관할위반	정식재판 청구취하	이송 등	합계
간이	4,230	9	26	–	76	170	4,511
	93.77%	0.20%	0.58%	–	1.68%	3.77%	100%
지방	47,445	104	147	3	5	1,047	48,751
	97.32%	0.21%	0.30%	0.01%	0.01%	2.15%	100%
합계	51,675	113	173	3	81	1,217	53,262
	97.02%	0.21%	0.32%	0.01%	0.15%	2.28%	100%

【통계】 2019년 우리나라 제1심 형사재판 현황[41]

형 선고	선고유예	무죄	형 면제 면소	관할위반	공소기각	소년부 송치 등	합계
206,176	1,856	6,868	373	4	5,401	15,209	235,887
87.40%	0.79%	2.91%	0.16%	0.00%	2.29%	6.45%	100%

2019년 유죄율은 일본 97.02%, 우리나라 88.35%(형 선고 + 선고유예 + 형 면제, 면소[42])로 일본이 1.10배 높은 수준이나, 무죄율은 일본 0.21%, 우리나라 2.91%로 우리나라가 일본의 13.72배에 이른다. 이것은 일본에서 검찰이 기소유예 등 불기소 처분을 광범위하게 활용하면서 반드시 유죄를 받을 수 있는 사건만 기소하는 이른바 「정밀기소」 관행이 확고하기 때문으로 보인다.

(5) 항소와 상고

판결에 대한 항소와 상고에 관한 사항은 형사소송법 제351-418조에서 정하는데, 우리와 달리 항소심은 사후심으로서 제1심에서 조사, 확정한 사실만 근거로 판단하는 것이 원칙이고, 제1심 변론종결 후의 사정은 예외적으로만 다룰 수 있다(형사소송법 제377-384조). 상고심 또한 상고이유를 ① 헌법 위반, 헌법해석의 잘못, ② 최고재판소, 대심원 등 상고심 판례 위반으로 제한하되, 상고이유가 없어도 원심판결에 영향을 미친 법령위반이나 중대한 사실오인, 심각한 양형부당 등이 있어 현저히 정의에 어긋나면 직권으로 파기할 수 있다(형사소송법 제405, 411조).

2019년 상소심의 파기율은 일본에서 항소심 9.09%(530건 / 5,828건), 상고심 0.14%(3건 / 2,091건)이고, 우리나라에서 항소심 34.67%(24,218건 / 69,853건), 상고심 1.19%(268건 / 22,529건)이다.[43] 우리나라가 일본보다 항소심은 3.81배, 상고심은 8.29배로 파기율이 높은 셈이다. 여러 가지 원인이 있을 수 있으나, 근본적으로는 양국의 상소심의 구조 자체가 서로 크게 다른 점에서 비롯한 결과임을 부인하기 어려울 것이다.

Ⅳ. 재판원재판

사법제도개혁심의회(司法制度改革審議会)는 21세기에 사법이 다할 역할을 밝히고 국민의 접근성 향상 등 사법제도 전반의 개혁 기반을 정비하기 위하여 1999년 설립되어 2년간 각계의 의견을 수렴하고, 2001. 6. 12. 그 결과를 의견서 형식으로 공표하였다. 위 의견서에서는 민사, 형사, 법조인 양성 등 사법제도의 여러 분야에 걸쳐 현황을 분석하고, 그 개선 의견을 제시하였는데, 형사 사법에 관한 의견 중 핵심은 바로 국민의 사법 참가, 이른바 일반 국민이 「재판원」으로 참가하는 형사재판의 구현에 있었다.[44]

위 의견서 내용을 바탕으로 2004. 5. 28. 법률 제63호로 「재판원이 참가하는 형사재판에 관한 법률 / 裁判員の参加する刑事裁判に関する法律」*이 공포되어 다년간 준비 절차를 거쳐 2009. 5. 21. 시행되기에 이르렀고, 2019년 시행 10주년을 맞이하였다. 이하에서는 위 법률의 주요 내용과 그간의 시행 성과를 개관해본다.

1. 대상 사건

재판원재판의 대상 사건은 ① 사형, 무기징역, 무기금고에 해당하는 사건, ② 단기 1년 이상 징역, 금고에 해당하는 죄(강도 등 일부는 제외한다) 중에서 고의에 의한 범죄행위로 피해자가 사망한 죄에 관한 사건으로서, 재판관 3명과 재판원 6명으로 구성한 합의체에서 심리함이 원칙이나, 자백 사건이면 재판관 1명과 재판원 4명으로 구성한 합의체에서도 심리할 수 있다(재판원법 제2조).

---

* 이하 「재판원법」으로 약칭한다.

다만, 피고인이나 그가 속한 단체 구성원의 언동, 재판원 후보자나 재판원에 대한 가해, 위협 등을 고려하여 재판관만의 합의체로 심리하도록 결정할 수 있고, 쟁점과 증거 정리절차를 거친 결과 심리 기간이 현저히 길어질 것으로 예상되거나, 재판원의 결원 보충이 곤란한 경우 역시 마찬가지이다(재판원법 제3-3조의2).

이처럼 재판원재판 대상 사건에 해당하면, 재판관만의 합의체로 심리한다는 결정이 없는 한, 피고인의 의사와 관계없이 재판원재판으로 진행하여야 한다. 반면, 우리 국민참여재판은 그 대상 사건에 해당하여도, 피고인이 원할 경우에만 국민참여재판으로 진행할 수 있다(우리 국민의 형사재판 참여에 관한 법률 제5, 8조).

【통계】 2009-2018년 재판원재판 사건 현황45)

	2009	2010	2011	2012	2013	2014	2015	2016	2017	2018
접수	1,142	1,591	1,624	1,344	1,329	1,298	1,188	1,008	1,076	1,044
처리	148	1,530	1,568	1,526	1,415	1,220	1,206	1,127	993	1,038

2009년부터 2018년까지 재판원재판 접수, 처리 건수는 초창기 많게는 매년 1,500건에 육박하였으나, 최근 들어서 매년 1,000건 내외 정도로 안정된 추세이다.

2. 합의체

(1) 권한

사안별로 권한을 행사하는 주체를 달리 정한다. 즉, ① 사실인정, 법령 적용, 양형은 재판관과 재판원 전원의 합의에 의하고, ② 법령해석, 소송절차에 관한 판단은 재판관만의 합의에 의한다(재판원법 제6조).

(2) 재판원

재판원은 독립하여 공평, 성실하게 권한을 행사하여야 하는데, 재판소는 심리 기간 등을 고려하여 필요할 경우 재판원 정원 안에서 보충재판원을 선임해둘 수 있고, 보충재판원은 해당 심리에 입회하다가, 재판원 중 결원이 생기면 미리 정한 순서에 따라 재판원으로 보충된다(재판원법 제8-10조). 재판원은 중의원 의원 선거권자 중에서 선임하되, ① 의무교육 상당 학력을 갖추지 못한 사람, 금고 이상 형을 받은 사람, 심신장애로 직무수행에 현저히 지장이 있는 사람, ② 국회의원, 국무대신(国務大臣, 우리나라의 국무위원에 상응한다), 재판관, 검찰관, 변호사 등 일정 직역에 종사하는 사람은 재판원으로 선임될 수 없다(재판원법 제13-15조).

┃ 칼럼 ┃ 양원제

> 국회는 참의원(参議院, 다른 나라의 상원에 상응한다)과 중의원(衆議院, 다른 나라의 하원에 상응한다)으로 나뉘는데, 상당수 사안에서 중의원의 의사결정이 우선한다. 예컨대 행정권이 속하는 내각의 수장인 내각총리대신(内閣総理大臣)은 국회의원 중에서 국회의 의결로 지명하되, 양원(両院)의 의결이 다르고 협의회를 열어도 의견이 불일치하거나, 중의원에서 지명 의결을 하고 나서 휴회 기간을 제외한 10일 안에 참의원에서 지명 의결이 없으면, 중의원 의결 그대로 국회의 의결로 간주한다(헌법 제65-67조).

【통계】 2009-2018년 재판원 후보자 참여 현황[46]

	2009	2010	2011	2012	2013	2014	2015	2016	2017	2018
출석	83.9%	80.6%	78.3%	76.1%	74.0%	71.4%	67.5%	64.8%	63.9%	67.5%
사퇴	53.1%	53.0%	59.1%	61.6%	63.3%	64.4%	64.9%	64.7%	66.0%	67.0%

2009년부터 2018년까지 재판원 후보자의 출석률은 80%대부터 60%대까지 내려온 반면, 사퇴율은 50%대 초반부터 60%대 후반까지 올라갔다. 이처럼 일반 국민의 참여가 점점 저조해지는 현상은 ① 심리 예정일수의 증가 경향, ② 일손 부족, 비정규직 증가 등 고용환경 변화, ③ 고령화 진전, ④ 재판원재판에 대한 국민의 관심 저하 등이 원인으로 지적된다.[47)]

3. 공판준비

재판원재판 대상 사건은 제1회 공판기일 전에 반드시 공판 전 정리 절차를 거쳐야 하는데, 공판 전 정리절차에서 감정을 실시하기로 정하고, 그 결과 보고에 상당한 시간이 걸릴 것으로 예상되면, 경과 및 결과 보고를 제외한 나머지 절차도 미리 진행할 수 있다(재판원법 제49-50조).

공판 전 정리절차는 공판에서 인증(人証) 중심의 알기 쉬운 심리를 실현하기 위한 준비 절차로서, 사안에 걸맞은 합리적 기간 안에 마치고 되도록 일찍이 공판심리에 들어갈 필요가 있다. 아울러, 이른 시기에 유연하고 폭넓게 증거를 개시하고, 당사자의 주장을 정리하여 필요한 쟁점을 추려냄과 아울러, 해당 쟁점에 적절한 최우량 증거(best evi-dence)라는 관점에서 증거를 정리할 필요성도 있다.[48)]

【통계】 2009-2018년 재판원재판 평균 심리 기간(개월)[49)]

	2009	2010	2011	2012	2013	2014	2015	2016	2017	2018
공판 전 정리절차	2.8	5.4	6.4	7.0	6.9	6.8	7.4	8.2	8.3	8.2
나머지	2.2	2.9	2.5	2.3	2.0	1.9	1.8	1.8	1.8	1.9
합계	5.0	8.3	8.9	9.3	8.9	8.7	9.2	10.0	10.1	10.1

2009년부터 2018년까지 재판원재판 평균 심리 기간은 계속 늘어
나는 경향을 보였는데, 그 대부분은 공판 전 정리절차 기간의 장기화에
따른 것이고, 나머지 기간은 오히려 약간 감소세를 보여왔다. 이에 대
한 원인분석을 바탕으로 법조 3륜이 노력을 거듭한 결과, 최근 몇 년간
은 장기화에 제동이 걸린 상태이다.[50]

4. 공판

(1) 집중심리

재판관, 검찰관, 변호인은 재판원의 부담이 과중하지 아니하도록
심리를 신속하고 알기 쉽게 진행하도록 노력하여야 하는데(재판원법 제
51조), 실무에서는 문자 그대로 연일 개정(連日開廷)에 의한 집중심리가
이루어지고 있다.[51]

(2) 증거조사

재판원은 자신이 관여하는 판단에 필요한 사항에 대해서 재판장에
게 고하고 증인 등을 심문(尋問)할 수 있으며, 피해자가 의견 진술을 마
친 다음에도 그 취지를 명확히 밝히기 위하여 피해자에게 질문할 수 있
다(재판원법 제56-58조).

서증의 경우, 재판원재판 시행 초기부터 재판원의 이해를 돕기 위
하여 서증의 발췌, 종합수사보고서 활용 등으로 엄선, 대폭 압축하는
시도가 이루어져 완전히 정착하였다. 그 결과, 재판원 경험자가 「심리
가 알기 쉬웠다」고 응답한 비율 또한 2013년 이래 60%대 중반을 유지
하는 중이다.[52]

5. 평의

재판원이 관여하는 사항에 대한 평의는 재판관과 재판원 전원이 참여하여야 하는데, 평결은 재판관과 재판원 쌍방의 의견을 포함한 과반수에 의하되, 과반수가 될 때까지 가장 불리한 의견의 수에 차례로 유리한 의견을 더하여 그중 가장 유리한 의견에 의한다(재판원법 제66-67조, 재판소법 제77조 제2항 제2호).

우리의 국민참여재판에서 배심원의 평결과 의견이 법원을 기속하지 아니하는 권고적 효력만 지니는 것(우리 국민의 형사재판 참여에 관한 법률 제46조 제5항)과 달리 일본의 재판원재판에서는 재판관과 재판원이 함께 평의에 참여하면서 그 평결 또한 합의체 의견으로서 그대로 유효하다. 다만, 유죄 인정이나 불리한 양형 등 피고인에게 불리한 평결에는 재판관과 재판원 쌍방의 의견을 포함한 과반수가 필요하기에 적어도 재판관 중 1명 이상의 찬성이 필요하다. 예컨대 재판관 3명 전원이 무죄 의견이면, 설령 재판원 6명 전원이 유죄 의견이어도 유죄를 선고할 수 없다.

평균 평의 시간은 2009년 397.0분(약 6시간 40분)이었고, 꾸준히 늘어나 2018년 778.3분(약 13시간)에 이르렀는데, 재판원 경험자가 평의 과정에서 「이야기하기가 쉬운 분위기였다」고 응답한 비율은 줄곧 70% 이상을 유지해왔고, 최근 3년간은 80%에 가까웠다.[53]

일본 헌법 제32조는 「누구라도 재판소에서 재판을 받을 권리를 빼앗기지 아니한다.」라고 정할 뿐, 그것이 「재판관」에 의한 재판일 것을 요구하지 아니한다. 따라서 재판관 아닌 국민도 재판에 관여할 여지가 있다. 반면, 우리 헌법 제27조 제1항은 「모든 국민은 헌법과 법률이 정한 법관에 의하여 법률에 의한 재판을 받을 권리를 가진다.」라고 정하기에 법률에서 정한 법관이 아닌 사람에 의한 재판은 헌법에 저촉되는 문제가 생긴다. 이와 같은 양국 간 헌법의 차이가 형사재판에서 국민이 관여하는 방식과 효과에도 일정 부분 기여한 셈이다.

6. 판결

종래 방대한 서증을 기초로 면밀, 상세히 작성한 판결이라는 재판관 재판의 형식을 탈피하여 재판원과의 실질적 협동 성과를 판결서에 적확히 반영한다는 관점에서 판단 과정을 간결, 명확히 기재하려는 의식을 기초로 작성하는 판결이 늘어나고 있다. 특히 양형 이유에서는 재판관 재판 시대에 쉽사리 보이던 피고인에게 불리한 사정, 유리한 사정을 망라적으로 나열한 다음 「이상을 종합, 고려하면」 등으로 덧붙이는 판결은 드물어졌고, 범정(犯情)과 일반 정상을 구별하면서 각 사정을 중시한 정도, 참조한 양형 경향을 설명하는 등 구체적인 형을 도출해낸 과정을 보여주는 데에 신경을 쓰는 것이 눈에 뜨인다.[54]

V. 결론

이상의 내용을 요약하면, 다음과 같다.

1. 범죄와 형벌을 다루는 형법에서 일본은 우리나라와 대체로 비슷한 체계를 채택하였으나, ① 총론 차원에서 과실범의 공동정범 부정, 사형의 집행 여부, 일부 집행유예 제도의 존재 등이 다르고, ② 각론 차원에서도 존속 범죄의 일괄 폐지, 흉기휴대집합과 부동산침탈행위에 대한 처벌, 성범죄 등에 대한 특별법의 부재, 범죄자나 공직자에 대한 사실적시 명예훼손에서 위법성 조각 사유의 완화, 배임수증재 범죄의 부재 등이 차이를 보인다.

2. 수사와 공소, 공판을 다루는 형사소송법에서 일본은 우리나라와 법률과 실무 양 측면에서 모두 적잖은 차이가 있다. 압수, 수색, 검증, 체포에 대한 영장은 경찰이 직접 재판소에 청구할 수 있고, 구류를 위해서는 실제 체포가 선행되어야 한다. 피의자 조사에서 변호인의 입회는 허용되지 아니하고, 공판 중에는 구류 기간에 제한이 없으며, 엄격히 증거를 확보한 사건만 기소하는 정밀기소 관행에 따라 무죄율은 0.2%대에 그친다.

3. 재판원재판은 일본에 고유한 국민의 형사재판 참가 제도로서 우리의 국민참여재판과 여러 면에서 다르다. 대상 사건이면 피고인의 의사와 관계없이 재판원재판으로 진행함이 원칙이고, 재판관과 재판원이 함께 합의체를 꾸려 과반수로 구속력이 있는 평결을 내리되, 유죄 등 피고인에게 불리한 판결을 위해서는 재판관과 재판원이 1명 이상씩 포함되도록 신중한 판단을 위한 안전장치를 마련해두었다.

미주

1) 最高裁判所 決定 昭和 46年(1971) 7月 30日 刑集 25卷 5号 756頁(해당 사안에서는 자구행위를 부정하였다); 福岡高等裁判所 判決 昭和 45年(1970) 2月 14日 高刑 23卷 1号 156頁(피고인이 건물 임차인으로서, 종전 저당권 실행에 따라 건물 소유권을 취득한 제3자가 점유를 취득한 지 4일 만에 그 점유를 회수한 사안에서, 당시 제3자의 건물 점유가 생활질서로서 확립되었다고 보기 어렵다는 이유로 피고인의 점유 회수 행위가 법률상 허용되는 행위라고 보았다).

2) 大審院 判決 大正 6年(1917) 9月 10日 刑録 23輯 999頁.

3) 東京高等裁判所 判決 昭和 37年(1962) 4月 24日 高刑 15卷 4号 210頁.

4) 最高裁判所 判決 昭和 37年(1962) 3月 23日 刑集 16卷 3号 305頁.

5) 最高裁判所 判決 昭和 35年(1960) 10月 18日 刑集 14卷 12号 1559頁.

6) 大審院 連合部 判決 昭和 11年(1936) 5月 28日 刑集 15卷 715頁 等.

7) 大審院 判決 明治 44年(1911) 3月 16日 刑録 17輯 380頁 等.

8) 最高裁判所 判決 昭和 26年(1951) 4月 10日 刑集 5卷 5号 825頁(집합범); 最高裁判所 判決 昭和 24年(1949) 7月 23日 刑集 3卷 8号 1373頁(접속범); 最高裁判所 判決 平成 26年(2014) 3月 17日 刑集 68卷 3号 368頁(연속범).

9) 裁判所, 司法統計 − 平成 31年/令和 元年 刑事事件 編, 14, 33, 36, https://www.courts.go.jp/app/sihotokei_jp/search. 일본의 ① 양형 실무, ② 양형 통계, ③ 형법 중 양형 부분에 대한 상세는 백광균, 벌금형 양형기준에 관한 연구, 사법정책연구원 (2020), 246 이하 참조.

10) 법원행정처, 사법연감 (2020), 622, 631−632.

11) 과료는 우리 형법에서도 수백여 개에 이르는 범죄 중 공연음란(제245조),

폭행(제260조 제1항), 과실치상(제266조 제1항), 협박(제283조 제1항), 자동차 등 불법사용(제331조의2), 편의시설부정이용(제348조의2), 점유이탈물횡령(제360조) 등 단 7개 범죄에서만 선택형으로 정할 뿐이고, 특별법 또한 경범죄 처벌법 제3조 등 극히 일부에서만 선택형으로 정한다. 따라서 벌금과 과료 중 절대다수는 벌금일 수밖에 없다.

12) The World Bank, Population, total, https://data.worldbank.org/indicator/SP.POP.TOTL.

13) 국제앰네스티 한국지부, 활동 − 사형, https://amnesty.or.kr/what−we−do/death−penalty.

14) NHK NEWS WEB, オウム真理教 事件 死刑 執行, https://www3.nhk.or.jp/news/special/aum_shinrikyo.

15) 法務省,「死刑の在り方についての勉強会」取りまとめ 報告書 (2012年 3月), http://www.moj.go.jp/keiji1/keiji12_00055.html.

16) 内閣府, 死刑制度に対する意識に関する世論調査 (2020年 1月), https://survey.gov−online.go.jp/r01/r01−houseido/2−2.html.

17) 일본은 우리와 달리 선고유예 제도(우리 형법 제59−61조)가 없다. 반면, 독일은 선고유예 제도가 있음은 물론 자유형(Freiheitsstrafe) 1년 미만은 피고인 자신이 범행으로 입은 결과가 심각할 경우, 형을 면제할 수도 있음을 정한다(독일 형법 제59−60조). 독일의 ① 양형 일반, ② 양형 실무, ③ 양형 통계, ④ 형법 중 양형 부분에 대한 상세는 백광균(주 9), 198 이하 참조.

18) 2021. 3. 30. 현재 100엔은 1,030.04원이다: 한국은행 경제통계시스템, 8−8−1−1 주요국 통화의 대 원화 환율, https://ecos.bok.or.kr.

19) 裁判所(주 9), 34, 35, 37. 간이재판소의 징역, 금고는 집행유예 여부를 따로 집계, 공표하지 아니한다.

20) 법원행정처, 사법연감 (2020), 622, 624. 징역, 금고 형기를 「~~년 미만」으로만 집계, 공표한다.

21) 大谷實, 刑法講義各論 新版 第5版, 成文堂 (2019), 41.

22) 大谷實(주 21), 119－120.

23) 大谷實(주 21), 177－178.

24) 大谷實(주 21), 228.

25) 伊丹俊彦·合田悦三 編集代表, 逐条実務刑事訴訟法, 立花書房 (2018), 205－206.

26) 주 14.

27) 裁判所(주 9), 15.

28) 법원행정처, 사법연감 (2020), 633.

29) 伊丹俊彦·合田悦三(주 25), 366.

30) 日本弁護士連合会, 取調べの可視化, https://www.nichibenren.or.jp/activity/human/criminal/recordings.html.

31) 伊丹俊彦·合田悦三(주 25), 527.

32) 伊丹俊彦·合田悦三(주 25), 547－548.

33) e－Stat, 2019年 検察統計, 19－00－06, 19－00－10, https://www.e－stat.go.jp/stat－search/files?page＝1&layout＝datalist&toukei＝00250003&tstat＝000001012929&cycle＝7&year＝20190&month＝0.

34) 법무부, 법무연감 (2020), 536.

35) 石井一正, 刑事訴訟の諸問題, 判例タイムズ社 (2014), 7－8. 저자는 1963년부터 2002년까지 39년간 재판관으로 재직하였는데, 삿포로고등재판소(札幌高等裁判所) 장관을 마지막으로 정년퇴직하였다.

36) 最高裁判所 事務総局, 第8回 裁判の迅速化に係る検証に関する報告書 [令和元年(2019) 7月 19日 公表], 90; https://www.courts.go.jp/toukei_siryou/siryo/hokoku_08_hokokusyo/index.html.

37) 河上和雄 外 編, 大コンメンタール刑事訴訟法 第2版 第7巻, 青林書院 (2011), 651－653.

38) 伊丹俊彦·合田悦三(주 25), 897.

39) 伊丹俊彦·合田悦三(주 25), 983.

40) 裁判所(주 9), 33, 36.

41) 법원행정처, 사법연감 (2020), 622.

42) 면소 판결은 확정판결의 존재, 사면, 공소시효 완성, 형 폐지 등 특정 사유
    가 있을 때 공소사실 인정 여부와 관계없이 선고하여야 하는 형식적 의미의
    판결로서(우리 형사소송법 제326조), 공소사실을 인정하는 유죄판결과는 명
    백히 구별되나, 우리나라에서는 그 건수를 형 면제판결과 함께 집계, 공표
    하고, 실무에서 선고할 경우도 극히 드물기에 여기서는 부득이하게 유죄판
    결 중 일부로 포함하였다.

43) 裁判所(주 9), 63, 80; 법원행정처, 사법연감 (2020), 622-623.

44) 司法制度改革審議会, 司法制度改革審議会 意見書 [平成 13年(2001) 6月 12
    日], https://www.kantei.go.jp/jp/sihouseido/report-dex.html.

45) 最高裁判所 事務総局, 裁判員制度10年の総括報告書 [令和 元年(2019) 5月],
    図表 4, https://www.saibanin.courts.go.jp/topics/detail/09_12_05-10
    jissi_jyoukyou.html.

46) 最高裁判所 事務総局(주 45), 図表 5.

47) 最高裁判所 事務総局(주 45), 3.

48) 最高裁判所 事務総局(주 45), 7.

49) 最高裁判所 事務総局(주 45), 図表 12.

50) 最高裁判所 事務総局(주 45), 8.

51) 最高裁判所 事務総局(주 45), 8.

52) 最高裁判所 事務総局(주 45), 10-11, 図表 18.

53) 最高裁判所 事務総局(주 45), 図表 13, 19.

54) 最高裁判所 事務総局(주 45), 17-18.

참고문헌[*]

○ 보고서, 의견서

最高裁判所 事務総局, 裁判員制度10年の総括報告書 [令和 元年(2019) 5月].

_____, 第8回 裁判の迅速化に係る検証に関する報告書 [令和 元年(2019) 7月 19日 公表].

司法制度改革審議会, 司法制度改革審議会 意見書 [平成 13年(2001) 6月 12日].

○ 단행본

石井一正, 刑事訴訟の諸問題, 判例タイムズ社 (2014).

伊丹俊彦・合田悦三 編集代表, 逐条実務刑事訴訟法, 立花書房 (2018).

大谷實, 刑法講義總論 新版 第5版, 成文堂 (2019).

_____, 刑法講義各論 新版 第5版, 成文堂 (2019).

河上和雄 外 編, 大コンメンタール刑事訴訟法 第2版 第7巻, 青林書院 (2011).

西田典之 外, 判例刑法総論 第7版, 有斐閣 (2018).

_____, 判例刑法各論 第7版, 有斐閣 (2018).

독일법 연구회, 독일 형사소송법, 사법발전재단 (2018).

백광균, 벌금형 양형기준에 관한 연구, 사법정책연구원 (2020).

법무부, 법무연감 (2020).

법원행정처, 사법연감 (2020).

---

* 동일 항목 안에서는 ① 일본어: 五十音順, ② 유럽어: ABC 순서, ③ 한국어: 가나다 순서로 정렬하였다.

○ 기관 사이트 - 2021. 3. 30. 최종 방문

裁判員制度, https://www.saibanin.courts.go.jp.

裁判所, https://www.courts.go.jp.

司法制度改革審議会, https://www.kantei.go.jp/jp/sihouseido.

内閣府, https://www.cao.go.jp.

日本弁護士連合会, https://www.nichibenren.or.jp.

法務省, http://www.moj.go.jp.

e－Stat, https://www.e－stat.go.jp.

Gesetze im Internet, www.gesetze－im－internet.de.

NHK, https://www.nhk.or.jp.

The World Bank, https://www.worldbank.org.

국제앰네스티 한국지부, https://amnesty.or.kr.

한국은행 경제통계시스템, https://ecos.bok.or.kr.

제5장 노동법

최 석 환

I. 일본 노동법 개관

　　일본의 고용과 노동은 국제적으로도 주목받는 특유의 관행을 가지고 있다. 소위 일본적 고용관행이라는 이름 하에 오랜 기간동안 독특한 노사관계와 고용문화를 형성하고 발전시켜 온 일본에서는 노동 관련

법제 역시도 그러한 문화와 밀접하게 연관되어 있다. 그런 관점에서 본다면 이후의 전개와 현재의 모습 그리고 법 해석에도 이러한 배경이 고려되어야 한다. 한편 일본 노동법은 제2차 세계대전 종전 이후 연합군 총사령부의 점령 하에서 입법의 기초를 마련한 탓에 외국법 수용과 국내적 변용이라는 일본법의 보편적인 특징을 가지고 있다. 한국과 닮아 있는 일본의 노동관련 법제를 보다 적절히 이해하기 위해서는 이러한 역사적 맥락에 대한 검토가 필요하다.

일본 노동법의 검토는 이러한 역사적·사회적 특징과 더불어 최근의 변화에도 주목할 때에 보다 유의미하다. 주지하다시피 일본에서는 종신고용이라는 용어가 상징하는 것처럼 고용의 안정과 이에 대응하는 회사의 폭넓은 재량을 기반으로 한 고용관계가 일반적이었다. 하지만 이러한 관행은 비정규직의 활용, 기업조직의 활발한 재편, 업무 내용을 중심으로 한 고용을 모색하는 시도와 함께 전환점을 맞이하고 있다. 소위 '한정 정사원' 논의로 대표되는 일련의 움직임들은 일본 노동법의 바탕에 놓여 있었던 일본형 고용관행이라는 근본적 전제에 대한 새로운 인식을 그 저변에 두고 있다. 이하에서는 일본의 노동법이 갖는 특수성과 보편성에 주목하여 최근의 변화를 중심으로 일본노동법 전반에 걸쳐 소개하고자 한다.

II. 역사 및 변천과정

1. 전사 및 제정

일본 노동법의 중핵을 이루는 노동조합법은 1945년, 노동기준법은 1947년 각각 제정되었다. 제2차 세계대전 종전 이전에도 일본에 노동입법에 관한 논의나 그 결과로서의 법안 또는 개별법령이 존재하지 않았던 것은 아니었다. 예를 들어 1911년 제정되어 1916년부터 시행된 공장법은 원칙적으로 상시 15인 이상의 직공을 사용하는 공장에 적용되었으며, 여성과 연소자에 대한 보호, 안전위생, 취업규칙 등을 그 내용으로 하고 있었다. 또 치안유지법의 도입과 더불어 실제 입법은 종전 이후로 미루어졌지만 1920년대에는 다이쇼 데모크라시의 물결 속에서 내무성이 작성한 노동조합법의 초안이 검토된 바 있다.[1]

하지만 현재 일본 노동법의 기본적 체계가 정비된 것은 제2차 세계대전 종전 이후 일본에 진주한 연합군 최고사령부의 강력한 영향 아래에서의 일이라 보아도 좋을 것이다.[2] 이러한 영향은 일본 노동조합법에 부당노동행위 등의 미국식 제도와, 단체협약의 규범적 효력 및 효력확장 제도와 같은 독일식 제도가 혼재되어 등장하는 식으로 구체화된다. 이 시기 즉 전후 민주화 시기의 노동입법은 먼저 1945년 노동조합법의 성립을 필두로, 1946년에 노동관계조정법 및 일본국헌법이 제정되고, 1947년 노동기준법 및 노동자 재해보상보험법, 직업안정법, 실업보험법이 갖추어지며, 1949년, 공산주의 축출(Red Purge)의 기조 속에서 보다 보수적인 방향으로 노동조합법의 개정이 이루어짐으로써 일단락되게 된다.[3]

2. 전개 및 발전

일본의 고도경제성장기를 지탱한 것은 자본을 중심으로 한 선단형 기업 조직, 소위 '계열'이라고 불리우는 산업시스템과, 메인 뱅크를 중심으로 하는 금융시스템이었다. 이와 함께 1955년에 제시된 일본 생산성 본부의 생산성 3원칙은 고용안정, 노사의 협력 및 협의, 성과의 공정배분이라고 하는 방침을 제시하였고, 이러한 원칙은 경제성장의 발판으로 활용되었다. 이는 곧 ① 흔히 종신고용으로 지칭되는 장기고용관행, ② 기업별 노조를 중심으로 한 협력적 노사관계, ③ 연공형 처우까지를 포함하여, 경제성장과 그 성과의 배분에 관한 모델로서, 소위 '일본적 고용관행'의 확립으로 이어지게 되었다.

고도 경제성장기 일본의 노사관계는 양질의 노동력을 확보하려고 하는 기업의 요구와, 고용상실 위기를 최소화하고 안정적인 고용보장을 향유하고자 하는 근로자의 요구가 합치된 지점을 중심으로 이루어졌다. 내부노동시장을 형성하고 이를 토대로 한 고용관계를 지향하였으며, 외부 노동시장에서 필요한 기능을 갖춘 인재를 수혈하기보다는 정년보장을 전제로 신규 졸업자를 채용, 직무내용을 특정하지 않고 고용한 정규 종업원을 유연하게 배치 전환하며, 사내에서 필요한 업무 수행의 담당자를 OJT 교육훈련을 통해 조달하는 방식을 택하였다. 이러한 방식 아래에서 기간제 근로계약이나 파트타이머 등은 예외적으로 외부시장형 고용관리의 대상이 되었다.

한편 집단적 노사관계는 기업별 노조가 주를 이루어 노사 쌍방의 협력적 운용을 기본으로 전개되었다. 근로자가 내부승진을 통해 경영진으로 진입할 수 있는 시스템을 통해 경영진과 노동자층 사이에 기업 커뮤니티의 구성원(membership)의 지위에서 이해의 대립보다는 공감대를 형성하고자 하였고 이 또한 협력적 노사관계의 기초가 되었다. 이와 함께 화이트 칼라와 블루 칼라 쌍방을 장기적 고용과 연공형 캐리어 형성에 있어 동일한 제도에 포섭하였으며(single status system), 종업원의 고용 존중은 경영의 기본 이념이자 사회적 합의로 확립되어 왔다.

이러한 분위기 속에서 기업과 노동자의 관계는 포괄적 신분적인 성격을 나타내어 왔고, 기업내 인재 형성과 활용 시스템이 발달하게 되었으며, 임금 및 승진 관리에 있어 강한 연공적 색채를 나타내게 되었다. 이 시기 경제의 호황과 맞물려 회사에 충성하는 소위 '맹렬형 사원'

과 그에 적합한 법적 규제의 시대가 전개되게 된다. 일본형 고용 시스템이 예정하고 있는 고용의 모습은 기간의 정함이 없는 고용, 정년제, 신분적 포괄적 계약관계, 조직적 집단적 계약관계로 특징지워지며 요약하면 (업무내용, 근무지 등에 제한을 두지 않는) '무한정 정사원'으로 정의할 수 있다.

3. 전환의 시대

일본의 노동법제 역시 이러한 무한정 정사원을 전제로 한 해석론을 전개하여 왔으며, 다만 몇 차례인가의 법개정을 거치며 노동시장의 규제, 차별금지, 개별적 근로관계의 중시와 같은 가치로 유연한 선회를 보이게 된다. 즉 1985년의 파견법과 남녀고용평등법 제정, 1987년 및 1993년의 노동기준법 개정, 2007년 노동계약법 제정은 이러한 흐름을 가속화하여 왔고, 2018년의 일하는 방식 개혁법안에 이르게 되면 상정하고 있는 근로자상의 전환이 전면적으로 이루어지고 있다는 인상을 받기에 충분한 변화가 이루어지고 있다고 평가할 수 있다.

이러한 전환을 불러 일으킨 1980년대 후반 이후 고용 시스템을 둘러싼 환경 변화를 살펴 보면, 먼저 내수 주도형 경제 체제로의 체질 전환을 들 수 있다. 1991년 거품경제의 붕괴와 그 이후의 장기 불황 속에서, 노동시장도 지속적인 구조 변화의 요청에 직면하게 되었다. 저출산 고령화, 노동력 인구의 감소, 노동자의 다양화와 개별화, 산업구조의 변화 및 기업의 경쟁 환경 변화는, 실업률 증가의 사회적 문제화, 규제 완화 정책의 추진과 맞물려 법제의 변화를 가져 왔다.

법제의 변화는 탈규제, 재규제, 신규제의 세 가지 방향으로 나타난다.4) 먼저 탈규제(脫規制)의 경향은 외부노동시장의 활성화와 고실업대책과 같은 규제완화를 의미하며, 1985년 노동자파견법이 이전까지 유지되어 온 직접고용원칙과 이에 대한 금지법규로서의 직업안정법을 부분적으로 해제하는 것으로 나타났다. 외부시장 활성화를 위한 규제 완화의 첫 걸음으로 파견법이 제정된 이래, 1995년에는 노동시장의 규제 완화가 정부 주요시책으로 부각되었으며 1996년, 파견대상 업무의 확대로 가속화되었다. 두 번째의 경향성은 신규제(新規制)로, 새로운 가치에 대응하여 이전까지 존재하지 않았던 규제가 도입되는 것을 말한다. 고용 평등이나 워크 라이프 밸런스를 고려한 입법, 분쟁처리 시스템의 다양화 등이 이러한 흐름의 구체화로 지적된다. 마지막으로 재규제(再規制)의 경향은 노동시장 및 산업의 구조변화에 대응한 규제의 현대화를 의미하며, 주 소정 근로시간 단축(공장법 시대로부터의 탈피), 다양한 변형근로시간제 도입, 재량근로제 도입 등이 이에 해당한다. 또 고령화되어가는 사회 속에서 고령자 고용안정법 등의 입법 역시 이러한 경향으로 분류할 수 있다.

4. 최근의 이슈

이러한 변화와 함께 일본의 노동법은 새로운 일하는 방식도 법제개혁의 한 요소로 염두에 두고 있다. 아베 신조 정권 아래에서 추진된 노동 개혁(특히 제3차 아베내각의 働き方改革実現会議의 설치를 통한 조치들)은 각각의 근로자들이 담당하는 업무를 중심으로 하여 이전과는 다른 근로관계의 모델을 보급하고 촉진하기 위해 새로운 검토를 진행하였다.5) 근로조건의 명시를 보다 강화하는 방향으로 누구나 투명하게 이해할 수 있는 고용관리와 그 규제, 일과 가정의 양립 및 노동생산성 향상을 추구하는 근로시간 법제의 재검토, 유료직업소개 사업의 규제개혁, 그리고 파견기간이나 파견근로자의 균형처우 등의 재조정을 염두에 둔 근로자 파견제도의 재검토 등이 그 내용을 이루고 있다. 이상에서 개관

한 변화와 새로운 움직임 속에서 현재 유효하게 기능하고 있는 일본 노동법의 모습은 어떤 것인지 검토한다.

Ⅲ. 법원(法源)

일본 노동법 역시 한국과 마찬가지로 헌법상의 노동 관련 기본권 규정을 논의의 출발점으로 하고 있다. 먼저 일본국 헌법 제25조에서는 모든 국민이 건강하고 문화적인 최저한도의 생활을 할 수 있다는 내용의 인간다운 생활을 할 권리를 보장하고 있다. 이와 함께 헌법 제27조 제1항에서 근로의 권리를, 제2항에서는 임금과 취업시간, 휴식 기타 근로조건에 관한 기준이 법률에 의하도록 하는 근로조건 법정주의 규정을, 제3항에서는 아동에 대한 특별한 보호를 두고 있다. 이와 더불어 헌법 제28조에서는 근로자의 단결권, 단체교섭권, 단체행동권을 보장하는 소위 근로3권 규정을 두고 있다. 이렇듯 헌법에 근로조건 법정주의를 규정하고 근로3권을 기본권으로 보장하는 태도는 일본 노동법의 전체 체계와 해석의 중요한 기초가 된다.

일본 노동입법의 체계는 헌법상 근로권, 근로조건법정주의, 근로3권을 축으로 하는 고용정책법제(직업안정법, 파견법, 직업능력개발법, 고용보험법, 장애인고용촉진법, 지역고용개발촉진법 등), 노동기준법제(노동기준법, 최저임금법, 노동안전위생법, 산재보험법, 임금지급확보법 등), 노사관계법제(노동조합법, 노동관계조정법)의 3분야로 구성되어 있었다. 이후 헌법 제14조의 평등권에 근거하여 고용평등법제 외에, 육아개호휴업법, 노동계약승계법, 공익통보자보호법 등 4번째 영역이 설정된다. 이밖에 노사분쟁해결법제로서 개별근로분쟁해결촉진법이나 노동심판법 역시 노동입법의 체계 속에 자리잡고 있다.[6] 이러한 법령들 이외에 단체협약 및 취업규칙 역시 노동법의 법원으로 기능하고 있다.

먼저 헌법상 근로3권과 관련하여, 국가공무원의 쟁의행위 금지와 형사처벌을 규정한 국가공무원법 규정에 대해 최고재판소는, "노동기본권의 근본 정신에 따라 생각하면 공무원은 사기업의 근로자와는 달리 사용자와의 합의에 의해 임금 기타 근로조건이 결정된다고는 할 수 없다고는 하더라도, 근로자로서 자신의 노무를 제공함에 의하여 생활의 근거를 얻고 있는 점을 감안할 때 헌법 제28조의 노동기본권 보장은 공무원에 대해서도 적용된다고 해석해야 한다."는 원칙을 제시한다. 다만 그럼에도 불구하고, 노동기본권이 근로자의 경제적 지위 향상을 위해 인정되는 수단으로서, 그 자체가 목적인 절대적인 것은 아니라는 점, 사기업과 비교할 때에 사측의 직장폐쇄가 불가능한 점, 국회가 결정할 공무원의 근로조건을 정부에 대한 쟁의행위를 통해 개선하고자 하는 것이 적절하지 않은 점 등을 고려하여 국가공무원법 규정이 공무원의 쟁의행위를 금지한 것은 "근로자를 포함한 국민 전체의 공동이익의 견지에서 어쩔 수 없는 제약이라고 해야 하며 헌법 28조를 위반하지 않는다."[7]라고 판시하였다.

헌법을 정점으로 한 다양한 규범들 사이의 위계관계는, 먼저 노동기준법 제13조에서 "이 법률에서 정하는 기준에 미달하는 근로조건을 정한 근로계약은 그 부분에 한하여 무효로 하고, 이 경우 무효가 된 부분은 법률이 정하는 기준에 의하는 것으로" 하도록 하여 노동기준법이 근로계약과의 사이에서 갖는 강행성과 보충성을 규정하고 있다. 또 노동계약법 제12조(및 노동기준법 제93조)에서는 취업규칙에서 정한 기준에 미달한 근로조건을 정한 근로계약은 그 부분에 한하여 무효로 되고 무효인 부분이 취업규칙이 정하는 바에 따르도록 하고 있다. 이 두 규정은 노동기준법 또는 취업규칙보다 불리한 근로계약이 체결되었더라도 법이나 취업규칙에서 정하는 근로조건의 기준이 이를 강행적으로 대체한다는 점에서 직률적 효력이라고도 한다. 또 노동조합법 제16조에서는 단체협약에서 정하는 근로조건 기타 근로자의 대우에 관한 기준에 위반되는 근로계약 부분은 무효로 하며, 여기서 무효가 된 부분, 그리고 근로계약에서 정하지 않은 부분은 단체협약에서 정하는 기준에 따름을 명시하고 있다.

이렇듯 일본에서는 근로계약을 규율하는 노동계약법, 근로조건의 최저한을 설정하는 노동기준법, 근로자 조직에 의한 집단적 교섭을 다루는 노동조합법이 노동법의 가장 중요한 축을 이루고 있으며, 이러한 규율이 상호 위계관계를 설정하고 근로자와 사용자, 노동조합 및 국가라는 행위 주체들을 규제한다. 세 가지 주요 영역과 관련한 기타 단행법률들 외에 노동시장을 규율하는 법률들과 사회보장 중 고용을 전제로 하는 사회보험 관련 법률들도 일본 노동법의 구성요소로서 기능한다. 이하에서는 위에서 언급한 주요 법률들을 중심으로 일본 노동법의 전체상을 조감한다.

Ⅳ. 노동계약법

노동계약법이나 노동기준법과 같은 개별적 근로관계를 규율하는 법은 기본적으로 근로자를 그 적용대상으로 한다. 누가 근로자인지에 대해 노동계약법은 제2조에서 "이 법률에서 근로자란 사용자에게 사용되어 노동하며 임금을 지급받는 자"라고 정의하고 있으며, 노동기준법 역시 제9조에 "직업의 종류를 불문하고 사업 또는 사무소에 사용되는 자로 임금을 지급받는 자"라는 정의규정을 두고 있다. 다만 이 규정만으로는 근로자를 판단하는 데에 충분한 자료가 되지 못하므로 판례는 이에 대한 기준을 축적하여 왔다. 이후 후생노동성 내에 설치된 노동기준법연구회의 보고서에서는 1985년에 이에 대한 종합적 기준을 제시하였고 이 기준은 지금도 유효하게 판결에 의해 지지되고 있다. 보고서에서 제시한 판단기준은 사용종속성의 존부에 초점을 맞춘 것으로, ① 지휘감독하의 근로인가를 판단하기 위해, 구체적 업무의 의뢰가 있었는지, 업무종사의 지시 등에 대해 승낙거절의 자유가 있는지, 업무수행상 지휘감독이 있는지 하는 점들을 검토하도록 하고 있고, ② 보수의 노무 대상성 판단기준으로는, 보수의 성격이 사용자의 지휘감독 하에서 일정 시간 노무를 제공하는 데 대한 대가로 판단되는지를 검토하는 것으로 하고 있다. 이와 함께 ③ 근로자성의 판단을 보강하는 요소로 사업자성의 유무(기계 등의 부담관계, 보수의 액수), 전속성의 정도(타사 업무의 종사에 대한 제도상 사실상의 제약, 보수의 생활보장적 요소 여부) 등을 제시하고 있다.[8)]

1. 입법의 배경

국가에 의한 강행적 규제를 통해 근로관계에서의 최저기준을 확보하고자 하는 노동기준법과, 근로3권에 근거한 집단적 노사자치를 규율하는 노동조합법은 전통적으로 일본의 노동법을 구성하는 두 축이었다. 하지만 일하는 사람들의 모습과 내용이 다양화되면서 근로관계의 개별화가 진행됨에 따라 더 이상 획일적인 근로조건 규제로 다루기 적절하지 않은 사항들의 규제를 고민하게 되었다. 이러한 인사관리나 근로조건의 파편화 속에서 근로계약이 근로관계에서 차지하는 중요성이 부각되었고 그에 따라 근로계약을 규율하는 통일적 법제를 요청하는 목소리가 높아졌다.

또 거품경제의 붕괴 이후 대규모의 도산을 포함한 기업조직의 재편 과정 속에서 임금체불, 해고, 퇴직의 강요, 출향 및 전적, 근로조건

불이익변경 등과 관련된 개별분쟁이 증가한 점 역시 이에 대응한 분쟁 처리의 제도적 정비를 요청하는 배경으로 되었다. 구체적으로 1991년 662건이었던 노동관계 민사소송의 건수가 2004년에는 2519건으로 증가하였으며, 도도부현 노정사무소의 노동상담건수도 연간 2만건 대에서 5만건으로 증가하였다. 제도적으로는 2001년에 개별노동분쟁해결촉진법(個別労働関係紛争の解決の促進に関する法律)이 제정되어 지방노동국의 상담, 조정, 알선의 체제가 확립된 한편, 1999년 7월 사법제도개혁심의회가 설치되고, 노동검토회에서 개별노동관계민사사건에 관한 신속간이 전문사법절차 구상에 합의하여 2004년 4월에는 노동심판법이 제정되고 2006년부터 시행되게 되었다. 다만 이러한 절차적 규정의 정비와는 별도로 개별적 근로계약 관계의 내용의 실체적 규제는 상당 부분 판례법리에 의해 온 까닭에 기업과 근로자 모두 노동관계가 노동계약상의 합의와 법적 규제에 따른 통제로 운용되기를 바라게 되었고 이를 위해 보다 명확한 규범의 필요성이 제기되었다.

일본 노동계약법은 2003년 노동기준법 개정을 통한 해고권 남용법리의 판례법리가 입법화된 것을 그 단초로 하여, 후생노동성 산하「향후 노동계약법제의 바람직한 모습에 관한 연구회」(노동계약법제 연구회)의 설치를 계기로 입법논의를 본격화하였다. 2005년 9월 15일, 포괄적인 노동계약법제의 제안을 다룬 보고서가 제출되었으며 위 보고서를 토대로 심의가 진행되었고 우여곡절 끝에 2006년 12월 27일에 노동조건분과회에 건의가 이루어져 2007년, 법안의 성립을 보게 되었다. 이후 2012년 기간제 근로자 무기계약 전환을 주된 내용으로 한 법개정, 2018년 기간제 근로자의 균형처우에 관한 구 20조 규정을 단시간근로자 및 기간제 근로자의 고용관리 개선 등에 관한 법률(파트타임법)로 일원화하는 개정 등을 통해 현재에 이르고 있다.9)

2. 노동계약법의 내용과 특징

2007년 11월 28일 참의원을 통과하여 2008년 3월 1일부터 시행되고 있는 노동계약법은 이후 기간제 근로와 관련한 2012년 개정을 거치며 근로자와 사용자 사이의 계약을 규율하는 기본적 법제로 자리잡았다. 동법은 21개 조문으로 구성된 심플한 법령이며, 총칙, 노동계약의 성립과 변경, 계속과 종료, 기간의 정함이 있는 노동계약, 그리고 잡칙으로 이루어져 있다. 노동계약법은 근로자 및 사용자의 자주적인 교섭을 전제로 노동계약이 합의에 의해 성립하거나 또는 변경되는 것을 기본으로 하고 있다. 이러한 합의 원칙을 위시한 노동계약의 기본적 사항을 정하여 합리적인 노동조건의 결정 또는 변경이 원활하게 이루어지도록 하고, 이를 통해 노동자의 보호를 도모하면서 개별 노동관계의 안정에 이바지하는 것을 법의 목적으로 한다(법 제1조). 노동계약법은 노동계약의 체결과 변경시 일과 생활의 조화를 배려하도록 하였으며(제3조 제3항), 근로계약 준수와 함께 신의에 좇아 성실하게 권리를 행사하고 의무를 이행하도록 하고(제3조 제4항), 사용자는 근로계약에 있어 근로자가 그 생명, 신체 등의 안전을 확보하면서 근로하는 것이 가능하도록 필요한 배려(제5조)를 하도록 하였다. 이러한 규정들은 근로계약상의 권리의무 내용을 명확히 한다는 점에서 평가되기도 하지만, 판례법리를 추상적으로 규정한 것이라는 한계를 가지므로 근로계약관계 일반에 대한 규범으로서의 근로계약법 체계에서는 일반원칙 및 총칙규정으로서의 의의를 가진다.

3. 근로조건 변경 법제와 취업규칙

근로조건 변경은 기본적으로 양 계약 당사자의 합의에 따르도록 되어 있으나 실제로는 사용자가 일방적으로 작성하는 취업규칙이 근로조건 규제와 변경의 중요한 도구로 기능한다.

취업규칙 법제는 일본 노동법의 주요한 특징 중 하나이다. 먼저 근로계약 당사자가 취업규칙의 내용과 다른 근로조건에 합의한 경우, 취업규칙에서 정한 기준에 미달하는 경우에는 이러한 합의가 유효하지 않다(노동계약법 제12조)는 점에서 취업규칙은 강행적 최저기준의 효력을 갖는다. 또한 합리적인 근로조건을 정하고 있는 취업규칙이라면 사용자가 당해 취업규칙을 근로자에게 주지시켰을 것을 요건으로 하여 근로계약의 내용으로 될 수 있으며(노동계약법 제7조), 사용자에 의해 불이익하게 변경된 경우에도 구속력을 인정한다는 규정(노동계약법 제9조 및 제10조)을 두고 있다.

최고재판소는 일찍이 취업규칙의 법적성질에 대해 아래와 같은 판시를 제시한 바 있다. 즉, "… 다수의 근로자를 사용하는 근대기업에서 근로조건은 경영상의 요청에 기하여 통일적이고 획일적으로 결정되고 근로자는 경영주체가 정하는 계약내용의 정형에 따라 종속적으로 계약을 체결할 수밖에 없는 입장에 서 있는 것이 실정이며, 이 근로조건을 정형적으로 정한 취업규칙은 일종의 사회적 규범으로서의 성질을 가질 뿐 아니라 그것이 합리적인 근로조건을 정하고 있는 것인 한, 경영주체와 근로자간의 근로조건은 그 취업규칙에 의한다는 사실인 관습이 성립하고 있는 것으로서 그 법적 규범성이 인정"된다. 나아가 "… 취업규칙은 당해 사업장내에서의 사회적 규범일 뿐만 아니라 법적 규범으로서의 성질이 인정되는 것으로 해석해야 하므로, 당해 사업장의 노동자는 취업규칙의 존재 및 내용을 현실적으로 알고 있는지 여부에 관계없이 또 이에 대하여 개별적으로 동의를 하였는지를 불문하고 당연히 그 적용을 받는 것"이며, "… 새로운 취업규칙의 작성 또는 변경에 의하여 기득권을 빼앗고 근로자에게 불이익한 근로조건을 일방적으로 부과하는 것은 원칙적으로 허용되지 않는다고 해석해야 하나, 근로조건의 집합적 처리, 특히 그 통일적이고 획일적인 결정을 이유로 하는 취업규칙의 성질에서 본다면, 당해 규칙조항이 합리적인 한 개별 근로자가 이에 동의하지 않았다는 이유로 그 적용을 거부하는 것은 허용되지 않는다고 해석하여야 한다"10)라고 한 판결이 그것이다. 이에 따르면 취업규칙이 합리적인 근로조건을 정하고 있는 한 사실인 관습으로서 법적 규범성을 가지며, 취업규칙의 불이익 변경도 합리적인 것인 한 개별 근로자는 그 적용을 거부할 수 없고 위 규정은 이러한 법리를 명문으로 입법화한 것이다. 특히 이러한 구도 속에서는 합리성 판단이 무엇보다 중요한 쟁점으로 떠오르게 되는데, 불이익 변경시의 합리성 판단에 대해서는 노동계약법 제10조에서 "취업규칙의 변경으로 근로자가 입게 될 불이익의 정도, 그리고 근로조건 변경의 필요성, 변경 후 취업규칙 내용의 상당성, 노동조합 등과의 교섭 상황 기타 취업규칙 변경에 관한 사정에 비추어 판단"할 것을 규정하고 있다.11) 이 역시 판례12)에서 합리성 판단 법리로 확립되어 온 요소들을 명문화한 것이다.

취업규칙의 효력에 대한 위 사항들 이외에, 작성 및 제출의 절차와 감봉의 한도 등에 대해서는 노동기준법 89조 이하에서 규정하고 있다.

4. 근로계약의 종료

(1) 법률에 의한 해고의 제한

해고와 관련하여 당초 일본 노동기준법상 명문의 규정에 따른 해고의 제한은 요보호 근로자에 대한 해고금지나 해고의 예고절차 등에 관한 규정, 혹은 차별적 해고나 권리행사를 이유로 하는 해고를 금지하는 등 극도로 좁은 범위에 한정되어 있었다. 구체적으로는, 국적·신조·사회적 신분을 이유로 한 해고(노동기준법 제3조), 조합소속 또는 정당한 조합활동 등을 이유로 한 해고(노동조합법 제7조), 여성임을 이유로 한 해고(남녀고용기회균등법 제8조 제1항), 육아 및 개호휴업 등을 이유로 한 해고(육아개호휴업법 제10조, 제16조), 여성의 임신 출산 등을 이유로 한 해고(남녀고용기회균등법 제8조 제3항, 제12조 제2항, 제13조 제2항), 재량근로간주제의 거부를 이유로 한 해고(노동기준법 제38조의4 제1항 제6호), 노동기준 감독자에게 법위반을 신고한 것을 이유로 한 해고(노동기준법 제104조 제2항), 개별노동분쟁해결촉진법상의 조언·지도나 알선 신청을 이유로 한 해고(동법 제4조 제3항, 제5조 제2항), 공익통보자보호법상의 공익통보행위를 이유로 한 해고(동법 제3조), 여성근로자가 균등법상의 분쟁해결의 원조나 조정을 신청한 것을 이유로 한 해고(동법 제13조 제2항, 제14조 제2항), 노동자파견법위반의 사실을 신고한 것을 이유로 한 해고(동법 제49조의3 제2항) 등이 그것이다. 하지만 이러한 경우 이외에 사용자가 어떠한 경우에 적법하게 해고할 수 있는가 하는 해고의 정당성에 관한 일반적인 기준에 대해 정해진 규정이 존재하지는 않았다.

(2) 해고권 남용 법리의 발전

이에 대해 법원은 「사용자의 해고권 행사도 그것이 객관적으로 합리적인 이유가 없이 사회통념상 상당하다고 시인할 수 없는 경우에는 권리의 남용으로서 무효가 된다」[13]라는 소위 해고권 남용법리를 확립, 이 기준이 실제로 해고에 대한 제한의 장치로서 기능하였다. 이렇듯 최고재판소를 중심으로 판례가 확립해 온 해고권 남용법리는 2003년 7월 4일 공포된 노동기준법 개정에 의해 제18조의2로 도입되어 노동기준법 속에 명기되었으며, 같은 내용의 규정은 현행 노동계약법 제16조로 이어진다. 현행법상 해고에 대해서는 "해고는 객관적으로 합리적인 이유를 결여하고 사회통념상 상당하다고 인정되지 않는 경우에는 그 권리를 남용한 것으로서 무효로 한다"라고 하는 노동계약법 규정만이 존재할 뿐, 그 구체적 판단과 정리해고의 요건 등 해고의 정당성에 관한 기준은 여전히 판례법리에 의해 규율되고 있다. 해고이유가 「합리적」이라는 것은 해고이유로서 주장되는 사실이 실제로 존재할 것(진실성), 그리고 그것이 해고를 정당화하기에 적절한 사실일 것(정당성)을 의미하며 「객관적」이라는 것은 해고이유가 외부로부터 검증할 수 있는 사실에 의해 설명할 수 있는 것임을 의미한다. 한편 해고이유가 "사회통념상 상당하다고 인정되지 않는 경우"라는 것은 해고이유가 객관적이고도 합리적인 것이라 할지라도 사회통념에 비추어 보아 근로자를 기업으로부터 배제할 정도의 것으로는 해석할 수 없는 경우를 말한다. 즉 해고권 남용으로 평가되지 않기 위해서는 해고 이유가 중대한 것으로, 해고라고 하는 무거운 처분과 균형을 잃지 않을 정도에 이르렀을 것이 요구된다. 예를 들어 숙직근무 중인 아나운서가 늦잠을 자서 뉴스방송을 펑크낸 사건이 2주간 2차례나 발생한 것을 이유로 한 해고[14]에서 최고재판소는 "합리성을 결여한 감이 없다고 할 수 없으며, 반드시 사회적으로 상당한 것이라고 인정할 수는 없다"라고 판단하고 있다.

(3) 근로계약 내용이 한정된 경우의 해고

한편 직종이나 직위를 한정하여 고용계약을 체결한 사안[15]에서의 해고는 보다 넓은 범위에서 합리성을 인정하는 경향을 나타낸다. 헤드헌팅에 의해 인사본부장으로서 직무가 특정된 고용계약을 외국계 기업과 체결한 근로자에 대해 능력부족을 이유로 해고하는 경우, 당해 직무에 관한 능력부족 여부에 관해서만 판단하면 족하고 인사본부장보다 하위의 직위로 배치전환을 행하는 등 해고에 대신할 만한 조치를 취해야 할 필요는 없다고 판단, 유효한 해고로 판단한 사안[16]이 있었으며, 관리직 이외의 전문직에 관한 사안에 있어서도 마찬가지의 판단을 제시한 경우들이 발견된다. 이러한 판례들은 계약상 직종이나 직위를 한정한 탓에 일반적인 근로계약에서 사용자에게 폭넓게 요구되는 배치전환 등을 그다지 고려하지 않은 경우이다. 평소 당해 직종이나 직위에 적합한 처우를 받고 있는 근로자인데다 구체적인 계약상 세부사항도 감안한 판단이며 향후 전문직화나 직종별 채용의 보급에 의해 이러한 형태의 근로자가 증가할 경우 판단의 경향도 이러한 사례들에 따를 것으로 예상된다.17)

(4) 변경해약고지

변경해약고지에 관한 판례의 논의 역시 관심을 끄는 영역의 하나이다. 본래 변경해약고지란 근로조건의 변경 내지 새로운 계약체결의 청약에 대한 근로자의 거부를 이유로 해고하는 것을 말한다. 일본에서는 배치전환에 의한 직무내용·근무지의 변경이나 합리성 요건을 충족시킨 취업규칙의 개정에 의한 근로조건의 변경 등, 사용자가 일방적으로 근로조건을 변경하는 것이 어느 정도 인정되고 있으나, 이것이 불가능한 경우 즉 직종이나 근무지가 한정되어 있는 근로자에 대해 직종 등을 변경하는 경우나 취업규칙의 개정에 의한 근로조건의 일방적 변경을 할 수 없는 경우, 변경해약고지가 사용되는 경우가 있다. 이 점에 관해 동경지방재판소는 스칸디나비아 항공사건18)에서 경영부진에 처한 외국계 항공회사가 종업원의 근로계약을 기간제 계약으로 변경하거나 혹은 계약상 한정된 직무를 변경하지 위해 이루어진 변경해약고지에 대해 (1) 근로조건의 변경이 업무의 운영에 있어 필수불가결하고, (2) 변경의 필요성이 근로자가 받는 불이익을 상회하며 변경을 거부한 근로자의 해고도 불가피한 것이라고 인정되고, (3) 해고 회피 노력이 취해진 경우에는 새로운 계약의 청약에 응하지 않은 근로자를 해고하는 것도 가능하다는 판단의 틀을 제시하여 논의를 불러 일으켰다.

동 판결 이후, 변경해약고지를 인정하면 근로자는 새로운 근로조건에 응하지 않는 한 해고를 피할 수 없게 되며, 나아가 재고용의 청약이 동반되었다는 것 때문에 해고의 요건이 약화되어 판단된다고 한다면 이는 근로자를 대단히 불리한 입장에 처하게 하는 것이 되므로, 계속 근로하고 있는 상태에서 변경 후의 근로조건의 상당성을 다툴 수 있는 명문규정이 없는 일본에서는 경영상해고와 같은 엄격한 요건 하에 판단이 이루어져야 한다는 판결19)도 나타나게 되었다. 근로자가 새로운 근로조건에 응하거나 그렇지 않으면 해고라는 식의 양자택일을 강요당한다는 문제점을 해결하기 위해 고용관계를 유지하면서 변경 후의 근로조건의 합리성을 다투는 식의 대처(소위 유보부승낙)가 가능한지 여부가 논의되고 있다. 비정규직 특히 기간제 근로계약의 증가, 구조조정의 일환으로서 대폭적인 근로조건변경 등과 같은 인사관리를 고려하면 향후 이 유형의 분쟁도 증가가 예상된다.20)

(5) 경영상 해고

경영상 해고에 대해서도 법원은 네 가지의 판단 요소를 확립해 오고 있다. 기업 내 특정 사업부문의 폐쇄는 원칙적으로 사용자의 영역에 속하는 자유이지만, 종신고용을 표방하는 일본의 노동관계에서는 기업 운영상 필요를 이유로 하는 해고 역시 일정한 규제를 전제하고 있다. 그 정당성 판단 기준으로는 ① 인원삭감의 필요성, ② 해고 회피 노력 의무의 이행, ③ 객관적 합리적 기준에 의한 해고대상자 선정, ④ 설명 협의 등 절차상 타당성의 네 가지 기준을 제시하고 있다. 다만 법원은 이러한 기준을 제시하면서도 "정리해고의 4요건은 … 해고권의 남용에 해당하는지 여부를 판단할 때의 고려요소를 유형화한 것으로, 각각의 요건이 존재하지 않으면 법률효과가 발생하지 않는다는 의미에서의 법률요건은 아니고, 해고권남용은 판단은 본래 사안별로 개별 구체적인 사정을 종합적으로 고려하여 행할 수밖에 없는 것…"이라는 판단을 통해 엄격한 '요건'으로부터 종합적 판단을 위한 '요소'로 완화되어가는 경향을 보이고 있다.[21]

(6) 기간제 근로자의 계약종료와 갱신기대권

계약의 종료와 관련하여 또 하나 특기할 만한 것은 기간제 근로자의 무기계약 전환에 대한 규정이다. 노동계약법 제18조는 동일 사용자와 2회 이상 기간제 근로계약을 체결하고 계약기간이 통산 5년을 초과하는 경우, 근로자가 기간의 정함이 없는 계약을 청약하면 이에 대해 사용자의 승낙이 간주됨을 정하고 있다. 다만 복수의 근로계약 사이에 일정한 공백기간(소위 쿨링오프)이 존재하는 경우에는 통산계약기간 산정을 새로 시작하는 방식으로 시간적 간격이 있는 복수의 기간제 근로계약이 통산되지 않음을 규정한다. 이러한 경우에도 기간제 근로계약이 반복 갱신되고 있으며 갱신의 거절이 해고와 사회통념상 동일하다고 인정되거나, 합리적 이유에 근거한 갱신기대권이 인정되는 경우에는 근로자의 갱신 요구가 있을시 사용자가 이를 승낙한 것으로 간주(노동계약법 제19조)하도록 하고 있다.

이외에 노동계약법은 출향(제14조)과 징계(제15조)에 대하여도 권리남용을 금지하는 규정을 두고 있으며, 명문의 규정은 없지만 배치전환의 경우 사업운영상의 필요성과 근로자가 입는 불이익을 비교형량하여 정당성을 판단하는 기준을 판례[22]를 통해 확립하고 있다.

5. 비정규 근로자와 불합리한 처우 금지

노동계약법의 내용과 관련하여 최근 특히 주목되고 있는 것은 기간제 근로자에 대한 불합리한 처우 금지의 해석이다. 노동계약법은 파트타임법상 단시간 근로자와 함께 법개정을 통해 기간제 근로자의 불합리한 처우 금지를 입법화하였다. 고용형태가 서로 다른 근로자들의 근로조건을 어떻게 규제할지에 대해 법제는 다양하게 나타나는데, 일본에서는 '불합리한 처우 금지'라는 접근으로 엄격한 균등처우나 동일노동 동일임금법제와는 구별되는 '균형처우'를 지향하고 있다.

파트타임법 제8조에서 "사업주는 그 고용하는 단시간·기간제 근로자의 기본급, 상여 기타 각각의 대우에 대해 당해 대우에 대응하는 통상 근로자의 대우와의 사이에 당해 단시간·기간제 근로자와 달리 할 경우에는 당해 대우의 차이는 당해 단시간근로자 및 통상근로자의 업무 내용 및 당해 업무에 수반되는 책임의 정도(이하 '직무의 내용'), 당해 직무의 내용 및 배치 변경의 범위 기타 사정 중 당해 대우의 성질 및 당해 대우의 목적에 비추어 적절하다고 인정되는 것을 고려하여 불합리하다고 인정되는 차이를 설정하여서는 아니된다"라고 규정하였다.

정년 후 기간제로 재계약을 체결하고 이전과 유사한 직무를 수행하던 근로자들이 기간의 정함이 없는 근로자들과 비교하여 불합리한 처우가 존재한다고 주장한 사안에서 최고재판소[23]는 이들 근로자 사이에 직무 내용의 차이는 없지만, 향후 어떤 업무를 수행하게 될지 또는 업무 장소가 어디로 변경될지 하는 가능성의 측면에서 차이가 있다는 점이나 회사의 핵심적 인재로 등용될 전망과 인사정책 등을 고려하여, 개별 수당의 차이가 불합리한 처우인지를 판단하였다. 예를 들어 주택수당은 회사의 지시에 따라 거주의 이전이 예정되지 않은 기간제 근로자에 대한 차등지급이 불합리하지 않다고 본 반면, 운송을 원활하게 진행하기 위해 실제 출근하는 운전사를 일정 수 확보하기 위해 지급하는 개근수당이나, 안전한 수송을 통한 고객의 신뢰 확보를 위해 운전사에게 지급하는 무사고수당 등은 그 취지에 비추어 업무내용상 차이가 없는 기간제 사원에게 정사원 근로자에 비해 차등적으로 지급하는 것이

불합리하다는 판단을 내렸다.[24]

차별금지 법제와는 구분되는 불합리한 처우 금지는 차이가 있는 대상에 대해 어느 정도의 격차가 적절하고 어느 선부터 불합리한지 하는 점을 판단한다는 점에서, 구체적 타당성을 확보할 수 있는 가능성을 내포하는 반면 비정규직에 대한 차별로 기능할 수도 있어 최고재 판결에 대한 검토와 향후의 전망이 주목된다.

V. 노동기준법

노동계약법의 입법으로 근로관계의 성립과 전개, 그리고 종료에 이르는 과정 전반에 걸친 노동기준법의 기본법적 위상은 예전과 같지 않다. 하지만 고용관계에서의 기본적 인권 보호를 포함하여, 임금, 근로시간과 같은 근로조건의 보호와, 괴롭힘, 고용상 차별 등으로부터의 근로자 보호, 그리고 연소자와 여성의 특별한 보호까지를 규제하는 노동기준법의 역할은 여전히 중요하다.

1. 노동기준법의 기본 원칙

노동기준법은 근로자가 인간다운 생활을 영위하기 위한 근로조건의 하한선을 국가의 강행적 입법으로 정한다(노동기준법 제1조). 따라서 법 전반에 걸쳐 근로자의 인권 보장을 포함한 노동헌장적 성격의 규정을 통해 기본적 취지와 근로자 보호 방향을 선언하고 있다다. 먼저 기본 이념으로 일본국 헌법 제25조에 근거한 인간다운 생활과 더불어 근로조건 대등결정의 원칙을 천명(노동기준법 제2조)하고 있으며, 강제노동(노동기준법 제5조) 및 손해배상 예정(노동기준법 제16조)의 금지 규정을 통해 근로관계에서의 부당한 인신구속을 방지하고자 하였다. 이와 함께 국적, 신조, 사회적 신분을 이유로 한 차별적 취급의 금지(3조)와 남녀 동일임금의 원칙(제4조), 중간갈취의 금지(제6조)와 공민권 행사의 보장(제7조) 등을 정하고 있다.

다만 노동기준법의 규정들 중에는 근로시간 법제나 여성보호 법제처럼 시대의 변화에 따라 당사자의 합의에 의한 규제완화의 여지가 고려될 수 있는 사항도 존재한다. 이러한 논의에 대한 보다 치밀한 제도설계는 근로자대표 등 근로자측 합의를 확보하기 위한 절차적 규정의 정비를 포함하여 법 전반에 걸친 검토를 요한다 할 것이며 노동계약법과의 영역 구분 역시 보다 미세한 조정을 요구한다.

2. 근로시간법제

일본에서 법률상 허용된 최장 근로시간은 주 40시간, 하루 8시간이다(노동기준법 제32조). 이 시간을 초과하여 체결된 근로계약은 원칙적으로 무효가 되며 이를 초과하여 근로시킨 경우 형사벌이 적용된다(6개월 이하의 징역 또는 30만엔 이하의 벌금. 노동기준법 제119조 제1호). 이에 대해 사용자는 과반수 노조 또는 과반수 대표자와 서면에 의한 노사협정을 체결하여 노동기준 감독관서에 신고한 때에는 협정에서 정하는 바에 따라 시간외 또는 휴일근로를 시킬 수 있다. 과반수 노조가 없는 경우 과반수 대표자는 당해 사업장 단위의 근로자 전체를 모집단으로 하며, 시간외 근로에 대한 규정의 적용이 제외되는 관리감독 근로자 등도 포함된다. 서면협정에는 시간외·휴일근로의 구체적 사유, 업무의 종류, 근로자 수, 시간외·휴일근로의 상한, 협정의 유효기간 등이 기재되어야 한다.25)

사용자는 시간외 또는 심야(22시부터 05시 사이)에 근로를 시킨 경우 통상임금의 25% 이상의 가산임금을 지급해야 하고(노기법 제37조), 휴일근로에 대해서는 35%의 가산임금을 지급하도록 하고 있다. 다만 1개월 60시간을 초과하는 연장근로에 대해서는 통상임금의 50% 이상을 할증하여 지급하도록 되어 있다. 월 60시간이라는 시간외근로의 산정시 법정외 휴일 근로시간은 산정에 포함되나 법정 휴일근로는 포함되지 않는다. 시간외근로와 심야근로가 중복될 경우 50% 이상, 휴일근로와 심야근로가 중복될 경우 60% 이상의 가산임금이 지급되어야 하고 이 경우 법정휴일의 휴일근로가 8시간을 초과하더라도 가산임금은 35%로 족하다는 것이 학설과 행정해석의 태도이다. 이는 휴일근로와 시간외근로가 모두 법정 외 근로라고 하는 점에서 같은 성격을 가지는 것이며, 서로 다른 가산 요소가 중복한 것은 아니기 때문이라고 해석[26]된다. 마찬가지로 법정 휴일의 근로는 휴일근로라는 관점에서 법정외 근로로서 평가되기 때문에 주당 시간외 근로로는 산정되지 않고, 따라서 휴일근로와 주 시간외근로에 대한 가산임금의 중복문제는 발생하지 않으며, 휴일근로와 월 60시간 초과 시간외 근로에 대한 가산임금 중복도 문제되지 않는다. 다만 이와 달리 주휴 2일제의 경우 법정 주휴일이 아닌 휴일의 근로는 법정 휴일 근로로서 평가되지 않으므로 주 단위, 월 60시간 초과 시간외근로 등의 산정이 산정의 대상이 되어야 한다.[27] 여기에서는 근로조건 명시 및 가산임금 계산의 간편이라는 관점에서 취업규칙 기타 이에 준하는 것으로 사업장의 휴일에 대해 법정 휴일과 소정 휴일을 각각 명확히 구별하여 두는 것이 바람직하다는 점도 함께 지적하고 있다.[28]

　　일본법상 하루 8시간, 주 40시간의 근로시간제도에 대한 탄력적 제도로는 변형근로시간제, 선택적 근로시간제, 사업장 외 간주근로시간제, (전문업무형 및 기획업무형) 재량근로시간제 등이 있다. 먼저 변형근로시간제(노동기준법 제32조의2, 제32조의4)는 교대제 근무 혹은 계절적으로 업무량이 변화하는 사업을 중심으로 일정 기간(1개월 또는 1년)을 평균하여 법정근로시간 이내 근무하도록 하는 제도로 51.5% 정도의 근로자들에게 적용되고 있다.[29] 선택적 근로시간제는 협정에 의한 근로시간 범위 내에서 시·종업시각을 근로자에게 맡기는 제도(제32조의3)로 일정기간의 총 근로시간을 노사협정으로 정한다. 이 제도의 경우 9.3%의 근로자에게 적용되고 있다. 사업장 외 간주근로시간제는 외근 영업 등의 경우에 적용되며 소정근로시간 또는 노사협정으로 정한 시간 근로한 것으로 간주한다. 적용근로자는 7.6% 정도이다. 전문업무형 재량근로제(제38조의3)는 신상품 신기술의 연구개발, 정보처리 시스템 설계등을 담당하는 근로자에 대해 노사협정으로 정한 시간 근로한 것으로 간주하고 1.0% 정도의 적용이 이루어지고 있으며, 기획업무형 재량근로제(제38조의4)는 사업의 운영에 관한 사항에 대해 기획, 입안, 조사 및 분석 업무에 종사하는 경우로 노사위원회에서 결의한 시간을 근로한 것으로 간주한다. 이 제도가 적용되고 있는 근로자는 0.2% 정도에 불과하다.

이러한 근로시간 제도는 2018년 6월 29일 일본의 소위 '일하는 방식 개혁법'[30]을 통해 전면적인 변화를 경험하였다. 이는 지난 몇 년간 꾸준히 추진되어 온 아베 내각의 노동 정책과 궤를 같이하는 법개정으로 평가할 수 있으며, "근로자가 각각의 사정에 따라 다양한 일하는 방식을 선택할 수 있는 사회를 실현하는 일하는 방식 개혁을 추진하기 위해 시간외 근로의 한도시간을 설정하고, 고도로 전문적 지식 등을 요하는 업무에 종사하면서 일정액 이상의 연수입을 얻고 있는 근로자에게 적용되는 근로시간 제도를 창설하며, 단시간·기간제 근로자 및 파견근로자와 통상의 근로자 사이의 불합리한 대우 차이를 금지하고, 국가가 노동에 관한 시책의 종합적 추진에 관한 기본적 방침의 책정 등의 조치를 강구할 필요가 있다 …"[31]라고 하는 취지를 내세우고 있다. 이 중 시간외근로 상한과 형사벌 도입과 관련된 부분을 살펴보면, 이전까지는 후생노동성 고시[32]로 정하고 행정기관의 조언·지도의 근거로 하여왔으나, 입법을 통해 시간외근로의 상한을 법으로 설정한 점이 주목된다. 36협정은 원칙적으로 월 45시간, 연 360시간을 한도로 하며, 바쁜 때에는 일정한 요건을 전제로 월100시간, 연 720시간 미만까지로 예외를 두었다(휴일노동을 포함)(개정법 제36조 제5항). 이 경우 보통의 36협정에서 정하는 내용에 더하여 월 45시간을 초과하여 시간외근로를 시킬 수 있는 월의 수(1년에 6개월 이내로 제한됨)를 정하여야 한다(개정법 제36조 제5항). 또 1개월 100시간, 최근 2-6개월을 평균하여 80시간(휴일노동을 포함)의 상한도 함께 설정하였다(개정법 제36조 제6항).

예외적으로 건설사업(제139조), 의사(제141조) 등에 대해서는 5년간 유예기간 후 적용을 예정하고 있으며, 자동차운전업무(제140조)에 대해 5년간 유예기간 후 적용(단 연간 상한은 960시간), 신기술, 신상품 또는 새로운 역무의 연구개발업무(제36조 제11항)에 대해서도 의사의 면접 지도를 전제로 적용제외(시간외근로가 1개월당 후생노동성령이 정하는 시간(100시간) 초과자에 대해 의사에 의한 면접지도 실시를 노동안전위생법에 법적 의무화 및 벌칙조항 규정, 노동안전위생법 제66조의 8의 2)할 것을 정하고 있다. 법 위반에 대해서는 6월 이하의 징역 또는 30만엔 이하의 벌금(제119조, 제36조 제6항 위반에 대해)을 규정하고 있다. 이와 함께 근무간 인터벌 제도의 보급촉진 노력의무를 노동시간 등 설정개선에 관한 특별조치법으로 도입하여, 사업주는 전일 종업시각과 익일 시업시간 사이에 일정 시간의 휴식 확보를 위한 노력의무를 부담하고, 사업주의 책무로서 짧은 납기 발주나 발주 내용의 빈번한 변경을 하지 않도록 배려할 노력의무 역시 규정하였다.

이러한 흐름 속에서 소위 고도 프로페셔널 제도(화이트칼라 이그젬션)를 도입하여 업무내용 및 대우 등을 고려, 일정한 근로자층에 대해 근로시간 등의 규제를 적용제외하는 대신 건강확보의 조치를 강화하고

자 하는 제도를 두었다. 시간이 아니라 성과로 평가되는 업무 수행 방식을 희망하는 근로자의 요구에 부응하고 그 의욕이나 능력을 충분히 발휘할 수 있도록 하기 위해 일정한 연수입 요건을 충족하고 직무의 범위가 명확하며 고도의 직업능력을 갖춘 근로자를 대상으로 장시간 노동을 방지하기 위한 조치를 강구하면서, 시간외·휴일 노동협정 체결이나, 시간외·휴일·심야의 할증 임금의 지급 의무 등의 적용을 제외하는 새로운 근로시간 제도의 선택지로서 자리매김하려는 시도이다.

대상업무는 고도의 전문적 지식 등을 필요로 하거나 업무에 종사한 시간과 성과와의 관련성이 강하지 않아야 한다. 금융 상품의 개발 및 거래, 애널리스트, 컨설턴트, 그리고 연구 개발 등을 전형적 대상으로 하고 있다. 사용자와의 서면 합의로 직무 범위를 명확히 정하여야 하며, 대상 근로자의 연 수입은 일정 금액(현재 1075 만엔)을 넘어야 한다. 다만 이들에 대해서도 일정한 건강확보조치가 필요한데, 일정 시간의 연속된 휴식이나 일정 비율에 따른 휴일 부여 등이 요구된다. 제도 도입시 노사위원회 설치가 의무화되어 있으며, 대상 업무 및 대상 근로자의 범위, 사용자의 건강관리시간 파악과 건강 및 복지 확보 조치 등이 노사위원회 구성원 5분의 4이상의 다수에 의해 의결되어야 한다. 이러한 요건 하에서 대상 업무에 종사하는 대상 근로자에 관하여는 노동기준법 제4장에서 정하는 근로시간, 휴게, 휴일 및 심야 할증임금에 관한 규정을 적용제외하도록 하여 임금과 엄격하게 연동되지 않는 유연한 근로시간제도의 운영을 가능케 하였다.[33]

3. 임금

노동기준법은 임금, 급여, 수당, 상여 등 명칭을 불문하고 노동의 대가로 사용자가 근로자에게 지급하는 모든 것을 임금으로 정의하고 있으며(제11조), 그 지급과 관련하여 통화지급, 직접지급, 전액지급 및 정기지급의 원칙을 명언하고 있다(제24조). 한편 노동계약법에서도 근로자의 노동에 대한 사용자의 임금 지급이 합의될 것을 근로계약 성립의 요건으로 하고 있어(노동계약법 제6조) 임금은 근로관계의 본질적 요소로 자리매김되어 있다.

노동기준법상 시간외 수당을 제외한 다양한 수당의 산정 기준은 평소 평균적으로 수령하고 있는 임금액으로 하고 있으며 이를 평균임금이라 한다. 이는 산정사유 발생일 이전 3개월 동안 지급된 총 임금을 그 기간의 총 일수로 나누어 산출한다(노동기준법 제12조). 이는 통상의 생활임금을 계산하기 위한 접근으로, 휴업기간이나 시용기간은 평균임금을 부당하게 낮출 가능성이 있어 동 기간에서 제외한다(제12조 제3항).[34]

일본에서도 최저임금법에 따라 당사자의 합의에도 불구하고 강행적인 최저 수준의 임금을 정하도록 하고 있다. 일본에서는 우리나라와 달리 지역별 최저임금과 산업별 최저임금의 두 종류를 상정하고 있다. 우선 기본적으로는 후생노동대신 또는 도도부현 노동국장이 중앙이나 지방의 최저임금 심의회에서 각 결정하는 임금액을 최저임금으로 하도록 정하고 있으며, 그 결과 지역의 물가 등을 고려하여 각 지역별로 정하여진다(최저임금법 제9조 제1항). 이렇듯 우리나라처럼 전국적으로 통일된 최저임금액이 존재하는 것은 아니지만, 노사정 3자구성으로 이루어지는 중앙 최저임금심의회에서 전국 각 도도부현을 4개 수준으로 구분하고 일정한 참고안을 제시하면 이에 근거하여 각 광역단체 최저임금 심의회가 정하는 관행을 가지고 있다. 최저임금액은 각 지역의 근로자 생계비, 임금, 일반적인 사업의 임금지급능력의 세 요소를 고려하여 정하여야 한다(최저임금법 제9조 제2항).

VI. 노동조합법

집단적 노사관계를 규율하는 법률인 노동조합법은 1945년 입법되었다. 이후 집단전 노사관계의 기본적 법제로서의 기능을 담당하며 오늘에 이르고 있으나, 조직률의 저하, 근로자층의 다양화와 더불어 노동조합법의 역할에 대한 새로운 모색이 검토되고 있다. 일본국헌법 28조의 근로3권은 근로자들의 집단적 권리행사를 위한 기본적 권리로 기능하며, 노동조합법은 이에 근거하여 자주적인 노동조합을 조직하고(단결권), 집단을 통해 사용자와 근로조건에 대해 교섭하며(단체교섭권), 사용자에 대해 집단의 위력을 행사하고 업무를 저해(단체행동권)함으로써 근로조건을 포함한 근로자의 지위 향상을 도모한다(노동조합법 제1조).

노동조합은 '근로자가 주체가 되어 자주적으로 근로조건의 유지개선 기타 경제적 지위의 향상을 도모하는 것을 주된 목적으로 조직하는 단체 또는 그 연합단체'로 정의된다(노동조합법 제2조). 따라서 누가 노동조합법상의 근로자인가 하는 것이 법 적용을 위해 무엇보다 중요한 요소가 된다. 특히 최근 소위 특수형태고용종사자나 플랫폼 종사자처럼 다양한 형태로 일하는 사람들이 증가하면서 노동기준법상의 근로자성과 구별되는 노동조합법상의 근로자성 인정 기준은 확대 경향을 나타내고 있다.

한편 노동조합의 소극적 요건에 대해 법은 주체 측면에서의 자주성과 목적 측면에서의 근로조건 유지 개선이라는 점을 구체화하고 있다. 먼저 임원이나 인사권을 보유하는 감독적 지위의 근로자를 포함하여, 사용자의 이익을 대표하는 자가 가입하는 것을 허용하는 경우, 단체 운영을 위해 사용자의 회계상 원조를 받는 경우는 사용자로부터 독립하여 근로자의 이익을 위해 대등하게 교섭하는 주체로서의 노동조합의 본질상 그 자주성의 유지라는 관점에서 소극적 요건으로 규정한다.

이와 더불어 공제사업 기타 복리사업만을 목적으로 하거나, 주로 정치운동 또는 사회운동을 목적으로 하는 경우에는 단체의 목적이라는 관점에서 소극적 요건으로 두고 있다(노동조합법 제2조 단서).

1. 근로자성 판단

최근 노동조합법상 근로자성 판단에 대해 주목할 만한 판결이 제시되고 있다. 즉 판례를 통해 근로자 개념을 확대하는 방법으로 집단법적 보호를 제공하고자 하는 시도가 노동위원회와 법원 양자에 의해 검토되고 있으며 특히 노조법상의 근로자개념에 대해 최고재판소의 판결에 따라 보다 넓은 범위의 기준이 제시되었다.

일본에서 노동조합법상 근로자성의 판단을 위한 기준은 2011년 제시된 노사관계법연구회의 보고서[35]가 하나의 중요한 참고가 될 수 있다. 여기에서는 먼저 기본적 판단요소로 ① 사업조직에 대한 편입(노무공급자가 상대방의 업무 수행에 불가결 내지 핵심적으로 필요한 노동력으로 조직 내에 확보되어 있는가), ② 계약 내용의 일방적 정형적 결정(계약의 체결 태양으로부터 근로조건이나 제공하는 노무의 내용을 상대방이 일방적 정형적으로 결정하고 있는가), ③ 보수의 노무대가성(노무공급자의 보수가 노무공급에 대한 대가 또는 그에 유사한 것으로서의 성격을 갖는가) 등이 제시되었고, 보충적 판단요소로서 ④ 업무의 의뢰에 대한 응락의 의무(노무공급자가 상대방으로부터의 구체적 업무 의뢰에 대해 기본적으로 응하여야 할 관계에 있는가), ⑤ 넓은 의미에서의 지휘감독 하에서의 노무제공, 일정한 시간적 장소적 구속(노무공급자가 상대방의 지휘감독 하에서 노무의 공급을 행하고 있다고 넓은 의미에서 해석할 수 있는가, 노무의 제공에 있어 일시나 장소에 관해 일정한 구속을 받고 있는가)하는 기준들이 제시되었다. 그리고 소극적 판단요소로서 ⑥ 현저한 사업자성(노무공급자를 항상적으로 자기의 계산으로 이익을 얻을 기회를 갖고 스스로의 위험을 감수하며 사업을 수행하는 자로 볼 수 있는가)이 언급된다.

이러한 기준을 전제로 최근, 독립 자영업자와의 경계가 모호한 형태, 흔히 업무위탁이라고 분류되는 계약으로 일하는 사람들을 노동조합법상 근로자로 인정할 것인지에 대한 최고재판소의 판결이 제시되어 주목을 받았다. 이 판결들36)은 모두 5개 판단 요소를 검토하고 (일반론의 제시는 하지 않은 채) 노조법상 근로자성을 인정하였는데, ① 노무공급자가 사업수행에 불가결한 노동력으로서 회사의 조직에 편입되어 있었던 점, ② 회사가 계약내용을 일방적으로 결정하고 있었던 점, ③ 노무공급자가 받는 보수가 노무 제공에 대한 대가로서의 성격을 지니고 있는 점, ④ 각 당사자의 인식과 계약의 실제 운용에 있어서 노무 제공자가 회사의 의뢰에 응해야 할 관계에 있었던 점, ⑤ 노무 제공자가 회사가 지정하는 사업수행방법에 따라서 그 지휘감독 아래 노무를 제공 하고 동시에 업무에 대해 장소와 시간의 면에서 일정한 구속을 받고 있었던 점 등을 근로자성 인정의 근거로 제시하였다.

이와 함께 업무위탁계약을 통한 택배 배달원의 근로자성 여부가 다투어진 중앙노동위원회의 명령에서는, "회사와의 업무위탁(도급)의 계약형식에 의해 노무를 공급하는 자의 경우에는, ① 당해 노무공급을 행하는 자들이 발주처의 사업활동에 불가결한 노동력으로서 항상적으로 노무공급을 행하는 등, 발주처의 사업조직에 편입되어 있다고 말할 수 있거나, ② 당해 노무공급계약의 전부 또는 중요부분이 실제로 대등한 입장에서 개별적으로 합의되는 것이 아니라 발주처에 의해 일방적, 정형적, 집단적으로 결정되고 있다고 말할 수 있거나, ③ 당해 노무공급자에 대한 보수가 당해 노무공급에 대한 대가 내지는 이러한 대가에 유사한 것으로 볼 수 있는가 하는 판단요소에 비추어 단체교섭의 보호가 가해져야 한다는 필요성과 적절성이 인정된다면 노동조합법상의 근로자에 해당한다고 보아야 한다"37)라는 문언을 통해 보다 구체화된 노동조합법상 근로자성 인정의 요건을 제시하고 있다.

나아가 편의점 점주에 대해서도 노동조합법상의 근로자성이 인정될 것인지 여부가 노동위원회에서 다투어진 바 있는데, 일부 지방노동위원회38)에서는 근로자성을 긍정한 예도 있으나, 중앙노동위원회39)에서는 현저한 사업자성을 이유로 사용자의 단체교섭 거부가 부당노동행위에 해당하지 않는다고 판단하였다.

2. 단체교섭과 단체협약

노동조합법은 노동조합의 대표자 또는 노조의 위임을 받은 자가 노조 또는 조합원을 위해 사용자 또는 사용자 단체와 단체협약의 체결 기타 사항에 관해 교섭할 권한을 갖고 있음을 명시하고 있다(제6조). 또한 사용자가 고용하는 근로자의 대표자와의 단체교섭을 정당한 이유없이 거절하는 것은 성실교섭의무 위반으로 부당노동행위로 규제한다(제7조의2). 특히 일본 단체교섭제도의 중요한 특징 중 하나로 우리나라와 달리 창구단일화 제도의 법제화가 이루어져 있지 않은 점을 지적할 수 있다. 따라서 소수노동조합의 경우에도 교섭권을 갖고 실제 교섭행위에 나아갈 수 있도록 법적 권한이 보장되며, 필연적으로 조합간 차별 등에 관한 문제들이 법적 이슈로 다투어지고 있다.

단체교섭의 결과 서면으로 단체협약이 체결되면, 단체협약에서 정하는 근로조건 기타 근로자의 대우에 관한 기준에 위반하는 근로계약은 그 부분에 한하여 무효가 되고 단체협약에서 정한 내용으로 대체되는 규범적 효력(직률적 효력)을 갖게 된다(노동조합법 제16조). 이러한 규범적 효력을 갖지 않는 사항들에 대해서도 단체협약 당사자간 합의로 계약을 체결할 수 있으며 조합원의 범위나 체크오프 조항, 유니온 샵 협정 등의 집단적 노사관계에 관한 내용을 다루는 조항들은 채무적 효력만을 갖게 된다. 특히, 단체협약의 규범적 부분은 협약의 당사자 이외에도 적용될 수 있는 경우가 존재하는데, 이를 단체협약의 효력확장제도라 한다. 하나의 사업장에서 상시 사용되는 동종의 근로자 4분의 3 이상이 하나의 단체협약의 적용을 받게 된 경우 당해 사업장의 다른 동종 근로자에게도 그 단체협약의 규범적 효력이 미치도록 하는 사업장 단위의 일반적 구속력(노동조합법 제17조)과, 일정한 지역의 동종근로자 대부분이 하나의 단체협약을 적용받게 되었을 때 신청과 노동위원회의 결의에 의해 당해 지역 내의 다른 동종근로자에게 그 단체협약의 적용되도록 행정청이 결정하는 지역적 일반적 구속력(노동조합법 제18조)의 두 제도가 이러한 효력확장제도로 기능하고 있다. 전자의 경우 공정한 근로기준에 의한 근로조건 통일화와 분쟁의 방지가, 후자의 경우 근로조건 덤핑의 방지가 그 취지로 언급되고 있다.

　단체협약과 관련한 중요한 쟁점 중 복수노조 병존시 사용자의 중립유지의무에 대해, 최고재판소는 "복수의 노동조합이 병존하는 경우에 각 노조는 독자적 존재의의가 인정되어 고유의 단체교섭권 및 노동협약체결권이 보장되어 있는 것이므로, 그 당연한 귀결로 사용자는 모든 노조과의 관계에서 성실한 단체교섭을 할 의무가 있으며, 단순히 단체교섭의 영역에 한정하지 않고 모든 영역에서 사용자는 각 노조에 대하여 중립적 태도를 유지하고 그 단결권을 평등하게 승인, 존중하여야 (하고) … 차별적인 취급을 하는 것은 허용되지 않는다"라고 하면서, "복수의 노조가 병존하는 경우에는 사용자에게는 각 노조에 대해 평등취급의무와 중립의무가 부과된다고 하더라도 각 노조의 조직력, 교섭력에 따른 합리적 합목적적인 대응을 하는 것을 이러한 의무 위반으로 간주해서는 아니"됨을 판시하고 있다.[40]

　또한 사용자의 성실교섭의무의 구체적 범위에 대해, 노조의 교섭을 정당한 이유 없이 거부하는 경우는 물론이지만, 그 외에 사용자가 단체교섭권을 존중하여 성의를 가지고 교섭에 임하지 않는 경우도 포함하는 것으로 해석한다. 법원도 이 규정의 해석을 둘러싸고, "… 사용자에게는 성실하게 단체교섭을 할 의무가 있고 … 자기의 주장을 상대방이 이해하고 납득하는 것을 목표로 하여 성의를 가지고 단체교섭에 임하여야 하며 노동조합의 요구나 주장에 대한 회답이나 자기의 주장의 근거를 구체적으로 설명하거나 필요한 자료를 제시하는 등, 그리고 결국 노동조합의 요구에 대하여 양보할 수 없다고 하더라도 그 논거를 제시하여 반론하는 등의 노력을 하여야 할 의무"가 있음을 언급하면서, "… 노동조합의 요구에 대하여 이에 응하거나 양보하거나 할 의무까지 포함하는 것은 아니나 … 위 요구에 응할 수 없다면 그 이유를 충분하게 설명하고 납득을 얻을 수 있도록 노력하여야"41) 하고 이러한 노력이 인정되지 않는다면 성실교섭의무가 이행되었다고 보기 어려움을 지적한다.

3. 쟁의행위

일본 노동법상 정당한 쟁의행위는 헌법 제28조의 단체행동권에 근거하며, 민형사면책(제1조 제2항 및 제8조)이 규정되어 있다. 쟁의 조정에 대한 노조법 제20조와 노동관계조정법상의 절차규정들을 제외하면 법이 쟁의행위의 정당성 판단에 대해 별도로 규정하고 있지는 않으나 판례는 주체, 목적, 태양, 절차의 네 가지 요소를 그 정당성 판단 기준으로 확립하여 왔다. 정당성이 인정되지 않는 쟁의행위의 경우 민사상의 손해배상책임은 물론, 징계처분의 대상이 될 수 있으며 형사책임도 부담할 수 있다. 파업에 참가한 조합원 개인은 원칙적으로 노동조합과 함께 부진정연대채무를 부담하는 것이 전통적인 계약법의 접근이지만, 이 점을 둘러싸고 학계의 논의는 대립하고 있으며, 노조의 정상적인 의사결정과정에 따라 결의가 이루어진 이상 노동조합만이 손해배상책임을 부담한다는 입장과, 개별 조합원도 위법한 쟁의행위 결의의 의사결정에 참가한 이상 책임을 진다는 입장으로 나뉜다. 다만 실제로는 양 입장 모두 불법행위 책임의 주요 당사자는 노동조합이 되며 사용자가 개별 조합원에 대해 손해배상 책임을 청구하는 예도 많지 않다고 한다.[42]

쟁의행위의 정당성 판단 중, 목적의 정당성과 관련하여 최고재판소[43]는 "… 사용자에 대한 경제적 지위의 향상의 요청과는 직접적인 관계가 없는 정치적 목적을 위하여 쟁의행위를 행하는 것은, 헌법 제28조의 보장과는 무관계한 것으로 해석하여야 한다"는 입장을 취하고 있다. 사용자의 처분권한 범위를 벗어난다는 점에서 소위 동정파업도 목적의 정당성을 인정받기 어렵다. 다만 흔히 말하는 경영전권사항이라 하더라도 그것이 근로자의 근로조건 유지 개선과 관련이 있는 경우 목적의 정당성이 부정되지는 않는다.

4. 부당노동행위

노동조합법은 사용자에 의한 근로3권 침해 행위를 유형화하고 이를 부당노동행위로 특별히 규제하고 있다. 부당노동행위제도는 일본 노동법의 여러 제도들 중에서도 미국의 영향이 특히 두드러지는 것으로 근로3권의 실질적 보장을 위한 국가의 적극적 개입과 단체교섭의 촉진을 지향한다.

법에서는 '사용자'를 부당노동행위의 주체로 규정하고 있는데(노동조합법 제7조), 여기에서의 사용자는 계약상의 일방 당사자보다는 넓은 개념으로 이해되고 있다. 구체적으로는 현실적 구체적인 근로관계의 존재 혹은 근로조건의 결정이나 노무 지휘에 직접적이고 구체적인 지배력이나 영향력을 미칠 수 있는 지위에 있으면 족하다는 입장과, 구제명령의 수범주체로서의 사용자까지를 고려하여 근로계약관계 또는 그에 근접하거나 동일시할 수 있는 관계가 있을 것을 요구한다는 입장으로 나뉘고 있다. 회사의 합병 등 기업조직의 재편의 경우, 모자회사 등 자본의 소유나 임원의 파견으로 관련되어 있는 경우, 그리고 업무의 외주화나 다단계에 걸친 하도급관계 등으로 업무상 밀접하게 연결되어 있는 경우 등에 부당노동행우의 사용자성 인정 여부가 다투어질 수 있다. 법원은 노조법상 사용자개념에 대해 "일반적으로 사용자라 함은 노동계약상의 고용주를 말하지만, 이 조항이 단결권의 침해에 해당하는 일정한 행위를 부당노동행위로써 배제, 시정하여 정상적인 노사관계를 회복하는 것을 목적으로 하고 있다는 점을 감안한다면, 고용주 외의 사업주라 하더라도 고용주로부터 근로자를 파견 받아 자기의 업무에 종사시키며 그 근로자의 기본적인 근로조건 등에 관하여 부분적으로나마 고용주와 동일시 할 수 있을 정도로 현실적 구체적으로 지배, 결정할 수 있는 지위에 있는 경우"44)에는 사용자로 인정할 수 있음을 언급하고 있다.

　구체적으로 노동조합의 조합원이라는 사실, 노조가입 또는 결성, 정당한 조합활동, 노동위원회 구제신청을 이유로 한 불이익취급(제7조 제1호 및 제4호), 단체교섭 거부(제7조 제2호), 지배개입(제7조 제3호)을 그 태양으로 하여 금지하고 있다. 법에서 노동조합의 운영을 위하여 경비의 지급이나 경리상의 원조를 제공하는 것은 금지하고 있지만(노동조합법 제7조 제3호), 예외적으로 ① 근로자가 근로시간 중에 임금의 손실 없이 사용자와 협의·교섭하는것, ② 조합의 복지 기금 등으로 사용자가 기부하는 것, ③ 최소한의 규모의 노동조합 사무소의 제공은 부당노동행위에 해당하지 않음을 규정하고 있다.

　복수노조가 병존하고 있는 상황 속에서 노동조합간 차별로 인한 부당노동행위 사건은 소수노조의 활동 및 교섭이 보장되어 있는 일본에서 자주 발생할 수 있는 사건인데, 다수노조와 소수노조 사이, 혹은 노동조합의 조합원과 비조합원 사이에 집단적으로 발생하는 임금이나 승진, 고과 평가 등에 있어서의 차별에 대해서는 그 입증을 위해 소위 '대량관찰방식'이 채용되고 있다. 이는 조합원과 비조합원, 특정 노조의 조합원과 타 노조의 조합원을 집단적으로 비교하여 양 집단 사이에 이러한 항목에 대해 유의미한 차이가 있다는 사실 및 사용자의 조합 혐오 의사나 언동 등을 증명하면 부당노동행위에 대한 일응의 추정이 성립하며, 사용자 측에서 격차가 근무성과 등에 의한 것임을 입증해야 하는 방식이다. 최고재판소 역시 특정 근로자들에 대한 상여금 지급 기초로서의 고과평가가 노조 결성 이전과 결성 후 가입한 자들에 대해 현저한 차이가 발생하였다는 사실과, 노조에서 탈퇴한 자들에 대해서는 인사고과가 다시 회복되었다는 사실, 이 사이에 회사의 노조에 대한 혐오 발언 등이 되풀이되었다는 점 등을 들어 부당노동행위 성립을 인정[45]함으로써 이러한 방식을 지지하고 있다.

부당노동행위에 대해 일본 노동조합법은 별도의 형사처벌규정을 갖고 있지 않으며 이는 우리 노조법과의 중요한 차이이다.

VII. 분쟁해결

1. 노동위원회[46]

일본에서 노동위원회는 법원과 함께 노사분쟁 해결의 공적 기관으로 집단적 노사분쟁의 해결을 중심으로 그 역할을 담당하여 왔다. 제2차 세계대전 이후의 심각한 노사대립 시대에 발생한 대규모의 집단적 분쟁 속에서 노동위원회는 중요한 역할은 하였으며 이어지는 1960년대 이후 일본적 고용관행의 확립과 더불어 노사관계의 안정화에 기여했다는 점에 대해 적극적인 평가가 이루어지고 있다. 다만 1970－80년대에는 매년 900－1400건이었던 신규수리 건수가 2010년대 이후에는 지노위를 기준으로 300건 후반 정도, 중노위는 60건에서 90건 사이에 머무르고 있고, 이는 노동조합 조직률의 저하와 이에 기인한 집단적 분쟁의 감소로 인한 당연한 결과일지 모른다. 노동위원회의 사건의 내용도 하나의 사업장 내부에 두 개 이상의 노동조합이 있는 경우 소수노조에 의한 성실교섭의무 위반이나 차별을 문제삼는 사건 유형을 거쳐, 최근에는 일반노조에 의해 이루어지는 교섭거부 사건이 두드러지는 경향이다. 다만 형식적으로는 부당노동행위로서의 단체교섭 거부 사건이라 하더라도 사건의 본질 자체는 해고나 징계 등의 개별적 분쟁 해결을 목적으로 하는 경우도 종종 발견된다.

일본의 노동위원회는 노사 및 공익을 대표하는 자들을 각 동수로 하여 조직한다(제19조의3 등). 이러한 3자 구성 시스템은 노동위원회가 다루는 분쟁에 관한 전문 지식 활용과, 노사 위원과 분쟁 당사자의 소통에 의한 자주적 해결 촉진이라는 점에 있다. 노사위원은 각 사용자단체와 노동조합의 추천에 의해 임명되며, 공익위원의 임명시에는 후보자 명부를 노사위원에게 제시하고 위원들의 동의를 얻어 이루어지도록 되어 있다. 이는 공익위원의 중립성 확보를 위한 수단을 노사에 부여한다는 의의를 지닌다. 위원의 임기는 2년이며, 재임이 가능하다. 2004년 법개정에 의하여 중노위의 공익위원 중 2명 이내는 상근으로 할 수 있는 것으로 규정하고 있다. 비상근제에 관하여는 노사관계의 식견을 갖춘 인재를 널리 민간에서 구할 수 있고 공익위원이 그 지위에 집착하지 않을 것이 기대되어 노사당사자에 대해 중립성을 관철하기 쉽다는 장점이 있는 반면에 시간적 제약 탓에 사건처리에 전념하기 어렵다는 단

점도 존재한다.

일본에서 노동위원회가 담당하고 있는 기능과 권한은 다음과 같다.

(1) 부당노동행위 심사 및 구제

부당노동행위의 성부를 판단하고 구제명령을 발하는 권한이다. 노동위원회의 가장 중심이 되는 권한이며, 공익위원이 담당하나 노사위원도 조사, 심문 및 화해의 권유 절차에 참가하며, 증인출두명령, 물건제출명령 및 구제·기각 명령시 의견을 제출할 수 있다(제24조).

부당노동행위의 심사라는 권한은 노조법 제1조에서 규정된 목적, 즉 대등한 지위에서의 교섭 촉진에서 비롯된다. 노조법 제7조에서는 사용자의 반조합행위를 부당노동행위로 금지하고 있으며, 제27조에서는 "노동위원회는 사용자가 제7조의 규정에 위반하였다는 취지의 신청을 받은 때에는 지체없이 조사를 행하고 필요가 있다고 인정되는 때에는 당해 신청에 이유가 있는지에 대해 심문을 하여야 한다. 이 경우 심문절차에 있어서는 당해 사용자 및 신청인에 대해 증거를 제출하고 증인에게 반대심문을 하기에 충분한 기회가 부여되어야 한다"라고 정하고 있다. 이와 함께 제27조의12는 "노동위원회는 사건이 명령을 발하기에 적당한 때에는 사실을 인정하고 이 인정에 기하여 신청인의 청구에 관한 구제의 전부 혹은 일부를 인용하거나 또는 신청을 기각하는 명령을 내려야 한다"라고 규정한다.

일본에서 부당노동행위 사건의 처리는 ① 당사자의 신청, ② 사무국 조사, ③ 조사회의, ④ 심문회의, ⑤ 합의(合議), ⑥ 명령, 의 단계를 거치게 되며, ⑤의 합의에서 결론에 이르기 전까지는 전 과정에서 화해를 염두에 두고 절차가 진행된다. 한편 부당노동행위 사건에 관하여는 지노위의 판단을 거친 이후 중노위를 거쳐 법원으로 가는 것도 가능하지만, 이러한 과정 없이 바로 법원으로 가서 소송을 제기하는 것도 가능하도록 되어 있다.

(2) 노동쟁의 조정

노동관계조정법 제1조에서는 이 법률은 노동조합법과 함께 노동관계의 공정한 조정을 꾀하고 노동쟁의를 예방하며 또한 해결하고 산업의 평화를 유지하여 이를 통하여 경제의 흥륭에 기여하는 것을 목적으로 한다고 규정하면서 노동위원회에 의한 조정의 방법으로 알선(제10조 이하), 조정(제17조 이하), 중재(제29조 이하)의 절차를 규정하고 있다.

노동관계조정법에 기한 노동쟁의의 조정에는 알선, 조정(調停), 중재가 포함된다. 알선은 가장 간단히 이용할 수 있는 제도로 노사 어느 쪽에서도 신청이 가능하고 노동위원회가 임명하는 알선위원에 의해 진행된다. 이에 대해 조정이나 중재의 경우 원칙적으로는 쌍방의 신청에 의해 개시되며 노동위원회에 설치되는 조정위원회 또는 중재위원회가 그 업무를 담당한다. 노동위원회의 알선, 조정은 양당사자에 대해 노동위원회가 해결을 강제하는 것은 아니며, 공정한 제3자로서의 조언을 제공하고 노사간 자주적인 상호이해와 해결을 도모하고자 하는 것이다. 따라서 신청 이후에도 당사자의 합의 또는 단체협약이 정하는 바에 따라 별도의 조정방법을 이용할 수 있음은 물론이다. 또한 중재를 제외하면 제시된 해결안에 대한 수락 역시 강제되지 않는다.

(3) 노동조합의 자격심사

노동조합이 노조법상의 정의상 요건 및 노조규약의 필요적 기재사항을 갖추고 있는지에 대한 심사와 판정의 권한이 이에 해당한다. 여기에는 공익위원만이 참가하며 이 자격심사는 노조가 법인등기를 하거나 부당노동행위의 구제신청을 하는 경우에 필요하게 된다. 이 지점이 우리 노조법과 일본 노조법상의 자격심사가 구별되는 부분이다. 즉 우리의 경우 노동조합 설립신고제도에 의해 관공서에서 노동조합의 설립단계부터 제한을 가할 수 있도록 하는 반면, 일본은 노동위원회 구제신청 등이 문제될 때에 비로소 노동위원회가 직접 당해 노조의 자격을 심사한다는 차이가 있다.

(4) 단체협약의 확장적용 결의

단체협약의 지역적 일반적 구속력의 인정을 요청하는 신청이 이루어진 경우 노동위원회는 신청의 수용 여부를 심사하고 결의함으로써 후생노동대신 또는 광역자치단체장의 지역단위 일반적 구속력 결정의 근거를 제공한다. 이 때에 노동위원회는 해당 단체협약에 부적당한 부분이 있을 경우 이를 수정할 수 있는 권한도 함께 보유한다(노조법 제18조).

(5) 강제권한

노동위원회는 사무 수행에 필요하다고 인정되는 때에는 사용자 또는 그 단체, 노동조합 기타 관계자에 대해 출두, 보고 제출 또는 필요한 장부 및 서류의 제출을 요구하고, 위원 또는 노동위원회의 직원에게 관계 사업장에 임검을 하여 업무의 상황이나 서류 기타 물건을 검사하도록 할 수 있다(제22조 및 제30조). 출두 및 보고, 서류제출 또는 검사를 거부하거나 허위의 보고를 하거나 검사를 방해한 자에 대하여는 벌금을 부과할 수 있다.

(6) 개별노동분쟁의 조정

47개 도도부현 중 44개의 노동위원회에서 상담 및 알선 업무를 수행하고 있다. 지방노동위원회의 사무가 자치사무로 분류되게 되고, 2001년 입법된 개별노동분쟁해결촉진법에서 명문으로 지방공공단체가 개별분쟁의 자주적 해결촉진을 위해 필요한 조치를 추진하도록 노력할 것이 규정된 이후, 개별적 노동분쟁의 확대경향 속에서 다른 다양한 분쟁해결의 수단과 함께 노동위원회의 알선 역시 하나의 선택지로 존재한다. 지자체는 당해 지역의 실정에 부응하여 개별분쟁을 미연에 방지하고 자주적으로 해결하도록 촉진하기 위해 근로자나 사업주 등에 대해 정보제공, 상담, 알선 기타 필요한 조치를 취하도록 노력할 의무를 지며(개별노동분쟁해결촉진법 제20조 제1항), 지노위가 이러한 업무를 수행할 경우 중노위는 지노위의 개별분쟁해결에 관하여 필요한 조언 및 지도를 할 수 있도록 규정되어 있다(동조 제3항).

2. 기타 노동분쟁 해결수단

위와 같이 집단적 분쟁해결을 위해 노동위원회는 중요한 역할을 수행하고 있지만 한국과 달리 개별적 분쟁에 대해서는 위에서 언급된 개별노동분쟁 조정의 일부 기능을 제외하면 노동위원회가 다루고 있지 않다는 점이 특징이다. 즉 한국 노동위원회가 오히려 부당노동행위보다 부당해고를 중심으로 하는 개별적 권리구제를 주된 업무로 처리하고 있음에 비해 일본에서는 이러한 영역을 노동위원회 대신 노동국(고용노동부 지방청에 해당)[47]의 알선이나, 사법형 ADR인 노동심판이 담당하고 있다. 최근의 한 연구[48]에서는 개별적 노동분쟁해결의 다양한 루트 중 노동국 알선, 노동심판, 재판상 화해를 비교 검토하고, 노동국 알선이 적은 비용과 짧은 해결기간이라는 경향을 보이는 데 비해, 재판상 화해는 많은 비용과 긴 분쟁 해결기간을 갖는 등 각각의 분쟁해결 방법이 기간이나 비용 측면에서 고유의 특징을 드러낸다는 사실을 실증적으로 분석하였다.

Ⅷ. 새로운 흐름

일본에서는 고령화로 인하여 일하는 사람의 부족이 예상되는 한편으로 사회보험 역시 수급자가 증가하는 데 비해 보험료를 납부하는 근로자층은 줄어들고 있어 불균형이 가속화되고 있다. 이러한 상황을 두고 정년제 폐지, 정년의 연장, 정년 후 재고용 중 선택하도록 하여 보다 오래 일할 수 있도록 제도 개선의 움직임이 있었다. 이와 함께 특히 돌봄노동을 중심으로 여성 인력이나 외국인 근로자의 활용도 적극적으로 검토되고 있다. 이와 함께 유연하고 다양한 일하는 방식을 실현한다는 목표 아래, 직무내용의 명확화, 성과에 기한 평가를 중심으로 일본형 고용시스템의 변화를 도모하고, 시간이나 장소, 계약에 구속되지 않는 유연한 일하는 방식을 가속화하며, 인재육성이나 정보 인프라 정비 등에 의해 스스로 전직이나 재취직할 수 있는 환경을 조성하고자 정책의 방향을 설정하고 있다.

이러한 방향성 아래 노동법의 주요한 과제는 비정규 고용에 대한 처우 개선과 동일노동 동일임금, 시간외근로의 상한규제와 장시간근로의 시정, 고용흡수력이 높은 산업으로의 전직, 재취직 지원, 인재육성, 격차 고정화 탈피를 위한 교육, 텔레워크, 부업 겸업 등의 유연한 일하는 방식, 일하는 방식에 중립적인 사회보장제도, 세제 등 여성과 청년층이 활약하기 쉬운 환경정비, 고령자 취업촉진, 질병 치료와 육아, 개호 및 직업생활의 양립. 외국인력 활용의 문제 등이 주요한 과제로 제시되고 있으며 논의가 진행 중이다.

미주

1) 자세한 내용은, 카도 카즈마사, "사회적 정의와 국가 — ILO 설립과 일본의 탈퇴에 대하여", 박제성 외, 사회정의를 향한 ILO 백년의 도전과 동아시아의 경험, 한국노동연구원(2019), 52면 이하.
2) 자세한 내용은, 竹前栄治, 戦後労働改革 GHQ労働政策史, 東京大学出版会(1982); 遠藤公嗣, 日本占領と労資関係政策の成立, 東京大学出版会(1989).
3) 자세한 내용은, 정인섭, "1949년 일본 노동조합법 개정", 노동법연구 3호, 서울대노동법연구회(1993), 340면 이하.
4) 荒木尚志, 労働法, 有斐閣(2009), 649–653頁.
5) 規制改革会議, 雇用ワーキング・グループ報告書(2013年 6月) 등에서 문제 제기된 논의들도 참조.
6) 이상의 법체계는 荒木尚志, 労働法(第4版), 有斐閣(2020)의 구분에 따른 것이다.
7) 全農林警職法事件, 最高裁判所 昭和 48年(1973) 4月 25日 刑集 27巻 4号 547頁.
8) 労働基準法研究会報告書, 労働基準法の「労働者」の判断基準について, 1985.
9) 荒木尚志・菅野和夫・山川隆一, 詳説労働契約法, 弘文堂(2008).
10) 秋北バス事件, 最高裁判所 昭和 43年(1968) 12月 25日 民集 22巻 13号 3459頁.
11) 박효숙, 일본의 취업규칙에 의한 근로조건의 불이익변경 법리, 노동법학 제50호 한국노동법학회(2014).
12) 第4銀行事件, 最高裁判所 平成 9年(1997) 2月 28日 民集 51巻 2号 705頁; みちのく銀行事件, 最高裁判所 平成 12年(2000) 9月 7日 民集 54巻 7号 2075頁.
13) 日本食塩製造事件, 最高裁判所 昭和 50年(1975) 4月 25日 民集 29巻 4号 456頁.
14) 高知放送事件, 最高裁判所 昭和 52年(1977) 1月 31日 集民 120号 23頁.
15) フォード自動車事件, 東京高裁 昭和 59年(1984) 3月 30日 労判 437号 41頁.

16) フォード自動車事件, 東京地裁 昭和 57年(1982) 2月 25日 労判 382号 25頁.

17) 山川隆一, "日本の解雇法制 — 歴史・比較法・現代的課題", 解雇法制を考える — 法学と経済学の視点, 勁草書房 (2004), 22 − 23頁.

18) スカンジナビア航空事件, 東京地裁 平成 7年(1995) 4月 13日 労判 675号 13頁.

19) 大阪労働衛生センター第一病院事件, 大阪地裁 平成 10年(1998) 8月 31日 労判 751号 38頁.

20) 山川隆一, "日本の解雇法制 — 歴史・比較法・現代的課題", 解雇法制を考える — 法学と経済学の視点, 勁草書房(2004), 24頁.

21) ナショナル・ウエストミンスター銀行(第3次仮処分) 事件, 東京地決 平成 12年(2000) 1月 21日 労判 782号 23頁.

22) 東亜ペイント事件, 最高裁判所 昭和 61年(1986) 7月 14日 労判 477号 6頁.

23) ハマキョウレックス事件, 最高裁判所 平成 30年(2018) 6月 1日 民集 72巻 2号 88頁.

24) 판결의 상세한 내용을 포함하여, 최석환, "비정규직에 대한 근로조건의 불합리한 격차금지", 노동법논총 43집, 비교노동법학회(2018), 225면 이하; 정영훈, "일본의 비정규직 근로자보호법제도의 특징과 최근의 동향", 노동법학 56, 한국노동법학회(2015).

25) 최석환, 일본의 법정근로시간에 관한 검토, 법정근로시간토론회자료집, 2017. 6, 노동법률원 기획토론회 발표문 내용도 참고.

26) 東京大学労働法研究会, 注釈労働時間法, 有斐閣(1990), 492頁.

27) 平成 21年 5月 29日 基発第 0529001号.

28) 최석환 "일본의 근로시간 제도개혁과 포괄임금제", 아주법학 제12권 제2호, 아주대학교 법학연구소(2018), 229면.

29) 이하 다양한 근로시간제의 적용률에 관한 통계수치는 厚生労働省 "令和2年 就労条件総合調査の概況".

30) 정식 명칭은 '働き方改革を推進するための関係法律の整備に関する法律'(일하는 방식 개혁을 추진하기 위한 관계법률의 정비에 관한 법률)(법률 제71호)

31) 第196回国会閣第 63号, 働き方改革を推進するための関係法律の整備に関する法律案.

32) 労働基準法第36条第1項の協定で定める労働時間の延長の限度等に関する基準, 平成 10年 12月 28日 労働省告示 第154号.

33) 최석환, "2015년 일본 노동법 개정 논의의 지형", 노동법연구 40호, 서울대 노동법연구회(2016), 285면 이하.

34) 이에 관한 자세한 논의로, 노상헌, 임금의 법리와 쟁점－한국과 일본의 비교법적 검토, 노동법학 제31호, 한국노동법학회(2009).

35) 労使関係法研究会報告書, 労働組合法上の労働者性の判断基準について (2011)

36) 新国立劇場運営財団事件 最高裁判所 平成 23年(2011) 4月 12日 民集 65巻 3号 943頁; INAXメンテナンス事件 最高裁判所 平成 23(2011) 4月 12日 労判 1026号 27頁.

37) ソクハイ事件, 中央労働委員会 平成 22年(2010) 7月 7日, 中労委平成21年(不再) 第21号. 최석환, "일본 노동조합법상 근로자성 판단의 새로운 기준", 노동법학 제52호, 한국노동법학회(2014).

38) セブン-イレブン・ジャパン事件, 岡山県労委 平成26年(2014) 3月 13日, 岡委平成22年(不)第2号; ファミリーマート事件, 東京都労委, 平成27年(2015) 3月 17日, 都労委平成24年(不)第96号.

39) セブン-イレブン・ジャパン不当労働行為再審査事件, 中央労働委員会 平成31年(2019) 2月 6日, 中労委平成26年(不再)第21号; ファミリーマート不当労働行為再審査事件, 中央労働委員会 平成31年(2019) 2月 6日, 中労委平成27年(不再)第13号.

40) 日産自動車事件, 最高裁判所 昭和 60年(1985) 4月 23日 民集 39巻 3号 730頁.

41) カール・ツアイス事件, 東京地裁 平成元年(1989) 9月 22日 労判 548号 64頁.

42) 荒木尚志, 労働法 (第4版), 有斐閣(2020), 706頁.

43) 三菱重工業長崎造船所事件, 最高裁判所 平成 4年(1992) 9月 25日 労判 618号 14頁.

44) 朝日放送事件, 最高裁判所 平成 7年(1995) 2月 28日 民集 49巻 2号 559頁.

45) 紅屋商事事件 最高裁判所 昭和 61年(1986) 1月 24日 判夕 612号 40頁.

46) 이 부분은 최석환, "일본의 노동위원회 제도와 최근의 동향", 노동법포럼 제18호, 노동법이론실무연구회(2016), 221－224면.

47) 관련 최근의 논의로, 송강직, 일본에서의 근로계약법상 분쟁해결과 행정관청의 역할, 원광법학 제35권 제4호(2019).

48) 濱口桂一郎, 労働局あっせん, 労働審判及び裁判上の和解における雇用紛争事案の比較分析, 労働政策研究研修機構(2015).

참고문헌

荒木尚志, 労働法(第4版), 有斐閣(2020).

荒木尚志, 菅野和夫, 山川隆一, 詳説 労働契約法(第2版), 弘文堂(2014).

遠藤公嗣, 日本占領と労資関係政策の成立, 東京大学出版会(1989).

菅野和夫, 労働法(第12版), 弘文堂(2019).

菅野和夫, 雇用社会の法, 有斐閣(1996).

竹前栄治, 戦後労働改革 GHQ労働政策史, 東京大学出版会(1982).

道幸哲也, 労働委員会の役割と不当労働行為法理, 日本評論社(2014).

濱口桂一郎, 労働局あっせん, 労働審判及び裁判上の和解における雇用紛争事
  案の比較分析, 労働政策研究研修機構(2015).

濱口桂一郎, 新しい労働社会−雇用システムの再構築へ, 岩波書店(2009).

水町勇一郎, 同一労働同一賃金のすべて, 有斐閣(2018).

水町勇一郎, 労働法入門(新版), 岩波書店(2019).

村中孝史, 荒木尚志, 労働判例百選(第8版), 有斐閣(2009).

山川隆一, 大内伸哉, 大竹文雄 編, 解雇法制を考える — 法学と経済学の視点,
  勁草書房(2004).

스게노 카즈오(이정 역), 일본노동법, 법문사(2015).

제6장 외국인과 법

유 혁 수

〈목차〉

Ⅰ. 들어가며

1. 2018년 입관법 개정과 파장

어느 국가나 사회나 자신을 돌아보고 싶을 때는 타인인 이방인(외국인)을 보게 된다. 타인이란 자신의 거울과도 같은 존재이기 때문이다. 근대 국가가 "민족과 국가 형성"을 통해서 인위적으로 발전해 온 만큼 한결같이 모순과 양면성을 띠게 마련이지만 외국인의 존재 형태에도 국가와 사회마다 특징과 모순이 축약되어 있다. 일본의 근대사는 과거 조선과 타이완을 제국 속에 끌어안았다가 제2차 세계대전의 패전으로 제국에서 단일국가로 탈피하는 과정을 겪었기 때문에 외국인 정책과 법제에는 여니 국가 이상으로 특징과 모순이 존재한다.

일본에서는 2018년 12월에 출입국관리 및 난민인정법(이하 "입관법"이라 한다)이 개정되었다. 개정입관법은 지금까지 공식적으로는 전혀 받아드리지 않았던 단순 노동자(unskilled worker)에게 일정한 요건을 충족하는 경우에 특정기능이란 재류자격을 부여하여 원칙적으로 5년을 한도로 받아드리는 내용인데, 일본 정부는 금후 5년간 약 35만 명의 외국인 노동자를 받아드리겠다고 밝혔다. 또한 법무성의 임무 중 출입국관리에 관한 부분을 "출입국의 공정한 관리"에서 "출입국 및 재류의 공정한 관리"로 변경하고, 담당 부국이 법무성 입국관리국에서 법무성 외국(外局) "출입국재류관리청"으로 변경되었다. 그런 의미에서 일본의 외국인 정책과 법제 역사상 과히 파격적이라 할 수 있다. 그 배경에는 인구가 감소하는 가운데 필요한 노동력 확보에 곤란을 느껴 온 재계의 강력한 요구가 있었다. 현재 정령과 성령(한국의 대통령령과 부령에 해당)에 위임되어 있는 구체적인 내용이 판명되어 가면서 외국인 노동자에 대한 적절한 대우가 실현될는지 그리고 쇄국과 차별로 점철된 이미지를 좀처럼 불식하지 못하던 외국인 정책과 법제의 역사가 진정한 다문화 공생의 시대로 한 걸음을 뗄 수 있을 지 세간의 이목이 집중되었다.

하지만 "외국인 노동자를 받아들이지만 정주는 곤란하다"는 일본 정부와 사회의 종래의 입장에는 큰 변화는 없어 보인다. 게다가 일본 사회는 혈통주의에 근거한 "동질성이 지배하는 사회"(hegemony of homogeity)로 불려 왔는데(H. Befu) 개정입관법 시행을 계기로 적극적으로 이방인을 받아들여 같이 공생해 가는 다양한 사회로 변화해 갈 수 있을 지 주목된다. 현재로서는 여전히 낙관할 수 없는 상황인데 그것은 후술하는 바와 같이 "국민 대 외국인"의 이분법을 완화하려는 "외국인 양태설"이 실무에 반영되지 못하고 학설상의 틀에 머물러 있는 것에도 나타나고 있다.

일본의 외국인 정책과 법제는, 1990년대까지 재류 외국인의 8할 이상이 재일코리안이었기 때문에, 재일코리안과의 관계를 빼놓고는 생각할 수 없다.* 현재 국적으로 본 재일코리안은 피크 때의 70여만명에서 45만명을 조금 넘는 정도까지 감소하여 전체 외국인 수의 1/5정도에 지나지 않지만, (특별)영주권를 갖고 있거나 일본인 및 영주자의 배우자로 일본을 주된 삶의 터전으로 생활하고 있는 정주외국인**중에는

---

* 본고에서 재일코리안은 국적 여부에 상관없이 한국·조선 출신(origin)자를 총칭한다. 또한 재일코리안 중에서 특별영주자를 중심으로 1965년 한일국교정상화 전부터 정주하고 있는 자를 올드커머로, 1965년 이후, 특히 1980년대 후반 이후에 건너와서 정주하고 있는 자를 뉴커머로 정의한다.
** '정주외국인'은 현행 입관법을 포함한 법령상 용어가 아니고 아직도 학설상의 개념이다. 정주외국인의 개념을 최초로 정식화한 오누마(大沼)는 "일본 사회에 생활 본거지를 갖고 있으며, 생활 실태에서 볼 때 자신의 국적국을 포함한 어떤 국가보다 일본과의 관계가 깊어서 일본에 거주하는 일본 국민과 동등한 입장에 있지만, 일본 국적을 갖고 있지 않은 자"로 정의했다. 大沼保昭,「『外国人の人権』論再構成の試み」, 法協百周年(2) 384頁.) 오누마는 일본에 일정 기간(5년 정도) 이상 재류하고 있는 자를 정주외국인으로 정의하고 있지만, 아시베(芦部)는 특별영주자와 일반영주자에 한정하고 있다. 芦部信喜,『憲法学Ⅱ人権総論』, (有斐閣, 1994年) 130頁. 본고에서는 일본의 현실을 생각해서 정주외국인을 입관법 별표Ⅱ에 열거되어 있는 특별영주자, 영주자, 일본인 및 영주자의 배우자 및 정주자에 한정해서 사용한다.

아직도 가장 큰 비중을 차지하고 있다. 그런 의미에서 일본의 외국인 정책과 법제는 얼마 전까지 올드커머인 재일코리안을 중심으로 한 역사에서 서서히 탈피하고 있지만 여전히 재일코리안을 떠나서는 생각할 수 없다고 하겠다.

2. 외국인의 정의

일반적으로 외국인(foreigner, alien, étranger, Ausländer)이란 그 나라의 국적을 갖고 있지 않은 자를 말한다. 일본어로는 요즘은 공식적으로는 사용되지 않는 가이진(外人), 이국인(異国人), 이방인(異邦人), 이인(異人) 등이 함께 쓰인다.[1]

일본 국적법 4조 1항은 "일본 국민이 아닌 자(이하 "외국인"이라 한다)는 귀화하여 일본 국적을 취득할 수 있다"고 규정하고 있고, 입관법 제2조(정의) 제2호는 "외국인은 일본 국적을 갖고 있지 않은 자를 말한다"고 규정한다.

주의해야 할 것은 일본 법률에서는 "일본국민"뿐 아니고 "일본인"이란 말이 같이 쓰이고 있다는 점이다. 호적법 제6조는 외국인을 "'일본인'이 아닌 자"라 하고 있으며, "외국에 있는 '일본인'간의 혼인 방식"을 정하고 있는 민법 제741조 역시 "일본인"을 쓰고 있다.[2] 일상생활에서 사용되고 있는 "일본인"이란 단어가 실정 법률에서 쓰이는 것이 바람직한가하는 문제와 아울러 일본에서 "일본인"이란 단어가 갖고 있는 특법한 의미에 주목할 필요가 있다.[3]

3. 본 장의 구성

본 장에서는 현재의 일본의 외국인 정책과 그것이 반영된 법제의 전체상을 조감하고자 한다. 본 장은 크게 총론적 고찰과 각론적 고찰의 두 개의 부분으로 나누어진다. 전자는 외국인 문제를 논하는 전제적 고찰의 일환으로 국민 국가에 있어서의 국적 및 시민권에 대해서 약술하는 Ⅱ와 일본의 외국인 정책과 법제의 개략과 역사를 정리하고 있는 Ⅲ이 그것이고, Ⅳ 이하에서는 일본의 외국인 정책과 법제를 생각할 때 언급해야 할 주요한 측면에 대한 각론적 고찰이 이어진다.

Ⅱ. 국민국가와 국적

1. 국민국가의 이념적 전제

주지하는 바와 같이 근대 주권국가는 16세기에서 18세기에 걸쳐 서유럽에서 탄생하여 18세기 말 미국 독립 선언과 프랑스 혁명을 거치면서 국민국가로 발전했다. 그리고 19세기에서 20세기 중엽에 걸쳐 전 세계에 확산되어 오늘에 이르렀다. 현재 국제법상 국가의 요건은 항구적 주민(a permanent population), 확립된 영역, 정부, 그리고 타국과 관계를 맺을 의사와 능력의 네 가지인데 항구적 주민이란 일반적으로 국민(a national)을 가르킨다.

엘리네크에 의하면 그리스, 로마 시대에 직접 민주정에 참여할 수 있는 소수는 '가장'이자, 그들만이 '시민'이며 '자유인'이었고, 나머지 다수는 가장에 종속된 존재였다. 근대 국민국가에서는 모든 구성원에게 자유인의 신분이 부여되면서 '국민'이란 단일 신분으로 구성되는 새로운 균질적 사회질서가 창출되었다. 그 과정에서 '국민'에 속하지 않기 때문에 국가에 대한 권리 보호 청구를 할 수 없는 '외국인'이란 범주가 생겨났다. 근대 국민국가는 국적을 기준으로 "국민 대 외국인"이란 이분론적 전제에 입각하고 있는 것이다.

국민은 자국에 자유롭게 입국할 수도 있고 출국할 수도 있고, 해외에서 신체 및 재산의 위협에 직면했을 때는 자국 정부의 외교적 보호를 받으며, 범죄 등의 혐의로 외국으로부터 범죄인 인도 청구가 있어도 자국민은 인도되지 않는 것이 통상적인 국제관행이다. 무국적자와 난민의 존재는 그 자체가 국적 없는 상태의 비참함을 말해준다.

2. 국적의 기능

국적(nationality, nationalité, Staatangehörigkeit)은 "사인(私人)(자연인 및 법인)을 특정국에 귀속시켜 현재지와 관계없이 그 국가의 속인적 관할권에 복속시키는 법적 유대"로 정의된다.[4]

국적은 무엇보다도 국가 구성원을 결정하는 기능을 하는데 누구를 어떤 기준에서 구성원으로 할 것인지는, 조약 등에 의한 제약이 없는 한, 주권 국가의 재량 사항이다. 속인주의(principle of nationality)는 국가 관할권 행사의 주요 원칙의 하나인데, 일본 형법 제3조는 국민의 국외범에 대해서, 제4조는 공무원의 국외범에 대해서 규정하고 있다. 또한 외(국)인법이란 국가가 외국인의 권리를 제한하는 법률의 총칭인데 거의 모든 나라에 존재한다.

과거에는 국적에 형식적, 포괄적, 절대적인 의미가 부여되어 "국민 대 외국인"의 이분론적 구분이 절대적이었던 관계로 외국인에게 인정되는 권리의 범위가 상당이 제한적이었으나, 냉전이 종식되는 1990년대 이후 국제적인 상호의존이 심화하고 세계화 시대가 도래함에 따라, 국적을 사안에 따라 보다 기능적으로 파악하기 시작하면서 "국민 대 외국인"이란 이분론적 전제도 조금씩 상대화되며 외국인에게 인정되는 권리의 범위가 넓어지고 있다.

3. 시민권과 국적

전술한 바와 같이 국적이란 사인을 특정 국가에 귀속시켜 현재지와 관계없이 그 국가의 속인적 관할권에 복종시키는 법적인 유대를 말하는데, 국적을 소지하는 자가 그 국가의 구성원이 된다.

그에 반해 시민권은 국적과 혼동되는 경우가 많으나 엄밀히 말하면 양자는 다르다. 시민권은, 보통 국내법상 개념으로, 헌법상의 지위를 가르키며 국가 구성원의 국내적 측면을 강조하는데 반해, 국적은 사인이 특정 국가에 귀속하는 것을 지칭하며 국가 구성원성의 국제적 측면을 강조한다. 따라서 그 나라의 국적을 갖는 국민이면서 시민권을 향유하지 못하거나 제한되는 경우가 있을 수 있다.[5]

4. 국적 취득 요건

출생에 의한 국적 취득 요건에는 대표적으로 출생지주의(*jus soli*)와 혈통주의(*jus sanguinis*)가 있다. 전자는 태어난 곳의 국적을 취득하는 것이며, 후자는 출생지에 상관없이 부모의 국적을 취득하는 것이다. 출생지주의는 미국, 영국 등 주로 앵글로색슨 국가가 채용하고 있으며, 혈통주의는 독일, 일본 등과 같이 한국이 채용하고 있다. 혈통주의를 택하고 있는 나라에서는 몇 세대가 지나도 귀화하지 않는 한 재류국의 국적이 주어지지 않는 문제가 있다. 세계적인 이주의 시대를 맞이하여 유럽의 여러 나라들은 2세 또는 3세에게 국적을 부여하거나 국적 취득을 용이하게 하는 정책을 취하고 있는데, 혈통주의 전통이 강한 독일 역시 1999년 이후 혈통주의를 완화하고 출생지주의를 확대했다.[6]

일본은 과거에 부계혈통주의를 택하고 있었으나 1984년 국적법 개정으로 부모양계혈통주의를 채용했다.[7] 일본의 국적법 제2조는 "자

(子)는 다음의 경우에 일본 국민으로 한다"고 규정하고, 제1호에서 "출생했을 때 부(父) 또는 모(母)가 일본 국민일 때", 제2호가 "출생 전에 사망한 부가 사망했을 때 일본 국민이었을 때"로 각각 규정하고 있다. 마지막으로 제3호는 "일본에서 태어났을 때 부모 양쪽을 다 모르거나 부모가 국적을 가지고 있지 않을 때"로 규정해 무국적의 발생을 피하고자 예외적으로 출생지주의를 채용하고 있다. 상기 국적법 개정으로 이미 재일코리안의 대부분이 일본인과 결혼하고 있었던 재일동포사회에 막대한 영향이 미치어 현재 3세 이하의 올드커머들은 많은 경우 모친의 국적도 갖는 이중국적 상태에 있다.

출생에 의한 국적 취득에 대해서 귀화(naturalization)라는 후천적인 국적 취득의 형태가 있는데 국가마다 각기 다른 독자적인 제도를 유지하고 있다. 특히 미국은 출생지주의에 의해 외국인 아동에게 시민권을 부여하는 것도 포함하는 광의의 귀화 제도를 갖고 있다. 일본의 경우 귀화란 출생 후 외국인이 자신의 의사에 의한 신청에 대해 국가(법무대신)가 국적을 재량으로 부여하는 것을 말한다(국적법 제4조 1,2항). 귀화는 요건 구비 여부를 심사해서 국적이 부여되는 "보통귀화"와 일본국민과 관계가 있는 외국인에게 귀화 요건을 일부 완화되거나, 일본에 특별한 공로가 있는 외국인에 귀화 요건의 전부를 완화하는 "특별귀화"로 나뉜다. 보통귀화의 요건은 ① 계속해서 5년 이상 일본에 주소를 갖고 있을 것, ② 20세 이상으로 본국법에 의해 능력이 있을 것, ③ 소행이 선량할 것, ④ 자기 또는 생계를 같이하는 친족의 생계를 영위할 수 있을 것, 마지막으로 ⑤ 국적을 가지고 있지 않거나 또는 일본 국적의 취득으로 현재의 국적을 상실할 것의 다섯 가지이다.

5. 에스닉 네이션(ethnic nation)과 시빅 네이션(civic nation)

그 사회가 무엇을 기준으로 국가 구성원을 정하며, 구성원의 통합과 편입을 행하는 가에 대해서는 두 가지의 이념형이 학자들에 의하여 제창되어 왔다.

먼저 시빅 네이션이란 "출신, 관습, 언어, 종교 및 신체적 특징 등에 불구하고 특정의 정치적 신조 또는 시민적 가치에 자발적으로 동의한 사람들의 집단으로 구성되는 국가"을 말한다. 시빅 네이션의 경우 국민의 자격은 민족성(ethnicity)에 의거하지 않는다. 영국, 미국 프랑스가 전형적으로, 국적 부여 기준으로는 출생지주의를 적용하고 있는 경우가 많다.

다른 한 가지는 에스닉 네이션으로 "공통의 출신, 관습, 언어, 종교 및 신체적 특성 등을 공유하는 같은 민족성을 가지고 있는 사람들로 구성되는 국가"를 말한다. 스스로를 단일 민족으로 간주하는 국가가 이에 해당되는 경우가 많으며 2000년 이전의 독일, 일본 및 한국이 전형적이 케이스인데, 국적 부여 요건으로 "혈통주의"를 채택하는 경우가 많다.

이 두 가지는 어디까지나 이념형이며 현실은 두 가지의 혼합인 경우가 많아서 분석개념으로서 한계가 있는 것은 사실이나 아직도 역사 사회적인 이념형으로서는 유효한 부분이 있다. 특히 단일 민족 지향이 강한 일본과 한국 같은 사회를 생각할 때 그렇다. 한 가지 주의해야 할 것은 두 가지 이념형 모두 이민 수용이란 국면에서는 민족적 속성도 정치적 이념도 "동화"(assimilation)의 대상으로서 논의된다는 점이다. 다시 말해서 동화라는 시각에서는 정치적 이념의 수락을 요구(강요)하는 점에서는 시빅 네이션도 예외가 아닐 수 있는 것에 주의해야 한다.

Ⅲ. 일본에서의 외국인의 법적지위

1. 1978년 매클린 사건 판결

일본의 외국인의 법적 지위를 생각할 때 리딩케이스는 외국인의 입국 및 재류의 권리와 그에 대한 법무 대신의 재량권 여부가 문제된 1978년 10월 4일 최고재판소 대법정 판결인 매클린 사건이다.[8]

미국 국적의 상고인 매클린은 영어교육과 고전 악기를 배우고자 1969년 5월에 1년 간의 재류자격으로 입국하여 A 외국어학원 영어교사로 채용되었으나 입국 후 17일 만에 그만두고 다른 곳으로 옮겼다. 한편 맥클린은 "베트남에 평화를! 시민연합"에 소속되어 정례집회에 참가하면서 베트남 전쟁에 반대하는 "미국대사관에 대한 항의 집회"에 참석, 출입국관리법 분쇄 단식 투쟁을 지원하는 전단 배포 및 일미안보조약 분쇄를 위한 시민집회에 참여하는 등의 활동을 했다. 하지만 매클린이 참가한 집회는 평화적, 합법적이었고, 그가 이러한 운동에서 적극적, 지도적 역할을 한 것도 아니었다. 이듬해 맥클린은 재류기간의 갱신을 신청했으나 허가가 되지 않자 불허가 처분 취소를 구해서 소송을 제기했다.

제1심 동경지방재판소는 법무 대신의 불허가처분은 사회 통념상 현저히 공평 타당성이 결여되고 재량권을 일탈한 위법한 처분임으로 취소하라는 판결을 내렸다. 하지만 제2심의 동경고등재판소는 재류기간 갱신의 허가 여부는 법무대신 재량 사항이며, 항소인의 활동이 정치 활동에 해당하는지의 판단 역시 법무대신 재량의 범위 내라며 제1심을 파기했다. 최고재판소는 다음과 같이 판시하여 고법의 판단을 지지했다.

최고재판소는 우선 국가는 국제관습법상 외국인을 받아들일 의무를 지지 않으며, 특정의 조약 규정이 없는 한, 외국인을 받아들일지, 받아들일 경우 어떤 조건으로 받아들일지 자유롭게 결정할 수 있다고 한다. 헌법상도 외국인에게는 입국의 자유가 보장되어 있지 않을 뿐 아니라 재류(청구)의 권리 또한 보장되어 있지 않다. 이러한 헌법의 취지를 전제로 하여 출입국관리령도 외국인의 재류기간 갱신을 권리로써 인정하고 있지 않으며 그에 관한 법무 대신의 재량 범위는 광범위하다. 그리고 재류기간 갱신에 관한 법무 대신의 재량권이 헌법상 보장된 외국인의 인권에 의해서 어느 정도 제한을 받는가에 대해서 다음과 같이 판시했다. "헌법 제3장의 각 조항에 따른 기본적 인권의 보장은 권리의 성질상 일본 국민에게만 보장되는 것으로 해석되는 것을 제외하고 국내에 재류하는 외국인에게도 동등하게 적용된다"며 소위 "권리성질설"에 입각해 원칙적으로 외국인에게도 헌법상의 인권 향유 주체성을 긍정한다. 하지만 곧이어 "외국인에 대한 헌법상의 기본적 인권의 보장은 어디까지나 (출입국관리법이 규정하는) 외국인 재류 제도의 틀 안에서 허용되는데 지나지 않는다"며 법무 대신의 재류기간 연장 불허가처분은 재량의 범위 안이라고 전원일치로 판단했다.

2. "안넨교수의 패러독스"와 외국인의 인권향유주체성

이러한 최고재판소의 판단에 대해 안넨(安念) 교수는 외국인의 입국과 재류를 인정할 지가 국가의 완전한 자유재량에 맡겨져 있어 입국 및 재류에 조건을 다는 형태로 재류외국인의 인권이 자유롭게 제한될 수 있는 상태를 전제로 할 때, 한편으로는 외국인의 입국 및 재류가 헌법상의 권리가 아니라는 원칙을 유지하면서, 다른 한편으로는 국내에 재류하고 있는 외국인의 인권을 논하는 것은 논리적으로 모순이 아닌가 하는 의문을 제기했다.[9] 그의 문제 제기는 이후 "안넨 교수의 패러독스"로 불리우고 있다.

종래부터 일본의 헌법학에서는 외국인의 인권향유주체성을 인정하면서 어떤 권리가 외국인에게 허용되는 지의 여부가 권리의 성질에 따라서 결정된다는, 이른바 권리성질설이 통설이다. 그 후 오누마 등에 의해 헌법 해석상의 "외국인 유형론"이 발표되어 "국민 대 외국인"의 이분론적 전제에 수정이 가해져 왔다.[10] "외국인 유형론"이란 외국인을 일시적 체류자 및 단기(수년간) 재류자 등의 일반외국인, 일본이 생활의 본거지로 생활의 실태가 일본국민과 다르지 않은 정주외국인으로 구분하여 외국인의 법적인 권리의무 관계를 생각할 때 이러한 생활의 실태를 고려해야 한다는 주장이다. 외국인 유형론에 의하면 "국민과 외국인"이란 이분법이 "국민, 정주외국인 및 일반외국인"의 삼분법이 되는 셈인데 외국인 유형에 따라 각각의 권리의무(인권)의 향유 정도를 단계적으로 재구성하여 정주외국인을 일본국민에 준하여 취급함으로서, 매클린 판결에서 말하는 "외국인 재류제도의 틀 안에서"란 제약을 어느 정도 극복할 수 있게 된다.*

"안넨 교수의 패러독스"를 극복하기 위해 학설상의 헌법 해석을 정치(精緻)화하고 국제인권규범의 발전을 참조하는 작업이 중요한 것은 말할 나위가 없으나, 아직까지 법적으로 부정되거나 수정되지 않은 매클린사건 판결이 법무 대신의 재량권을 여전히 광범위하게 인정하고 있는 일본의 현실에서는 한계가 있다. 실제로 사회적 권리인 사회 보장 및 보험의 분야에서 1982년 일본의 난민조약 가입에 따라 국적 요건이 폐지되었음에도 불구하고 여전히 출입국관리 정책 때문에 차별적인 요소가 존속한다고 지적되고 있다. 외국인처우기본법, 인종차별금지법

---

* 하지만 후술하는 바와 같이 2009년 입관법은 특별영주자를 제외하고는 모든 외국인을 단기체류자와 중장기재류자로 구분하여 정주외국인이란 카테고리를 인정하지 않는다.

등 외국인에 관한 일반법의 제정이 필요한 이유이다.[11)

3. 에스닉 네이션으로서의 성격

일본에서 외국인의 법적지위를 생각할 때 피할 수 없는 것이 동질성이 지배하는 에스닉 네이션으로서의 성격이다. 그리고 에스닉 네이션의 속성을 규정하는 것이 혈통주의적 전통이며 그것을 호적제도가 뒷받침하고 있다.

이전에 가시와자키 교수는 일본이 국적 부여 기준으로서 혈통주의를 취하고 있는 관계로 에스닉 네이션으로 분류되는 것에 대하여, 메이지국가 형성 과정에서 혈통주의가 채용된 것은 당시 인민의 거주 실태를 파악하는 호적제도가 존재하고 있었던 데다 당시의 국제정치와 법적 문맥에 의한 바가 크다고 주장했다.[12) 가시와자키의 주장처럼 일본의 첫 호적인 1872년(메이지5년)의 진신(壬申)호적은 많은 해외출신자 및 그 자손을 포함하여 일본에 거주하고 있는 모든 사람들을 등록 대상으로 했다. 하지만 그 후의 개정을 거치면서 호적제도는 신분관계를 등록하는 제도로 정착하고, 1899년 국적법 제정으로 혈통주의에 의거한 에스닉 네이션으로서의 일본이 만들어 졌다. 그리고 제2차 세계대전으로 일본 제국이 패망함으로 인해 "제국신민"에서 일본국민으로 재편성되었을 때에도 호적제도가 뒷받침하고 있는 혈통주의가 계승된 것이다.

상기와 같은 연속성을 여실히 보여주는 것이 제2차대전 종료 후 "제국 신민"에서 일본 국민으로 재편성되는 과정에서 전후 일본에 잔류하기를 선택한 조선인들과 타이완 출신자의 "외국인화"의 과정이다.

당시 연합군 최고사령관 총사령부(GHQ)가 1946년 2월 일본 정부에 제시한 신 헌법 초안 제13조는 "모든 자연인은, 일본 국민인가를 불문하고, 법앞에 평등하며, 인종, 신조, 성별, 사회적 신분 또는 문벌이나 국적을 이유로, 정치적, 경제적 또는 사회적 관계에 있어서 차별되어서는 안된다"고 규정하고, 제16조는 "외국인은 법의 평등한 보호를 받는다"고 규정하고 있었다. 하지만 일본정부는 점령당국과의 교섭 중에 상기 제16조를 삭제한다. 뿐만 아니라 제13조에서 "일본 국민인가를 불문하고"가 삭제되고, "국적"이 "가문"으로 되고 마지막에는 "모든 자연인"이 "모든 국민"으로 바뀌어 외국인의 평등보호 및 권리보장이란 중요한 부분이 사라졌다. 이렇게 만들어진 신 일본국 헌법은 1947년 5월 3일에 시행되었는데 그 전날인 5월 2일에 재일조선인과 중국/타이완 출신자를 당분간 외국인으로 "간주하는" 외국인등록령이 시행되었다. 그리고 신 헌법의 제정에 이어 1948년 1월에 새로운 호적법이, 그리고 1950년 7월에는 신 국적법이 시행되었다. 그 후 1952년 4월 28일 샌프란시스코 강화조약이 발효되면서 당시의 식민지의 독립에 수반된 국적처리에서 많은 경우 국적선택권이 주어진 것과는 대조적으로 조선인과 타이완 출신자의 일본 국적이 법무성 민사국장의 통달 형식으로 상실(박탈)되었다.13)

일본의 에스닉 네이션의 실정성(実定性)은 전술한 바와 같이 현행 민법, 입관법 및 호적법등에 산재하는 "일본인"이란 단어에서도 볼 수 있다. 이 경우 "일본인"은 실제로는 일본 국민으로 해석/운용되고 있다고는 하나 예를 들면 호적법상의 "일본인이 아닌 자"라는 문언에서 "국민 대 외국인"이 아닌 "일본인 대 비(非)일본인"이란 도식을 이미지하게 되는 것이다. 현재 일본에서 "일본인이 아닌" 일본 국민, 예를 들면 "코리아계(系) 일본국민"이 인정되고 있지 않은 것도 이와 맥락을 같이 한다 하겠다.

이처럼 일본의 혈통주의 전통에 입각한 "국가(＝사회) 구성원성"의 이미지가 정주외국인의 통합을 위한 논의를 어렵게 하고 그 결과 재일 코리안처럼 몇 세대에 걸쳐 일본을 생활의 거점으로 살고 있는 사람들조차 장래의 국민으로 생각하는 않는 상태가 지속해 왔다. 일본에서는 국적, 시민권, 참정권이란 개념 모두가 사실상 동일한 것을 가리키는 것이다.14)

후술하는 바와 같이 1980년대 유럽에서는 일시체류자에서 영주외국인(denizen)으로 그 후에 국적을 취득하여 시민(citizen)이 되는 통합 과정이 기대한 것처럼 진행되지 않는 상태에 직면했다. 그로 인해 장기 거주 외국인이 거주국의 정치적 의사결정에 참여하지 못하는 "민주주의의 결손" 상태를 치유하기 위해 외국인에 대한 지방 참정권 부여가 시작되었다. 일본에서 같은 과정이 일어나지 않고 있는 것은 한편으로는 동아시아 지정학의 굴레란 사정이 있지만, 다른 한편으로는 여전히 강한 에스닉 네이션으로의 성격에 기인하고 있다고 할 수 있다.15)

4. 전후 일본의 외국인 법제의 역사적 전개

제2차 세계대전 이후의 일본의 외국인 법제는 각 시대의 기본 방침과 과제에 따라서 다음의 네 개의 시기로 구분할 수 있다.*

제1기(1945 – 1979)는 "배제와 차별과 동화 강요"의 시대로 "시민적 권리"조차 제대로 주어지지 않은 어두운 시기였다. 전술한 바와 같이 샌프란시스코 강화조약 발효 후 국적을 상실한 재일한국·조선인과 타이완인들은 외국인으로 분류되어 외국인등록법과 출입국관리법의 치안유지적 발상하에 철저하게 관리되었다. 당시는 국적을 형식적, 포괄적으로 생각하는 "국민 대 외국인"의 이분론적 구분이 절대적이었던 관계로 외국인에게 인정되는 권리의 범위는 아주 제한적이었을 뿐 아

---

* 이하 곤도의 시대 구분을 빌려 필자가 가필한 것이다. 近藤 敦 『多文化共生と人権』 明石書店, 2019年) 56 – 59쪽.

니라, 외국인이라는 이유로 전쟁 희생자에게 주어지는 원호의 대상에서도 배제되었다.

외국인들은 샌프란시스코 강화조약 후에 제정된 외국인등록법에 의해 16세 이상의 외국인은 등록할 때 검지로 지문을 찍고 날인하지 않으면 안 되었다. 또한 "공권력의 행사 또는 공적 의사 형성에 참여하기 위해서는 일본 국적이 필요"하다는 "당연의 법리"하에 참정권과 공무담임권이 철저하게 부인되었다.* 그리고 외국인은 거의 모든 사회보장 시스템에서 제외되었을 뿐 아니라 민간 차원에서도 거의 철저한 고용 차별이 관행처럼 이어졌다.** 차별을 면하기 위한 유일한 수단인 귀화를 하려면 1985년까지는 한국성(姓)을 일본성으로 바꾸어야 하는 동화주의적 성격이 강한 시대였다.

제2기(1980-1989)는 "평등과 국제화"의 기반이 다져진 시기로 무엇보다도 "사회적 권리"가 비약적으로 신장된 시기라 할 수 있다. 결정적인 계기는 1975년 4월 30일 南베트남의 사이공이 함락되고 베트남이 통일됨에 따라 대량의 난민이 발생하여 일본도 인도차이나 난민의 일부를 수용하지 않을 수 없게 된 것이었다. 그에 따라 일본정부는 1979년 두 개의 국제인권규약을 비준하고 이어서 1981년 난민조약에 가입했다. 특히 난민조약은 제24조에서 사회보장에 대해 "내국민대우(내외인 평등원칙)"을 요구하고 있어 일본의 사회보장제도의 배타성이 직격탄을 맞게 된 것이다. 일본의 종래의 사회보장제도는 "일본에 주소를 갖고 있는 일본 국민"을 대상으로 하고 있었으나 금후는 "일본에 주소를 갖고 있는 (모든) 자 (주민)"가 대상이 된 것이다. 그에 따라 각종의 사회보장법제가 개정되어 주택금융공사, 국민연금, 아동수당 및 국민건강

---

* 당연의 법리와 상정의 법리에 대해서는 본장 345-7쪽을 참조.
** 재일코리안이 종사한 5가지 대표적 직업은 야키니쿠, 파칭코, 부동산업, 조직폭력배(일명 야쿠자), 신발 등의 화학제품 생산이었다.

보험 등에서 국적 요건이 철폐되었다. 하지만 "이러한 전환이 식민지 지배의 청산을 위한 한일 간의 조약에 의해서가 아니고 인도차이나 난민이라는 "흑선"(黑船)에 의해서 실현된 것을 가슴에 깊이 새겨야 한다"는 다나카의 지적을 한국민들도 명심해야 할 것이다.16)

이 시기 또 하나의 "흑선"은 일본이 1984년에 국제연합에서 1979년 말에 채택된 "여성차별철폐조약"에 가입한 것이다. 이 때문에 남녀고용기회균등법 제정과 함께 국적법이 개정되어 지금까지의 부계 혈통주의에서 부모양계 혈통주의로 이동했다. 태어난 아기는 지금까지는 아버지의 국적밖에 취득할 수 없었지만, 금후는 어머니의 국적도 취득할 수 있게 국적법이 개정되었고, 이어진 호적법의 개정으로 종래 귀화 시 일본명을 강요받던 관행이 철폐되었다. 이러한 일련의 변화는 전술한 바와 같이 이미 8할 이상이 일본 국민과 혼인하고 있던 재일코리안 사회에 커다란 변화를 초래했다.

제3기(1990-2005)는 "정주와 공생"에 한 발을 내딛은 시기로 "정치적 권리"의 실현을 위한 시도가 이루어지기도 했지만 결실을 맺지 못하였고 또한 외국인 노동력을 받아들이기 위한 편법이 등장한 시기였다.

우선 1990년에 시행된 개정 출입국관리법에서 일본인 혈통을 가진 남미 출신자인 닛케이진(日系人)과 그 가족들에게 영주권에 가까운 "정주자" 재류자격이 신설되어 주어졌다. 당시 단순노동자를 받아들이지 않고 있던 일본 정부는 재계의 요청에 따라 닛케이진이란 단순 노동력을 말하자면 "뒷문"으로 받아들인 셈이다. 또한 1965년 한일기본조약은 25년 기한인데다 3세 이하의 법적 지위를 정하고 있지 않았기 때문에 한일간의 "91년 합의"와 그에 따라 1991년에 제정된 출입국관리특례법에 따라 구식민지 출신자와 그 자손에게 "특별영주자"의 지위가 주어졌다. 닛케이진은 일본인과 같은 혈통을 이유로, 특별영주자는 역사적인 이유에서 각각 일반 외국인과는 구별되는 특별한 지위를 향유하게 된 것이다. 하지만 이런 두 가지 특별한 범주의 외국인의 존재로 일종의 피라미드형 계층 구조가 만들어져, 일본에서 외국인 문제를 "일반적인" 차원에서 다루는 것을 어렵게 하고 있다.

특기할 것은 "91년 합의"에 포함된 지문 날인의 폐지 약속이 1992년 6월 특별영주자와 영주자를 대상으로 이루어 진 후, 1999년 8월에 외국인등록법이 개정되어 이듬해부터 모든 외국인에게 적용된 것이다. 이로써 오랫동안 외국인을 치안 유지의 대상으로 여기고 일본 국민과 차별하는 지문날인 제도가 일단 역사속으로 사라졌다.[17]

한편 1995년 최고재판소가 내린 "일본국 헌법은 영주자 등에게 법률로 지방선거권을 부여하는 것을 금지하고 있지 않다"는 판결은 조금씩 싹트고 있던 외국인지방참정권 실현에 적지 않은 원군이 되었다. 특히 한국에서 김대중 정권이 등장한 1998년에 당시의 자유당, 신신(新進)당, 공명당 등이 의원 입법을 제출하였다. 하지만 당시의 논의가 정주 외국인의 정치적 권리 실현이라는 측면보다는 한일 간의 역사적 청산의 문제에 경사된 점 등이 작용하여 결국은 실패했다. 그 후 2002년 고이즈미 수상의 방북에 이은 납치문제가 불거지면서 외국인지방참정권 실현이라는 과제는 완전히 수면 밑으로 잠복해 현재까지도 부상하지 못하고 있다. 한편 1998년에는 영주 허가를 위한 재류 기준이 종래의 20년에서 10년으로 축소되고, 가와사키시 등에서 "외국인시민회의"가 설립되고 조례에 의해 주민투표 참가가 허용되는 등 정주를 바탕으로 한 공생의 기운이 일기 시작했다.[18]

제4기인 2006년 이후는 다문화공생이 소리높여 강조되는 반면에 내용적으로는 실질적인 진전을 보지 못한 채 제자리 걸음을 해 온 시기라 할 수 있다.* 이 시기는 인구감소가 시작되고 소자고령화가 급속히 진전되는 반면 외국인 주민의 증가가 예측되는 가운데, 2006년에 총무성이 "지역 사회에 있어서의 다문화공생 추진 플랜"을 작성하여 전국의 지방자치단체에 지침과 계획의 정비를 구했다. 이 플랜에는 커뮤니케이션 지원과 생활 지원 등이 포함되어 있었지만 참정권의 보장이 누락되는 등 한계와 과제도 두드러졌다. 또한 중앙 및 지방 차원의 공무담임권의 확대 및 교육의 권리 등에 있어서도 별다른 진전을 보지 못하고 답보 상태가 계속되고 있다.

이 시기에 가장 두드러진 변화는 아마도 제2차대전 이후 입관법 역사상 가장 커다란 전화점이 되었다 해도 과언이 아닌 2009년 입관법 개정이다. 이 개정으로 종래의 법무성 출입국관리국이 관장하는 입관법과 전국의 지방자치단체가 관장하는 외국인등록법의 이원적 외국인 재류관리제도가 통합되어 출입국관리국 밑에 일원화된 것이다. 새로운 입관법은, 전술한 바와 같이 외국인을 3개월 이하의 단기 체류자, 중장기체류자 및 특별영주자로 구분하여 후자에 대해서는 따로 관리한다. 이러한 외국인의 일원적 관리 체제가 정비됨에 따라 정보 체제가 재구축되어 외국인의 정확하고 신속한 계속적 관리 체제가 가능하데 된 한편, 적법하게 재류하는 외국인의 재류 기간의 상한이 최대 3년에서 최대 5년으로 늘어나고 재입국 허가제도가 재편되었다.19)

마지막으로 외국인 노동력이란 차원에서도 1990년 입관법 개정에 의해 연수생 제도가 만들어지고 1993년에는 기능실습제도가 창설되었

---

* "다문화공생"이란 단어는 영어의 "다문화"을 일본식으로 바꾼 것인데 2006년 3월에 총무성이 설치한 "다문화 공생 추진에 관한 연구회"의 보고서에는 "국적과 민족이 다른 사람들이 서로의 문화적 차이를 인정하고 대등한 관계를 구축하면서, 지역 사회 구성원으로서 함께 살아가는 것"으로 정의되어 있다.

지만 1990년대 후반에서 2000년대 전반사이에는 제도의 목적이 노동력 부족의 해소 보다는 여전히 외국인 범죄 증가에 따른 치안유지 및 9.11이후 (국제) 테로 대책이 우선시되면서 외국인 노동자는 그다지 증가하지 않았다. 이러한 사태가 바뀌는 것은 상기 2009년 입관법 개정 이후로 기능실습생이 늘어나기 시작하면서 부터이다. 그리고 2018년 11월 일정 정도 단순노동자를 받아드리는 입관법의 개정이 이루어 진 것에 대해서는 이미 언급했다. 향후 5년간 34.5만명의 비숙련(unskilled) 외국인을 받아드린다는 목표로 출발했지만 여전히 만명 이하에 그치고 있는 것도 전술한 바와 같다. 이러한 전환을 계기로 일본 사회가 어느 정도 다문화 공생을 이루는 사회가 될 지 귀추가 주목되고 있지만 결코 낙관적이지만은 아니다.[20)

5. MIPEX가 말해주는 일본의 현실

이민통합정책지수(migrant Integration Policy Index, MIPEX)란 유렵연합 27개국 모두와 노르웨이, 스위스, 캐나다, 호주 일본, 한국 등 총 52개국에 걸처 합법적으로 재류하고 있는 외국인에 대한 법률과 정책을 조사하여 그것을 통한 객관적인 사회 통합과 권리 보장의 정도에 대한 비교 조사를 말하는데, 4번째인 MIPEX 2015에서는 노동시장 이동성(labour market mobility), 가족 재결합(family reunion), 교육(education), 정치참가(political participation), 영주 허가(permanent residence), 국적 취득(access to nationality), 보건의료(healty) 및 차별 금지(anti-discrimination)의 8개 분야에 걸처 점수가 매기어 졌다.[21)

3회부터 참가하고 있는 일본의 성적은 결코 좋다고 할 수 없는 52개국 중 공동 34번째인데 한국은 공동 18번째를 기록하고 있다. 이하 일본의 MIPEX 2020 성적을 염두에 두면서 일본의 외국인 정책 및 법제에 대한 각론적 고찰을 하겠다.

【표 1】 이민통합정책지수 2020년(종합평가)

순위	국가명	점수	순위	국가명	점수	순위	국가명	점수
1	스웨덴	86	18	영국	56	36	오스트리아	46
2	핀란드	75	18	한국	56	38	항가리	43
3	포르투갈	70	18	아이슬란드	56	38	터키	43
4	캐나다	69	22	칠레	53	38	알바니아	43
4	뉴질랜드	69	23	멕시코	51	41	북마케도니아	42
6	미국	68	24	스위스	50	42	키프로스	41
7	노르웨이	67	24	세르비아	50	43	폴란드	40
8	벨기에	66	24	체코	50	43	불가리아	40
9	오스트레일리아	63	24	에스토니아	50	45	슬로바키아	39
10	브라질	61	28	루마니아	49	45	크로아티아	39
11	룩셈부르크	60	28	이스라엘	49	47	라트비아	37
11	아일랜드	60	28	덴마크	49	47	리투아니아	37
13	스페인	59	31	몰타	48	49	중국	32
14	독일	58	31	슬로베니아	48	50	러시아	31
14	아르헨티나	58	31	우크라이나	48	51	인도네시아	26
14	이탈리아	58	34	일본	47	52	인도	24
17	네델란드	57	34	모르도바	47			
18	프랑스	56	36	그리스	46			

출전: MIPEX(2020).

【표 2】 이민통합정책지수 2020년(특정국의 분야별 평가)

	노동시장	가족결합	교육	정치참가	영주허가	국적취득	차별금지	보건의료
스웨덴	91	71	93	80	90	83	100	83
핀란드	91	67	88	95	95	73	100	67

캐나다	76	88	86	50	77	88	100	73
오스트레일리아	37	68	79	65	46	76	69	79
미국	69	62	83	40	63	88	97	79
독일	81	42	55	60	54	42	70	63
영국	48	29	40	45	58	61	94	75
프랑스	52	43	36	45	58	70	79	65
한국	65	54	72	65	60	44	51	40
일본	59	61	33	30	63	47	16	65

출전: MIPEX(2020).

Ⅳ. 외국인의 출입국 관리

1. 일본 출입국관리법제의 특징

일본의 출입국관리 법제의 특징을 간단히 정리하면 다음과 같다. 우선 "출입국관리 및 난민인정법"은 법령명이 말하고 있듯이 출입국 관계뿐 아니라, 난민 인정 절차가 같은 법 안에서 규정되고 있다. 그리고 2009년 개정으로 폐지된 외국인등록법에 대신하여 역시 이 법에서 과거의 외국인등록증과 같은 재류카드에 대해서도 정하고 있다. 단일법의 모습을 하고 있지만, 복수의 측면이 병존하고 있는 것이다. 구식민지출신자와 그 후손인 특별영주자에 대해서는 한일간의 합의에 의거하여 별도로 제정된 통칭 "입관특례법"이 규정하고 있다.* 또한 재류자격에 의해 재류 기간과 재류 활동이 정해지는 점, 다시 말해서 재류허가와 노동허가가 일체인 점이 특징이다. 마지막으로 이 법에 의한 행

---

* 정식 명칭은 『日本国との平和条約に基づき日本の国籍を離脱した者等の出入国管理に関する特例法』이다.

정행위는 행정절차법의 대상에서 제외되어 불허가나 취소의 경우 자세한 이유를 개진할 필요가 없으며 행정불복심사법의 적용으로 부터도 제외된다. 그런 점에서 법무대신에게는 광범한 재량이 주어져 있는 것이다.

그리고 이민이란, 미국과 같이, 외국인이 처음부터 영주자로서 입국하여 재류하는 것을 인정하는 경우인데, 일본의 경우, 한국과 마찬가지로, 외국인을 영주자로서 받아들이는 제도가 없고, 일단 한 가지 재류자격으로 일정 기간 체류한 후에 영주 허가를 받는 형식이다. 따라서 최근에 "이민정책"이란 말이 쓰이거나 "이민대국 일본!"이라는 말이 자주 쓰이지만 엄밀하게 말하면 정확하지 않다. 그리고 이민정책에는 입국, 재류 및 퇴거강제에 관한 "출입국정책"과 외국인의 사회 참가와 제반 권리에 관한 "통합정책"으로 나뉘는데, 일본의 출입국 법제는 후자의 성격이 매우 약한 것도 특징이라 할 수 있다.

2. 현행 출입국관리법제 개요

외국인의 출입국 관리는 출입국관리 및 난민인정법에 의해서 행해진다. 동법 제1조는 "우리나라(本邦)에 입국하고 또는 우리나라로 부터 출국하는 모든 자의 출입국 및 우리나라에 재류하는 모든 외국인의 재류를 공정히 관리함과 동시에 난민 인정 절차를 정비하는 것을 목적으로 한다"고 규정하는데 모든 자에 외국인이 포함되는 것은 말할 나위가 없다. 또한 외국인이 입국해서 출국하기까지의 재류관리도 이 법에 의해서 행해진다.

현행 입관법은 외국인을 세 가지 카테고리로 구분하고 있다. 먼저 법무 대신이 계속해서 정보를 파악(해야)하는 대상이 되는 외국인을 "중장기 재류자"라고 하는데, 재류카드를 교부받아 상시(常時) 휴대해야 하는 의무를 갖는다. 다음으로는 재류카드의 교부 대상이 아닌 "단기체류자"인데 3개월 이하 체류자와 외교 또는 공용의 재류자격을 갖는 외국인이다. 마지막으로 "특별영주자"인데 특별영주자 증명서를 교부받아, 상시 휴대 의무가 아닌, 제시(提示) 의무가 있으며, 앞의 두 종류의 외국인과 달리 법무성이 아니고 지금까지처럼 시쵸손(市町村, 한국의 시, 구, 읍, 면에 해당)이 행정 창구를 맡는다. 이상의 분류가 말해주듯이 "중장기 재류자"는, 특별영주자를 제외한 영주자까지를 포함해서, 3개월 이상 재류하는 외국인들, 다시 말하면 일반외국인 전부를 포함한다.

다시 말해서 외국인을 재류 기간, 생활 실태 등에 의거해 유형화하여 일반외국인 중에서 장기체류자를 따로 구분해서 취급하는 학설상의 조류는 반영되고 있지 않다. 따라서 일찍부터 제안되어 온 정주외국인이라는 카테고리는 여전히 출입국관리법에서 사용되지 않고 있다. 그와 관련해서 특별영주자의 "특별 취급'은 어디까지나 전후 청산의 일환으로 한국 정부와 교섭에 의해 이루어진 것으로 상기 조류에 의한 것이 아니라는 점에 유의할 필요가 있다.

(1) 외국인의 입국, 상륙

"입국"이란 외국인이 일본의 영역(영토, 영해, 영공)에 들어오는 경우인데 입국할 때는 여권을 소지해야만 한다. 일본인의 경우는 "귀국"이라 하고, 일본인과 외국인 구별없이 일본 영토에 들어오는 것을 "상륙"이라 한다.* 그에 반해 "출국"이란 일본인과 외국인의 구별없이 일본의 영역에서 나가는 것을 가르킨다.

외국인이 일본에 입국하려면 입국심사관의 심사를 받아 상륙허가를 받아야 한다. 그에 반해 외국인의 출국 및 일본인의 귀국과 출국에는 허가를 받을 필요가 없다. 입국심사관은, ① 유효한 여권을 소지하

---

* 일본은 섬나라임으로 입국과 귀국은 일본의 영해나 영공에 들어올 때 자동적으로 성립하는데 일단 입국 또는 귀국한 자가 일본의 영토에 들어오면 상륙이 된다.

고 일본국 영사(관)이 발행한 사증(비자)을 소지하고 있는가, ② 일본에서 하려는 활동이 동법상 "재류자격"에 정해진 활동의 하나에 해당하는가, ③ 하기의 상륙 거부 사유에 해당하지 않는 지를 심사한다.

입국심사관의 심사 시에 다음과 같은 경우는 상륙이 거부될 수 있다(법 제5조 제1,2항). ① 감염증 환자, ② 정신적 장해가 있는 자, ③ 빈곤자, 부랑자 등 국가나 지방자치단체에 부담이 될 수 있는 자, ④ 1년 이상의 범죄력을 갖고 있는 자, ⑤ 약물 범죄자, ⑥ 테러리스트 전력이 있는 자, ⑦ 마약 소지 및 사용자, ⑧ 매춘 관계자, ⑨ 총포류 및 화약류의 불법 소지자, ⑩ 상기 ⑦, ⑨를 이유로 상륙을 거부당한지 일년이 지나지 않은 자, ⑪ 기타 퇴거 강제 당한 자 등이다. 한편 일정한 경우에는 특별히 상륙을 허가하는 특별상륙허가제도가 있다.

(2) 외국인의 재류자격과 기간(본장 마지막의 입관법 별표 참조)

(a) 재류자격이란?

재류자격이란 외국인이 (i) 일본에 재류하는 동안 일정 범위의 사회활동을 할 수 있는 자격 또는 (ii) 일정한 신분 내지 지위를 갖고 활동을 할 수 있는 출입국관리법상의 자격인데, 이에 따라 외국인이 상세히 구분된다. 각 재류자격마다 재류기간이 정해져 있는데 재류기간의 제한이 없는 영주 이외에 가장 긴 재류기간은 5년이다.*

현재 출입국관리법에서는 별표 제1에 취로(노동)에 종사할 수 있는 재류자격 (1)과 (2) 와 취로에 종사할 수 없는 (3)과 (4), 그리고 취로 여부를 법무대신이 결정하는 5개의 카테고리에 25개의 재류자격이, 별표 제2에 영주자, 일본인 및 영주자의 배우자등, 정주자의 4개의 신분

---

* 재류 기간은 재입국제도에 의해 제한을 받는다. 가령 3년의 재류 기간을 받아 곧바로 출국한 경우 재입국 기간의 시한은 일 년임으로 일 년 안에 돌아오지 않으면 재류 기간이 무효가 처음부터 다시 입국 절차를 밟아야 한다.

및 지위를 나타내는 재류자격이 포함되어 총 29개의 재류자격이 설정되고 있다. 별표 제1의 (2)중에 고도전문직, 기능실습 및 특정기능의 경우는 그 안에서 다시 세분화되어 있다. 외국인의 재류자격 심사와 부여에 관한 심사기준에 대해서는 몇 가지의 성령(省令)과 고시(告示)가 공표되어 있다.

이처럼 일본에 입국 및 재류하는 외국인은 반드시 상기 재류자격 중에 하나를 소지하고 해당 재류자격의 내용 및 기간 안에서 활동을 해야 하며, 당해 자격 외 활동을 할 때에는 사전에 법무 대신에게 자격외 활동 허가를 얻어야 한다. 또한 종래의 재류 목적을 변경하여 다른 재류자격에 속하는 활동을 희망하는 경우에는 재류자격 변경을 신청하여 허가를 받아야 하고, 허가된 재류기간을 넘어서 계속해서 재류를 희망하는 경우에는 재류기간의 갱신을 신청하여 허가를 받아야 한다.

(b) 신설된 재류자격들: 외국인 노동력의 부분적 허용

일본은 지금까지 외국인 단순 노동력은 받아들이지 않는다는 원칙을 유지하면서 실제로 필요로 하는 (단순) 노동력의 일부를 여러 가지 방법을 통해서 조달해 왔다. 한때 수십만 명에 달했던 불법체류자, 지금도 계속되고 있는 유학생과 취학생의 유입, 국제결혼 등의 사실상의 노동력으로써의 활용 사례를 차치하고도, 1990년대에 이르러 닛케진(日系人)이란 "뒷문"과 함께, 1981년에 신설된 "연수" 제도를 이어받은 "기능실습제도"란 "옆문"이 서서히 중심적인 위치를 차지해 왔다.[22] 그리고 2016년 "개호" 재류자격의 신설에 이어 2019년 4월부터는 "특정활동"이라는 재류자격이 신설되어 처음으로 "정문"에서 외국인 노동력을 받아들이기 시작했다.

출입국관리법상 연수제도는 일본의 기술, 기능 또는 지식을 개발도상국에 이전하여 상대국의 인재양성 및 사회경제 발전에 기여한다는

국제협력을 슬로건으로 시작되었으나, 노동자로서 취업의 대가를 받지 못하는 한계가 있었다. 1993년에 "배우는 활동"인 연수에서 "노동자로서 실천적인 기능, 기술을 습득하는 기능실습 제도"로 이행하고, 2010년에 생산 활동 등의 기능 습득 활동을 통합하여 "기능실습"이란 재류자격이 신설되었다.

"기능실습" 재류자격은 1, 2, 3호로 나뉘는데, 첫 1년 간은 1호, 2, 3년째는 2호, 4, 5년째는 3호로 구분되어 운영되고 있다. 하지만 여전히 국제협력이란 원칙하에서 외국인 노동력의 "기능적 등가물"이란 제도적 한계 속에서 임금 체불 및 실종 등 수많은 인권 침해가 발생하는 부작용이 끊이지 않아 이를 치유하기 위해 2016년 11월 28일 "외국인의 기능실습의 적정한 실시와 기능실습생의 보호에 관한 법률"(이하 "기능실습생 보호법'으로 약칭)이 통과되어 일정한 경우의 기간 연장 및 인권 침해에 대한 보호를 기하고 있다.[23]

세계적으로 고급 인재의 획득 경쟁이 과열되는 가운데 학술 연구와 경제 발전에 기여할 수 있는 고도의 전문능력을 갖춘 인재를 받아들이기 위해 2015년에 일반적인 취업 자격보다 활동 제한을 완화한 "고도전문직" 재류자격이 신설되었다. "고도전문직"은 여러 가지 요소에서 계산되는 점수에 의해 선발되는데, 1호와 2호로 나뉘어진다. 전자는 (i) 고도의 학술·연구 활동, (ii) 고도의 전문·기술 활동, (iii) 고도의 경영·관리 활동의 세 종류로 나뉘는데, 일반적인 취업자격에 비해 여러 가지 특전이 주어진다. 원칙적으로 5년간 주어지는 재류기간 동안 복수의 활동이 허용되며, 일정한 조건 밑에서 부모 및 가사(家事) 사용인을 대동할 수 있고, 영주 허가 요건이 완화된다. 2호가 되면, 상기 1호 특전에 더해서, 모든 취업 활동이 가능해지고 재류기간에 한도가 없어지는 등 실질적인 정주자로서 처우를 받게 된다.

또한 상기 "기능실습생 보호법'에는 기능실습 제도의 대상 직종에 개호(介護)가 추가됨과 동시에, 2016년 11월에 개정된 입관법에 정식으로 재류자격 "개호"가 신설되어 단순 노동력을 받아드리는 "정문"이 만들어지고, 2018년 개정입관법에 새로운 재류자격 "특정기능"이 신설되어 금후 5년간 14개 직종에서 34만 5천명의 외국인 노동자를 받아드릴 예정이다. 개정입관법은 2019년 4월 1일부터 시행되어 외국인의 유입이 시작되었는데 2020년 9월 말 현재 8,769명에 그치고 있다.24)

(3) 영주 허가

외국인이 영주를 희망하는 경우에는 법무 대신에게 영주 허가를 신청해야 한다. 법무 대신은 당해 외국인이 ① 소행(素行)이 선량하고,25) ② 독립의 생계를 유지할 수 있는 자산 또는 기능을 가지고 있는지 심사하고, 영주 허가가 일본국의 이익에 부합하는 경우에만 영주를 허가한다(동법 제22조). 하지만 영주를 신청하는 외국인이 일본인 또는 영주자 및 특별영주자의 배우자 또는 자(子)인 경우에는 상기 ①, ②의 두가지 요건이 구비되지 않아도 영주를 허락할 수 있다. 또한 당해 외국인이 난민의 인정을 받고 있는 경우에는 ②의 요건 충족없이 영주를 허가할 수 있다(동법 제61조의2의 5).

영주의 재류자격을 갖게 되면 재류 활동에도 재류기간에도 제약이 없어진다. 하지만 입관법 이외의 국내법에 의한 활동이나 취업에 제한이 있을 수 있는데 전술한 바와 같이 일본의 경우 공무담임권과 참정권 등 정치적 권리에 대한 제한이 여전히 존재한다.

(4) 외국인의 재입국

일본에 재류하는 외국인이 일시적으로 국외에 출국했다 재류기간 만료 전에 다시 (재)입국하려면 미리 법무 대신에게 재입국 허가를 받아야 하는데 이를 재입국 허가제도라 한다.

재입국 허가제도는 이미 재류자격을 갖고 일정한 사회, 경제 관계를 구축한 외국인이 재입국하는 경우 새로이 입국 절차를 밟게 하는 것이 상당한 불편을 줄 뿐 아니라 불합리하기 때문이라고 "긍정적"으로 설명되어 왔다. 하지만 국제연합 자유권규약 인권위원회가 영주자의 귀국권을 침해한다고 비판해 왔으며, 역사적으로도 냉전기 외교 정책의 도구로서, 특히 재일코리안에 대한 제제 수단으로 쓰여왔다고 비판받아 왔다.[26]

전술한 바와 같이 전후 출입국관리법제에 획기적인 변화를 가져온 2009년 개정법에서는 이러한 비판을 염두에 두고 "미나시(看做) 재입국 허가"제도가 도입되었다. 이 제도는 일본에 재류자격을 가지고 유효한 여권을 소지하는 외국인이 입국심사관에게 다시 입국할 의사를 표명하고 출국할 때 재입국 허가를 받은 것으로 간주하는 것이다(동법 제26조의 2). 재입국의 허가를 받은 것으로 간주되는 기간은 1년이다. 1년을 넘게 해외에 체류할 필요가 있을 경우에는 사전에 통상적인 재입국 허가를 받아야 하며 재입국 허가의 유효 기간은 최장 5년이다.

"미나시 재입국 허가"제도의 도입으로 사전에 재입국 허가를 받을 필요가 없어진 만큼 절차의 간소화가 이루어져 전문적, 기술적 분야의 외국인 노동자 확보라는 시대적 요구에 부응할 수 있게 되었다. 하지만 재류외국인 특히 정주외국인의 재입국 권리가 보장된 것이 아니고 어디까지나 법무대신의 재량권을 전제로 한 절차적 개선이라는 점에 유의해야 한다.

(5) 외국인의 출국

외국인의 출국은 원칙적으로 자유이지만 (세계인권선언 제13조 제2항, 국제인권B규약 제12조 제2항), 출국할 때 입국심사관의 출국 확인을 받아야 한다(동법 제25조). 그리고 중요 범죄 용의자, 조세 미납자, 형 집행 중인 자 및 전염병 환자 등은 출국이 유보될 수 있다.

외국인이 단순 출국을 한 경우에는 당해 외국인의 재류자격 및 재류기간은 소멸한다. 그 후 다시 일본에 오는 경우에는 신규 입국자로써 새로 상륙허가를 받아야 한다. 하지만 외국인이 통상적인 재입국 허가 또는 미나시 재입국 허가를 받고 동 허가 기간 안에 재입국하는 경우에는 재류를 계속하는 것으로 간주된다(동법 제26조). 재입국 허가는 출국 중에도 재류자격 또는 특별영주자의 법적 지위가 실효하지 않게 하는 효력을 갖고 있으며, 재입국 허가를 받은 외국인은 출국 중에도 소지하고 있는 재류자격에 의한 법적 지위가 소멸하지 않고 계속한다는 것이 일반적인 이해이다. 같은 문맥에서 재입국 허가에 의해 정해진 재입국 기간이 경과한 경우에는 그 시점에서 재류가 종료한다.[27]

(6) 외국인의 퇴거강제(추방)

퇴거강제란 국가가 바람직하지 않다고 생각하는 외국인을 국외로 배제하는 행정처분인데 국제법에서는 추방이라 불린다. 퇴거강제는 국제법상 인정되어 있지만 자의적이어서는 안되며(국제인권 B 규약 제13조), 정당한 이유가 없고 자의성이 현저한 경우에는 권리남용으로 불법이며 국가배상 책임을 지게 된다(국가배상법 제1조). 퇴거강제의 대상자는 일반 사인(私人)인 재류외국인이며, 외교관 등 타국이나 국제기구의 공적인 지위에 있는 자는 퇴거강제의 대상이 되지 않는다. 퇴거강제 여부는 입국경비관의 위반 조사, 입국심사관의 심사, 특별심리관의 구두 심리, 법무대신에 대한 이의신청과 법무대신의 재결이라는 입관법 상 소정의 절차를 거쳐 확정된다(동법 제24조).

퇴거강제의 대상이 되는 것은 불법입국자, 불법상륙자, 자격외활동자(불법취로자), 불법체류자, 형벌법령 위반자, 매춘관계 업무 종사자, 폭력주의적 파괴활동자, 국가의 이익 또는 공안을 해치는 자등,

국가와 사회에 바람직하지 않은 외국인인데, 2009년 입관법 개정시 ① 타 외국인을 상륙시킬 목적으로 한 문서의 위조 및 교사·방조 행위, ② 불법 취로 조장 및 교사·방조, ③ 재류카드 또는 특별영주자 증명서 위조 및 교사·방조, ④ 중장기재류자가 허위의 출입국 문서 등을 작성하여 직역형을 받은 경우 등의 출입국 관련 행위가 추가되었다.

특별영주자의 경우는 내란죄, 외환죄 등에 의해 금고 이상의 형에 처해진 자, 무기 또는 7년 이상의 중대한 범죄를 저질러 일본국의 중대한 이익을 해칠 우려가 있다고 법무대신이 판단한 경우에 한하여 퇴거 강제할 수 있는 특례가 인정되어 있다.

V. 외국인의 재산권

1. 재산권 일반

재산권은 내외국민 차별없이 법적 보호를 받는 것이 원칙이다. 헌법 제22조 제1항은 "누구도 공공의 복지에 반하지 않는 한 거주, 이전 및 직업선택의 자유를 갖는다"고 규정하고 있으며, 헌법 제29조는 "재산권은 침해되어서는 안 된다"(제1항), "재산권의 내용은 공공의 복지에 적합하도록 법률로 정한다"(제2항), "사유재산은 정당한 보상 하에서 공공(公共)의 목적으로 사용될 수 있다"(제3항)고 규정하고 있다. 그리고 이러한 헌법의 규정을 받아 민법 제3조 제2항은 "외국인은 법령 또는 조약에 의해 금지되는 경우를 제외하고 사권을 향유한다"고 규정하고 있다.

국가에 따라 다르기는 하지만 외국인의 재산권에 대해서는 공공의 복지의 관점에서 여러 가지로 제한이 있는 것이 사실이다. 외국인의 권리 제한에 관한 법규의 총체를 외(국)인법이라 하는데, 오늘날에는 국제인권규약, 세계무역기구(WTO) 기타 무역자유화에 관한 국제 조약의 발달에 따라 내외국인 간에 평등한 권리 보장이 상당히 실현되어 왔지만 아직도 일정한 차이가 존재하고 있는 것은 부인할 수는 없다.

2. 토지소유권 등

외국인의 토지 소유에 관해서는 1925년에 제정된 외국인 토지법 제1조가 제국 신민 또는 제국 법인의 토지에 관한 권리 향유를 금지 또는 제한하는 국가에 속하는 외국인 또는 외국법인에 대해서는 칙령으로 동일한 또는 유사한 금지나 제한을 할 수 있다고 상호주의를 규정하고 있다. 하지만 그 후 칙령이 발동된 적은 없으며 외국인은 원칙적으로 토지소유권, 질권 및 저당권을 취득할 수 있는데 현재도 같은 상황이다.

지적재산권에 관해서는 최초의 조약인 "공업소유권 보호에 관한 파리 조약"이래 내국민대우가 기본이 되고 조약 동맹국의 국민이 공업소유권(특허권)을 향유하기 위해서는 보호를 청구하는 국가에 주소 또는 영업소를 갖는 것을 조건으로 해서는 안된다고 규정하고 있다. 현재는 세계무역기구(WTO) 무역관련 지적재산권에 관한 협정(TRIPs) 등 국제조약의 규율이 미친다. 일본의 지적재산권 관련 국내법도, 상호주의에 입각하여, 조약과 같은 입장에서 지적재산권을 보호하고 있다. 특허권 이외의 다른 지적재산권에 대해서도 동일한 전제와 내용의 보호가 주어지고 있다.

3. 영업의 자유, 직업 선택의 자유

국제적인 상호 의존이 과거와는 비교가 안 될 정도로 심화한 오늘에서도 EU와 같은 지역통합이 진전된 극히 일부를 제외하고는, 각국은 여전히 외국인의 영업의 자유, 직업선택의 자유에 일정한 제한을 가하고 있는데 일본도 예외가 아니다. 헌법 제22조 제1항에서 말하는 "공공의 복지를 이유로 한 제한"의 필요가 있으면 그 구체적인 범위는 입법정책에 맡겨져 있어 금지에서 허가까지 여러 종류가 존재한다.

외국인의 직업선택 및 영업의 자유에 대해서는 과거 (우호)통상항해조약에서 "제한업종"이란 범주하에 외국인에게 일정한 영업과 직업의 자유를 제한하는 것이 허용되어 있었으나, 1995년을 WTO "서비스무역에 관한 일반협정(GATS)"을 비롯한 서비스 무역의 자유화에 영향으로 상당 부분 완화되어 왔다.

현재 일본에서는 ① 공익상의 이유로 외국인에게 영업을 인정하지 않거나 영업 허가를 내지 않는 카테고리로서는, 공중인, 수선인(水先人), 광업권자, 조광권자, 무선통신사업, 위탁방송사업자등이 있다. ② 공익상의 이유로 일본정부의 면허 및 인가 또는 등록을 필요로 하는 것으로는 외국은행 지점 등 금융, 증권, 보험 관계와 철도 및 도로운송 사업 등이다. ③ 마지막으로 공적인 자격시험의 관해서 시험에 합격하고 일정한 실습·수습을 거쳐서 등록, 면허를 받아야 하는 것으로, 의사, 간호사, 약제사, 공인회계사, 세무사, 건축사 등 전문직이 여기에 해당한다. 변호사에 관해서는 국제적인 법률시장 개방의 여파로 1990년대 중반 이후 "외국법사무변호사"로서 법무대신의 허가를 받아 일본변호사연합회에 등록함으로서 활동이 가능하게 되어 있다.

VI. 외국인의 참정권 및 공무 담임권

1. 외국인의 정치적 권리

1990년대 이후 세계화 시대가 도래함에 따라 과거에는 국적에 형식적, 포괄적인 의미가 부여되어 절대적이었던 "국민 대 외국인"의 이분론적 전제가 점점 상대화되어 외국인에게 인정되는 권리의 범위가 넓어져 왔다는 것은 전술했다. 여니 국가에서나 넓어져 온 권리의 범위에서 여전히 제외되거나 제한적으로 포함되는 권리가 다름 아닌 정치적 권리이다. 그 배후에는 "국민"주권이란 아직 넘기 힘든 장벽이 존재하는데 일본에서는 "동아시아 지정학"이란 요인과 함께 강한 에스닉 네이션으로의 성격으로 말미암아 외국인에 대한 정치적 권리의 허용이 상당히 지체되고 있다.

실제로 국적 요건을 정하고 있는 공직선거법 제9조(제1항·제2항), 지방자치법(제11조·제18조) 등이 헌법 제14조와 제15조에 위반된다며 국정, 지방의 양 차원에서 선거권을 요구하는 소송이 일어나는 등 몇 가지 움직임이 있었으나 현재까지 뚜렷한 변화가 없다.

2. 참정권: 선거권, 피선거권

(1) 현행법의 선거권 규정

헌법 제15조 제1항은 "공무원을 선정하고 파면하는 것은 국민 고유의 권리이다"라고 규정한다. 이에 따라 공직선거법 제9조 제1항은 "일본 국민으로 만 18세에 달한 자는 중의원 및 참의원 의원의 선거권을 갖는다"고 규정하고, 이어 제2항에서 "일본 국민인 만 18세 이상인 자로 3개월 이상 계속해서 시정촌(市町村)에 주소를 갖는 자는 지방자치단체의 장 및 의회 의원의 선거권을 갖는다"고 규정한다. 또한 헌법 제93조 제2항은 "지방자치단체의 장, 의회 의원 및 법률이 정하는 기타 임원은 당해 지방자치단체 주민이 직접 선거한다"고 규정하고 있다.

헌법 제93조 제2항에서 말하는 "주민"에 외국인(적) 주민이 포함되는가가 문제인데, 종래의 통설은 국정 차원, 지방자치단체 차원 모두 외국인에게는 인정되지 않는 일본 국민의 고유 권리라는 입장이다. 권리성질설에 입각해서 외국인에게 정치 활동 일반에 기본적 인권이 미친다고 하면서도, 상기 맥클린 판결에서 "일본의 정치적 의사결정 또는 그 실시에 영향을 미치는 활동 등"은 제외된다고 판시하였는데, 거기에는 국정과 지방자치단체의 양쪽 모두가 포함된다고 이해되어 왔다. 학설상도 국민 주권을 바탕으로 하는 헌법하에서는 이러한 이해에 의문의 여지가 없다는 것이 다수설이다.

하지만 전술한 바와 같이 학설상 정주외국인을 일반외국인으로 부터 분리하여 권리 부여의 폭을 넓혀야 한다는 주장이 참정권에도 미치기 시작했다. 일본 헌법학의 주류적 입장을 대표해서 판(版)을 거듭해 온 아시베 헌법 교과서는 영주자에게 지방참정권이 주어져야 한다고 주장한다.28)

(2) 판례의 동향

판결로서는 영국 국적으로 영주허가를 받은 영국인이 1989년 7월 23일 시행된 참의원 의원 선거에서 제외된 것이 참정권을 보장한 헌법 제15조 제1항 및 법앞의 평등을 보장한 헌법 제14조에 위반한다고 국가배상법에 의거하여 위자료를 청구한 사건이 있다. 1심과 2심 모두 원고가 패소하고, 최고재판소도 맥클린 사건을 인용하면서 국회의원 선거권을 일본 국민에 한정하고 있는 공직선거법 제9조 제1항은 헌법에 위반하지 않는다고 판시하였다.

정주외국인의 지방참정권에 대해서는 소극적이나마 중요한 판결이 나와 있다. 한국적이지만 일본에서 태어나 일본 사회에 생활의 본거를 두고 있는 정주외국인인 원고들은 1991년 9월 2일에 선거인 등록명부에 누락되었다고 오사카 북구 등 선거관리위원회(피고)에 이의 제기를 했으나 각하되었는바, 각하 결정의 취소를 청구하는 소송을 제기했다. 오사카 지방재판소는 상기 통설과 같이 국민 주권의 원리를 이유로 청구를 기각했고, 1995년 최고재판소 역시 통설과 같이 제15조 제1항의 국민은 국민주권의 원리에 따라 일본 국적을 가진 자이며, 헌법 제93조 제2항의 주민 역시 해당 지방자치단체에 주소를 갖고 있는 일본 국민을 의미한다고 판시하였다.

하지만 판결은 계속해서 "헌법 제8장의 지방자치에 관한 규정은, 민주주의 사회에서 지방자치의 중요성을 생각할 때, 주민의 일상생활에 밀접한 관련을 갖는 공공사무를 해당 지역의 주민의 의사에 의하여 해당 지방자치단체가 처리하는 정치 형태를 헌법상 보장한 것이라는 취지에서 생각해야 마땅하다. 국내에 거주하는 외국인 중에서도 영주자 등 거주하는 지방자치체와 밀접한 관계를 갖고 있는 자들의 의사를 일상생활에 밀접한 관련을 갖는 공공사무 처리에 반영하도록 법률로서 지방자치단체의 장 및 의회 의원 등의 선거권을 부여하는 것을 헌법이 금지하고 있지 않다고 해석하는 것이 마땅하다"고 했다.[29] 다시 말하면 외국인 지방참정권 부여 여하는 헌법이 금지하지 않는 입법정책의 문제라고 판시한 것이다.

(3) 1998년 외국인 지방참정권 부여 입법의 실패와 "잃어버린 20년"

외국인에게 지방참정권을 부여하는 것이 헌법상 금지되어있지 않은 입법정책의 문제라는 상기 최고재판소 판결에도 힘입어 1998년에 영주외국인에게 지방참정권을 부여하는 법안이 당시의 자유당 등에 의해 제출되었으나 입법화되지 못한 채 사장되었다.

전술한 바와 같이 법안이 실패한 원인으로서는 전후 유럽에서는 외국인 참정권 문제는 증가한 이주노동자가 정주화되어 가면서도 현지 국적을 취득하지 않아서 정치적 권리가 주어지지 않는 "민주주의의 결손" 사태를 해결하기 위해서 부상한 것이다. 하지만 일본에서는 이러한 전제가 공유되지를 못한데다 법안 실현의 전략 부재로 법안은 실패로 돌아갔다. 부연하면 당시의 지방참정권을 둘러싼 담론이 외국인참정권 문제를 "과거의 국민"인 올드커머의 권리 문제로서, 게다가 "한일 관계"의 문맥에 집중된 탓에, 잠재적 "장래 국민"인 정주 외국인 일반의 권리 문제로서 논의되지 못한 것을 들 수 있다. 신혜봉은 당시의 지방 참정권 문제가 주로 한국의 김대중 대통령과 일본 정부 사이에서 특별 영주자의 권리 확보라는 전후 처리의 일환으로 접근된 것을 지적했고, 히구치 나오토(樋口直人)도 참정권이란 본래 주민의 정주성을 기반으로 정치적 결정에 민주적으로 참가하는 것을 가능하게 하는 것에 주안이 주어져야 한다고 역설한다.[30]

하지만 일본의 현실은 여전히 참정권 부여에 부정적인 의견이 정치적인 힘을 얻고 있어 가까운 미래에 실현되기는 쉽지 않은 상황이다. 더구나 2002년 북한의 납치 문제가 표면화되고 중국의 급격한 대두로 일중 관계가 악화하는 등 2000년대 이후 동북아시아의 지정학적 정황이 나빠지는 가운데 지방참정권을 인정하게 되면 국민 주권이 위협받게 된다는, 한국인과 중국인을 의식한 담론이 여전히 힘을 얻고 있다.*

3. 공무 담임권: "당연의 법리"에서 "상정의 법리"로

공무원이 되려면 일본 국적을 가져야 하는 지에 대해서 헌법에는 아무런 규정이 없는 관계로 법률인 국가공무원법과 지방공무원법을 보

---

* 수년 전 대학원 수업에서 "지방참정권을 인정하게 되면 인구 과소 지역이 외국인에 의해 점거당하는 사태가 오지 않겠느냐"는 질문을 받았을 때는 상당히 놀랐고 찬찬히 이유를 설명했던 것을 기억하고 있다.

아야 한다.

국가공무원법은 임면(任免)의 기준을 인사원 규칙에 위임하고 있는데 인사원규칙 8-12는 수험의 자격 요건을 관직에 따라 시험 기관에 위임하고 있을 뿐 반드시 국적요건을 부과하고 있지 않다. 하지만 실제로는 국가공무원 시험 거의 전부에 국적요건이 있다. 예를 들면 국가공무원의 채용 시험에 관한 인사원규칙 8-12 제8조는 "일본 국적을 갖고 있지 않는 자는 채용 시험을 볼 수 없다"고 규정하고 있다.

그 이유로는 여러 가지 설명이 있지만 "당연의 법리", 즉 "공권력 행사 또는 국가의사 형성에의 참획(參画)'에 종사하는 공무원이 되기 위해서는 일본국적을 필요로 한다"는 정부견해(1953년 내각법제국 제1부장 통달)가 근거를 제공해 왔다. 따라서 당연의 법리에 해당하지 않은 전문적, 기술적인 근무를 내용으로 하는 직종에는 외국인이 채용될 수 있다. 또한 외국인과 특별한 계약관계에 의한 채용은 가능하다. 그리고 국립대학 외국인 교원 임용법(1982년) 같은 개별입법에 의해 외국인에게 문호가 개방된 경우도 있다.

지방공무원에 대해서도 지방공무원법은 인사위원회에 수험 자격을 정하도록 하고 있으나 '당연의 법리'(1973년 자치성 공무원 제1과장 회답)에 근거하여 지방 차원에서 "공권력 행사 또는 중요 의사 형성의 참획(參画)"에 종사하는 공무원의 수험 자격을 일본국적자에 한정하고 있다.

2006년 동경도 관리직 사건(정향균 사건)에서 최고재판소는 동경도 직원인 재일한국인 보건부(保健婦)가 일본 국적자가 아니라는 이유로 관리직 시험의 수험 기회를 박탈당한 사건에서 인사의 적정한 운용을 위해서 외국인을 일률적으로 관리직에서 배제하는 것이 합리적일 수 있으며 법 앞의 평등에 반하는 것이 아니라고 했다. 그리고 불명확한 부분이 많고 확대 해석의 여지가 많은 "당연의 법리"를 수정한 "상정(想定)의 법리"를 전개했다. 전자는 외국인의 공권력의 행사 또는 공적 의

사 형성에 참가하는 공무원에 취임하는 것을 금지하는 것이지만, 후자
는 "원칙적으로 일본의 국적을 가진 자가 공권력을 행사하는 지방공무
원에 취임하는 것을 가정하고 있"지만 예외적으로 외국인의 취임을 인
정할 여지를 남기면서 최종적으로는 해당 자치제(의 장)의 재량의 문제
라고 해석한다.[31] 하지만 이 새로운 기준이 어느 정도 실무적으로 적
용되고 있는지는 확실하지 않다.

지방 참정권의 결여는 선거권의 행사를 통한 정치참가의 길이 막
힌다는 점에서도 문제이지만, 지역 사회의 대등한 구성원이 되는데 일
본의 독특한 제도인 민생위원의 자격 요건이 시정촌(市町村) 의회 의원
선거권자에 한정되고 있는 점에서도 큰 문제이다. 민생위원은 100주년
을 맞이한 제도인데 민생위원법에 의하여 후생성이 위촉하는 특별직의
지방공무원으로, 고령자와 장해자 개호에 더해 아동복지법 상 아동위
원을 겸해 육아 상담이나 지원을 한다. 현재 전국에 약 23만명이 있으
며 임기는 3년이다. 일본인과 외국인이란 도식을 넘어서 지역 사회의
일원으로 일상생활의 구석구석에 관여하기 위해서 민생위원은 지극히
중요한 역할을 하는데 현재로서는 외국인이 기웃거릴 수 없는 먼 자리
이다.

또한 많은 지방자치단체가 소방이원(吏員, 소방직원 중 계급을 가지고
소화활동 등의 업무에 종사하는 자)에 대한 취임을 일본국적자에 한정하고
있으며, 그 외에도 인권옹호위원, 민사·가사조정위원, 사법위원, 최근
정부의 일부 회원 임명 거부로 사회적 문제가 되고 있는 일본학술회의
회원의 경우는 법률상 명문의 근거가 없음에도 불구하고 일본 국적 소
지자에 한해 임용되고 있다.* 일본의 공립 초중고학교의 외국인 상근

---

* 3년에 한 번씩 정원의 반을 선출하는 과정에서 학술회의의 105명의 일괄 추천 대
상에서 정부가 2020년 10월 1일에 6명을 제외하고 임명한 사건으로 학술단체의 독
립성을 훼손하는 사태라고 커다란 사회 문제가 되었다.

강사에 대해서는 교육 부분에서 후술한다.

Ⅶ. 외국인의 사회 보장 등

1. 일본 헌법과 사회적 권리

사회 보장, 사회 복지등 사회적 권리에 관한 부분은 과거 국적 조항·요건에 따라 외국인에 대한 적용이 엄격하게 배제된 분야였지만, 전술한 바와 같이 일본이 1979년에 두 개의 국제인권규약과 1982년에 난민조약에 잇따라 가입함에 따라 내국민대우 원칙이 적용되어 국적 조항·요건이 삭제 또는 완화되어 왔다. 하지만 여전히 적용의 판단 기준이 재류자격으로 연결되는 출입국관리 제도와 비정규직 외국인을 양산하는 외국인 노동자 정책이 상기 원칙의 관철을 제약하고 있다.[32]

종래의 헌법상의 통설과 판례에 의하면, 사회 보장, 사회 복지와 같은 분야에 대한 정책은 국가에 따라 다른 것이 당연하며 원칙적으로 해당 국가의 국민에 한정된다는 것이다. 헌법 제25조 제1항이 "모든 국민은 건강하고 문화적인 최소한의 생활을 영위할 권리를 가진다"규정하고, 제2항에서 "국가는 모든 생활면에 있어서, 사회 보장, 사회 복지 및 공중 위생의 향상 및 증진에 힘써야 한다"고 규정하고 있는 것도 같은 맥락에서 생각해야 한다는 것이다. 다시 말하면 생존권(사회권)적 기본권은 국가에 의해 보장되는 것으로(사회권의 후국가성(後國家性)이라 한다.), 그것을 보장할 의무는 일차적으로는 거주(재류)국이 아니라 개인의 소속국(국적국)이 져야 하며 권리의 향유 주체도 "일본국적을 가진 국민"에 한정된다고 이해되어 왔다.[33]

유년기에 실명한 재일한국인이 장해복지연금(현재의 기초연금)의 수급을 신청했다가 국적을 이유로 각하된 시오미(塩見)소송에서 최고재판소는 사회보장 정책상 외국인의 처우는 기본적으로 국가의 정치적 판단이며 "한정된 재원으로 복지 급부를 할 때 자국민을 재류외국인보다 우선적으로 취급하는 것은 허용된다"며, 자국민을 우선해서 지급대상으로 한 것은 입법부의 재량 범위를 넘지 않은 것으로 헌법 제14조에 위반하지 않는다고 판시했다.[34]

이러한 통설에 대해 헌법학자 아시베는 특히 재일 한국·조선인과 중국인에 대해서는 역사적 경위에서도 그리고 일본에서 뿌리내린 생활의 실태에서 봐도 가능한 한 일본 국민과 같은 취급을 하는 것이 헌법의 취지에 부합한다고 주장한다.[35] 한편 매스컴의 영향이 크지만, 외국인 노동자가 늘어나면서 세간에서는 점점 어려워지는 복지관계 재원이 축날 것을 걱정하는 보통 사람들의 근거없는 염려가 증폭하고 있다.

2. 원호관계 법률

일본의 패전 후 GHQ 점령 당국에 의해서 전쟁 전의 군인 은급(恩給), 상이병에 대한 군사부조법 및 전재(戰災)피해자에 관한 전시재해보호법등이 폐지되었으나, 1952년 일본이 주권을 회복하고 나서 곧바로 유족연금법이 제정되고 이듬해에는 군인은급의 부활, 전쟁희생자원호법등이 연달아 부활되면서 20여 종의 전쟁희생자 원호관련 법률이 제정되었다. 문제는 이들 법률들은 두 개의 원폭피해 관련법을 제외하고는 수급 대상이 일본 국민에 한정되어 구식민지 출신자들이 모두 제외되었다는 점이다. "국적에 의한 배제"인데 아직 국적 상실이 확정되지 않은 시기에는 호적에 의한 배제라는 수법이 동원되었다.

2000년 당시의 노나카 히로무(野中広務) 관방장관의 주도로 뒤늦게나마 "평화조약 국적이탈자 등인 전몰자 유족에 대한 조의금 등 지급에 관한 법률"이 통과되어 3년간 본인에게 400만엔, 유족에게는 260만엔의 조의금이 일시불로 414건 지불되었다. 일본의 전후 청산의 어두운 단면이고 불행한 한일관계의 일면이기도 하다.[36)]

3. 국민연금 및 국민보험 제도

1982년 국적조항이 철폐된 국민연금법의 경우 일본 국내에 주소가 있는 20세 이상 60세 미만의 모든 자가 국적에 관계없이 국민연금에 가입할 의무가 있다고 규정하고 있다. 한편 후생연금보험법에는 워낙 국적 요건이 존재하지 않는다. 피보험자의 적용범위는 "적용사업소에 고용된 70세 미만의 자"(9조)이다. 두 가지 다 10년 이상 보험료를 납부하지 않으면 국적에 상관없이 보험 수급 자격을 얻을 수 없다.

국민건강보험법은 1986년에 국적 요건이 철폐되었지만 그 후 1992년에 재류자격이 보험 적용의 요건이 되면서 원칙 1년 이상의 재류 기간이 없으면 국민건강보험에 가입할 수 없게 되었다. 그리고 2012년에 외국인 등록 제도가 폐지되고 외국인도 주민표를 만들게 됨에 따라 3개월 이상 재류하는 외국인은 가입이 의무가 되었다.

하지만 실제로는 외국인의 경우는 고용 관계가 일본인 종업원과 달리 업무 청탁의 형태가 많아 안정적이지 않은 데다, 수년 후에는 귀국한다는 것 때문에 사용자도, 당해 외국인도 가입을 꺼리는 경우가 많아 건강 보험 적용의 실효성에 구멍이 뚫리는 경우가 많다고 한다.

4. 생활 보호 문제

1950년에 시행된 생활보호법 제1조는 생활보호를 "국가가 헌법 제25조의 이념에 근거하여 생활이 곤궁한 모든 국민에 대하여 곤궁의 정도에 따라 필요한 보호를 하여 최소한의 생활을 보장함과 동시에 자립을 조장한다"고 정의하여 수급 대상을 국민에 한정하고 있다. 하지만 1954년 후생성 "통지"에 의해 샌프란시스코 조약의 발효로 국적을 상실한 재일한국·조선·타이완 사람들에 대해 응급조치를 취해졌다. 그후 외국인이 증가함에 따라 1990년 입관법 개정 시에 생활 보호의 대상이 되는 외국인을 입관법 별표 2에 해당하는 영주·정주 외국인에 한정해 오늘에 이르고 있다.

정주외국인에 수급 대상이 한정된 결과 불법체류자는 물론이고 유학생 등 적법재류 외국인들이 대상에서 제외됨에 따라 일부 지방자치단체는 여러 가지 구호 조치를 취하고 있지만, 한계가 있는 것이 현실이다.

5. 외국인의 고용, 취업 → 본장 2. (2) 및 제5장 참조

일본에서 외국인의 고용 및 취업은 입관법상 재류자격에 의해 재류기간과 재류활동이 정해지는 점, 다시 말해서 재류허가와 노동허가가 일체인 점이 특징인 것에 대해서는 전술했지만, 합법적인 재류자격을 갖고 있는 경우에는 (출입국관리에 관한 2. (2)를 참조) 원칙적으로 일본의 노동법이 평등하게 적용되기 때문에 "노동관계와 법"을 취급하고 있는 제5장를 참조하기 바란다.

Ⅷ. 외국인의 교육

외국인에 대한 교육을 받을 권리의 보장은, 전술한 MIPEX에서 본바와 같이, 충분하다고 할 수 없다. 특히 일본 정부는 교육을 받을 권리를 보장할 책임은 일차적으로 국적국에 있기 때문에 일본 국민이 아닌 외국인에 대해서 일본국민과 동등한 교육을 받게 할 의무가 없다고 생각한다. 그런 가운데도 현재 일본어 습득이 필요한 외국인 어린이에 대한 교육은 상당 정도 진척되어 있으나, 외국인 어린이들이 모국어와 모국의 문화를 학습할 기회가 충분히 부여되고 있지 않은 등의 문제가 있다. 하지만 최근의 외국인 숫자의 증가에 따라 특히 교육 행정에 있어서 현상을 보완하려는 움직임이 보인다.

1. 교육을 받을 권리와 교육을 받게 할 의무

헌법 제26조 제1항은 "모든 국민은, 법률이 정하는 바에 따라, 능력에 맞게 동등한 교육을 받을 권리를 갖는다"고 규정하고, 제2항에서 "모든 국민은, 법률이 정하는 바에 따라, 보호하고 있는 자녀에게 의무교육을 받게 할 의무를 진다. 의무교육은 무상으로 한다"고 규정한다.

일본 정부와 판례는, 상기 조항의 해석에 있어서, 교육을 받을 권리를 포함한 헌법 제25조 이하의 생존권(사회권)적 기본권의 보장은 일차적으로는 거주국이 아니라 개인의 소속국(국적국)이 져야 하며, 본래 의무교육이란 한 사람 한 사람의 인간적인 형성뿐 아니라 국가 사회를 형성하는 자를 육성하는 것이기 때문에 외국인에게 일본인과 같이 취학의 의무를 지우는 것은 적당하지 않다고 한다. 그에 따라 일관되게 교육을 받을 권리의 향유 주체도 취학의무(의무교육)의 대상도 모두 "일본국적을 가진 국민"에 한정하고 있다.

이러한 헌법 해석에 따라 일본 국적의 아동은 교육을 받을 권리가 보장되고 국가와 보호자에게는 취학 의무가 부과되며 불취학 아동의 해소를 위해 "취학 통지"(벌칙 포함)가 제도화되어 있는데 반해, 외국 국적의 아동의 경우에는 교육을 받을 권리가 보장되지 않음으로 원하는 경우에는 "은혜"로서 취학이 인정되고 주소가 판명된 아동에게는 "취학 안내"를 보내지만 불취학 아동은 방치된다. 취학 안내가 시작된 것도 한일 간의 "1991년 합의"에서 일본 정부가 금후 코리안 아동에게 취학 안내를 보낼 것을 약속한 것이 모든 외국적 아동들에게 확대된 것이다. 하지만 외국적 아동들의 경우 부모의 사정 등에 따라 취학을 못하는 경우가 여전히 많아 최근의 보도에 의하면 1만6천명의 어린이들의 취학 여부가 파악되고 있지 않다고 한다.[37]

일본 정부와 판례의 헌법 해석과 적용에 대해서는 헌법 학설과 국제인권법의 양면에서 비판이 가해지고 있다. 우선 헌법 제26조 제1항의 향유 주체가 "국민"으로 되어 있으나 교육의 권리와 의무에 관해서는 권리의 성질상 일본 국민에 한정되지 않고 재류 외국인에게도 미친다는 것이 통설이다. 일본 정부가 국제연합에 기탁한 영문판 일본국 헌법에도 교육을 받는 권리의 향유 주체가 "모든 사람(all people)으로 되어 있다고 한다.[38] 그리고 세계인권선언 제27조 제1항이 "모든 사람은 교육을 받을 권리를 갖는다"고 규정하고, 일본이 1979년 가입한 국제인권A규약(경제적, 사회적 및 문화적 권리에 관한 국제규약) 제13조 제2항과 아동의 권리조약 제28조는, (a) 초등교육의 의무화와 무상화, (b) 각종 형태의 중등 교육의 기회 균등과 점진적 무상화, (c) 고등교육의 능력에 따른 기회균등과 점진적 무상화, (d) 초등교육을 제대로 받지 못한 자를 위한 기초교육의 장려와 강화 등 보다 상세한 권리보장을 하고 있다.* 이들 국제인권규약은 일본 국내법 질서에서 법적 효력을 갖고 있을 뿐 아니라 즉시 적용되는 재판규범으로서의 성격을 갖고 있다는 것이 일반적인 이해이다.

---

* 일본 정부는 당초 상기 (b)와 (c) 대해서 유보를 하고 있었으나 2010년 4월에 고교 무상화법을 제정하고는 유보를 철회했다.

2. 현재의 외국인의 교육 현황

에노이 유카리(榎井緣)에 의하면 과거 이민을 받아들인 국가에서는 ① 사회 통합을 위한 언어교육과 교육 기회의 보장, ② 정체성을 유지하기 위한 모국어와 문화를 계승할 수 있는 교육 기회의 보장, ③ 받아들이는 쪽이 다양성을 인정해 그에 대처할 수 있는 교육, ④ 모든 구성원이 민주적으로 평등하게 사회에 참가할 수 있기 위한 교육, 이상의 네 가지 정책이 시행되어 왔다고 한다. 일본의 경우는 어떠한가?

먼저 ①의 경우는 문부과학성의 "일본어 지도를 필요로 하는 국공립 아동의 재적 상황에 관한 조사"(2016년)를 보면 일본어 지도가 필요한 외국 국적 아동의 수는 34,335명으로 2년 전의 조사보다 5,137명 증가했는데 1990년대 이후 급증한 뉴커머가 2 세대에 진입해 의무교육 연령에 달한 것을 보여준다. 외국 국적자의 40% 이상의 아동이 일본어가 부자유스러우며 부모 중 한 쪽이 해외이주자인 일본 국적 아동들도 급속히 증가하고 있다. 일본 정부는 정기적인 조사를 하는 한편 "일본어 지도"를 정식 교과과목으로 채택하는 등의 노력을 기우리고 있으나 여러 가지 면에서 과제가 남아 있다.

모국어와 모국 문화를 계승할 수 있는 교육 기회의 경우는 일본의 학교 교육이 국민 교육을 표방하고 있는 관계로 보장되어 있지 않을 뿐 아니라 외국 국적 아동들의 다른 문화적 배경을 극력 배제하는 "탈문맥화"와 동질화를 강요하는 학교 문화가 지배적이라고 지적되고 있다. 다만 한일 간의 "1991년 합의"에서 당시 문부성은 교과 과정 외에서 한국어와 한국 문화 등의 학습 기회를 제약하지 않을 것을 약속하고 이 약속을 전 외국인에게 확대한 것은 일보 전진이지만, 여전히 외국인의 민족 교육의 권리를 승인하려 하지 않는 일본 정부의 태도에는 변함이 없다.

세 번째로 다양성을 인식하고 대처하는 교육에 대해서는 특히 1970년대에 들어와서 국제 이해 교육의 추진, 외국어 교육의 개선, 대학의 국제화를 슬로건으로 하는 정책이 시행되어 왔지만 국내에 급증한 정주 외국인의 존재를 전제로 한 것이 아니라서 그 후의 여러 가지 시책의 시행에도 불구하고 현실에 따라가지 못하는 부분이 많은 것이 현실이다.

마지막으로 평등하게 사회에 참가할 수 있기 위한 교육을 위해서 빼놓을 수 없는 것이 외국인 학교이다. 2016년 문부과학성의 조사에 의하면 학교교육법 제134조에 규정된 각종학교의 인가를 받아 주로 외국인 아동을 대상으로 하는 외국인 학교는 125개가 있는데 영어계 34, 남미계 15, 구주계 4, 중화학교 5, 조선학교 66, 그리고 한국학교가 1이다.* 외국인 학교에도 2003년부터 처음에 인터내셔널계만 인정되는 등 우여곡절은 있었지만 대학수험자격이 주어지고, 2010년 3월에 가결된 고교무상화법은 1조교뿐만 아니라,** 정치적 이유로 대상에서 빠진 조선학교를 제외하고, 전수학교와 각종학교도 일괄적으로 무상화의 대상이 되었다.

3. 일본의 공립학교의 외국적 교원

일본의 학교 교육에 있어서 이미 30년 가까이 존속되고 있으면서 그다지 주목을 받지 못하고 있는 것이 공립학교에 근무하고 있는 외국 국적 교원이다. 현재 전국적으로 300명 가까운 외국 국적 교원이 "상근

---

  * 관서 지방의 금강학원, 건국학교, 경도국제학교의 3개의 한국학교 및 사이타마(埼玉)의 청구(青丘)학교는 일본의 학교교육법 제1조(에 의한)교(육기관)이다.
 ** 1조교란, 일본의 학교교육법 제1조에 열거되어 있는 교육시설들을 총칭하는 용어이다. 1조교가 아닌 외국인학교 등 각종학교는 "비1조교"라 불리기도 한다.

강사"의 신분으로 교편을 잡고 있다.[39]

일본의 공립학교가 외국 국적 교원을 채용하는 것은 1953년 "당연의 법리"에 의해서 금지되어 왔으나, 1970년대에 들어서서 동경도, 오사카부와 오사카시가 교원 임용에서 국적 요건을 철폐함에 따라 동경과 오사카를 포함한 일부 지방자치단체가 외국 국적 교원을 채용했지만, 1983년 국공립대학 외국인 임용법이 성립되면서 공립 초중고의 경우는 외국 국적 교원을 임용할 수 없다는 정부 견해가 나왔다. 이러한 흐름이 바뀐 것은 1991년 한일합의에서 일본 정부가 공립학교 교원의 채용에 문호를 개방하고 일본인과 같은 교원 채용 시험의 수험을 인정하도록 도도후켄(都道府県)을 지도할 것과, 그 경우 공무원 임용에 대해서 국적에 의한 합리적인 차이에 대한 일본 정부의 법적 견해를 전제로 하여, 외국인 교원의 신분 안정과 대우에 배려한다는 내용의 합의가 이루어졌다. "임용기간에 제한이 없는 상근강사"는 이렇게 해서 탄생했다.

이에 따라 일본 정부는 초등, 중등 및 고등 공립학교의 교원에 대해서 문부성의 통달 ('재일한국인 등 일본 국적을 보유하지 않는 자의 공립학교 교원 임용에 대하여'(1991년 3월 22일, 문교지(文教地) 제80호)에 의해 외국인에 대하여 교원 채용 시험의 수험을 인정하였지만, 합격하더라도 정식교사(일본에서는 교유(教諭)라 한다)가 될 수 없고, '임용기간의 제한이 없는 상근강사'로서 임용될 뿐이다. 게다가 담임을 맡을 수는 있지만 '주임' 등 관리직을 맡을 수 없는 변형된 임용의 형태이다. 같은 교육과정을 거쳐 같은 채용시험을 합격했음에도 불구하고 국적이 다르다는 이유로 차별을 받는 것이 과연 "국적에 의한 합리적인 차이"인지 의문인데 시행된지 30년이 가까워 오는 지금도 몇몇 시민단체의 제도 시정 요구에도 불구하고 변화의 가능성은 보이지 않고 있다.

　현재 일본에는 한반도 출신의 동포들이 100만 명을 훌쩍 넘게 살고 있다. 그들을 가리키는 호칭도 재일교포, 재일동포, 재일한국인, 재일조선인, 재일코리안 등 다양한데 한국에서는 재일동포라는 호칭이, 일본에서는 아직도 재일조선인이라는 호칭이 우세하지만, 최근에는 재일코리안이란 호칭이 조금씩 지지를 얻고 있는 듯하다.

　100만 명의 내역을 보면, 2020년 6월말 현재 한국적이 435,459명, 조선적이 27,695명으로 총 463,154명의 한국/조선인이 살고 있다. 그 중에서 제2차대전 이전에 일본에 건너 와서 전쟁이 끝난 후에도 계속해서 살면서 특별영주권을 가지고 있는 올드커머들이 305,615명이다. 또한 1965년 한일 국교 정상화 이후 특히 1980년대 말 이후에 일본에 건너 온 사람들 중에 일본에 정주하고 있는 뉴커머들이 9만5천 명 정도이다. 그리고 제2차대전 이후 일본국에 귀화해서 일본 국적을 취득한 한국/조선인들이 총 40만 명 이상 살고 있으며, 1984년 부계혈통주의에서 부모양계혈통주의로 바뀐 이후 일본 국적과 한국 국적을 가지고 있는 이중국적자가 못 잡아도 10만 명 이상에 이를 것으로 생각된다. 현재 올드커머들은 이미 5세 아마도 6세까지 출생한 것으로 추측되며 뉴커머들도 3세까지 진행되었을 것으로 추정된다.

　현재의 재일동포 사회의 구조적 특징을 정리하면, 첫째로 동포사회의 구성원이 본국의 국적을 유지하고 있는 자, 귀화를 통해서 일본 국적을 취득한 자, 그리고 부모 중 한쪽이 한국적으로 이중국적인 상태에 있는 자 등 구성원의 다양화가 진행됨과 동시에 올드커머의 경우 6세대가 태어날 정도로 세대가 이어져 내려 온 점을 들 수 있다. 둘째로, 본국의 계속되는 분단 사태가 동포사회에서 여전히 한국적과 조선적의 대립/병존으로 이어지고 있다는 점이다. 셋째로, 1970년 대까지 열세를 면치 못하던 남한이 눈부신 경제발전을 이루면서 북한에 대해 "체제 우위"를 점하면서 끊임없이 조선적 동포들의 '전향'을 유도해 왔음에도 불구하고 여전히 3만 명에 가까운 동포들이 북한에 대한 귀속감을 유지하고 있다는 점이다. 넷째로, 올드커머가 6세대까지 진행되었음에도 불구하고 여전히 한국적과 조선적을 합쳐 30만 명 이상의 올드커머가 현지 국적을 취득하고 있지 않다는 점이다.

이러한 구조적 특징을 갖고 있는 재일동포 사회의 과제는「귀속」,「공생」 및「단결」의 세 가지 차원에서 정리할 수 있다. 먼저「귀속」의 차원인데 6 세대까지 내려오면서도 30만 명 이상이 현지국의 국적을 부여받고(취득하고) 있지 않은 상태를 어떻게 개선할 것인가의 문제이다.「코리아계(系) 일본인」으로서 한국/조선 출신의 정체성과 문화를 유지하며 살자는 주장이 제기된 지 오래이나 올드커머 사이에 여전히 주저하는 분위기가 강할 뿐 아니라 일본사회도「○○○계(系) 일본인」을 승인하고 있지 않다.「공생」의 차원이란 일본 사회의 구성원으로서 다수자인 일본인들과 어떻게 공생을 이루어 갈 것인가에 대한 청사진을 그리는 것인데 본문에서 지적한 바와 같이 전후 70년의 세월동안 상당한 개선이 있었지만 여전히 여러 과제가 존재한다. 마지막으로「단결」의 차원이란 '올드'커머와 '뉴'커머란 두개의 구성원이 화합하여 "공생주체"를 정립하는 것인데 민단과 조총련이란 올드커머 중심의 단체 사이의 뿌리 깊은 균열에 더하여 올드커머와 뉴커머 동포 간의 진정한 화합 역시 진전이 더디어, 신구(新旧) 재일동포를 어우르는 자생적 공생 주체로서의 재일동포사회의 실현에는 여전히 상당한 시간이 필요해 보인다.

미주

1) 하타노(畑野) 등은 일본인의 외국인을 보는 관점에 대한 흥미로운 지적을 하고 있는데 여기에는 '타국인'과 '이국인'의 두 가지 계열이 있다고 한다. 전자는 실제의 교류와 견문을 통해 자타의 차이를 객관적으로 보는 경우인데 반해, 후자는 미경험, 동경, 공상, 정서등이 혼합되어 자신들과는 이질적인 바깥세계 사람들에게 외경과 동경, 유인과 반발이 같이하는 주관적인 경우이다. 현실적으로는 이 두 가지 계보가 섞여서 일본인의 외국인관의 원형적인 인식틀이 형성되었다고 한다. 畑野勇ほか著, 『外国人の法的地位』, (信山社, 2000年) 6쪽.

2) 외국에서 혼인 신고하는 경우에 관한 규정인 한국 민법 제814조는 "본국민"이란 단어를 쓰고 있다.

3) 고 가지타(梶田) 교수는 일본인이란 국적, 혈통, 일본어, 일본문화 및 일본 체재기간의 5가지 요소로 구성되는데 그 중에서도 혈통이 가장 중요하다고 한다. '일본인'이란 용어는 국적여부에 상관없이 혈통에 방점이 찍히는 것이다. 梶田孝道, 『外国人労働者と日本』, (日本放送出版協会 1994年) 169쪽.

　　그런 점에서 최근 테니스 선수 오사카(大坂なおみ), 미국 프로농구 선수 하치무라(八村塁), 미국 프로야구 선수 다르비슈(ダルビッシュ有) 등 '혈통'이 순수한 일본인이 아닌 일본 '국적' 선수들의 등장으로 혈통에 방점을 찍어 온 전통적 인식이 동요될 지 주목된다.

4) 山本草二, 『国際法 新版』, (有斐閣, 1994年) 502쪽.

5) 남북전쟁 전의 미국 흑인의 지위를 생각하면 된다. 흑인은 인구에 산입할 때 백인의 3/5였다(미국헌법 제1조 제2절 3항).

6) 독일의 '변신'에 대해서는 高谷 幸編著, 『移民政策とは何か: 日本の現実から考える』, (人文書院, 2019年) 제9장을 참조할 것.

7) 참고로 한국은 1998년에 부모양계혈통주의로 이행했다.

8) 最大判昭和 53年 10月 4日 民32卷 7号 1223頁.

9) 安念潤司, 「『外国人の人権』再考」芦部信喜先生古稀「現代立憲主義の展開 上」,

(有斐閣, 1993年), 167쪽.

10) 大沼保昭, 「『外国人の人権』論再構成の試み」, 法協百周年(2) 384쪽.

11) 柳赫秀, 「日本の外国人法制政現状と課題」, 『法律時報』 2017年 4月号 60쪽. 최근에 곤도 아츠시는 강제송환금지원칙, 가족재결합원칙, 자의적인 수용금지원칙 및 차별금지원칙 등 국제관습법이 발전해 옴에 따라 전통적인 국가주권원칙에 의거해서 국가에게 입국, 재류에 대해서 넓은 재량을 인정한 맥클린 판결은 재검토가 필요하다는 논설을 피력했다. 近藤 敦 「マクリーン判決を超えて―国際慣習法の新地平と乳管法等改正案の問題点」, 『法律時報』 93巻 7号.

12) Chikako Kashiwazaki, "*Jus Sanguinis* in Japan: The Origin of Citizenship in a Comparative Perspectives", *International Journal of Comparative Sociology*, Vol. 39, no.3, pp. 278－300.

13) 상세한 경과에 대해서는 田中 宏, 『在日外国人―法の壁, 心の溝 第三版』, (岩波新書, 2013年) 54－76쪽을 참조.

14) 이 부분은 아직도 단일민족 사상이 강한 한국 역시 상황이 다르지 않다는 점을 지적해 두겠다.

15) 하지만 같은 풍토와 지정학적 위치에 있는 한국에서 일찍부터 외국인의 지방참정권이 도입된 것을 어떻게 설명해야 하는 가는 흥미있는 문제이다.

16) 田中 宏, 『전계서』, 174쪽.

17) 하지만 미국이 9.11 사태 이후 공항에서 지문 날인을 하지 않으면 입국할 수 없는 제도를 도입하자, 2005년에 일본도 발 빠르게 도입하여, 특별영주자가 지문날인 대상에서 제외된 점에서는 이전과 똑같지 않지만, 지문날인 제도가 부활해 오늘에 이르고 있다. 인권이 안보에 밀린 형국인데, 현재 공항에서의 지문 채취는 거의 전세계적인 추세이다.

18) 가와사키시의 "외국인 시민회의" 설립은 파격적인 일이지만 그 후 (다음 단계 또는 병렬적으로) 지방참정권 도입의 논의가 들려오지 않는 것에서 외국인과의 공생의 한계를 느낄 수 있겠다.

19) 柳赫秀, 「전계논문」, 57쪽.

20) 「座談会 出生地主義の拡大と複数国籍の承認について」, 『エトランデュテ』 제3호, (博英社, 2020年) 5쪽을 참조.

21) MIPEX에 대해서는 近藤敦, 『多文化共生と人権: 諸外国の「移民」と日本の

「外国人」』, (明石書店, 2019年) 제4장이 유용하다.

22) "뒷문" 및 "옆문"이라는 표현은 1994년 고 가지타 교수가 일본의 외국인 노동자 정책의 문제점을 지적하면서 사용한 것에 유래한다. 梶田孝道, 『전게서』 제1장 참조. 2010년 7월 1일 출입국관리법이 개정되어 기능습득활동이 기능실습제도로 합쳐졌고, 2017년에 「외국인의 기능실습의 적절한 실시와 기능 실습생의 보호에 관한 법률」이 제정되었으나 기능실습이란 재류자격은 여전히 존속한다.

한국은 1990년대에 일본의 연수 제도를 받아들였으나 2005년에 고용허가제를 채용하여 일본과 같은 제도적인 문제는 존재하지 않는다.

23) 柳赫秀, 「新法令紹介 外国人の技能実習の適正な実施及び技能実習生の保護に関する法律」, 在日法律家協会編, 『エトランデュテ』 제2호, (東方出版, 2018年) 317쪽.

24) 日本経済新聞 2020년 11월 21일 조간 4쪽.

25) 과거 일본에서 도박죄로 벌금 천엔을 받은 적이 있는 외국인에 대해 소행 선량 요건에 부합하지 않는다고 영주를 허가하지 않은 것이 위법이 아니라는 판결이 있었다(最一小判昭和 35·11·17判例集未登載).

26) 鄭栄垣, 「入管法改正と再入国許可制度の再編」, 『法律時報』, 2012年 11月 34−38頁.

27) 高宅 茂, 『入管法概説』, (有斐閣, 2020年) 197−201쪽.

28) 芦部信喜著, 高橋和之補訂, 『憲法 第七版』, (岩波書店, 2019年) 93頁.

29) 最3小判平成 7.2.28 民集 49巻 2号 639頁.

30) 申惠丰, 「外国人の人権」, 国際法学会編, 『日本と国際法100年 人権』, (三省堂, 2001年) 154쪽; 樋口直人, 「外国人参政権の未来」, 『エトランデュテ』, 創刊号(2017年) 117쪽.

31) 最大判平成 17·1·26 民集 59巻 1号 128頁.

32) 이하 본 절 집필에는 高谷 幸 編著, 『移民政策とは何か:日本の現実 から考える』, (人文書院, 2019年) 제4장을 참조하였다.

33) 手塚和彰, 『外国人と法 第3版』, (有斐閣, 2005年) 제10장 참조.

34) 最判平成 26·7·18 判例地方自治 386号 78頁.

35) 芦部, 『전게서』, 95쪽.

36) 田中宏, 『전게서』, 128쪽.

37) 최근에 들어서 외국인 아동의 취학 통지 문제와 불취학 아동에 대한 관심이 고조되어 여러 매스컴에서 보도하고 있다.

38) 宮島喬ほか編集, 『外国人の子供白書』, (明石書店, 2018年) 108쪽.

39) 中島智子, 「公立学校教員選考試験実施要項と日本国籍を有しない教員」, 『エトランデュテ』, 제2호, (東方出版, 2018年) 233쪽.
한국의 경우는 원어민 교사의 채용은 이루어지고 있으나 일반 외국인의 교원 채용은 이루어지고 있지 않다.

별   표

출입국관리법상의 재류자격은 (i) 일본에 재류하는 동안 일정 범위의 사회활동을 할 수 있는 자격(별표 제1)과 (ii) 일정한 신분 내지 지위(별표 제2)로 나뉜다. 별표 제1에는 취로(노동)에 종사할 수 있는 재류자격 (1)과 (2)와 취로에 종사할 수 없는 (3)과 (4), 그리고 취로 여부를 법무대신이 결정하는 (5)의, 5개의 카테고리에 25개의 재류자격이, 별표 제2에는 영주자, 일본인 및 영주자의 배우자 등, 정주자의 4개의 신분 및 지위를 나타내는 재류 자격이 포함되어 총 29개의 재류자격이 있다.

별표 제1

(1)

재류자격	일본에서 할 수 있는 활동
외교	일본정부가 접수한 외국정부의 외교사절단이나 영사기관의 구성원, 조약 또는 국제관행에 따른 외교사절과 동등한 특권 및 면제를 받는 사람과 그 가족
공용	일본정부가 승인한 외국정부 또는 국제기관의 공무에 종사하는 사람과 그 가족(상기 외교 항목에 있는 활동을 제외)
교수	일본의 대학이나 이에 준하는 기관 혹은 고등전문학교에서 연구, 연구 지도나 교육활동
예술	수입을 목적으로 하는 음악, 미술, 문학 그 밖의 예술 활동((2)의 흥행 항목의 활동을 제외)
종교	외국 종교단체로부터 일본에 파견된 종교인이 행하는 포교와 그 밖의 종교활동
보도	외국의 보도기관과의 계약에 의거하여 행하는 취재나 그 밖의 보도 활동

(2)

재류자격	일본에서 할 수 있는 활동
고도 전문직	1. 고도의 전문적인 능력이 있는 인재로서 법무성령에 정해진 기준에 적합한 사람이 행하는, 다음 가부터 다까지의 활동으로, 일본의 학술 연구 또는 경제발전에 기여할 수 있는 사람 　가. 법무대신이 지정한 일본의 공사(公私) 기관과 계약에 의거한 연구, 연구 지도 또는 교육활동이나 이러한 활동과 관련된 사업을 자신이 경영하거나, 상기 기관 이외의 일본 공사 기관과의 계약에 의거한 연구, 연구지도 또는 교육 활동 　나. 법무대신이 지정한 일본의 공사 기관과의 계약에 의거한 자연과학 또는 인문과학 분야 지식이나 기술을 요하는 업무에 종사하거나 이 업무와 관련된 사업의 경영 　다. 법무대신이 지정한 일본의 공사 기관에서 무역, 그 밖의 사업을 경영하거나 그 사업의 관리 또는 그 일에 관련된 사업의 경영 2. 전 호에 게재한 활동을 행한 사람으로 그 재류가 일본의 이익에 이바지하며 법무성령이 정한 기준에 적합한 사람이 행하는 다음의 활동 　가. 일본의 공사 기관과의 계약에 의거한 연구, 연구 지도나 교육 활동 　나. 일본의 공사 기관과의 계약에 의거한 자연과학 또는 인문과학 분야에 속한 지식이나 기술을 필요로 하는 업무에 종사하는 활동 　다. 일본의 공사 기관에서 무역, 그 밖의 사업을 경영하거나 또는 그 사업을 관리하는 행동 　라. 가에서 다까지의 어느 하나의 활동과 같이 행하는 표1의 교수 항목에서 보도 항목까지 게재된 활동 또는 이 표의 법률·회계 업무 항목, 의료 항목, 교육 항목, 기술·인문지식·국제업무 항목, 개호 항목, 흥행 항목이나 기능 항목 또는 특정기능 항목 제2호에 게재된 활동 (가에서 다까지의 어느 하나에 해당하는 활동은 제외)
경영·관리	일본에서 무역, 그 밖에 사업 경영 또는 해당 사업의 관리에 종사하는 활동 (이 표의 법률·회계업무 항목에 게재된 자격이 없거나 법률상 행할 수 없는 사업의 경영이나 관리에 종사하는 활동을 제외함)
법률· 회계업무	외국법사무변호사, 외국공인회계사, 그 밖에 법률상 자격을 가진 사람이 행할 수 있는 법률 또는 회계에 관련된 업무에 종사하는 활동

의료	의사, 치과의사, 그 밖에 법률상 자격을 가진 사람이 행할 수 있는 의료에 관련된 업무에 종사하는 활동
연구	일본의 공사 기관과의 계약에 의거한 연구활동에 종사하는 활동(표1의 교수 항목에 게재된 활동을 제외함)
교육	일본의 초등학교, 중학교, 의무교육학교, 고등학교, 중등교육학교, 특별지원학교, 전수학교나 각종학교 또는 설비 및 편제에 있어 이에 준하는 교육기관에서 어학교육, 그 밖의 교육을 하는 활동
기술· 인문지식· 국제업무	일본의 공사 기관과의 계약에 의거하여 행하는 이학, 공학, 그 밖의 자연과학 분야나 법률학, 경제학, 사회학, 그 밖의 인문과학 분야에 속하는 기술 또는 지식을 필요로 하는 업무나 외국 문화에 기반을 둔 사고 또는 감수성을 필요로 하는 업무에 종사하는 활동(표1의 교수 항목, 예술 항목 및 보도 항목에 게재된 활동에 견주어 이 표의 경영·관리 항목부터 교육 항목까지와 기업내전근 항목에서 흥행 항목까지 게재된 활동을 제외함)
기업 내 전근	일본국에 본점, 지점, 그 밖에 사업소가 있는 공사 기관의 외국에 있는 사업소 직원이 일본에 있는 사업소에 기간을 정해 전근하여 사업소에서 행하는 이 표의 기술·인문지식·국제업무 항목에 게재된 활동
개호	일본의 공사 기관과의 계약에 의거하여 개호복지사 자격을 가진 사람이 개호나 개호 지도 업무에 종사하는 활동
흥행	연극, 연예, 연주, 스포츠 등 흥행에 관한 활동, 그 밖의 예능 활동(이 표의 경영·관리 항목에 게재된 활동을 제외함)
기능	일본의 공사 기관과의 계약에 의거하여 행하는 산업상 특수 분야에 속하는 숙련된 기능을 필요로 하는 업무에 종사하는 활동
특정기능	1. 법무대신이 지정한 일본 공사 기관과 고용 계약(제2조의5 제1항부터 제4항까지 규정에 적합한 사람에 한함. 다음 호도 같음)에 의거하여 행하는 특정 산업분야(인재 확보가 곤란한 상황이므로 외국인을 고용해 부족한 인재확보를 도모해야 하는 산업 분야로서 법무성령이 정한 것을 말함.)로서 법무대신이 지정한 사람이 속하는 법무성령이 정한 상당한 정도의 지식이나 경험이 필요한 기능을 지니고 업무에 종사하는 활동 2. 법무대신이 지정한 일본의 공사 기관과 고용 계약에 의거하여 행하는 특정 산업분야로서 법무대신이 지정한 사람이 속하는 법무성령이 정한 숙련된 기능을 필요로 하는 업무에 종사하는 활동

기능실습	1. 다음의 가 또는 나의 어느 하나에 해당하는 활동 가. 기능실습법 제8조 제1항의 인정(기능실습법 제11조 제1항의 규정에 따라 변경 인정이 있을 때는 그 변경 이후의 것. 이하 같음)을 받은 기능실습법 제8조 제1항이 규정하는 기능실습계획(기능실습법 제2조 제2항 제1호에 규정한 제1호 기업 단독형 기능실습에 관련된 것에 한함)에 의거하여 강습을 받고 또 기능, 기술 또는 지식(이하 「기능 등」이라 함)에 관련된 업무에 종사하는 활동 나. 기능실습법 제8조 제1항의 인정을 받은 동 항에서 규정하는 기능실습 계획(기능실습법 제2조 제4항 제1호에 규정하는 제1호 단체 감리형 기능실습에 관련된 것에 한함)에 의거하여 강습을 받고 또 기능 등에 관한 업무에 종사하는 활동 2. 다음 가 또는 나의 어느 하나에 해당하는 활동 가. 기능실습법 제8조 제1항의 인정을 받은 같은 항에 규정하는 기능실습 계획(기능실습법 제2조 제2항 제2호에 규정하는 제2호 기업 단독형 기능실습에 관련된 것에 한함)에 의거하여 기능 등이 필요한 업무에 종사하는 활동 나. 기능실습법 제8조 제1항의 인정을 받은 같은 항에 규정하는 기능실습 계획(기능실습법 제2조 제4항 제2호에 규정하는 제2호 단체 감리형 기능실습에 관련된 것에 한함)에 의거하여 기능 등을 필요로 하는 업무에 종사하는 활동 3. 다음 가 또는 나의 어느 하나에 해당하는 활동 가. 기능실습법 제8조 제1항의 인정을 받아 같은 항에 규정하는 기능실습 계획(기능실습법 제2조 제2항 제3호에 규정하는 제3호 기업 단독형 기능실습에 관련된 것에 한함)에 의거하여 기능 등을 필요로 하는 업무에 종사하는 활동 나. 기능실습법 제8조 제1항의 인정을 받아 같은 항에 규정하는 기능실습 계획(기능실습법 제2조 제4항 제3호에 규정하는 제3호 단체 감리형 기능실습에 관련된 것에 한함)에 의거하여 기능 등을 필요로 하는 업무에 종사하는 활동

비고: 법무대신은 특정 기능 항목 하단의 법무성령을 정할 때는 사전에 관계행정기관의 장과 협의한다.

(3)

재류자격	일본에서 할 수 있는 활동
문화활동	수입을 얻지 않는 학술 또는 예술 활동이나 일본 특유의 문화나 기예에 대해 전문적인 연구를 하거나 전문가의 지도를 받아 이를 익히는 활동(표4의 유학과 연수 항목에 게재된 활동을 제외함)
단기체재	일본에서 단기간 체재를 하는 관광, 보양, 스포츠, 친족방문, 견학, 강습 또는 회합 참가, 업무연락이나 그 밖의 유사한 활동

(4)

재류자격	일본에서 할 수 있는 활동
유학	일본의 대학, 고등전문학교, 고등학교(중등교육학교의 후기 과정을 포함) 또는 특별지원학교의 고등부, 중학교(의무교육학교의 후기 과정 및 중등교육학교의 전기 과정을 포함) 또는 특별지원학교의 중등부, 초등학교 (의무교육학교의 전기 과정을 포함) 또는 특별지원학교의 초등부, 전수학교나 각종학교, 설비 및 편제에 관해 이와 준하는 기관에서 교육을 받는 활동
연수	일본의 공사 기관에 들어가서 기능 등을 배우는 활동 (표2의 기능실습 항목의 제1호 및 이 표의 유학항목에 게재된 활동은 제외)
가족체재	표1, 표2, 표3 상란의 재류자격(외교, 공용, 특정기능 (표2의 특정기능항목 제1호에 관련된 것에 한함), 기능실습 및 단기체재는 제외)을 가지고 재류하는 사람 또는 이 표의 유학 재류자격으로 재류하는 사람이 부양하는 배우자와 자녀로 일상적인 활동을 하려는 사람

(5)

재류자격	일본에서 할 수 있는 활동
특정활동	법무대신이 외국인 개개인에 관해 특별히 지정하는 활동

별표 제2

재류자격	일본에서 지니는 신분 및 지위
영주자	법무대신이 영주를 인정한 자
일본인 배우자 등	일본인 배우자 또는 특별 양자나 일본인의 자녀로 출생한 사람
영주자의 배우자 등	영주자 등의 배우자이거나 영주자 등의 자녀로 일본에서 출생하여 그 후 계속해서 일본에 재류하는 사람
정주자	법무대신이 특별한 이유를 고려하여 일정 재류기간을 지정하여 거주를 인정한 사람

참고문헌

1. 手塚和彰, 『外国人と法 第3版』, (有斐閣, 2005年).

2. 萩野芳夫, 『外国人と法』, (明石書店, 2000年).

3. 田中 宏, 『在日外国人―法の壁, 心の溝 第三版』, (岩波新書, 2013年).

4. 芦部信喜(高橋和之補訂), 『憲法(第7版)』, (岩波書店, 2019年).

5. LAZAK編著, 『裁判の中の在日コリアン』, (現代人文社, 2008年).

6. 畑野勇ほか著, 『外国人の法的地位』, (信山社, 2000年).

7. 関東弁護士会連合会, 『外国人の人権』, (明石書店, 2012年).

8. 「特集 日本移民政策の転換点? ―2009年入管法改正をめぐって」, 『法律時報』, 2012年 11月号.

9. 「小特集 日本の外国人法制の概要と課題」, 『法律時報』, 2017年4月号.

10. 遠藤正敬, 『戸籍と国籍の近現代史: 民族・血統・日本人』, (明石書店, 2013年).

11. 鄭香均編著, 『正義なき国, 「当然の法理」を問いつづけて』, (明石書店, 2006年).

12. 在日本法律家協会編, 『エントランデュテ』, 創刊号(2017年), 第2号(2018年), 第3号(2020年).

13. 榎井 縁編, 『外国人問題理解のための資料1 外国人の公務就任権』, (大阪大学未来戦略機構第五部門, 2014年).

14. 榎井 緑編外, 『国人問題理解のための資料集2 外国人に関する統計と資料』.

15. 上林千恵子 『外国人労働者受け入れと日本社会: 技能実習生の展開とジレンマ』, (東京大学出版会 2015年).

16. 宮島喬ほか編集, 『外国人の子供白書』, (明石書店, 2018年).

17. 高谷 幸編著, 『移民政策とは何か: 日本の現実から考える』, (人文書院, 2019年).

18. 近藤敦, 『多文化共生と人権: 諸外国の「移民」と日本の 「外国人」』, (明石書店, 2019年).

제7장 국제사법과 일본

김 언 숙

I. 들어가며

국제사법은 국경을 넘어 이루어지는 사법관계를 다루는 법분야이다. 즉, 사법적 법률관계를 구성하는 요소에 하나 이상의 외국적 또는 국제적 요소가 포함되어 있는 법률관계, 예를 들어 국제계약, 국경을 넘는 불법행위로 인한 손해배상청구사건, 국제결혼, 국제상속 등과 같은 분야를 다룬다. 국제사법이 주로 다루는 구체적인 영역은 국경을 넘는 사법적 법률관계에 있어서의 준거법 지정의 문제, 국제재판관할의 문제 그리고 외국판결의 승인집행에 관한 문제이다. 최근에는 더 나아가 분쟁해결수단으로서의 국제중재의 문제도 국제사법의 영역에서 다루어지는 경우가 많다. 또한, 국적문제, 주권면제 등과 같은 국제법과도 밀접히 관련되어 있는 분야도 포함되기도 한다. 국제사법은 외국적 또는 국제적 요소가 포함되는 사법적 법률관계를 주로 다루나, 각 국은 국제사법에 관한 규정을 국내법으로 마련하고 있으므로 국제사법의 법적 성질은 국제법이라기 보다 국내법이라고 할 수 있다.

본 장에서는 일본이 어떠한 국제사법 규정을 국내법으로 마련하고 있는지, 준거법 지정의 문제, 국제재판관할의 문제 그리고 외국판결의 승인집행의 문제를 중심으로 살펴보고자 한다. 먼저 일본의 현행 국제사법 규정의 도입 배경과 함께 전체적인 특징을 살펴본 후(Ⅱ), 각론적 접근으로서 실무에서도 많이 문제가 되고 있는 계약과 불법행위 그리고 친족법 중 국제상속을 중심으로 현행 규정을 검토해 보기로 한다(Ⅲ). 마지막으로 국제사법이 처해 있는 공통의 과제로서 저촉법에 있어서의 실질법적 가치의 개입 문제와 예측가능성과 구체적 타당성의 균형 확보의 문제를 들어 일본 국제사법의 현주소와 과제를 짚어본다(Ⅳ).

Ⅱ. 일본 국제사법의 현재

1. 준거법 규정 ― 법례에서 통칙법으로

일본에서는 국제사법이라는 명칭의 법률은 존재하지 않지만 일찍이 19세기부터 협의의 국제사법에 관한 근대적 법제로서 [법례(法例)] (메이지31년 법률 제10호)가 제정되어 있었다. 이는 메이지시대에 서구 열강과의 불평등조약을 극복하기 위한 노력의 일환으로 메이지민법(1896년)과 함께 제정된 것이다. 이는 협의의 국제사법 즉, 준거법 지정(선택)

에 관한 규정을 주로 다루고 있었는데 당시의 법례는 실질법적 가치판단을 극구 배제하고 '암흑으로의 도약'으로 흔히 비유되는 저촉법적 가치판단을 추구하는 사비니적 전통적 국제사법 방법론을 적극적으로 수용한 것으로 19세기말 당시 제외국의 국제사법과 비교해도 손색이 없는 것으로 높이 평가되었다(이하 메이지 31년의 법례를 구법례라 한다).

제2차세계대전까지 구법례는 개정되지 않은 채 그대로 적용되어 왔으나 제2차세계대전 후 일본에서는 기본적 인권에 관한 규정을 담은 일본국헌법이 제정되고 사람과 물품의 국제적인 이동이 활발해 짐에 따라 구법례에 대한 개정 논의가 싹트기 시작하였다. 그러던 중, 1985년 일본이 여성차별철폐조약을 비준함에 따라 국적 취득이 부계혈통주의에서 부모계혈통주의로 바뀌면서 국적법상의 관련 규정이 개정된 후 구법례의 개정 움직임이 본격화되었다. 그 결과 1989년(평성원년, 平成元年) 구법례는 혼인 및 친자관계에 관한 부분과 그것과 관련된 총칙부분이 일부 개정되었고 1990년 1월 1일부터 개정 법례가 시행되게 되었다.

개정 법례의 특색은 혼인 및 친자법에 있어서의 양성평등의 실현, 준거법지정의 평이화, 신분관계성립의 용이화, 준거법결정의 국제적 통일에의 배려라고 할 수 있다. 이러한 평성원년의 법례개정에 대해서는 신분관계성립의 용이화를 위해 도입된 준거법지정에 있어서의 선택적 연결과 단계적 연결을 예로 들어, 20세기 후반 미국의 저촉법혁명의 영향으로 일어난 유럽의 국제사법 개정과정에서 보였던 실질법적 가치판단이 저촉법 규정에 수용된 현상이 일본에서도 보인다고 비판하는 견해도 있다.[1]

1989년의 법례 개정은 혼인 및 친자관계에 관한 부분적인 개정으로 계약과 불법행위에 관한 법례의 규정은 100년 전 법례 제정 당시의 모습 그대로 남아 있었다. 이러한 점을 우려하여 2003년 법무대신의 자문을 받아 법제심의회 국제사법(현대화관련) 부회가 설치되고 그 해

5월부터 평성원년 개정 시 개정되지 않았던 부분을 중심으로 법례의 전면 개정을 위한 작업이 개시되었다. 그 결과, 2006년 가족법 이외의 계약과 불법행위 등에 관한 규정이 개정되었고 법 명칭도 [법례]에서 [법의 적용에 관한 통칙법](이하 통칙법이라고 한다)으로 바뀌었다. 또한 조문도 카타카나 표기에서 히라가나 표기로 변경되었다. 이른바 국제사법의 현대화가 이루어진 것이다. 현대화된 준거법규칙의 특색은 계약과 법정채권에 대해 상세한 규정을 둔 점과 계약과 불법행위의 경직적인 준거법 선택을 회피하고 준거법의 탄력적 선택이 가능하도록 한 점 등을 들 수 있다. 이에 대한 상세한 규정에 대해서는 Ⅲ. 각론적 접근에서 소개하기로 한다.

2. 국제재판관할 규정의 도입

국제재판관할에 관한 규정에 대해 일본은 재산관련사건과 인사 및 가사사건을 나누어서 민사소송법과 인사소송법 및 가사사건절차법에 각각 그 규정을 두고 있다. 먼저 재산관련사건과 관련하여 일본은 2011년 민사소송법 및 민사보전법의 일부를 개정하는 법률(평성 23년 법률 제36호)에 의해 민사소송법 제3조의2 이하에 재산관련사건의 국제재판관할에 관한 규정을 신설하여 2012년 4월 1일부터 시행하고 있다. 동 규정이 신설되기 전까지 일본에서는 구체적인 사안에서 국제재판관할에 관한 규칙을 찾아내기 위해 다양한 학설과 판례가 전개되고 있었다. 이러한 학설과 판례는 명문의 규정이 도입됨에 따라 직접적인 의미는 잃었으나 종래의 학설과 판례에서 보인 논의의 많은 부분이 명문 규정의 내용에 반영되어 있으므로 종래의 학설과 판례를 검토해 보는 것은 아직도 큰 의미가 있다고 하겠다. 또한 이러한 일본에서의 학설과 판례는 2001년 한국 국제사법이 개정되어 국제재판관할에 관한 기본원칙(동법 제2조)을 두기 전까지 한국의 판례 전개에도 많은 영향을 주었다.

　종래의 일본 판례의 태도와 판단기준을 간단히 소개해 보면 다음과 같다. 대표적인 최고재판소판례로서 1981년 10월 16일 이른바 말레이시아 항공기사건 판례(最判昭和 56年 10月 16日 民集 35巻 7号 1224頁)를 주목할 필요가 있다. 이 판례에서 일본 최고재판소는 ① 국제재판관할을 직접적으로 규정하는 법규는 존재하고 않으므로 ② 법규가 결여된 부분에 대해서는 조리에 의해 판단하여야 한다고 하였다. 여기서 조리가 무엇인가가 문제가 되는데 최고재판소는 조리의 구체적 내용에 대해 당사자간의 공평, 재판의 적정/신속을 기한다는 이념을 고려하여 판단할 결과 ③ 민사소송법이 규정하는 재판적이 일본에 있을 경우 그에 관한 소송사건에 관하여는 일본의 재판적에 복종한다고 판단하는 것이 조리에 합당하다고 하였다. 즉, 민소법이 정한 국내토지관할규정을 그대로 국제재판관할규정으로 전용하는 것이 조리의 내용에 합당하다고 결론을 내리고 있다. 그 후의 하급심 판례들은 최고재판소가 판시한 조리의 구체적인 내용에 대해 수정을 가해, 국내토지관할규정에 의해 관할이 인정되더라도 ④ 예외적으로 일본에서 재판을 하는 것이 당사자간의 공평, 재판의 적정/신속을 기한다는 이념에 반하는 특단의 사정이 있는 것으로 판단될 때에는 국제재판관할을 부정한다고 판시를 하게 된다.

　이것이 소위 특단의 사정론이라 불려지는 법리인데 그 후에 나온 1997년 최고재판소판결(最判平成 9年 11月 11日 民集 51巻 10号 4055頁)이 이 법리를 전면 수용하게 되면서 일본의 국제재판관할에 관한 판례법이 완성되게 된다. 즉, ① 국제재판관할의 유무를 판단할 때에는 먼저 민소법상의 국내토지관할규정에 비춰 일본에 관할이 있는지 판단한 다음, ② 관할이 있다고 판단되어도 당사자간의 공평, 재판의 적정/신속을 기한다는 이념에 반하는 특단의 사정이 있는 경우에는 관할을 부정한다는 2단계의 판단의 틀이 완성된 것이다. 이 2단계의 판단의 틀은 전술한 바와 같이 2001년 국제사법 개정 이전의 한국의 판례에도 영향을 주게 된다.[2]

2011년 민소법개정에 의해 도입된 국제재판관할규정은 법적 안정성을 해하는 특단의 사정론의 폐해를 극복하기 위하여 개개의 구체적 상황에 적용될 일반화되고 객관적인 관할 규정을 마련하였다. 하지만 그럼에도 불구하고 판례법에서 형성된 특단의 사정론은 결국 구체적 타당성을 확보해야 한다는 이유에서 명문 규정으로 남게 된다. 즉, 민소법 제3조의9는 국내에 관할원인이 있다고 할지라도 사안의 성질, 응소에 의한 피고의 부담의 정도, 증거의 소재지 그 외의 사정을 고려하여 일본 법원이 심리 및 재판을 하는 것이 당사자 간의 형평을 해하고 적정하고 신속한 심리의 실현을 방해하는 특별한 사정이 있는 경우에는 소의 전부 또는 일부를 각하할 수 있다고 하고 있다.

다음으로 인사 및 가사사건에 관한 국제재판관할에 대해서는 그동안 관련 규정이 없다가 2018년 인사소송법 등의 일부를 개정하는 법률(평성 30년 법률 제20호)에 의해 인사소송법 제3조의2 이하, 가사사건절차법 제3조의2 이하에 인사 및 가사사건에 관한 국제재판관할에 관한 규정이 신설되어 2019년 4월 1일부터 시행되고 있다. 동 규정이 신설되기 전까지는 후견개시심판 및 실종신고에 관한 국제재판관할규정(통칙법 제5조, 제6조)을 제외하고는 인사 및 가사사건에 관한 국제재판관할 규정은 마련되어 있지 않아 판례법에 의해 형성된 판단기준이 구체적인 사건에 적용되어 왔었다.

판단기준 형성에 기여한 대표적인 판례로서 이혼사건에 관한 2개의 최고재판소판결을 들 수 있다. 먼저, 1964년 3월 25일 최고재판소판결(最判昭和 39年 3月 25日 民集 18卷 3号 486頁)에서는 피고주소지관할의 예외로서 원고가 유기된 경우, 피고가 행방불명인 경우, 그 외 그에 준하는 경우에 원고주소지관할을 인정한다는 기준이 제시되었다. 이에 대해서는 예외조항의 비대화를 우려하여 기준의 재정비가 필요하다는 견해도 많았으나 그러던 중 또 하나의 최고재판소판결이 나왔다. 1996년 6월 24일 최고재판소판결(最判平成 8年 6月 24日 民集 50卷 7号 1451頁)이 그것인데 이 사건은 외국에서 확정된 이혼판결이 일본에서 승인요건불비로 승인되지 않고 있는 특수한 상황 하에서 원고의 주소지관할을 긍정해 준 경우이다. 이러한 최고재판소판결로 인해 일정한 기준이 제시되긴 하였지만 세부적인 문제에까지 명확한 기준을 제시한 것은 아니었고 위의 두 최고재판소판결의 관계도 명확하지 않았다. 그리고 이혼사건 이외에는 최고재판소판결이 없어 인사 및 가사사건의 모든 분야에 적용되는 판례법상의 판단기준이 마련되었다고는 할 수 없었다. 이에 민사소송법 제3조의2 이하의 재산법관련사건에 관한 국제재판관할규정에 더하여 인사소송 및 가사사건에 관한 국제재판관할규정도 마련하게 된 것이다.

새로이 도입된 인사 및 가사사건에 관한 국제재판관할규정의 특징은 우선, 가사소송사건에 대해서는 이혼사건과 적출부인 등의 친자관계사건을 사건유형별로 구별하지 않고 모든 인사사건에 공통되는 관할규정을 인사소송법에 두고 있다. 예를 들어, 피고의 주소지관할(인사소송법 제3조의2 제1호), 당사자 쌍방의 본국법관할(동법 제5호), 당사자 쌍방의 마지막 공통주소지관할(동법 제6호)3)에 관한 규정을 두고 있으며 원고관할을 인정하는 특별한 사정으로 위의 두 최고재판소판결에서 제시된 기준을 명문화하여 피고가 행방불명되었을 경우, 피고주소지국에서의 판결이 일본에서 승인되지 않았을 경우를 예시하고 있다.

이와 달리 가사비송사건에 대해서는 사건유형별로 정리하여 가사사건절차법 제3조의2에서 제3조의12까지 관할원인이 각각 규정되어 있다. 예를 들어 친권상실/정지, 친권자지정, 자의 감호에 관한 심판사건에 대해서는 자의 주소지관할을 규정하고 있고(동법 제3조의8), 부양의무에 관한 심판사건에 관해서는 부양의무자가 아닌 신청인 또는 부양권리자의 주소지관할을 규정하고 있다(동법 제3조의8). 규정은 비송사건이나 쟁송성이 높고 대립되는 당사자가 있는 사건인가 그렇지 않고 국가의 후견적 배려에 의한 사건인가에 따라 그 내용이 구별되어 있다. 가사조정사건에 대해서는 관할합의도 가능하다(가사사건절차법 제3조의13). 또한 인사 및 가사사건에 대해서도 민사소송법 제3조의9와 같은 특별한 사정에 의한 소의 각하가 가능하도록 명문의 규정을 마련하고 있다(인사소송법 제3조의5, 가사사건절차법 제3조의14).

3. 외국판결의 승인집행에 관한 규정

외국판결의 승인집행에 관한 규정으로 일본은 승인에 대해서는 민사소송법 제118조에 규정하고 집행에 대해서는 민사집행법 제24조에 규정하고 있다. 승인과 집행 양자의 조건은 기본적으로 동일하다. 외국판결의 승인요건은 민사소송법 제118조에 규정하고 있는데 이는 한국 민사소송법상의 외국판결의 승인집행요건과 대체로 동일하다(한국 민사소송법 제127조).

일본의 외국판결의 승인요건은 먼저 판결국법원이 당해사건에 대해 재판관할을 가질 것을 요건으로 한다. 이는 소송이 제기되었을 경우 관할의 유무를 판단하는 직접관할에 대비되는 의미로 간접관할이라고 하는데 간접관할이 있는가 없는가의 판단은 승인국의 기준에 의해 심사하는 것이 통설로 되어 있다. 간접관할의 기준과 직접관할의 기준이 동일할 필요가 있는가에 대해서는 의견이 나뉘고 있는데 동일설이 다수설이었으나 최근 외국판결의 존재를 전제로 하는 간접관할의 심사는 직접관할의 기준보다 넓게 판단해도 된다는 견해도 유력하다.

두 번째 요건으로서는 패소당사자에 대한 소송절차개시문서의 송달에 관한 요건이다. 이는 소송개시 시의 피고에 대한 절차적 보호에 관한 것이다. 세 번째 조건은 공서에 관한 요건이다. 공서위반에는 절차적 공서위반과 실체적 공서위반으로 나뉘는데 절차적 공서위반은 두 번째 요건에서 본 소송절차개시문서의 송달 이외의 피고에 대한 절차적 보장 위반을 의미한다. 예를 들어 판사가 매수된 경우, 소송절차개시이후 소송기일에 피고가 호출되지 않은 경우 등을 말한다. 실체적 공서위반은 외국판결의 내용을 문제삼는 것이 아니라 그것을 승인하는 것이 일본의 법질서에서는 용인할 수 없는 실체적 결과를 발생시키는 경우를 말한다. 공서 요건과 관련하여 일본에서는 미국 캘리포니아에서 내려진 징벌적 손해배상판결에 대해 공서에 위반한다고 하여 승인집행을 거부한1997년 7월 11일의 최고재판소판결이 있다(最判平成 9年 7月 11日 民集 51卷 6号 2573頁). 이 판결에서 최고재판소는 제재적/징벌적 의미를 지니는 미국의 징벌적 손해배상판결은 피해자가 입은 불이익을 전보하고 불법행위가 없었던 상태로 회복시키는 것을 목적으로 하는 일본의 불법행위에 기한 손해배상제도의 기본원칙 내지 기본이념과 상반되므로 공서에 위반된다고 하였다. 또한 대리모출산과 관련하여 의뢰인인 일본인여성이 대리모에 의해 출생한 자(子)의 혈연상, 법률상의 모(母)라는 것을 확인하는 미국 네바다주의 결정에 대해서도 일본 최고재판소는 이는 일본 민법상 인정하지 않는 친생자관계의 성립을 인정하는 외국판결로서 일본의 법질서의 기본원칙 내지 기본이념과 상반된다고 하여 공서위반으로 이를 승인하지 않았다(最判平成 19年 3月 23日 民集 61卷 2号 619頁).

네 번째 요건은 상호보증의 요건이다. 위의 요건 중 그 운용에 있어서 특히 문제가 되는 요건이다. 상호보증의 요건이란 판결국에서도 승인국의 판결을 승인하고 있다는 것을 요건으로 하는 것이다. 상호의 보증이 있다는 것의 의미에 대해 일본의 최고재판소는 일본에서 내려진 동일 종류의 판결이 판결국에서도 민사소송법 제118조의 조건과 중요한 점에서 동일한 조건 하에 효력을 가지는 것으로 판단되어지고 있는 것을 의미한다고 한다(最判昭和 58年 6月 7日 民集 37巻 5号 611頁). 외국판결의 승인집행의 대상은 민사판결이고 외국의 판결이라 하더라도 공적인 부분보다는 사인의 생활관계를 규율하는 것이므로 상호보증과 같은 국가간의 관계를 승인의 요건으로 하는 것은 부당하다는 비판이 많다. 특히 일본에서는 중국과의 사이에 상호보증 요건이 문제가 되고 있다. 일본에서는 중국이 일본를 판결을 승인하고 있지 않는 점을 들어 상호보증 요건이 구비되어 있지 않다고 보아 중국 판결(재산법관련 판결)을 승인집행하고 있지 않다.4) 이와 달리 한국은 일본과 마찬가지로 외국판결의 승인집행의 요건으로서 상호보증의 요건을 두고 있음에도 불구하고 중국과의 사이에 이러한 문제는 발생하고 있지 않는 점에 주목할 필요가 있다.

III. 각론적 접근 — 계약과 불법행위, 국제상속을 중심으로

구체적인 준거법과 국제재판관할에 관한 규정에 대해서는 계약과 불법행위 그리고 친족법 중 국제상속을 중심으로 살펴보기로 한다.

1. 계약

(1) 준거법

(a) 계약의 준거법과 당사자자치

전술한 바와 같이 일본의 국제사법은 2006년 국제사법의 현대화와 더불어 계약의 준거법에 대해 보다 상세한 규정을 두게 되었다. 예를 들어, 이전의 법례에서는 법률행위의 준거법은 당사자의 의사에 따른다고 하고(법례 제7조 제1항) 그 의사가 명확하지 않을 경우에는 객관적 연결로서 행위지법에 의한다고 규정하고 있었으나(동법 제7조 제2항), 통칙법에서는 당사자자치의 원칙을 유지하면서도(통칙법 제7조) 당사자에 의한 준거법 선택이 없는 경우 당해 계약과 가장 밀접한 관련을 가지는 국가의 법이 적용되는데 이 때 당해 계약에 있어서 특징적인 이행을 하는 당사자의 상거소지법(법인일 경우에는 해당 사무소소재지의 법)이 가장 밀접한 관련을 가지는 국가의 법이라고 추정되고 있다(동법 제8조). 이는 EU의 계약채무의 준거법에 관한 규정(로마 1 규정)의 특징적 급부론을 받아들인 것인데 EU와 달리 매매계약이나 서비스계약과 같이 계약의 유형별로 특징적 급부를 행한 당사자가 누구인지 구체적으로 규정하지 않고 또한 추정규정으로 규정한 점에서 특징이 있다.

계약의 준거법과 관련하여 준거법 선택에 있어서의 당사자자치의 원칙에 대해서 일반적으로 어떤 논의가 있는지 먼저 알아보자. 준거법 선택에 있어서의 당사자자치는 강행법규를 위반하지 않는 범위내에서만 인정되는 계약법상의 당사자자치와 달리, 당사자에게 당사자가 준거법을 지정하지 않았더라면 적용되었을 준거법상의 강행법규, 즉 어느 한 국가의 법질서 안의 강행법규를 회피할 수 있는 선택지를 당사자에게 주는 것을 말한다. 바꾸어 말하면 당사자는 준거법 지정에 의해 어느 한 국가의 법질서 안의 강행법규를 선택할 수도 있는 것이다. 이 점에서 계약당사자에게 한 국가의 강행법규를 회피하거나 선택할 수 있는 권한을 부여하는 국제사법상의 당사자자치를 인정해야 하는가 하는 비판적인 논의가 있었다. 결국, 계약준거법에 있어서도 다른 법률관계의 준거법과 마찬가지로 준거법의 객관적 연결이 중요하다는 판단 하에 당사자의 의사는 객관적인 준거법을 결정하기 위한 하나의 고려요소로서만 의미를 가지게 되었다. 그러던 중 1980년대 유럽의 계약채무의 준거법에 관한 협약(로마협약)이 계약의 준거법을 정함에 있어 당사자자치의 원칙을 전면 수용함으로써 계약의 경우 당사자에 의한 준거법 선택이 주목을 받기 시작하였고 다른 법역에서도 이를 전면적으로 도입하게 되었다. 지금까지 우려되어 왔던 당사자의 법선택에 의한 강행법규의 회피 문제는 법정지 또는 제3국의 강행법규의 특별연결론이라는 법리를 발전시켜 보완하였다.

일본의 통칙법도 이러한 논의를 바탕으로 계약의 성립과 효력에 관하여 당사자에 의한 준거법 선택을 허용하고 있다. 그 위에 전술한 바와 같이 당사자에 의한 준거법 선택이 없는 경우에는 EU에서 발전된 특징적 급부론을 변형적인 형태로 받아들이면서 최밀접관계지법이 적용된다고 하고 있다. 이 때 부동산을 목적물로 하는 법률행위의 경우는 부동산소재지법을 최밀접관계지법으로 추정한다고 하고 있다(통칙법 제8조 제3항).

당사자에 의한 준거법 선택과 관련하여 몇 가지 검토할 사항이 있는데, 먼저, 당사자가 선택한 법이 계약과 전혀 관련이 없는 법질서의 경우라도 준거법으로서 인정하는가 하는 문제이다. 계약준거법의 경우, 객관적 연결을 중시한다면 당사자에 의해 지정된 법과 문제가 된 계약 사이에 밀접관련성이 요구되나, 당사자의 의사를 준거법선택의 연결점으로 평가하는 경향이 강해지면서 당사자가 선택할 수 있는 법질서와 계약이 객관적으로 밀접한 관계에 있어야 한다고 한정하지는 않는다. 일본의 일반적 견해도 이러하다.

　또한 당사자가 선택할 수 있는 법은 국가법에 한정되는가 하는 문제가 있는데, 이에 대해서는 국제사회에 있어서의 국가법의 저촉을 전제로 하는 국제사법의 본연의 모습을 고려하여 국가법에 한정해야 한다는 견해가 일본에서는 지배적이다. 그에 반해, 최근 유니드로와국제상사계약원칙, 유럽계약법원칙 등과 같은 비국가법이 실무에서 주목을 받고 있으며 2015년 헤이그국제사법회의에서 채택된 [국제상사계약의 준거법선택에 관한 헤이그원칙]은 국가법 이외의 법을 당사자가 선택하는 것을 허용하고 있다(동원칙 제3조). 이러한 국제적인 동향에 힘입어 일본에서도 당사자의 준거법 선택을 국가법에 한정하는 것에 대해서 의문을 제기하는 견해가 증가하고 있다. 그러나 통칙법이 계약의 준거법에 대해 당사자가 [선택한 곳의 법]에 의한다고 규정하고 있어 이는 당사자에 의한 준거법 선택이 국가의 법을 전제로 하고 있다는 근거로 해석되고 있다. 따라서 일본에서는 당사자는 국가법만을 준거법으로서 지정할 수 있다고 보는 것이 아직은 타당할 것이다. 현재 일본 실무에서는 계약 당사자가 비국가법을 지정하는 조항을 계약서에 두고 이용하는 것은 허용되고 있다. 단 이것은 국제사법상의 당사자자치를 의미하는 저촉법적 지정이 아니라 실질법적 지정으로서만 의미를 가진다. 즉, 법정지의 국제사법규칙에 의해 정해지는 준거법소속국의 강행법규에 위반하지 않는 범위내에서만 계약 당사자가 원용한 비국가법은 의미를 가진다.

　다음으로 당사자가 준거법을 변경할 수 있는가 하는 문제가 있다. 일본의 경우 통칙법 제정 시 당사자의 선택을 존중한다는 의미에서 당사자가 계약준거법을 계약체결 후에 변경할 수 있다고 하고 있다(동법 제9조). 다만 이해관계가 있는 제3자의 이익을 보호하기 위하여 제3자의 권리를 해하는 변경일 경우에는 그 제3자에게 대항할 수 없다고 하고 있다.

당사자의 법선택에 의한 강행법규의 회피 문제는 전술한 바와 같이 강행법규의 특별연결론이라는 법리로 보완하고 있는데 일본의 경우 강행법규의 특별연결에 관한 명문의 규정은 존재하지 않는다. 법정지의 절대적 강행법규는 국제사법의 기본 법리로서 당연히 인정되고 있으며 제3국의 강행법규에 대해서는 사안의 해결을 위해 하나의 요소로서 고려될 수 있다 보는 것이 현 판례법의 입장이다(東京高判平成 12年 2月 9日 判時 1740号 157頁).

(b) 국제사법상의 약자 보호 — 소비자계약과 노동계약의 경우

일본의 통칙법은 국제사법상의 약자 보호의 관점에서 소비자 및 노동자에 대한 보호규정을 두고 있다. 즉, 소비자계약과 노동계약(근로계약)의 경우, 위에서 본 당사자자치의 원칙을 제한 또는 배제하고 있다.

먼저 국제사법상 소비자 보호의 대상이 되는 소비자계약이란 개인과 사업자 사이에 체결되는 계약으로 여기에서 말하는 개인이란 사업을 목적으로 계약의 당사자가 되는 개인 이외의 자를 말하며 사업자란 법인 그 외의 사단 또는 재단 및 사업을 목적으로 계약의 당사자가 되는 개인을 말한다. 이러한 소비자계약에 관한 정의는 통칙법에 규정되어 있는데 이는 일본의 소비자계약법상의 정의에 따른 것이다.

통칙법상 소비자계약의 당사자인 소비자와 사업자는 원칙적으로 당사자자치의 원칙에 근거하여 준거법 합의를 할 수 있는데, 이 때 당사자가 선택한 법이 소비자의 상거소지법 이외의 법인 경우, 소비자는 그 상거소지법상의 특정 강행법규를 적용하겠다는 의사표시를 사업자에게 한 때에는 그 상거소지법상의 특정 강행법규도 소비자계약의 성립 효력의 문제에 적용된다고 하고 있다. 이 규정의 취지는 계약의 준거법과 관계없이 일정한 조건(사업자에의 의사표시) 하에 상거소지법상의 강행법규가 부여하는 보호를 소비자에게 향유하게 하기 위함이다. 예를 들어 일본에 상거소를 두는 소비자가 외국기업과 소비자계약을 체결한 경우 계약의 준거법이 쿨링 오프(Cooling-off)제도가 없는 외국법이라 하더라도 소비자는 일본의 할부판매법 제35조의3의10에서 제35조의3의12를 적용한다는 의사표시를 함으로서 쿨링 오프제도를 적용할 수 있다. 소비자의 의사표시를 조건으로 한 이유는 실제 소송에 있어서 법원이 어느 법이 소비자에게 유리한가를 쟁점별로 비교하는 것은 사실상 곤란하므로 소비자에게 직접 해당법규의 적용을 요구하도록 했다고 한다. 이에 대해서는 법률적 이해가 부족한 소비자에게 통칙법 제11조를 이해하고 상거소지법상의 특정 강행법규의 효과를 주장하게 하는 것은 소비자 보호의 실효성을 해한다는 의미에서 학설상의 비판이 있다.

소비자계약에 있어서 당사자간에 준거법 선택이 없는 경우에는 소비자의 상거소지법이 적용된다(통칙법 제11조 제2항). 이 경우에는 소비자의 상거소지법 이외의 최밀접관련지법에 대한 고려는 없다. 소비자계약의 방식의 준거법에 대해서도 특칙을 두고 있다. 즉, 통상의 계약에 있어서의 방식의 준거법에 대한 선택적 연결은 소비자계약의 경우는 배제된다. 소비자가 선택한 계약의 준거법이 소비자의 상거소지법 이외의 법인 경우, 방식에 대해 소비자가 소비자의 상거소지법상의 강행법규의 적용의사를 표시한 경우에는 방식은 소비자의 상거소지법에 따른다. 또 소비자의 상거소지법을 소비자계약의 준거법으로 선택하고 방식에 대해 소비자가 소비자의 상거소지법상의 강행법규의 적용의사를 표시한 경우에도 마찬가지이다. 당사자가 준거법 선택을 하지 않은 경우에는 소비자계약의 방식은 선택적 연결이 배제되고 오로지 소비자의 상거소지법에 따른다.

이러한 소비자 보호규정은 능동적 소비자 즉, 소비자 스스로가 사업자의 사업소에 가서 소비자계약을 체결한 경우나, 소비자 스스로가 사업자의 사업소에 가서 소비자계약에 기인한 채무의 전부의 이행을 받은 경우는 제외된다. 여기에 해당하는 것으로 외국 여행 중에 소비자계약을 체결하거나 국내에서 외국의 호텔을 예약하고 해당 외국호텔에 숙박하는 경우 등을 생각할 수 있다. 그러나 소비자가 상거소지에서 사업자로부터 사업자의 사업소에서 계약체결이나 채무의 이행을 받도록 개별적인 권유행위를 받은 경우에는 그러하지 아니하다. 또한 사업자 측의 예측가능성을 보호하기 위하여 소비자계약 체결 당시 사업자가 소비자의 상거소를 모르거나 모를 만한 상당한 이유가 있을 때 또는 사업자가 그 상대방이 소비자가 아니라고 오인하거나 오인할 만한 상당한 이유가 있을 때에는 소비자 보호에 관한 규정은 적용되지 않는다.

통칙법은 노동계약의 경우에도 노동자 보호의 관점에서 여러 특칙을 두고 있다. 통칙법은 소비자계약과 달리 노동계약의 정의에 대해 구제적인 규정을 두고 있지 않지만 일반적으로 개인에 의한 노무의 제공, 상대방에 의한 임금의 지불, 노무제공자가 계약상대방의 지휘명령에 복종하고 있는 것을 기준으로 판단하고 있다.

통칙법과 마찬가지로 노동계약의 당사자는 기본적으로 당사자자치의 원칙에 근거하여 준거법 합의를 할 수 있다. 그러나 당사자가 선택한 법이 당해 노동계약의 최밀접관계지법 이외의 법인 경우 노동자는 최밀접관계지법상의 특정 강행법규를 적용하겠다는 의사표시를 사용자에게 한 경우에는 그 최밀접관계지법상의 특정 강행법규도 노동계약의 성립, 효력의 문제에 적용된다. 이 최밀접관계지법에 대해서는 추정규정을 두고 있는데, 노무제공지법을 최밀접관계지법으로 추정한다고 하고, 만약 노무제공지를 특정할 수 없는 경우에는 당해 노동자를 고용한 곳의 법을 최밀접관계지법으로 추정한다. 노동계약에 있어서

노동계약의 노무제공지가 한 국가에 고정되지 않는 고용형태 등 최근
의 다양한 노동계약의 형태를 반영하여 준거법소속국을 하나의 특정국
으로 고정하고 있지 않다.

노동계약의 경우는 소비자계약의 경우와 달리 방식에 대한 특칙을
두고 있지 않다. 그 이유는 노동계약의 성립의 단계보다는 계약의 내용
이나 해고가 특히 문제가 되고 있기 때문이다. 노동계약의 경우 당사자
에 의한 준거법 합의가 없는 노동계약의 경우, 노동계약의 성립 및 효
력은 통칙법 제8조의 제2항의 특징적 급부의 추정규정을 적용하지 않
고 노무제공지법을 최밀접관계지법으로 추정한다. 그 이유는 노무제공
지의 적용이 노동자의 통상적 기대에 부응하고 사용자도 예측하기 쉬
우며 노동시장의 질서유지라는 관점에서도 가장 적합하다고 판단하기
때문이다.

일본의 국제사법은 소비자와 노동자 보호라는 실질법적 정의에 부
합되는 약자 보호에 관한 규정을 두고 있으나 소비자의 상거소지법 또
는 노동자의 노무제공지법상의 약자 보호에 관한 강행법규의 적용을
소비자 또는 노동자의 적용의 의사표시를 전제로 하고 있다는 점에서
약자보호의 실효성을 둘러싼 논의가 앞으로 주목받을 것으로 보인다.[5]

(2) 국제재판관할

(a) 계약채무이행지관할

일본의 국제재판관할규정은 계약사건의 경우 일본과 객관적으로
관련이 있을 경우 일본의 국제재판관할을 인정하고 있다. 구체적으로
는 계약상의 채무의 이행청구를 목적으로 하는 소의 경우 그 채무의 이
행지가 일본국내일 경우 일본의 국제재판관할을 인정한다(민사소송법 제
3조의3 제1호). 이 규정의 취지는 실체법상 당사자는 이행지에서 이행의
무를 지므로 이행지에서 제소되어도 당사자의 예측가능성을 해치지 아

니한다는 것이다. 이 규정의 적용범위는 계약상의 채무에 한정되어 있고 불법행위와 같은 법정채권은 제외된다. 그러나 매매계약의 목적물 인도채무의 불이행에 의해 발생하는 손해배상청구에 대해서는 이 규정이 적용된다. 채무이행지관할의 기준이 되는 채무는 당해 소송에서 이행이 청구되는 바로 그 채무를 말한다. 즉, 매매계약에서 대금지불을 구하는 소가 제기된 경우 당해대금지불채무의 이행지가 여기서 말하는 채무이행지이다. 전술한 매매계약의 목적물인도채무의 불이행에 의해 발생한 손해배상청구의 경우는 목적물인도채무의 이행지가 동 규정이 적용되는 채무이행지라고 할 수 있다.

한편 채무이행지의 결정방법은 계약 중에 그 이행지를 합의했을 경우에는 거기에 따르나 그러한 합의를 하지 않은 경우에는 당사자가 합의한 계약준거법에 따른다. 즉, 합의된 준거법상 이행지가 일본일 경우 일본의 국제재판관할은 인정된다. 한편 당사자가 준거법 합의를 하지 않았을 경우 특징적 급부론에 의해 정해지는 준거법상의 이행지가 적용되는가가 문제가 되나 일본법상 이러한 경우에는 채무자의 예측가능성을 고려하여 계약채무이행지관할에 의한 국제재판관할은 인정되지 않는다.

(b) 관할합의와 그 제한

a. 관할합의

국제계약의 당사자는 만약 계약과 관련하여 분쟁이 발생할 경우 어느 나라의 법원에서 사건을 처리할 것인가를 합의에 의해 미리 정해둘 수 있다. 그러나 당사자 간에 관할합의가 있다 하더라도 모든 합의가 유효한 것이 아니라 법정지법상의 국제재판관할합의에 관한 요건을 구비할 필요가 있다.

일본의 경우, 국제재판관할합의에 관한 1975년 11월 28일 최고재판소판결(最判昭和 50年 1月 28日 民集 29卷 10号 1554頁)에서 형성된 요건이

2011년 민사소송법개정 시 명문화되었다(동법 제3조의7). 그 내용은 먼저 합의는 일정한 법률관계에 기인한 소에 관한 것으로 서면에 의하지 않으면 안 된다. 이 서면성에 관해서는 전술한 1975년 최고재판소판결에서 판시한 바와 같이 적어도 당사자 일방이 작성한 서면에 특정국의 법원이 명시적으로 지정되어 있고 당사자 간의 합의의 존재와 내용이 명확하면 충분하고 그 청약과 승낙이 당사자가 서명한 서면에 의할 필요까지는 없다고 하고 있다. 또 외국법원에 대한 전속적 국제재판관할의 합의는 지정된 법원이 법률상 또는 사실상 재판권을 행사할 수 없는 경우에는 합의에 위반하여 일본에 제소한 경우에도 합의를 원용해 소를 각하할 수는 없다. 이는 재판을 받을 권리를 확보하기 위함이다.

그 외 위의 최고재판고판결에서는 국제재판관할의 합의가 현저히 불합리하고 공서법에 위반할 경우에는 무효라고 하고 있으나 현행법상에는 이를 규정하고 있지는 않다. 그러나 이는 관할합의에 있어서도 합의의 불성립, 착오 등을 이유로 하는 합의의 무효 또는 취소 그리고 합의 내용이 현저하게 불합리하여 공서위반을 이유로 하는 무효 등의 여지가 당연히 있을 수 있으므로 최고재판소의 판결을 변경하는 취지는 아니라고 할 수 있다.

이상이 일본법상의 국제재판관할합의의 요건이다. 한국의 몇몇 대법원판결[6]과 달리 지정된 법원과 계약과의 사이에 밀접 관련성을 요구하고 있지 않는 점에 주목할 필요가 있다. 즉, 당사자는 계약과 관련이 없는 중립적인 제3의 법원을 합의로 지정할 수 있다. 일본의 경우, 관할합의에 있어서의 당사자자치의 범위를 넓게 인정하고 있다고 할 수 있다.

b. 관할합의의 제한 — 소비자·노동자계약의 경우

국제재판관할과 관련하여서도 소비자계약의 경우 약자 보호의 차원에서 관할합의의 제한을 특칙으로 두고 있다. 먼저 소비자가 원고인

경우에는 계약체결 시 또는 소 제기 시의 소비자의 주소지에 국제재판
관할을 인정하고 있다(민사소송법 제3조의4). 사업자 측에서 보았을 때 계
약체결 시의 소비자의 주소지는 소비자가 인식할 수 있으므로 큰 문제
가 되지 않는다. 그 반면 계약체결 후 주소지를 이동하여 소를 제기한
경우 사업자는 소비자의 주소지를 예측할 수 없으므로 사업자에게 불
이익이 있을 수 있으나 소비자보호의 관점에서 이와 같은 규정을 두고
만약 사업자에게 현저한 불이익이 발생할 경우 등에는 특별한 사정론
에 관한 민소법 제3조의9를 적용하여 예외적으로 관할을 부정하는 것
으로 대처하도록 하고 있다. 소비자가 원고일 경우에는 소비자주소지
이외의 영업소소재지 등에도 관할을 인정하고 있다. 이에 반해 사업자
가 원고이고 소비자가 피고일 경우에는 소비자의 주소지에서만 소를
제기할 수 있다.

소비자계약의 경우 소비자 보호의 차원에서 관할합의의 효력을 제
한하고 있다. 분쟁발생 후의 관할합의는 교섭력의 격차가 그다지 발생
하지 않으므로 문제가 되지 않으나 분쟁발생 전의 관할합의는 교섭력
의 격차를 고려하여 소비자가 관할합의에 근거하여 지정된 법원에 소
를 제기한 경우 또는 사업자의 소 제기에 대해 소비자가 관할합의를 원
용할 때에만 그 관할합의는 유효하다고 하고 있다. 또한 분쟁발생 전의
관할합의로서 계약체결 시의 소비자주소지국을 지정하는 관할합의는
유효하다. 그러나 이는 부가적 관할합의로 소비자가 이 관할합의를 원
용하였을 경우에만 전속적 관할합의로서 기능한다.

국제재판관할규칙상의 소비자 보호는 수동적 소비자만을 보호하
는 통칙법과는 달리 능동적 소비자도 보호한다. 따라서 일본에 거주하
는 소비자가 외국여행 중 그 나라의 사업자로부터 물품을 구매하는 계
약을 체결하고 나중에 그로 인한 분쟁이 발생한 경우 소비자는 주소지
인 일본에서 외국의 사업자를 상대로 소를 제기할 수 있다.

노동계약의 경우에도 국제재판관할에 대해서도 약자보호의 차원에서 특칙을 두고 있다. 우선 노동자가 원고이고 사업주가 피고인 경우 노동자는 노무제공지에서 소를 제기할 수 있다(민사소송법 제3조의4 제2항). 노무제공지는 노동자에게 있어서는 접근이 용이하고 사업주에게도 예측 범위내에 있기 때문이다. 노무제공지가 정해져 있지 않은 경우에는 노동자를 고용한 사무소소재지에 국제재판관할이 인정된다. 여기서 노무제공지란 준거법에서와 달리 하나로 지정할 필요는 없다. 왜냐 하면 관할은 여러 나라에 인정되어도 상관이 없기 때문이다. 한편 노동자가 피고인 경우에는 노동자의 주소지에서만 소를 제기할 수 있다.

한편 노동계약의 경우에도 약자 보호의 차원에서 소비자계약과 마찬가지로 관할합의의 효력을 제한하고 있다. 즉, 분쟁발생 전의 관할합의는 교섭력의 격차를 고려하여 노동자가 관할합의 근거하여 지정된 법원에 소를 제기한 경우 또는 사업주의 소 제기에 대해 노동자가 관할합의를 원용할 때에만 그 관할합의는 유효하다. 분쟁발생 전의 관할합의로서 노동계약 종료 시의 합의로 그 시점의 노무제공지국을 지정하는 관할합의를 하였을 경우, 이는 부가적 관할합의로서 노동자가 이 관할합의를 원용하였을 경우에만 전속적 관할합의로서 기능한다. 노동계약 종료 시의 노무제공지로 한 이유는 노동계약 종료 시는 노동자와 사업주의 교섭력에 차가 그다지 크지 않고, 그 시점의 노무제공지라면 노동자의 예측가능성에도 문제가 없기 때문이다.

2. 불법행위

(1) 준거법

불법행위의 경우, 이전의 법례에서는 공익적 관점에서 원인된 사실의 발생지법에 의한다고 하고 있었다(행위지법주의). 그러나 이 규정은 국제적 불법행위의 유형이 다양화되면서 새로운 유형의 국제적 불법행위의 경우, 적절한 준거법으로 연결할 수 없다는 점과 우발적 불법행위지의 법이 준거법으로 정해지는 경우 당사자의 예측가능성을 저해한다는 점에서 문제시되고 있었다. 이러한 점을 고려하여 통칙법은 불법행위의 준거법에 대해 대폭적인 개정을 하게 된다. 주안점을 둔 것은 개별적 불법행위에 관한 특칙을 둔 점, 탄력적인 준거법 결정방법을 도입한 점, 당사자자치를 도입한 점을 들 수 있다.

통칙법에서는 당사자 간의 이익조정과 손해의 공정한 분배라는 사법적 관점에서 원칙적으로는 불법행위채권의 성립과 효력의 준거법은 가해행위의 결과가 발생한 곳의 법에 의한다고 하고 결과발생지에서의 손해 발생이 통상 예견되지 않는 것일 경우에는 가해행위지법에 의한다고 하고 있다(동법 제17조). 또한 개별적 불법행위로서 생산물책임(제조물책임)과 명예 또는 신용훼손사건에 대해서는 특칙을 두고 있다. 더 나아가 이러한 규정에 의해 지정된 곳보다 더 밀접한 관계를 가지는 곳, 예를 들어 당사자가 동일상거소를 가지고 있는 곳 또는 불법행위가 당사자간의 계약의무에 위반하여 발생한 경우와 같이 더 밀접한 관계를 가지는 곳이 명확히 존재하는 경우에는 그 곳의 법을 준거법으로 하고 있다(동법 제20조). 이와 같은 예외조항을 둠으로서 준거법 결정에 있어서의 유연성과 구체적 타당성을 확보하려고 하고 있다. 그리고 위의 규정과 상관없이 당사자간의 합의에 의해 사후적인 준거법 변경이 가능하게 되었다(동법 제21조). 단, 준거법을 변경하는 합의가 제3자의 권리를 침해하는 것이 되는 경우에는 그 변경을 제3자에게 대항하지 못한다.

또한 불법행위에 대해 통칙법은 일본법의 누적적용을 하게 함으로서 공서에 의한 제한을 하고 있다(동법 제22조). 즉, 외국법이 불법행위의 준거법인 경우, 대상 행위와 동종의 행위가 일본법에 의해서는 불법행위가 되지 않는 경우에는 당해 외국법상의 손해배상청구는 인정되지 않는다. 또한 위의 대상 행위 또는 동종 행위가 일본법에 의해서도 불법행위가 되는 경우에도 일본법에서 정하고 있는 손해배상 등의 구제방법만이 피해자에게 인정된다. 예를 들어 일본기업에 의한 미국 자회사로의 수출행위가 미국특허법상 특허권의 침해를 적극적으로 유도하는 행위에 해당된다고 하여 미국특허권의 침해가 문제가 된 카드리더 사건판결(最判平成 14年 9月 26日 民集 56卷 7号 1551頁)에서 최고재판소는 불법행위에 관한 일본법의 누적적용규정[7]을 적용하여 불법행위에 기한 손해배상청구권의 준거법은 손해발생지법인 미국법이라고 한 다음, 지식재산권의 속지주의의 원칙을 취하는 일본법상 등록국의 영역 외에는 특허권의 효력이 미치지 않으므로 등록국 밖에서 특허권 침해를 적극적으로 유도하는 행위를 위법이라고 할 수 없으므로 일본법상 불법행위가 성립되지 않는다고 판결하고 있다. 이와 같이 일본법의 누적적용을 요구하는 것은 불법행위가 사인 간의 정의와 형평을 유지하기 위한 공익적 목적을 위한 것으로 국내의 공서와 깊은 관련이 있다는 생각에서 비롯된 것이다.

앞서 말한 바와 같이 일본 통칙법은 개별적 불법행위로서 생산물[8] 책임(제조물책임)과 명예 또는 신용훼손사건에 관한 특칙을 두고 있는데, 먼저 생산물책임에 대해서는 통칙법은 원칙적으로 피해자가 생산물의 인도를 받은 곳의 법을 준거법으로 하고 있다(동법 제18조). 생산물책임에 대해 특칙을 둔 이유는 생산물이 생산에서부터 사고발생시까지 일정 장소에 고정되어 있지 않고 이동을 계속한다는 점을 든다. 여기서 생산물의 인도를 받은 곳이란 시장을 의미한다. 시장은 당사자간의 균형을 고려한 연결점이라고 한다. 예외적으로 생산물의 인도를 받은 곳이 통상 예견되지 못할 경우에는 생산업자 등[9]의 주된 영업소의 소재지법이 적용된다고 하고 있다. 제조지나 판매지가 아니라 생산업자의 주된 영업소를 준거법으로 한 이유는 생산물을 시장에 투입하기로 의사결정한 영업소소재지를 준거법으로 하는 것이 시장지를 원칙적 연결점으로 하는 생산물책임에 있어서의 가해행위지로 적합하다는 판단에서이다.

문제는 이 규정이 생산물의 인도를 받은 자 이외의 사람, 예를 들어 생산물에 의해 부득이하게 사고를 당한 보행자 등과 같은 바이 스탠더의 피해에 대해서는 이 특칙이 적용되지 않는다는 점이다. 이 경우에는 일반규정으로서의 불법행위의 준거법규정이 적용되게 된다(통칙법 제17조). 단, 생산물의 인도를 받은 자의 종업원이나 동거하는 가족이 피해를 당했을 경우에는 인도를 받은 자와 동일시할 수 있을 정도의 밀접관련성이 인정되므로 생산물책임에 관한 조항이 적용될 것이라는 견해가 있다.10)

다음으로 명예 또는 신용훼손사건에 관한 특칙으로 통칙법은 타인의 명예 또는 신용을 훼손하는 불법행위에 의해 발생한 채권의 성립 및 효력에 대해서는 피해자의 상거소지법에 의한다고 하고 있다(동법 제19조). 그 이유는 국제적인 명예·신용관련 사건은 여러 법역에서 그 결과가 발생한다는 특징이 있어 결과발생지의 법에 의하게 되면 당사자 간의 분쟁처리가 복잡하게 되므로 피해자 보호와 피해자의 예견가능성을 고려하여 단일의 준거법에 의하도록 하고 있다. 프라이버시권의 침해도 이 규정이 적용된다는 것이 유력설이나, 판례에서는 불법행위의 일반규정을 적용한 사례도 있다(東京地判 28年 11月 30日 判例集未登載).

(2) 국제재판관할

불법행위에 관한 소송에 대해 일본 민사소송법은 불법행위가 있었던 곳이 일본국내일 경우 일본에 국제재판관할이 있다고 하고 있다(동법 제3조의3 제8호). 이와 같이 불법행위지관할을 인정하는 이유는 불법행위지에 증거가 소재하는 경우가 많아 사안과 충분한 관련성이 있기 때문이며 피고인 가해자도 소가 제기될 곳으로 예측이 가능하기 때문이다. 여기서 문제가 되는 것은 가해행위지와 결과발생지가 서로 다른 격지적 불법행위의 경우 어디를 불법행위지로 보는가인데 이에 대해서는 불법행위지는 양쪽을 다 포함하는 것으로 이해되고 있다. 따라서 피해자는 어느 쪽에서든 소를 제기할 수 있다. 단, 결과발생지에 대해 가해자가 그곳에서 결과가 발생할 것이라는 예측이 불가능하였을 경우에는 가해행위지에서만 소를 제기할 수 있다.

한편, 불법행위지관할과 관련하여서는 불법행위의 존재를 관할의 유무를 판단하는 단계에서는 어느 정도 입증하면 되는지가 문제가 된다. 왜냐하면 관할 판단의 단계에서 불법행위의 존재를 전부 심리해 버리면 그것은 본안심리가 되어버리기 때문이다. 이에 대해 일본 최고재판소는 피고의 일본국내에서 한 행위에 의해 원고의 권리이익에 대한 손해가 발생했거나 피고의 행위에 의해 일본국내에서 원고의 권리이익에 대한 손해가 발생했다는 객관적 사실관계가 증명된다면 불법행위지관할을 인정하기에 충분하다고 판단하고 있다(最判平成 13年 6月 8日 民集 55卷 4号 727頁, 最判平成 26年 4月 24日 民集 68卷 4号 329頁). 즉 불법행위지관할이라는 제도의 취지를 고려하여 불법행위의 성립요건의 전부가 아니라 그 중 일부인 객관적 사실관계만 충족되면 법정지와의 법적 관련성을 인정하는 입장에 있다고 할 수 있다.

3. 국제상속

(1) 준거법

사람들의 국경을 넘는 자유로운 이동은 국제결혼와 같은 가족관계의 국제화와 거기에 동반하여 국제적인 상속의 문제도 야기하고 있다. 상속은 가족법적 측면뿐만 아니라 재산법적 측면도 가지고 있어 친족법에 있어서도 특수한 성격을 가진다. 특히 일본국내에는 35만 명에 달하는 재일교포가 살고 있으며 현재 5세대가 태어나고 있다. 따라서 일본에서의 국제상속의 문제는 한국과의 관계에서도 간과할 수 없는 법률문제이다.

상속에 대해 통칙법은 상속의 준거법(동법 제36조)과 유언의 준거법(제37조)의 두 개의 규정을 두고 있다. 먼저 상속에 대해 일본은 동산 상속과 부동산 상속을 구분하지 않는 상속통일주의을 채택하여 피상속인의 속인법 즉, 피상속인의 본국법에 의한다고 하고 있다. 즉 일본에서 사망한 외국인의 상속문제에 대해서는 그 외국인이 속하는 본국법에 의하게 된다. 피상속인의 본국법주의를 채택한 점에서는 한국과 동일하나 일본의 경우 상속준거법에 있어서 당사자자치를 인정하지 않는 점에서 한국과 다르다. 한국은 피상속인의 본국법주의를 기본으로 하면서도 피상속인은 유언에 적용되는 방식으로 피상속인의 상거소가 있는 국가의 법을 지정할 수 있으며(단 사망 시까지 그 국가에 상거소를 유지해야 한다), 부동산에 관한 상속에 대하여는 그 부동산의 소재지법을 지정할 수 있다고 하고 있다(한국 국제사법 제49조).

이러한 상속의 준거법규정과 관련하여 일본에서 문제가 되는 것은 앞에서도 언급한 바와 같이 재일교포의 상속의 문제이다. 한국국적을 가진 제일교포들은 일본에서 사망할 경우 그들의 본국법인 한국법이 적용되게 된다. 한국에 가 본 적도 없고 한국어를 전혀 못하는 경우와 같이 한국과의 관련성이 전혀 없는 경우에도 상속의 준거법은 한국법이 된다. 한편, 재일교포 중에는 1965년 한일기본조약체결 이후에도 국적을 한국으로 이동하지 않은 채 국적란에 [조선]이라 기재된 채로 생활하는 자도 있다. 이러한 자가 사망한 경우, 한국법과 북한법 어느 법

이 상속의 준거법이 되는가 하는 문제가 발생하는데, 한국법과 북한법은 상속법체계가 다르기 때문에 상속의 준거법은 상속인 및 피상속인의 채권자에게는 중요한 문제가 된다. 이러한 문제에 대해 일본에서는 일관된 기준이 제시되어 있지 않으며 판례는 사안에 따라 판단하는 경향이 있다. 한 판례에서는 [조선] 국적자인 피상속인에 대해 그가 조총련에 소속되어 있고 조총련계 은행을 이용하고 있었음에도 불구하고 자녀들의 국적이 한국인 점, 피상속인의 출신지역의 주소가 현재 한국에 속해 있다는 점을 들어 피상속인의 본국법을 한국법으로 판단하여 상속인은 피상속인의 채무를 상속한다고 판단하고 있다(東京地判裁平成 23年 6月 7日 判例タイムス 1368号 233頁).

현재 계약법뿐만 아니라 가족법분야 및 상속법분야에도 당사자자치가 확대되고 있는 것이 국제적 경향이다. 이를 고려하여 일본도 국제화사회에 걸맞게 상속법분야에서 한국과 같은 부분적인 당사자자치를 도입할 지 금후의 입법적 검토과제라 할 수 있다.

유언에 대해서는 우선 유언의 성립과 효력은 유언 성립 당시의 유언자의 본국법에 의한다고 하고 있다(통칙법 제37조). 유언의 방식에 대해서는 통칙법이 아니라 1961년 유언의 방식에 관한 법률의 저촉에 관한 조약에 가입하면서 그것을 국내법화하는 과정에서 제정한 특별법인 「유언의 방식의 준거법에 관한 법률」의 적용을 받는다. 유언의 방식은 유언 보호의 관점에서 선택적 연결을 채용하고 있다. 즉, 유언자는 행위지법 또는 유언자의 유언 성립 또는 사망 당시의 국적국법 또는 주소지법 또는 상거소지법 등을 유언의 방식의 준거법으로 선택할 수 있다(동법 제3조). 한국의 국제사법도 유언의 방식에 대해 마찬가지로 선택적 연결을 채용하고 있다.

(2) 국제재판관할

상속관련사건은 재산권의 다툼을 전제로 하는 소송사건과 가정법원의 후견적 개입 하에 해결되는 비송사건으로 나눌 수 있다. 먼저 소송사건의 경우 2012년 민사소송법 개정 시 국제재판관할에 관한 규정이 마련되었는데 이에 따르면 상속개시 당시의 피상속인의 주소가 일본국내에 있을 경우 일본에 국제재판관할이 인정된다고 하고 있다(민사소송법 제3조의3 제12호, 제13조). 피상속인의 주소를 관할원인으로 하는 이유는 주소가 상속관계의 중심지이고 증거가 집중되어 있으며 당사자의 편의와 상속채권자의 예측가능성을 고려한 결과이다. 소송사건에는 상속권존부확인의 소, 유류분에 관한 소, 유언무효확인의 소 등이 있다.

상속에 관한 비송사건은 유산분할, 상속재산관리인 및 유언집행자의 선임, 상속포기, 한정승인 등과 관련된 사건을 말하는데 이에 대해서는 2018년 가사절차법 및 인사소송법 개정에 의해 국재재판관할에 관한 규정이 신설되었다. 이에 의하면 기본적으로는 소송사건과 마찬가지로 상속개시 때의 피상속인의 주소지에 관할을 인정한다(가사절차법 제3조의11 제1항, 제2항). 피상속인의 최후의 주소를 관할원인으로 하는 이유에 대해서는 상속을 상속재산이라는 포괄적인 재산의 귀추의 문제로 파악해 통일적이고 안정적으로 규율하기 위함이라 한다. 그 때문에 상속재산의 소재지에는 관할을 인정하지 않는다. 그러나 상속재산의 보존이나 관리의 필요성이 큰 경우에는 예외적으로 재산소재지관할을 인정하고 있다(동조 제3항). 유산분할에 대해서는 합의관할이 인정된다(동조 제4항).

Ⅳ. 국제사법적 과제와 일본

1. 저촉법적 정의와 실질법적 가치의 개입

(1) 국제사법의 존재의의와 저촉법적 정의

국제사법의 존재의의는 국제적으로 활동하는 사인(私人)의 법적 안정성과 예측 가능성의 확보에 있다. 즉, 국제적으로 사업을 영위하는 개인이나 기업 또는 국제결혼, 입양, 상속 등 국제적인 가족관계의 당사자가 된 자에게 문제가 된 외국적 요소를 포함하는 법적 분쟁에 대해 어느 나라의 법이 적용되며 어느 나라가 관할권을 가지는지, 또 한 나라에서 얻은 판결이 다른 나라에서 집행이 가능한지의 문제에 대해 예측 가능성을 제공하는 것이 국제사법의 역할이다. 국제사법은 그러한 법적 예측 가능성을 부여하는 것으로 국제적으로 활동하는 개인과 법인을 보호하고 있다고 할 수 있다.

이러한 국제사법의 의의는 방법론을 통해서 달성되는데 18세기 사비니적 전통적 국제사법 방법론은 각국법의 기본적 평등이라는 저촉법적 가치를 중시여겨, 문제가 된 법률관계에 따라 본거(sitz)가 되는 연결점을 정하고 그것에 따라 준거법을 지정하는 기계적인 준거법 결정방식을 취하고 있었다. 이러한 방법은 암흑으로의 도약이라고 표현되기도 하였지만 이것이야말로 저촉법에 있어서의 정의로 여겨졌다. 즉, 전통적인 국제사법 방법론에서 중요한 것은 적용되는 실질법이 아니라 어떤 법률관계가 문제가 되고 있으며 그러한 법률관계가 어느 곳과 밀접한 관련이 있는가 즉, 각각의 법률관계의 본거가 어디인가를 찾아내는 것이다. 그것이 저촉법에 있어서의 정의이고 이러한 방법론의 배경에는 모든 국가의 법이 평등하다는 저촉법적 가치가 숨어 있는 것이다. 일본의 명치민법과 함께 등장한 일본의 국제사법준칙인 구법례(1989년 개정되기 전의 법례(法例))는 기본적으로 이러한 방법론을 취하고 있었으며 식민지 독립 후 성립된 한국의 「섭외사법」에도 많은 영향을 주었다.

(2) 실질법적 가치판단의 개입과 국제사법적 과제

20세기에 들어와 미국에서의 저촉법혁명과 유럽의 국제사법개정을 거치면서 국제사법에서도 실질법적 가치를 중시하는 경향이 보이기 시작하였다. 예를 들어 앞에서 본 바와 같이 실질법인 계약법에서 보이던 당사자 자치의 원칙, 사회적 약자인 소비자와 노동자 보호라는 개념이 저촉법인 국제사법으로 확대되게 되었다. 또한 국제입양이나 친생자관계, 부양 등 국제적인 가족관계법에 있어서도 아동 보호의 측면이 보다 중시되게 되었다. 국제사법은 이러한 실질법적 가치의 실현을 위해, 더 나은 법이 준거법으로 정해지거나 국제사법상 보호되는 개인이 준거법 선택에 있어서 자신에게 유리한 법을 선택할 수 있도록 방법론적 장치를 마련하였다. 즉, 연결방식으로 준거법 결정에 있어서 선택적 연결과 누적적 연결을 보다 적극적으로 활용하여 목표로 하는 실질법적 결과를 이끌어 낼 수 있도록 하고 있다.

일본의 경우도 사비니적 전통적 방법론을 그 출발점으로 하면서도 실질법적 가치를 국제사법을 통하여 실현하기 위한 장치를 두고 있다. 예를 들어 법례가 제정될 당시부터 당사자자치를 도입하여 계약의 경우 당사자에 의한 준거법 선택이 가능하게 하였다. 그 후 평성원년(1989년) 법례개정과 2006년 통칙법제정을 통하여 보다 적극적으로 실질법적 가치판단이 저촉법에 개입하게 되었다. 당사자자치가 계약뿐만 아니라 불법행위의 경우에도 사후적 준거법 선택(변경)권을 줌으로써 그 범위를 확대하고 있으며 실질법상의 약자 보호의 개념을 국제사법에 도입하고 있다. 또한 선택적 연결과 누적적 연결과 같은 연결방식을 보다 적극적 활용함으로써 실질법적 가치판단을 국제사법에 개입시키고 있다.

연결방식을 구체적으로 보면, 선택적 연결방식은 복수의 준거법 중 하나를 선택할 수 있도록 하는 것으로 복수의 준거법 중 하나가 문제가 되고 있는 법적 문제를 긍정하고 있다면 다른 준거법이 그것을 부정하고 있더라도 긍정으로 판단함으로써 목표로 하는 실질법적 결과를 이끌어 내는 것이다. 예를 들어 친생자관계의 성립에 대한 통칙법 제28조는 부의 국적을 연결점으로 하는 부의 본국법과 처의 국적을 연결점으로 하는 처의 본국법의 두 가지의 준거법을 지정하고 있는데 각각을 적용한 결과 어느 한쪽의 준거법이 친생자관계를 인정할 경우 다른 한쪽의 준거법이 그것을 부정하고 있더라도 친생자관계의 성립을 인정한다. 인지의 경우도 자녀의 출생 당시의 인지자의 본국법, 인지 당시의 인지자의 본국법, 인지 당시의 자녀의 본국법을 선택적으로 적용할 수 있다. 이는 아동보호의 차원에서 친자관계를 가능한 한 넓게 성립시키려는 실질법적 가치가 개입된 것이다. 그 외에도 혼인의 방식의 경우, 당사자 일방의 본국법 또는 혼인거행지법을 방식의 준거법으로 선택할 수 있다. 또 유언의 방식에 대해서도 앞에서 본 바와 같이 유언자는 여러 준거법 중 하나를 선택할 수 있다. 이는 혼인, 유언의 성립의 가능성을 넓혀줌으로써 가족관계의 안정과 유언의 보호라는 실질법적 목적을 달성하기 위한 것이다.

또 하나의 연결방식으로 누적적 연결방식이 있다. 이는 법적 문제가 제시된 복수의 준거법 모두가 긍정할 경우에만 그것을 긍정하게 하는 방식이다. 예를 들어 입양의 성립에 관한 통칙법 제31조 제1항은 양친의 본국법을 준거법으로 하면서도 양자 본인의 승낙 등 일부의 성립요건에 대해서 양자의 본국법도 준거법으로 하고 있다. 즉, 이 두 가지 준거법상의 요건을 모두 만족시키지 않으면 입양은 성립되지 않는다. 이 또한 아동보호의 관점에서 사회경험과 판단능력이 부족한 미성년자의 이익을 보호하려는 실질법적 가치의 실현을 위한 저촉법적 장치라고 할 수 있다.

이와 같이 일본의 국제사법은 각국법의 기본적 평등과 보편주의를 그 기본으로 하는 대륙법계의 전통적 국제사법 방법론을 기초로 출발하였으나 그 후의 미국의 저촉법 혁명과 유럽의 국제사법 개정과정에서 보이는 실질법적 가치의 개입을 일본의 국제사법도 그대로 도입하면서 현재는 전통적 방법론과 실질법적 가치를 중시하는 방법론의 두 가지의 방법론이 혼재하고 있다고 할 수 있다. 금후 일본 국제사법의 과제는 각국법의 평등이라는 저촉법적 정의와 실질법적 가치의 존중이라는 실질법적 정의를 어떻게 조화시켜 나가는가에 있다고 할 수 있다. 이는 국제사법의 발달과정에 있어서 일본과 똑같은 처지에 있는 한국의 국제사법의 과제이기도 하다.

2. 예측가능성과 구체적 타당성의 확보

금후 또 하나의 국제사법적 과제는 예측가능성 즉, 법적 안정성과 구체적 타당성 사이의 균형을 잡아 가는 데에 있다고 할 수 있다. 전통적 방법론의 기계적이고 경직적인 준거법 결정방법은 법적 안정성에는 기여하나 구체적 타당성을 해칠 수 있다. 한편, 미국의 저촉법혁명에서 보이는 구체적 타당성에 크게 치우친 방법론들은 법적 안정성과 당사자에 의한 예측가능성을 해친다. 이 둘의 균형을 맞추기 위해 국제사법은 여러 장치를 마련하고 있다. 전통적 방법론을 기본 출발점으로 하는 일본의 경우, 구체적인 타당성을 확보하기 위한 규정을 마련하고 있는데 예를 들어 사무관리, 부당이득, 불법행위와 같은 법정채권의 준거법의 경우 당사자간의 동일상거소 등 보다 밀접한 관계가 있는 곳이 존재할 경우 그 곳의 법에 의한다는 예외규정을 두고 있다(통칙법 제15조, 제

20조). 또한 국제재판관할의 경우에도 특별한 사정을 이유로 소의 각하에 관한 규정을 두고 있다. 즉, 일본법원에 국재재판관할이 인정되는 경우에도 사안의 성질, 응소에 대한 피고의 부담, 증거 소재지 등을 고려하여 특별한 사정, 즉, 일본 법원에서 심리 또는 재판을 하는 것이 당사자간의 형평, 적정하고 신속한 심리의 실현을 방해할 경우에는 소를 각하할 수 있다고 하고 있다(민사소송법 제3조의9). 그러나 이러한 구체적 타당성의 확보를 위한 규정은 법적 안정성을 해한다는 이유로 항상 비판을 받기 쉬우므로 구체적 타당성의 운용에 법적 안정성을 부여하기 위해서는 그와 관련된 판례의 축적과 분석이 금후 중요하게 된다.

┃ 칼럼 ┃ 헤이그국제아동탈취협약 가입후의 일본

국제결혼의 증가와 더불어 국제결혼의 파탄 또한 증가하고 있다. 국제결혼의 파탄 후 부모 중 일방이 상대방의 동의없이 아동을 거주국에서 자신의 모국으로 데려가 상대방에게 아이와의 접촉의 기회를 주지 않는 이른바 아동탈취의 문제가 다발하고 있으며 그와 관련된 분쟁도 다수 발생하고 있다. 이러한 문제에 대한 해결로서 헤이그국제사법회의는 1980년 「국제적 아동탈취의 민사적 측면에 관한 헤이그협약」을 채택하여 아동(16세 미만)을 본래의 거주국으로 반환하기 위한 절차를 마련함과 동시에 남겨진 부모와 아동과의 면접교섭권을 확보하기 위한 체약국간의 협력을 규정하고 있다. 일본은 일본인 배우자(특히 일본인 모)와 관련된 아동탈취 문제가 다수 발생하고 있음에도 불구하고 오랜 기간 동안 이 협약에 서명하고 있지 않아 특히 미국 등을 비롯한 서구국가들로부터 많은 비난을 받아 왔다. 이러한 상황 하에 급기야 일본은 2013년 동 협약의 실시법을 제정하고 2014년 협약에 가입하게 된다. 동 협약은 2014년 4월 1일부터 일본에서 발효되고 있다. 그러나 동 협약이 발효된 이후에도 실제 사례에서 협약이 적절하게 운용되고 있지 않다는 이유로 미국 등으로부터 많은 지적을 받고 있다. 특히 일본의 경우는 임의반환이 이루어지지 않아 법원으로부터 반환명령이 내려진 경우에도 아동의 반환이 제대로 이루어지지 않는 경우가 다수 발생하고 있는데, 그 이유는 집행절차에 있다고 지적되고 있다. 즉, 간접강제전치주의를 취하고 있어 강제집행에 앞서 일정기간내에 아동을 반환하지 않는 것을 조건으로 일정금액의 지불을 명하고 있는데 이로 인해 아동을 탈취(?)한 부모는 아동의 반환 대신 금전지불을 선택하는 경우가 발생하고 있으며, 법원에 의한 직접강제(강제집행)의 경우도 아동이 심리적 상처를 입지 않도록 집행관은 먼저 임의의 이행에 응하도록 채무자(대부분의 경우 일본인 모)와 아동을 설득하여야 하며 몇 번에 걸친 설득에도 응하지 않은 경우에 비로소 강제집행단계에 들어 갈 수 있다. 그것도 채무자와 아동이 함께 있을 때에만 가능하도록 하고 있기 때문에 실질적인 강제집행이 불가능한 경우도 다수 발생하였다. 이러한 절차과정은 가족 관계에 대한 일본적 정서가 반영된 결과라 볼 수 있다. 그러나 이러한 집행절차과정으로 인해 집행불능이 다수 발생하여 협약이 제대로 운용되지 않는다는 비난을 받았다. 이에 일본은 2019년 실시법을 개정하여 강제집행절차를 강화하게 된다. 즉, 일정 조건 하에 간접강제절차를 거치지 않고 직접집행이 가능하도록 하였으며, 아동이 채무자와 같이 없어도 집행이 가능하도록 하였다. 또한, 제3자 점유지에서 강제집행을 할 경우에는 그 곳이 아동의 거주지라면 점유자의 동의없이 집행이 가능하도록 하였다. 동 헤이그 협약과 관련하여서는 일본이 미국 등 서구의 협약가입요구에 응하는 형태로 협약에 가입한 점과 그 후의 운용실태에 대한 비판으로 인해 국내의 강제집행절차를 강화해 가며 협약의 내용을 이행해 가고 있는 점에서 매우 특징적이라 할 수 있다. 향후 개정실시법 하에서의 협약 운용이 주목된다.

미주

1) 石黒一憲, 『国際私法(第2版)』(新世社, 2007) 89면 이하.
2) 석광현『국제사법해설』(박영사, 2013) 63면이 설명하는 종래의 한국판례에서 보여지는 4단계의 국제재판관할 결정에 관한 법리는 일본의 말레이지아 항공기사건 최고재판소판결과 그 후의 하급심 판례에서 보여지는 판단 구조와 일치한다.
3) 이것은 종래의 판결에는 없었던 관할원인이다. 공통의 주소지는 소송에 이용되는 증거소재지로서의 의미가 있다고 판단되었다.
4) 중국법원에서 내려진 판결에 대해 일본에서 승인집행이 거부된 사안으로 大阪高判平成 15年 4月 9日 判時 1841号 111頁, 東京高判平成 27年 11月 25日 国際商事法務 44巻 1号 103頁가 있다.
5) Regulation(EC) No 593/2008 of the European Parliament and of the Council of 17 June 2008 on the law applicable to contractual obligations(Rome I). 제6조 및 제8조는 소비자나 노동자에 의한 약자보호에 관한 강행법규의 적용 의사표시를 필요로 하지 않는다. 한국의 국제사법의 경우도 마찬가지이다.
6) 대법원 1997년 9월 9일 선고 96다20093 판결과 대법원 2004년 3월 25일 선고 2001다53349 판결은 선하증권상의 전속적 관할합의조항에 대해 실질적 관련성이 없다는 이유로 관할합의의 효력을 인정하지 않고 있다.
7) 본 사건은 통칙법이 제정되기 이전에 일어난 사건이므로 법례가 적용되었는데, 법례에도 불법행위의 준거법에 대해 일본법의 누적적용에 관한 규정이 있었다(법례 제11조 제2항).
8) 이 법에서 말하는 생산물이란 생산 또는 가공된 물건을 의미하는데 미가공의 농수산물이나 건물 등의 부동산, 소프트웨어와 같은 무체물도 포함된다고 하고 있다.
9) 이 법에서 말하는 생산업자 등은 생산물을 업으로서 생산, 가공, 수입, 수출하거나, 유통 또는 판매한 자를 의미한다. 이와 같이 생산업자의 범위가 매

우 넓으며 생산에서 판매에 이르기까지의 전 유통과정에 관여하는 사람들
을 포함한다.

10) 中西康外, 『国際私法(第2版)』(有斐閣, 2018) 244면.

참고문헌

石黒一憲, 『国際私法(第2版)』(新世社, 2007)

神前禎外, 『国際私法(第4版)』(有斐閣, 2019)

中西康外, 『国際私法(第2版)』(有斐閣, 2018)

松岡博, 『国際関係私法入門(第4版)』(有斐閣, 2019)

Jurist, 『国際私法判例百選(第2版)』(有斐閣, 2012)

소 홍 범

Ⅰ. 개관 – 국제법과 국내법

국제법과 국내법이라는 두가지 법체계의 이론적 관계를 어떻게 설명할 것인가에 대해 종래 일본의 국제법 학계에서는 다양한 관점에서 연구와 논의가 이루어져 왔다. 국제법과 국내법은 제각각 그 성립의 근거, 목적, 주체 및 규율 대상을 달리하지만 이론적으로도 실질적으로도 밀접한 관련이 있다. 오늘날에는 국제화가 급속도로 진전됨에 따라 원래는 국내법이 독점적으로 규율대상으로 삼고 있던 관심사항을 국제법이 중첩적으로 규율하는 현상이 늘어나고 있고, 반대로 국제법의 국내적 적용 및 실시의 일환으로 국제법이 규율하던 영역을 국내법 역시 규율하게 되는 사례들도 늘어나고 있다. 특히 국제인권규범의 현대적 발전은 각국의 국내법 해석과 적용에 지대한 영향을 미치고 있으며, 대외관계, 외교, 경제, 통상, 노동, 환경, 개인 등과 같은 다양한 국제적 문제들을 주제로 하는 국가간의 합의는 각국 국내법제의 변경 또는 조정을 촉진시키는 사실상의 외압으로 작용하기도 한다. 이처럼 오늘날 국제법과 국내법은 서로 밀접하게 관련하고 있으며, 국가와 국제사회가 국내적·국제적으로 제기되는 다양한 법적 문제에 효과적으로 대응하기 위해서는 국내법과 국제법의 협력적인 발전, 그리고 국내법 체계와 국제법 체계의 조화로운 상호작용이 중요한 과제라고 할 수 있다.

국제법과 국내법의 관계, 특히 국제법의 국내적 적용 및 실시에 관한 이론적·실천적인 쟁점은 국제법의 중요한 연구분야 중 하나이다. 이는 일본의 국제법 학계에서도 마찬가지이다. 일본에서 간행되는 대부분의 국제법 교과서는 국제법과 국내법의 이론적 관계에 대해 설명하는 장을 별도로 마련하고 있고, 국제법의 국내적 적용 및 실시에 관한 실천적인 문제(재판소의 판례 전개)를 중심으로 일본 국내법상 국제법의 지위에 관한 쟁점들을 심도 있게 다루고 있다.1)

이하에서는 국제법과 국내법의 이론적 관계에 대한 일본 학계의 논의를 개관한 다음, 일본 국내법 체계 속에서 국제법이 어떠한 위치에 놓여져 있는지, 그리고 국제법이 일본 국내에서 어떻게 실현되고 있는지를 알아보고자 한다. 특히 일본 헌법 제98조 2항을 중심으로 하는 국제법의 국내적 효력과 적용을 둘러싼 문제, 그리고 국내법 체계에서 국제법이 차지하는 서열(위계) 문제에 초점을 맞추어 일본의 학설 전개 및 판례의 발전 동향을 설명하고자 한다.

II. 이론의 전개

국제법과 국내법의 상호관계에 대한 이론적 접근방법과 관련하여 일본의 학계에서도 다른 국가들과 마찬가지로 크게 일원론 및 이원론의 구분법을 통한 이론적 설명이 대부분의 국제법 기본서에서 다루어지고 있다.

일원론은 기본적으로 국제법 체계와 국내법 체계가 하나의 통일된 법체계 속에서 구성되는 것으로 파악하는 견해라고 할 수 있는데, 이는 다시 국내법 우위의 일원론과 국제법 우위의 일원론으로 구분할 수 있다.

국내법 우위의 일원론은 국가주권의 절대성을 인정하면서 국제법의 규범적 효력 및 근거(타당 범위)는 기본적으로 각 국가가 인정하는 범위 내에서만 존재할 수 있다는 것을 전제로 한다. 국내법 체계가 국제법 체계에 우선한다고 이해할 경우 한 국가의 국내법의 내용이 국제법의 내용에도 영향을 미치게 된다는 점으로부터, 국내법 우위의 일원론은 국제법 자체의 자율적 존립 근거를 사실상 부정하는 것과 다름 없다. 현재 이 설은 일본 국내에서 거의 지지받지 못하고 있다.

국제법 우위의 일원론은 빈 학파 등으로 불리우는 켈젠(H. Kelsen) 등이 주창한 설로 제1차 세계대전 이후의 국제주의의 조류를 배경으로 등장하였다. 일본에서는 오사와 아키라(大沢章) 및 요코타 키사부로(横田喜三郎) 등이 주창하였다. 국제법 우위의 일원론은 국제법과 국내법이 하나의 통일된 질서 속에서 공존한다는 전제 하에 국제법이 각국의 국내법에 대해서 우위를 점하며, 그 결과 각국의 국내법의 타당 범위는 국제법에 의해 결정된다는 입장을 취한다. 하지만 현실 국제사회에서는 국제법에 위반하거나 저촉되는 국내법이 자동적으로 무효가 되지 않는다는 점에서 이러한 관점이 현실 상황을 제대로 설명하고 있다고는 할 수 없다.[2]

이원론은 기본적으로 국제법 체계와 국내법 체계를 각자 개별적인 법체계로 구성된 것으로 바라보며 따라서 양자 사이에는 이론적으로 저촉 문제가 발생할 수 없다고 전제한다. 19세기말 독일의 트리펠(H. Triepel) 등이 주창하였으며 20세기에는 오펜하임(L. Oppenheim)이나 안칠로티(D. Anzilotti) 등을 통해 이론적으로 계수되었다. 일본에서는 타치사쿠 타로(立作太郎) 및 마에하라 미츠오(前原光雄) 등이 이러한 주장을 전개하였다.3) 국제법 체계와 국내법 체계를 완전히 별개의 것으로 파악할 경우, 당연한 결과로 국제법은 국내법의 평면에서 아무런 효력을 가지지 못하며, 국내법 역시 국제법의 평면에서 아무런 효력을 가지지 못한다. 하지만, 다양한 분야에 걸쳐 국제법 규범이 각국의 국내법 체계와 상호작용하고 있는 오늘날 국제사회의 모습에 비추어 볼 때, 국제법과 국내법이 제각각 완전히 독립되어 상호 단절된 체계를 구성하고 있다는 설명에 대해서는 오늘날 현실 사회의 모습을 적절히 반영하는 이론적 접근은 아니라는 지적이 제기될 수 있다.

이처럼 국제법과 국내법의 상호관계를 설명하기 위한 이론적 접근방법과 관련하여 극단적인 일원론과 극단적인 이원론 모두 오늘날 국제사회의 모습을 제대로 설명할 수 없다는 한계를 지니고 있다. 오늘날에는 오히려 '온건한 (국제법 우위의) 일원론' 또는 '온건한 이원론'과 같이 국제법 우위의 일원론과 이원론 사이에서 이론 정립을 시도하는 견해가 유력 학설이 되어 가는 과정에 있는 것으로 보인다.4) 그 중에는 '조정이론' 또는 일본에서는 야마모토 소지(山本草二)가 1985년에 제시한 '등위이론(等位理論)'과 같은 이론적 접근방법이 있다. 이 이론은 기본적으로 국제법 체계와 국내법 체계 사이에서 법체계 상호간의 저촉은 발생하지 않지만, 국제법 규범과 국내법 규범 사이에는 저촉이 발생할 수 있고, 그 결과 국제법 규범에 저촉하는 국가에 대해서는 '국가책임'을 묻는 형태로 국제법상의 조정이 이루어진다는 입장을 취한다. 물론 이러한 경우에도 국제법 규범에 저촉하는 국내법 규범이 자동적으로 무효가 되는 것은 아니라는 점에서 이원론에 가까운 이론 전개라고 평가할 수 있다. '조정이론' 또는 '등위이론'은 특히 현재 일본 학계에서 광범위한 지지를 얻고 있는 학설로 평가 받고 있다.[5]

III. 일본 국내법 체계와 국제법

1. 국제법의 국내적 효력과 적용

(1) 국제법의 국내적 실현

국가는 자신이 체결한 국제적 합의(대표적으로 조약)상의 의무를 적절히 이행할 것을 요구 받는데, 각 국가가 국제법을 국내적으로 어떻게 적용하고 실시할 것인지는 원칙적으로 해당 국가의 국내법(특히 헌법 규정 및 판례)에 따른다.

국제법을 국내적으로 실현하는 방식에는 여러가지가 있다. 예컨대 헌법질서 내에서 국제법에 대한 국내적 효력을 원칙적으로 인정하지 않는 국가의 경우, 국제법 규범을 국내적으로 실현시키기 위해서는 해당 국제법 규범을 국내법의 형태로 정립시킬 필요가 있다. 이러한 경우 국제법 규범과 동일한 내용의 국내법을 따로 제정하여 국내적으로 실현시키게 될 것이다. 일반적으로 이를 변형(transformation) 방식이라 한다. 한편, 헌법질서 내에서 국제법이 국내법으로의 별다른 변형 절차 없이도 원칙적으로 국내적 효력을 가진다고 규정되어 있는 경우가 있다. 일반적으로 이를 수용(reception) 또는 편입(incorporation) 등으로 표현한다.

각국의 상황을 살펴보면 관습국제법에 대해서는 대부분의 국가들이 일반적·자동적 수용 방식을 취하고 있는 것으로 보이며, 따라서 관습국제법은 특별한 국내적 입법 절차를 거치지 않고도 원칙적으로 국내에서 효력을 가지는 경우가 대부분인 것으로 보인다. 다만 조약의 경우 각국의 헌법 규정이나 관행이 달라 국내법 체계 속에서 조약이 어떠한 법적 효력 및 지위를 가지는지를 파악하기 위해서는 각국의 상황을 개별적으로 바라볼 필요가 있다.

우리나라의 경우 대한민국 헌법 제6조 1항에서 '법에 의하여 체결·공포된 조약과 일반적으로 승인된 국제법규는 국내법과 같은 효력을 가진다'고 규정하고 있다. 여기서 말하는 '일반적으로 승인된 국제법규'는 관습국제법을 가리키는 것으로 이해된다. 대한민국 헌법 제6조 1항에 의하여 국제법(조약 및 관습국제법)은 국내법으로의 변형 절차 없이 원칙적으로 국내에서 효력을 가진다는 해석이 일반적이다. 판례 역시 이 점을 전제로 하고 있다. 예를 들어 헌법재판소는 "마라케쉬 협정도 적법하게 체결되어 공포된 조약이므로 국내법과 같은 효력을 갖는 것이어서 그로 인하여 새로운 범죄를 구성하거나 범죄자에 대한 처벌이 가중된다고 하더라도 이것은 국내법에 의하여 형사처벌을 가중한 것과 같은 효력을 갖게 되는 것이라"고 판시하여(헌법재판소 1998. 11. 26. 선고 97헌바65 결정), 국내법으로의 특별한 변형 절차 없이 국제법이 국내적으로 효력을 가진다는 점을 인정하고 있다.

(2) 일본 헌법 제98조 2항

일본의 경우 구 헌법에서는 국내법과 국제법의 관계에 대한 명시적 규정을 두지 않았다. 하지만 헌법 관행을 통해 일반적·자동적 수용 방식을 채택하고 있는 것으로 이해되어, 조약이나 관습국제법과 같은 국제법에 대한 국내적 효력이 원칙적으로 인정되고 있었다(大決 昭和3年 (1928) 12月 28日 民集 7卷 1128頁).

현행 일본 헌법은 국내법과 국제법의 관계에 대한 명문의 규정을 두고 있다. 일본 헌법 제98조 2항은 '일본국이 체결한 조약 및 확립된 국제법규는 성실히 준수되어야 한다(日本国が締結した条約及び確立された国際法規は、これを誠実に遵守することを必要とする)'고 규정하고 있다. 다만 해당 규정은 특정 유형의 국제법(일본이 체결한 조약 및 확립된 국제법규)을 '성실히 준수' 되어야 할 대상으로 언급하고 있는 것에 그치고 있는 바, '성실히 준수' 한다는 것이 구체적으로 무엇을 의미하는지에 대해서 다양한 학설이 제시되어 왔다.

먼저 일본 헌법 제98조 2항이 국제법의 국내적 효력을 인정하는 규정은 아니고 조약이 법률적 사항을 규정하는 경우에는 해당 사항과 관련한 국내 법률이 별도로 제정될 필요가 있다는 학설이 주장된 바 있다. 이러한 해석은 일본 정부의 공식 견해나 판례의 동향과도 맞지 않아 현재는 거의 지지를 받지 못하고 있다.[6] 또한, 헌법 제98조 2항 그 자체는 국제법의 국내적 효력을 인정하는 규정은 아니지만, 구 헌법체제 하에서 국제법이 국내적으로 효력을 가진다는 점이 관행상 인정되어 왔으니 그러한 해석을 굳이 바꿀 필요가 없다는 주장도 제기된 바 있다.[7] 이 역시 주류 학설로 받아들여지지는 않는다.

현재는 일본 헌법 제98조 2항의 명문 규정을 통해 헌법이 국제법의 국내적 효력을 인정(부여)하고 있다고 해석하는 것이 일반적 통설로 받아들여지고 있다. 즉 헌법 제98조 2항에 의해 일본이 체결한 조약 및 확립된 국제법규는 별다른 입법 절차 없이도 국내에서 법적 효력을 가진다. 다만 유의해야 할 점은 어떤 국제법이 일본 국내법상 법적 효력을 가진다는 사실이 해당 국제법이 지니는 '국제법으로서의 성질'에 영향을 미치지는 아니한다는 것이다. 즉 해당 국제법은 여전히 국제법으로서 국내에서 효력을 인정받는 것이지, 해당 국제법의 성질이 국내법으로 변형되는 것은 아니다. 이러한 구별은 국제법 규범의 국내적 적용 및 실시에 있어서 가령 1969년 조약법에 관한 비엔나 협약 제31조 및 제32조와 같은 국제법상 확립된 조약의 해석규칙이 적용될 수 있는지 여부에 영향을 미칠 수 있다.

(3) 조약

(a) 조약의 국내법적 수용

일본 헌법 제98조 2항은 성실히 준수되어야 할 대상으로 '일본국이 체결한 조약'을 명시하고 있다. 제98조 2항의 해석에 따라 일본이 체결한 조약은 국내에서 그 자체로 법적 효력을 가진다고 이해되고 있다. 일본 정부는 헌법의 심의과정에서부터 이미 헌법 제98조 2항이 조약에 대한 국내적 효력을 인정하는 취지의 규정이라는 해석을 견지해 왔다.[8] 후술하는 바와 같이 일본의 재판소 역시 조약이 국내적으로 효력을 가진다는 점을 당연한 전제로 하고 있으며, 재판소가 특별한 보조 설명 없이 조약을 국내적으로 적용·해석하여 판결을 내리는 경우도 드물지 않다.

일본 헌법 제73조 3호는 조약의 체결을 내각의 사무로 규정하면서도, '다만, 사전에 또는 경우에 따라서는 사후에 국회의 승인을 거칠 필요가 있다'고 명시하여 조약의 체결에 있어서 일정한 경우 국회의 승인을 거칠 것을 요건으로 하고 있다. 즉, 일본 헌법은 행정부에 대해서는 조약의 체결을 포함한 외교관계에 관한 권한을 부여하면서도, 국회에 대해서는 민주적 통제의 수단을 제공함으로써 행정부와 입법부의 균형을 도모하는 제도적 장치를 두고 있다.[9]

한편 오늘날 국가는 자국의 이익을 도모하고 국제문제에 효과적으로 대응하기 위해 다양한 분야에 걸쳐서 수많은 조약을 체결하고 있는바, 그 모든 조약에 대해 국회에서의 심의과정와 승인절차를 요구하게 된다면 급박하게 돌아가는 국제사회의 정세에 국가가 신속·적절히 대처할 수 없게 될 우려가 있다. 이러한 상황을 고려하여 실무적으로는 국회의 승인을 요하지 않는 행정협정(行政協定·行政取極)의 형태로 정부가 자신의 권한 하에서 조약을 체결하는 관행이 자주 활용되고 있다. 이는 일본 헌법 제73조 2호에서 '외교관계의 처리'를 내각의 직무로 규정하고 있는 것을 그 근거로 한다. 광범위한 국제약속을 신속하게 체결·적용할 필요성과 중대한 국가적 사항에 대한 국회의 통제·관여 사이의 적절한 균형 확보가 헌법상 요구되는 권력분립의 적절한 실행을 위한 중요한 과제라고 할 수 있겠다.

　　여기서 헌법 제73조 3호에서 말하는 '국회의 승인'을 요하는 조약, 즉 국회승인조약과 승인을 요하지 않는 조약을 어떻게 구별해야 하는지가 문제된다. 대한민국 헌법의 경우, 제60조 2항에서 국회의 동의를 필요로 하는 조약으로 '상호원조 또는 안전보장에 관한 조약', '중요한 국제조직에 관한 조약', '우호통상항해조약', '주권의 제약에 관한 조약', '강화조약', '국가나 국민에게 중대한 재정적 부담을 지우는 조약 또는 입법사항에 관한 조약'을 명시하고 있지만, 일본 헌법에는 국회의 승인을 요하는 조약에 관한 명문 규정은 존재하지 않는다. 일본의 경우 오히려 정부의 관행을 통해서 국회의 승인을 요하는 조약과 행정협정을 구별하는 기준이 형성·확립되어 왔다. 이를 보다 명확히 제시한 것이 1974년 2월 20일 오히라(大平) 당시 외무성 장관이 중의원 외무위원회 답변에서 제시한 이른바 '오히라 3원칙(大平三原則)'이라 불리는 기준이다.[10)

　　이 기준에 따르면, 국회승인조약의 첫번째 유형은 이른바 '법률사항을 포함하는 국제약속'이다. 일본 헌법 제41조는 국회가 국가의 유일한 입법기관이라는 점을 규정하고 있는 바, 국회의 입법권에 관련하는 사항을 그 내용으로 하는 국제약속을 체결함에 있어서는 당연히 국회의 승인이 필요하다. 구체적으로는 국제약속의 체결에 의해 새로운 입법 조치를 취할 필요가 생기는 경우나 또는 기존의 국내법을 유지함에 있어서 국회에 심의를 부탁하거나 승인을 받을 필요가 있는 유형으로서 특히, 영토 또는 시정권의 이전과 같이 입법권을 포함한 국가의 주권 전체에 직접적인 영향을 미치는 국제약속이 이러한 유형에 해당한다(예를 들어, 국제인권규약은 국민의 권리의무와 관련하는 것으로서 이러한 유형에 해당한다).

두번째 유형으로 '재정사항을 포함하는 국제약속' 역시 국회승인조약에 해당한다. 일본 헌법 제85조는 국비를 지출하거나 또는 국가가 채무를 부담하는 경우 국회의 의결에 근거해야 할 필요가 있다고 규정하고 있는 바, 이러한 재정사항을 포함하는 국제약속의 체결에 있어서는 국회의 승인을 얻어야 한다.

세번째 유형은 위와 같은 법률사항 또는 재정사항을 포함하지 않더라도 '일본과 상대국간 또는 국가간의 일반적·기본적인 관계를 법적으로 규정'한다는 의미에서 정치적으로 중요한 국제약속(예를 들어, 한일기본조약이나 중일평화우호조약 등)으로서 그 발효를 위해 비준이 필요한 국제약속 역시 국회승인조약에 해당한다.

반면에 '이미 국회의 승인을 거친 조약의 범위 내에서 실시할 수 있는 국제약속'이나 '이미 국회의 의결을 거친 예산 범위 내에서 실시할 수 있는 국제약속', 그리고 '국내법의 범위 내에서 실시할 수 있는 국제약속'의 경우는 일본 헌법 제73조 2호에서 말하는 '외교관계의 처리'의 일환으로서 행정부의 결정만으로도 체결할 수 있는 국제약속, 즉 국회의 승인을 거칠 필요가 없는 행정협정으로 취급된다. 물론 국회의 승인을 요하지 않는 행정협정 역시 개념상으로는 헌법 제98조 2항에서 말하는 '일본국이 체결한 조약'에 해당되기 때문에 국회의 승인과는 별개로 그것이 일본 국내적으로 효력을 가진다고 해석해야 한다는 점에는 변함없다.

(b) 자기집행적 조약의 개념과 발전

헌법 규정이 조약에 대한 국내적 효력을 인정한다고 하더라도, 국가가 체결하는 모든 조약이 국내재판소에서 직접적으로 원용·적용될 수 있는 것은 아니다. 특정 조약이 국내에서 직접 적용되기 위해서는 해당 조약이 국내적 적용을 위한 내용과 형식을 구비하고 있어야 한다. 국내의 법률이나 명령을 통해서 내용을 구체화하지 않고도 국내에서 그 자체로 '직접 적용 가능한(directly applicable)' 조약을 '자기집행적(self-executing)' 조약이라고 한다. 특정 조약이 자기집행적 조약인지 아닌지를 결정하는 기준과 그 적용 양상은 각국의 법체계에 따라 상이하다. 한 국가의 재판소에서 직접 적용 가능한 것으로 간주되는 조약(및 그 구체적인 조항)이 다른 국가의 재판소에서는 그러치 아니하다고 판단되는 경우도 드물지 않다. 그러한 의미에서 조약의 자기집행성 또는 직접적용가능성의 문제는 원칙적으로 국내법상의 문제라고 할 수 있다.

일반적으로 조약의 자기집행성을 평가하는 기준으로 주관적 기준과 객관적 기준을 들 수 있다. 전자에는 조약(및 그 구체적인 조항)이 그 자체로서 직접 재판소에서 적용가능하다는 사실을 의도하고 체결되었는지에 대한 조약 당사국의 취지 및 의사가 포함된다. 후자에는 해당 조약(및 그 구체적인 조항)이 국내에서 적용되는 규범 내용을 명확히 제시하고 있는지(내용의 명확성) 또는 그 내용의 집행과 실현을 위해 필요한 기관과 절차를 정하고 있는지(규칙의 완전성) 여부가 포함된다.

다만, 조약이 비자기집행적이라는 이유로 국내재판소에서 직접 적용될 수 없는 경우라 할지라도, 해당 조약이 헌법 제98조 2항에 의해 기본적으로 국내에서 효력을 가진다는 점 자체는 부인되지 않고, 가령 관련하는 국내법 규정의 해석에 있어서 특정 조약의 규범적 내용이 해석의 문맥상 참조되거나 고려될 가능성이 배제되지는 아니한다. 이는 국제법의 '간접적용'과 관련한 문제이다. 일본 재판소에서 활용되는 국제법의 간접적용에 대해서는 절을 달리하여 살펴보기로 한다.

일본의 학계와 재판소는 자기집행적 조약의 개념을 인식하고 있고, 자기집행적 조약과 비자기집행적 조약을 구분하여 조약(및 그 구체적인 조항)을 국내재판소에서 직접 적용하기 위한 판단 기준을 이론적·실무적으로 발전시켜 왔다.

헤이그 육전 조약이 국내재판소에서 직접적으로 적용 가능한지가 쟁점이 된 사건에서 2002년 도쿄 고등재판소는 먼저, 조약은 일반적으로 공포됨으로써 국내 입법과 같은 별다른 수용 행위를 취하지 않고도 당연히 국내적 효력이 발생한다고 전제하였다. 다만 조약이 국내법에 의해 보완되거나 구체화될 필요 없이 공포 행위만으로 재판소에서 적용되기 위해서는 조약의 기본적 성격, 일본의 사법·행정·입법의 권력 분립 및 법적 안정성 등의 관점을 고려하여, ①해당 조약에 의해 규율되는 개인의 권리·의무의 내용이 조약의 문언을 통해 명확히 정해져 있을 것, 그리고 ②조약의 문언과 취지를 통해 개인의 권리·의무를 규정하고자 하는 체약국의 의사를 확인할 수 있어야 할 것 이라는 기준을 제시하였다(東京高判 平成 14年(2002) 3月 27日 判時 1802号 76頁).

한편, 가족부양책임이 있는 남녀근로자에 대한 기회 대우 균등에 관한 협약(ILO 제156호)이 국내재판소에서 적용 가능한지 여부가 문제가 된 사례에서 2007년 도쿄 지방재판소는 조약의 자기집행성을 조약에 규정된 권리·의무의 성질에 비추어 판단하였다. 특히 재판소는 조약이 ①사인 간 또는 사인과 국가 간의 권리의무를 명백히, 확정적으로, 완전히, 상세히 정하고 있고, 또한 ②국내법의 제정을 기다릴 것 없이 그대로 집행 가능한 상태인 경우에 한해서 조약의 직접적용가능성을 인정할 수 있다고 강조하였다. 재판소는 ILO 제156호의 경우, 협정상의 내용을 정부의 정책 목적으로 삼아야 한다는 것을 규정하고 있는 것에 불과하므로 그 직접적용가능성을 인정할 수 없다고 판시하였다(東京地判 平成 19年(2007) 3月 29日 判時 1970号 109頁).

비슷한 취지로 1996년 도쿠시마 지방재판소는, 조약의 경우 비준·공포를 통해 국법의 한 형식으로 수용된다고 지적하면서도, 조약이 추상적·일반적 원칙이나 정치적인 의무를 선언하는 것에 그치는 경우에는 그 내용을 구체화하는 입법 조치가 당연히 필요하다는 견해를 제시한 바 있다. 본건에서 문제가 된 자유권규약의 경우, ①자유권적인 기본권을 그 내용으로 하고 있으며 그러한 권리가 인류사회의 모든 구성원에 의해 향유되어야 한다는 사상에 입각하고 있는 점, ②개인을 권리향유의 주체로 하여 자유권적인 권리를 보장하는 형식을 취하고 있는 점 등을 근거로, 동 규약은 추상적·일반적 원칙 선언이 아니며 자기집행성을 지니는 것이라 판시하였다(德島地判 平成 8年(1996) 3月 15日 判時 1597号 115頁).

이렇듯 일본의 판례는 조약의 국내적 효력과 직접적용가능성(자기집행성)의 문제를 개념상 구분하고 있으며, 재판소는 사례에 따라 조약(및 그 구체적인 조항)별로 직접적용가능성(자기집행성)을 구체적·개별적으로 판단하는 방식을 취하고 있다. 재판소는 조약의 규정 내용이 명확성을 갖춰야 한다는 점, 그리고 국내적으로 적용 가능하다는 취지의 조약 당사국의 의사 또는 의도가 전제되어야 할 필요가 있다는 점 등의 기준에 비추어 조약의 직접적용가능성(자기집행성) 여부를 검토하고 있다.

(4) 관습국제법

조약의 경우와 마찬가지로 관습국제법의 국내적 효력 및 적용에 관해서도 원칙적으로 각국의 국내법, 즉 각국의 헌법 규정과 판례에 따른다. 일본의 경우, 헌법 제98조 2항에서 말하는 '확립된 국제법규(確立

された国際法規)'가 조약과 함께 '성실히 준수' 되어야 할 대상으로 규정
되어 있다. '확립된 국제법규'는 일반적으로 관습국제법을 가리키는 것
으로 이해되고 있다. 조약과 마찬가지로 관습국제법 역시 특별한 입법
절차를 거치지 않고도 국내적 효력을 가진다고 해석되고 있다. 일본 재
판소는 확립된 국제법규의 준수는 일본 헌법 제98조 2항이 정하는 바
이며, 동 조항의 취지는 '확립된 국제법규의 국내적 효력을 인정하는
것'이라는 점을 확인하고 있다(東京地判 昭和 44年(1969) 1月 25日 行集 20巻
1号 28頁).

관습국제법에 대해서도 조약의 경우와 같이 국내적 효력이 일반적
으로 인정된다는 점과는 별개로 직접적용가능성(자기집행성) 여부에 대
해서는 개별적인 검토가 필요하다. 즉, 자기집행적인 성질을 지니는 관
습국제법은 국내 재판소에서 직접적으로 적용이 가능하겠지만, 그렇지
아니한 관습국제법은 직접적으로 적용될 수 없을 것이다. 다만, 자기
집행성을 판단하기 위한 기준, 즉 관습국제법이 국내에서 재판규범으
로 원용·적용되기 위한 실체적·절차적 요건 등의 명확성을 구비한 경
우는 현실적으로 거의 존재하지 않을 것이기 때문에, 관습국제법의 자
기집행성이 긍정되는 경우는 극히 한정적일 것이다.11)

(5) 국제기관의 결의

국제기관의 결의 중에서 UN 안전보장이사회의 결의와 같이 구속
력 있는 것은 국내에서 법적 효력을 가진다는 해석이 일본 학계에서는
유력시되고 있다. 즉, 국제기관의 구속력 있는 결의의 경우, 일본 헌법
제98조 2항에서 말하는 조약으로 간주해야 한다는 견해이다.12) UN 안
전보장이사회 결의의 경우 일본을 포함한 UN 회원국을 구속하는 바,
그 구속력은 UN헌장 제25조(국제연합 안전보장이사회의 결정을 수락하고 이행
할 회원국의 의무)에 근거하기 때문에 안전보장이사회의 결의를 UN 헌장

제25조의 지위와 동일하게 취급해야 한다는 지적이다.[13)]

하지만 안전보장이사회의 결정은 상임이사국이 아닌 한 그 결의 채택에 반대의사를 표명한 경우에도 자국을 구속할 수 있다는 점, 상임이사국이 아닌 국가의 경우는 결의 채택 과정에 관여하지 아니한 경우에도 그 결정 사항이 자국을 구속하는 결과를 초래할 수 있다는 점, 그리고 자국이 결의 찬성의 의사표명을 했다고 하더라도 그것은 어디까지나 행정부 대표의 결정이고 자국의 의회를 통한 민주적 통제수단이 부여되지 않는다는 점 등을 들어 민주적 통제의 관점에서 보다 신중한 논의를 거쳐야 한다는 주장도 제기되고 있다.[14)]

2. 국내적 효력 및 적용의 실제 (판례의 전개)

(1) 조약

앞서 살펴본 바와 같이 일본 재판소는 자기집행적 조약의 개념을 인식하고 있고, 국내적 '효력' 문제와 국내적 '적용' 문제를 개념상 구분하고 있다. 따라서 일본 헌법 98조 2항에 의해 행정부가 체결한 조약은 '성실히 준수' 되어야 할 대상이 되고 일반적으로 국내적 효력을 가지지만, 조약 내용이 국내재판소에서 직접 적용되는지에 대해서는 조약별로(엄밀히 말하자면 조약의 구체적 조항에 대한) 개별적인 검토가 필요하다.

특히 사인(대부분의 경우 조약 당사국의 국민)의 권리 보장을 국가의 의무로 정하는 국제인권조약의 직접적용가능성과 관련하여 일본 재판소의 판례가 집적되어 있다. 또한 국제경제법의 주된 법원인 관세 및 무역에 관한 일반협정(General Agreement on Tariff and Trade, GATT)을 포함한 세계무역기구(World Trade Organization, WTO)의 설립협정 및 부속협정(WTO법)이 일본 국내재판소에서 적용 가능한지 여부가 문제가 된 사례들이 있어 주목받고 있다. 이하 이들 사례에 대해 검토해 보기로 한다.

(a) 국제인권조약의 국내적 적용

일본의 재판소는 세계인권선언의 내용을 기초로 하여 성문화된 대표적인 국제인권규약인 '시민적 및 정치적 권리에 관한 국제규약 (B 규약) (이하 자유권규약)'의 규정들이 국내적으로 효력을 가진다는 점을 인정하고 있고, 특히 규약상의 특정 조항들은 직접적으로 국내재판소에서 적용될 수 있음을 긍정하고 있다.

1993년 도쿄 고등재판소는 이른바 '대마단속법 및 관세법 위반 사건'에서 소송비용에 관한 형사소송법 규정과 자유권규약상의 권리와의 관계를 다루었다. 대마단속법 및 관세법 위반 용의로 체포 및 기소되어 형을 선고받은 나이지리아 국적의 피고인이 공판에서 영어를 사용하고 통역의 원조를 받았던 바, 동 판결이 형사소송법 제181조 1항(피고인의 소송비용 부담)을 근거로 통역에 관한 비용을 포함한 소송비용을 피고인에게 부담시킨 것이 자유권규약 제14조 3항 (f)호 (무료로 통역의 원조를 받을 권리)에 위반하는지가 쟁점이 되었다.

도쿄 고등재판소는 자유권규약 제14조 3항 (f)호에서 규정하는 '무료로 통역의 원조를 받을 권리'의 보장은 무조건적이자 절대적인 것이고, 가령 재판 결과 피고인의 유죄가 확정되었다고 하더라도 형사소송법 제181조 1항에 따라 피고인에게 통역 비용을 부담시키는 것은 허용될 수 없다고 판시하였다(東京高判 平成 5年(1993) 2月 3日『外国人犯罪裁判例集』55頁). 이는 일본 재판소에서 자유권규약 제14조 3항 (f)호를 직접적으로 적용한 결과, 피고인의 통역 비용 부담을 명하는 처분이 조약 규정을 위반하였음이 확인되었고, 따라서 무효가 된 사례라고 할 수 있다.[15]

1994년 오사카 고등재판소는 외국인의 지문날인을 의무로 정하는 일본의 외국인등록법(1987년 개정 전의 법)이 자유권규약 제7조(고문 금지에 관한 사항) 및 제26조(법 앞에서의 평등 및 차별 금지에 관한 사항)에 위반하는지 여부를 검토하였다. 오사카 고등재판소는 자유권규약이 원칙적으로 '자동집행적인 성격'을 지니고 있으며 국내에서 직접적으로 적용이 가능하기 때문에 동 규약에 저촉되는 국내법은 무효라고 전제하였다.

재판소는 자유권규약의 취지와 자유권규약위원회의 해석을 종합적으로 비추어 보면, 지문날인제도는 국적에 따른 구별이므로 이러한 제도는 그 구별 기준이 합리적·객관적이며 합법적인 목적을 달성하기 위한 것이 아닌 경우에는 동 규약 제26조에 위반한다고 지적하였다. 이를 토대로, 재판소는 본 제도의 합리성을 그 목적과 기능에 따라 검토한 후, 본 제도의 구별 기준은 합리적·객관적이라 볼 수 있으므로 자유권규약 제26조에 위반하지 않는다고 판시하였다(大阪高判 平成 6年(1994) 10月 28日 判時 1513号 71頁).[16]

이 사례에서 자유권규약의 해석과 관련하여 재판소가 1969년 조약법에 관한 비엔나 협약의 해석규칙(제31조)에 따라 동 규약을 해석하고 있는 점도 주목할만하다. 즉, 자유권규약의 특정 규정이 국내재판소에서 직접 적용 가능하다는 점과는 별개로, 해당 규정의 해석과 관련해서는 국제법상 확립된 조약의 해석원칙이 활용되고 있다.

1996년 도쿠시마 지방재판소는 형무소에 수감되어 있던 수형자가 감옥법 및 감옥법시행규칙에 의해 변호사와의 접견을 제한 받은 것이 자유권규약 제14조 1항(재판에서의 평등에 관한 사항)에 위반하는지 여부를 다루었다. 도쿠시마 지방재판소는 자유권규약 제14조 1항의 규정이 민사사건의 소송대리인인 변호사와 접견할 수형자의 권리도 보장하는 것으로 해석하는 것이 타당하며, 감옥법 및 동법시행규칙의 접견에 관한 조항 역시 자유권규약 제14조 1항의 취지에 따라 해석되어야 하는 바, 감옥법 및 동법시행규칙의 조항이 자유권규약 제14조 1항의 취지에 반하는 경우, 해당 부분은 무효가 된다고 판시하였다(德島地判 平成 8年(1996) 3月 15日 判時 1597号 115頁).[17)]

본 사례는 자유권규약 제14조 1항이 국내적 효력을 가지는 것은 물론 그것이 일본의 재판소에서 직접 적용될 수 있다는 전제 하에 국내법인 감옥법 및 동법시행규칙 역시 해당 조약과의 적합성이 문제될 수 있다는 점, 그리고 후술하는 바와 같이 조약의 국내 법률에 대한 우위가 인정된다는 점을 명확히 설명하고 있다. 한편, 고등재판소 역시 동일한 논리를 제시하였지만(高松高判 平成 9年(1997) 11月 25日 判時 1653号 117頁), 최고재판소는 자유권규약의 국내법적 지위에 대해서는 구체적으로 설명하지 않은 채 원심 판결을 파기하였다(最判 平成 12年(2000) 9月 7日 判時 1728号 17頁).

일본의 재판소가 자유권규약의 조항 내용을 면밀히 검토하여 직접적으로 해당 조항을 국내적으로 적용하여 판결을 내리는 경우도 드물지 않다. 2007년 후쿠오카 고등재판소는 선거운동의 자유가 문제가 된 사례에서 자유권규약 제19조(표현의 자유에 관한 사항)와 제25조(참정권에 관한 사항)의 내용을 직접 면밀히 검토하여 판결을 내렸다. 후쿠오카 고등재판소는 자유권규약이 '자동집행력(自動執行力)'을 지닌다는 전제에 서서, 자유권규약 제19조 및 제25조가 권리의 일부로서 선거운동의 자유를 보장하고는 있지만, 동 규약 제25조에서 언급하는 '불합리한 제한 없이'라는 제한 조항은 이익형량에 입각한 합리적 이유에 따른 권리 제한을 부정하는 것은 아니라고 해석하였다(福岡高判 平成 19年(2007) 9月 7日 判例集未登録 (2007년 판결)).[18)] 여기서 재판소가 언급하고 있는 '자동집행력'이라는 개념은 조약의 '자기집행성' 또는 '직접적용가능성'의 개념을 염두에 두고 있는 표현인 것으로 생각된다.

한편, 또 다른 국제인권규약인 '경제적·사회적 및 문화적 권리에 관한 국제규약(A규약)(이하 사회권규약)'에 대해서는 재판소가 직접적용가능성을 부정하는 사례가 보인다. 이른바 '시오미(塩見) 사건'에서는 장애연금의 수급자격자로 인정받기 위한 자격요건, 즉 장애자 인정일 당시에 일본국적을 보유하고 있어야 한다는 국민연금법의 관련 조항의 적법성이 쟁점이 되었다.

1989년 최고재판소는 문제가 된 사회권규약 제9조(사회보험을 포함한 사회보장에 대한 권리)에 대해서, 이 조항은 당사국 내에서 사회보장에 대한 권리가 국가의 사회정책을 통해 보호되어야 함을 정하는 것이고, 그 취지는 '그러한 권리가 실현되게끔 국가가 적극적으로 사회보장정책을 추진할 정치적 책임을 진다는 것을 선언하는 것'이라 설명하며, 동 조항이 개인에게 구체적인 권리를 부여하고 있는 것은 아니라고 해석하였다. 사회권규약은 제2조 1항에서 사회적 권리의 완전한 실현을 '점진적'으로 달성할 것을 당사국에게 요구하고 있는 바, 재판소는 이를 근거로 동 규약이 국적조항을 곧바로 배척할 것을 의무로서 규정하고 있는 것은 아니라고 판시하였다(最一小判 平成 元年(1989) 3月 2日 判時 1363 号 68頁).[19]

사회권규약은 일본 정부가 체결한 조약이기에 그 효력이 국내에도 미친다는 사실을 전제로 하면서도 사회권규약의 취지와 구체적인 조항 내용을 살펴본 결과, 사회보장의 실현과 관련해서는 정부당국의 정책적 유연성이 일정 정도 확보되어야 한다는 점을 확인한 판결이라고 할 수 있다. 문제가 된 사회권규약의 내용은 그 성질상 정책적 의무의 실현과 관련하여 국가의 재량권을 인정하고 있다고 해석하는 것이 타당한 바, 그러한 점을 고려하여 재판소가 사회권규약의 직접적용을 부정한 사례라고 평가할 수 있다.

비슷한 취지로 인종차별을 금지하는 조례를 제정하지 않은 시의 부작위를 문제시하여 원고가 위자료 등을 청구한 사례에서 2007년 오사카 지방재판소는 인종차별철폐협약이 국내적으로 효력을 지닌다는 점을 인정하면서도, 동 조약 제2조 1항 및 동 항의 (d)호 (인종차별을 적절한 수단으로써 금지하고 종결시킬 의무)는 '일의적으로 명확한 법적 의무'를 정한 것이라고 볼 수 없으며, 오히려 인종차별의 금지 및 종료와 관련하여 체약국에 대한 '정치적' 책무를 정하는 것으로 해석하는 것이 타당하다며 해당 청구를 기각한 바 있다(大阪地判 平成 19年(2007) 12月 18日 判時 2000号 79頁).

(b) 국제경제법의 국내적 적용

국제경제법의 주된 법원인 GATT 및 WTO법의 부속협정에 대한 국내적 적용이 문제가 된 사례들이 있어 주목 받고 있다. GATT를 포함한 WTO법은 무역자유화의 추진을 주된 목적으로 하여 관세양허의 준수의무, 무차별원칙(최혜국대우 및 내국민대우) 및 수량제한의 일반적 폐지 등의 의무를 정하고 있는 바, 특히 GATT 및 WTO의 회원국인 일본 정부에 대해 사인(私人)이 협정의 조항을 근거로 일본 정부의 의무 위반을 다툴 수 있는지가 문제된 바 있다.

GATT 규정의 국내적 적용이 문제가 된 대표적인 사례로 '니시진 (西陣) 넥타이 사건'이 있다. 본 사건에서는 양잠농가의 보호를 목적으로 국내 법령에 근거하여 도입된 생사(명주실)의 수입일원화조치 및 가격안정제도가 GATT의 조항에 위반하는지가 쟁점이 되었다. 동 조치 및 제도로 인해 국제가격보다 높은 국내가격으로 생사를 구입할 수밖에 없어진 니시진 넥타이 생산제조업자는 해당 조치 및 제도가 GATT 제2조 4항 및 제17조에 위반하였다고 주장하며 국가배상을 청구하였다.

1984년 교토 지방재판소는 원고측이 지적하는 GATT 조항의 위반에 대해서는, 체약국의 위반사항과 이해관계가 있는 다른 체약국이 협정 위반국을 상대로 협의 신청을 하거나 혹은 대항조치를 통해 불이익을 부과함으로써 그러한 위반 상황을 시정시킬 수 있지만, 그 이상의 법적 효력을 가지는 것으로 해석되지는 아니한다고 지적하며, 따라서 본건의 조치가 GATT 조항에 위반하여 무효가 된다고는 해석할 수 없다고 판시하였다(京都地判 昭和 59年(1984) 6月 29日 訟月 31卷 2号 207頁).

이는 GATT에서 체약국 간의 분쟁해결에 관한 절차규정을 별도로 정하고 있는 바 (재판소는 체약국간 협의 및 협정 위반국에 대한 피해국의 대항조치에 대해 언급), 사인이 GATT의 의무조항을 직접적으로 원용하여 체약국 정부의 협정의무 위반을 국내재판소에서 다툴 수는 없다는 취지의 해석으로 보인다. 결과적으로는 사인이 국가를 대상으로 한 국가배상 청구소송에서 GATT의 규범구조에 비추어 그 직접적용가능성이 부정된 사례라고 할 수 있겠다. GATT에서는 제22조 및 제23조에서 체약국 간의 협의 및 분쟁해결에 관한 절차적 사항을 별도로 마련하는 등, GATT 위반 조치에 대한 체약국간의 (준)사법적 절차 외에도 외교적 타협의 선택지를 마련하고 있다.

최근에는 GATT 이외에 WTO법을 구성하는 다른 부속협정에 관한 국내적 적용이 문제된 사례들이 등장하고 있다. 일본에서는 돼지고기의 수입에 관한 차액관세제도를 실시하고 있는 바, 이러한 차액관세제도가 WTO법의 부속협정인 농업에 관한 협정(WTO농업협정) 제4조 2항(시장접근에 관한 규정)에 위반하는지가 쟁점이 되었다. 일본 재판소는 WTO농업협정을 포함한 부속협정의 직접적용가능성에 대해서는 기본적으로 부정적인 태도를 취하고 있다.

2013년 도쿄 고등재판소는 WTO협정의 직접적용가능성 여부와 관련하여 이는 원칙적으로 일본의 국내법에 따라 정해져야 한다고 강조했다. 본건의 경우, WTO농업협정 제4조 2항의 내용 및 성질을 고려하여 일본의 삼권분립의 상태, 국내 법제도의 상황 및 소송상의 청구·주장의 형태 등을 감안하여 종합적으로 판단해야 한다고 설명했다. 재판소는 먼저, ①WTO협정의 내용은 GATT에 비해 더욱 상세·명확하지만 여전히 교섭을 통한 유연한 분쟁해결의 여지가 배제되지는 않았고, 규율의 유연성이 남아 있는 부분이 있으며, 특히 ②미국과 EU의 국내에서 WTO협정에 대한 직접적용가능성이 부정되고 있음을 강조하였다. 즉, 미국과 EU와 같은 일본의 대표적인 교역 상대국이 WTO협정의 국내적 적용을 부정하고 있는 상황에서 일본만 국내적 적용을 긍정하게 될 경우, 이들 국가들과의 관계에서 WTO협정의 의무이행과 관련하여 '현저한 불균형'이 발생하여 일본이 불이익을 받을 수 있다는 것이 그 골자였다.

재판소는 일본의 입법 및 행정의 재량권 행사가 WTO협정에 관한 국내적 사법심사로 인해 제약을 받게 된다면, 일본 헌법이 취하고 있는 권력분립의 관점에서 바람직하지 않을 것이라 지적하며, 본건의 구체적인 상황에 비추어 본다면 WTO협정의 국내적 직접적용가능성을 인정해야할 근거는 없다고 판시하였다(東京高判 平成 25年(2013) 11月 27日 判夕 1406号 273頁).[20]

마찬가지로 돼지고기 수입에 관한 차액관세제도의 WTO 농업협정 제4조 2항 위반 여부가 쟁점이 된 사건에서 2016년 도쿄 지방재판소는, 조약의 직접적용가능성에 관해서는 주관적 기준(조약의 당사국들이 문제가 되는 해당 조항에 대해 국내적으로 직접 적용 가능하다는 점을 의도하여 조약을 체결했는지 여부)과 객관적 기준(조약의 내용을 구체화하는 법령을 기다릴 것 없이 국내에서 직접적으로 적용할 수 있을 정도의 명확성 및 완전성을 구비하고 있는지 여부)에 따라 판단해야 한다고 판시하며, 다음과 같이 구체적인 설명을 제시하고 있다.

즉, ①WTO협정은 그 기본적인 성격상 국가와 사인간의 권리의무를 규정하는 것을 직접적인 목적으로 하지 않고, ②WTO설립협정은 WTO협정의 국내 적용에 대해서 딱히 명시하고 있지 않으며, ③WTO협정에는 포괄적인 WTO분쟁해결절차가 구비되어 있고 그 내용 역시 회원국 상호간의 협의(합의)에 따른 해결이 우선시 되고 있다는 점, 그리고 ④WTO 주요 회원국인 미국과 EU는 WTO협정에 대한 국내적 직접적용가능성을 부정하고 있다는 점 등을 두고 종합적으로 판단할 때, 'WTO협정이 국내에서 직접 적용 가능하다는 취지로 체결되었다고 볼 수 없다'는 것이다.

재판소는 이를 바탕으로 본건에서 문제가 된 WTO농업협정 제4조 2항의 경우, 국내산업의 보호를 목적으로 부과되는 관세에 대해 규정하는 것으로서, 국내에서 직접적으로 적용 가능하다는 취지로 체결된 조항은 아니라고 보는 것이 타당하다고 판시하였다(東京地判 平成 28年 (2016) 3月 17日 (平成26年(2014) (行ウ) 第226号·第228号 更正処分取消等請求事件) (LEX/DB 25543236)).

본 사건에서 재판소는 조약의 직접적용가능성과 관련하여 조약 당사국의 의사(주관적 기준)와 규정 자체의 명확성 및 완전성(객관적 기준)에 비추어 판단해야 한다는 전제에 서서, WTO농업협정 제4조 2항를 포함한 WTO설립협정의 취지 및 법적 성질에 비추어 직접적용가능성의 여부를 판단하고 있다. 또한 재판소가 조약의 직접적용가능성의 기준으로서 기존의 주관적·객관적 기준 뿐만 아니라 미국과 EU 등과 같은 주요 교역 상대국의 국내적 상황을 참고로 하여 소극적 상호주의에 입각한 판단을 내리고 있는 점도 주목할 만하다.

(2) 관습국제법

조약의 경우와 마찬가지로, 일본 재판소는 관습국제법의 국내적 효력을 인정하는 것과는 별개로 자기집행성 여부는 별도로 검토해야 한다는 태도를 취하고 있다.

1993년의 이른바 '시베리아 억류 포로 보상청구사건'에서 도쿄 고등재판소는 일본에서 소정의 공포 절차를 마친 조약과 국제관습법(관습

국제법)은 별다른 입법조치를 강구할 필요 없이 당연히 국내적 효력이 인정되지만, 국내적 효력을 인정받은 국제법규가 국내에서 적용되기 위해서는 당사국의 구체적인 의사 여부가 당연히 중요한 요소가 되는 것은 물론, 규정의 내용이 명확하지 않으면 아니된다고 판시한 바 있다. 이때 재판소는 국제관습법이 직접 국민의 권리·이익을 규율하고 있는 경우라 할지라도, ①권리의 발생·존속·소멸 등에 관한 구체적인 요건이나 권리의 행사 등에 관한 절차적 요건, 그리고 ②기존의 국내 제도와의 정합성 등을 상세히 규정하고 있지 않은 경우에는 국내적 적용가능성을 부정할 수 밖에 없다고 설명하고 있다(東京高判 平成 5年 (1993) 3月 5日 判時 1466号 40頁).

이러한 판시는 관습국제법이 특단의 입법조치 없이 국내적 효력을 지닌다는 일반론과는 별개로 개인의 권리 및 이익을 구체적으로 규율 하는 것으로서 국내재판소에서 직접적으로 원용·적용 가능한 규범으로 인정받기 위한 조건을 제시하는 것이라고 평가할 수 있다.

3. 간접적용(국제법적합해석)

재판소가 국제법상의 규범을 직접 적용함으로써 국제법의 국내적 실현을 도모하는 것이 아닌, 국내법을 국제법상의 규범을 참조하여 해석함으로써 국제법과의 규범 조화를 꾀하거나 혹은 해당 국제법상의 규범 내용을 간접적으로 국내에서 실현하는 것을 국제법의 '간접적용'이라 한다. 이러한 국제법적합해석은 국내법을 해석할 시 국제법을 해석기준, 지침 또는 보강재료로써 활용하는 등의 형태로 적용된다.

국제법을 간접적용하는 해석적 방법론은 개개의 국제법의 직접적용가능성 또는 자기집행성 여부의 논의를 회피하면서도 국제법의 규범 내용을 국내법적으로 반영하여 실시할 수 있는 방안을 제시한다는 점에서 그 유용성이 주목 받고 있다. 일본 재판소는 국제법의 간접적용을 통한 국내법의 해석을 긍정하고 있다. 이하 대표적인 사례들을 소개하기로 한다.

이른바 '니부다니(二風谷) 댐 건설 사건'은 오랜 기간 아이누 민족에게 성지(聖地)로 여겨지던 니부다니 지역이 댐 건설 공사에 따른 국가 수용의 대상이 되자, 토지 소유자인 원고(아이누 민족)가 토지 수용에 관한 재결 취소의 소송을 제기한 것이 문제가 된 사례이다. 1997년 삿포로 지방재판소는 본건에서 문제가 된 토지수용 재결 및 토지수용법의 해석에 있어서 자유권규약 제27조(소수민족의 권리에 관한 사항)를 적극적으로 참조하며 판결을 내렸다.

먼저, 재판소는 아이누 민족이 자유권규약에서 말하는 '소수민족'에 해당한다는 점에 대해서는 의문의 여지가 없다고 전제하면서, 동 규약 제27조에 따라 아이누 민족의 문화 향유권이 보장되어야 한다고 지적했다. 다만, 재판소는 일본 헌법 제12조(자유, 권리를 유지하기 위한 책임 및 그 남용의 금지에 관한 사항)를 근거로 아이누 민족의 문화 향유권 역시 공익에 의해 일정한 제한을 받을 수 있다고 지적하며, 정부 사업의 공익성과 아이누 민족의 문화 사이의 비교형량을 통해 문제가 된 정부 사업계획의 적법성을 판단하였다(札幌地判 平成 9年(1997) 3月 27日 判時 1598号 33頁). 이 사례는 토지수용법이라는 국내법의 해석에 있어서 자유권규약의 소수민족 규정을 재판소가 적극적으로 참조한 간접적용의 사례라고 평가할 수 있다.[21]

이처럼 재판소가 국제법의 발전 동향을 참조하면서 국내법의 규정을 해석하는 사례는 드물지 않다. 2008년 최고재판소는 국적법 제3조 1항의 규정이 혼외자를 차별하는 것이기에 헌법 제14조(법 앞에서의 평등)에 위반한다는 결론을 내렸는데, 이때 최고재판소는 국제인권조약인 자유권규약 및 아동권리협약을 참조하면서 아동은 출생에 따른 어떠한 차별도 받아서는 안된다는 취지의 규정이 국제법에 존재한다고 강조하였다. 최고재판소는 일본을 둘러싼 국내적·국제적인 사회환경 등의 변화를 근거로 본건에서 문제가 된 구별과 입법 목적 사이에서 합리적인 관련성을 발견할 수 없다고 판시하였다(最大判 平成 20年(2008) 6月 4日 判時 2002号 3頁).

최고재판소가 위 조약들의 내용을 구체적으로 검토하여 국내적으로 적용한 것은 아니지만 국내법의 해석에 있어서 국제법을 참조하여 결론에 이르렀다는 의미에서 이는 국제법을 간접적용한 사례라고 평가할 수 있다.

사인 간의 손해배상과 관련한 사건에서 국제법이 적극적으로 참조되는 경우도 있다. '오타루(小樽) 입욕 금지 사건'이 대표적이다. 오타루시 소재의 대중목욕탕이 정면 현관에 "Japanese Only" 라고 쓰여진 간판을 내걸고 외국인의 입욕을 제한하고 있었는데, 입욕을 거부당한 외국인이 손해배상을 요구하여 제소한 것이 문제가 되었다. 특히 본건에서는 위의 입욕 거부 행위에 대해 일본 헌법 제14조 1항(법 앞에서의 평등)과 더불어 국제인권조약인 자유권규약 및 인종차별철폐협약의 제규정이 적용될 수 있는지가 쟁점이 되었다.

2002년 삿포로 지방재판소는 먼저 사인 간에 직접적으로 적용되는 규범과 관련해서, 헌법 제14조 1항은 공권력과 개인간의 관계를 규율하는 것이고 사인 상호간의 관계를 직접적으로 규율하는 것은 아니라고 전제하면서, 자유권규약 및 인종차별철폐협약이 국내법적으로 효력을 지닌다고 하더라도, 그 규정 내용은 헌법과 마찬가지로 공권력과 사인 간을 규율하거나 또는 국가의 국제적 책임을 정하는 것이므로, 사인 상호간의 관계를 '직접적'으로 규율하는 것은 아니라고 지적했다. 다만, 사인의 행위로 인해 다른 사인의 기본적인 자유나 평등이 구체적으로 침해되거나 또는 그러한 우려가 있고 그것이 사회적으로 허용할 수 있는 한도를 넘어선다고 평가될 경우에는, 사적 자치에 대한 일반적 제한인 민법 제1조, 제90조나 불법행위에 관한 제규정을 통해 사인에 의한 개인의 기본적인 자유 또는 평등에 대한 침해를 무효 또는 위법하다고 해야 할 것이라고 지적하였다.

여기서 재판소는 헌법 제14조 1항, 자유권규약 및 인종차별철폐협약은 위와 같은 사법(私法) 제규정의 해석에 있어서 '하나의 기준'이 될 수 있다고 강조하였다. 본건에서 문제가 된 입욕 거부의 경우, 국적에 따른 구별이 아니라 외견이 외국인으로 보인다는 이유에서 취해진 구별이므로 인종·피부색·민족적 출신에 기반한 구별 및 제한이라는 점이 인정되기에 이는 헌법 제14조 1항, 자유권규약 26조 및 인종차별철폐협약의 취지에 비추어 사인 간에 철폐되어야 하는 인종차별에 해당한다고 판시하였다(札幌地判 平成 14年(2002) 11月 11日 判時 1806号 84頁).

본 사건 이전에도 개인에 대한 불법행위에 근거한 손해배상청구에 있어서 인종차별철폐협약의 실체규정이 불법행위요건의 해석기준으로 작용할 수 있다는 취지의 판결이 내려진 적이 있었지만(예컨대, 静岡地裁 浜松支判 平成11(1999)年 10月 12日 判時 1718号 92頁), 본 사건 판결은 '사인 간의 관계'에서 국제인권조약을 통한 직접적인 규율을 부정하면서도 간접적용의 수법을 적절히 활용함으로써 국내법의 국제법적합해석의 예시를 제공하는 리딩 케이스적인 사례라고 평가할 수 있다.22)

사인 간의 분쟁에서 국제법에 적합한 형태로 불법행위법을 해석해야 한다는 취지의 판시는 그 후의 판례에서도 확인되고 있다. 2014년 '교토 헤이트 스피치 사건'에서 오사카 고등재판소는 사인 간에 특정 집단에 속하는 자의 전체에 대한 인종차별적인 발언이 발생한 경우, 그러한 발언이 헌법 제13조(개인의 존중과 공공복지), 제14조 1항 또는 인종차별철폐협약의 취지에 비추어 합리적인 이유가 없고, 또한 사회적으로 허용될 수 있는 범위를 넘어 타인의 법적 이익을 침해하는 것으로 인정되는 경우에는 민법 제709조에서 말하는 '타인의 권리 또는 법률상 보호되는 이익을 침해'하였다는 요건을 충족하는 것으로 해석해야 한다고 지적했다. 재판소는 이로 인해 발생한 손해를 가해자에게 배상토록 함으로써 '인종차별철폐협약의 취지를 사인 간에도 실현시켜야 한다'고 판시하고 있다(大阪高判 平成26年(2014) 7月 8日 判時 2232号 34頁. 제1심 판결은 京都地判 平成25年(2013) 10月 7日 判時 2208号 74頁).

일본의 재판소가 사법부로서의 권한 범위 내에서 국내의 법령과 국제법의 규범 내용을 상호참조하여 국제법적합해석에 따라 국내법을 해석할 의무를 확인한 판시라고 평가할 수 있다.

4. 국제법의 국내적 서열 문제

(1) 조약

일본 헌법 제 98조 1항은 '이 헌법은 국가의 최고 법규이고 그 조항에 반하는 법률, 명령, 조칙 및 국무에 관한 그 밖의 행위 전부 또는 일부'는 효력을 지니지 아니한다고 규정하고 있다. 이어서 동 조 2항에서 '일본국이 체결한 조약 및 확립된 국제법규'에 대해서 '성실히 준수'하여야 한다고 명시하고 있지만, 국내법 체계 속에서 국제법(조약 및 확립된 국제법규)이 차지하는 서열에 대해서는 언급하고 있지 않다.

먼저 조약과 국내 법률과의 관계에 대해서는 헌법 제98조 2항에 따른 조약에 대한 성실준수의무, 그리고 제73조 3호에 따라 조약의 체결과 관련해서는 국회의 승인을 거칠 필요가 있다는 점을 근거로 조약이 법률보다 우위에 있다고 보는 것이 재판소의 입장이자 일본 학계의 일반적 통설이다. 일본의 재판소에서는 국내 법령이 일본이 체결한 조약의 규정 내용에 위반한다는 취지의 청구주장이 빈번히 제기되고 있으며, 재판소가 조약우위의 전제 하에 국내법령의 위법성을 검토하는 경우도 드물지 않다(예를 들어, 위의 大阪高判 平成6年(1994) 10月 28日 判時 1513号 71頁).

1965년의 한일어업협정의 내용과 일본 국내법인 1977년의 영해 및 접속수역에 관한 법률(영해법)의 상관관계가 문제된 사례에서, 1997년 재판소는 조약 또는 확립된 국제법규는 '항상 법률에 대해 우선'하는 효력을 지닌다고 판시 하면서 조약인 한일어업협정이 정하고 있는 바에 따라 국내 법률인 영해법의 적용이 배제될 수 있다는 점을 명확히 한 바 있다(松江地浜田支判 平成9年(1997) 8月 15日 判時 1656号 59頁).[23]

조약과 일본 헌법 간의 서열 문제와 관련해서는 학설이 나뉘고 있다. 먼저 조약우위설을 주장하는 주된 근거는 다음과 같다. 첫째, 일본 헌법 제98조 2항에서 국제법을 성실히 준수할 것을 요구하고 있다는 점이다. 만약 헌법이 조약보다 우선한다면, 헌법이 명시하는 국제법의 성실준수의무의 실현이 불가능해진다는 것이다. 둘째, 헌법 제81조에서 최고재판소의 위헌심사 대상으로 '법률, 명령, 규칙 또는 처분'에 대해서만 언급하고 있다는 점이다. 즉 조약이 위헌심사의 대상으로 명시되어 있지 않은 것은 헌법에 대한 조약의 우위를 인정하는 취지로 받아들일 수 있다는 것이다. 셋째, 헌법의 최고법규성을 명시하는 일본 헌법 제98조 1항에서 조약에 대해서는 언급하고 있지 않다는 점이다. 즉, 동 조항에서 헌법에 반하는 법률, 명령 등은 효력을 지니지 아니한다고 명시하고 있지만, 이 나열에는 조약이 포함되어 있지 않으므로, 헌법에 대한 조약의 우위를 인정해야 한다는 것이다. 넷째, 일본 헌법 전문 및 제9조에서 일본 헌법의 정신으로서 국제평화주의를 천명하고 있고, 이는 국제협조주의를 표방한다는 것이다. 조약우위설을 주장하는 학자들은 이러한 근거들을 토대로 헌법에 대한 조약의 우위를 주장한다.

한편, 조약에 대한 헌법의 우위성을 인정하는 헌법우위설이 현재는 다수설인 것으로 보인다. 헌법우위설은 다음과 같은 근거를 들어 조약우위설과 대립한다. 첫째, 일본 헌법 제98조 2항이 국제법의 성실준수의무를 명문으로 정하고 있으나, 위헌인 조약까지 성실히 준수할 것을 요구하는 것은 아니라는 점, 둘째, 헌법상 국민주권의 원칙이 고려되어야 한다는 점, 셋째, 일본 헌법 제98조 1항에서 조약에 대해 언급하지 않은 것은 동 조 2항에서 조약에 대한 별도의 규정을 두고 있기 때문이라는 점, 넷째, 헌법이 표방하는 국제협조주의가 그 자체로 헌법에 대한 조약의 우위를 확인하는 원칙은 아니라는 점, 마지막으로 조약의 체결 절차와 헌법의 개정 절차의 상이점, 특히 헌법 개정 쪽이 조약 체결의 경우보다 엄격한 절차 요건을 정하고 있다는 점을 들고 있다.24)

최고재판소는 이른바 '스나가와(砂川) 사건' 판결에서 조약에 대한 헌법의 우위를 전제로 하여 판시를 한 바 있다(最大判 昭和34年(1959) 12月 16日 刑集 13卷 13号 3225頁). 동 사건에서는 '구 미일안전보장조약(旧日米安全保障条約)'이 헌법에 위반하는지가 문제가 되었다. 1959년 최고재판소는 위 안보조약의 위헌성과 관련하여 '일견 명백하게 위헌 무효라고 인정되지 않는 한 재판소의 사법심사권의 범위 밖'이라고 판시하며 안보조약의 위헌성 판정에 대해서는 구체적으로 검토하지 않았다. 동 사건에서 문제가 된 안보조약은 미국과 일본의 정치적 타협의 산물로서 고도의 정치성을 띠는 것임에 따라 재판소가 그 내용에 대해 사법적 판단을 내리는 것이 적절치 않다고 판단한 것으로 보이나(이른바 통치행위론), 한편 재판소가 '일견 명백하게 위헌 무효'인 조약에 대해서는 원칙적으로 사법심사가 가능하다는 전제에 서 있는 것으로 해석할 수 있다.

한편, 일본 정부는 조약의 유형에 따라 헌법우위설과 조약우위설을 개별적으로 판단하는 입장에 서 있는 것으로 보인다. 일본 정부는 항복문서나 평화조약과 같이 한 국가의 안위와 관련하는 조약의 경우

조약이 헌법에 우선하지만, 양국간의 정치적·경제적 조약에 대해서는 헌법이 우선한다는 입장을 취한 바 있다(林修三内閣法制局長官, 第33回 国会 参議院予算委員会, 昭和 34年(1959) 11月 17日).[25]

국회의 승인을 요하지 않는 행정협정 역시 국제법상 대외적으로는 조약에 해당하기 때문에 국회 승인의 여부와는 별개로 법률에 우선한다는 전제는 동일하게 성립한다. 다만, 정부가 현행 법령의 범위 내에서 체결하는 행정협정이나 예산의 범위 내에서 체결하는 행정협정의 경우, 국내적으로는 정부가 발하는 명령과 동등한 서열로 간주해야 할 것이다.[26]

(2) 관습국제법

일본 헌법 제98조 2항은 조약과 함께 '확립된 국제법규', 즉 관습 국제법에 대한 성실준수의무를 명시하고 있지만, 관습국제법의 국내법 상 서열에 관해서는 침묵하고 있다. 관습국제법은 조약과 동등한 서열, 즉 헌법 보다는 하위에 놓이지만 법률에는 우선한다는 해석이 일본 학 계 및 재판소 입장을 통해 일반적 통설로 받아들여지고 있다.

외국인등록령에 근거하여 강제퇴거의 대상이 된 원고가 해당 처분 이 정치범 불인도원칙이라는 관습국제법에 반한다고 주장한 이른바 '윤수길(尹秀吉) 사건'에서 1969년 도쿄 지방재판소는 이러한 처분이 관 습국제법에 반한다는 이유로 해당 처분을 취소한 바 있다. 특히 정치범 을 인도해서는 아니된다는 규범은 역사적·사회적으로 정착되어 왔으 며, 제2차 세계대전 이후로 국제연합헌장, 세계인권선언, 국제인권규 약 등을 통해 국제법이 인권의 존중을 중시하게 됨과 더불어 정치범 을 인도해서는 안된다는 것이 '원칙'으로서 법적 의미를 지니게 되었 다는 점을 그 이유로 제시하였다(東京地判 昭和 44年(1969) 1月25日 行集 20 巻 1号 28頁).

즉, 정치범 불인도원칙이라는 관습국제법이 존재하는 한 원고에 대한 강제퇴거의 집행은 특히 '확립된 국제법규'의 준수를 규정하는 일본 헌법 제98조 2항에 위반하기에 위법하다는 것이 판시의 취지이다. 다만 이 판결은 정치범 불인도원칙이 아직 관습국제법으로 확립되지 않았다는 이유로 상급심에서 파기되었다(東京高判 昭和47年(1972) 4月 19日 判時 664号 3頁).

Ⅳ. 국제법과 일본법의 상호작용과 조정

국제법과 국내법은 다방면에 걸쳐 상호작용하고 있으며, 특히 일본의 경우 헌법 제98조 2항의 해석과 적용을 통해서 일본이 체결한 조약 및 관습국제법과 같은 국제법이 국내적으로 효력을 가지는 것은 물론 일본 국내재판소에서 국내법에 영향을 미치는 형태로 적용되고 있음을 확인하였다. 이 장에서는 국가가 조약을 서명하고 체결하는 과정에서 국제법상의 규범이 다양한 측면에서 국내법제와 상호작용하며 국내법제의 조정을 이끌어낼 수 있다는 점을 사례를 들어 설명하고자 한다.

국가가 국제규범의 발전과 동향에 효과적으로 대응하기 위해 체결하는 조약이나 각종의 국제적합의는 그 교섭·협의 과정이나 국내의 다양한 심의과정을 통해서 관련 분야의 국내법·제도의 정비를 촉진시키는 외압으로 작용하기도 한다. 여성차별철폐협약의 비준을 둘러싼 당시 일본의 상황은 조약 가입에 앞서 국내법적 조정이 이루어진 대표적인 사례라고 할 수 있다.

UN 세계 여성의 해 10주년(1975년~1985년)을 맞이하여 그 중간 단계인 1980년에 여성차별철폐협약에 서명하고 1985년까지 동 조약을 비준하는 것은 선진국 대열로 진입한 일본이 내건 국제사회에 대한 공약과도 같은 것이었다.27) 이를 실현하기 위해 일본 정부와 국회에서는 동 협약과의 정합성이 문제될 수 있는 기존의 근로부인복지법(勤勞婦人福祉法)을 개폐하고 남녀고용기회균등법(男女雇用機会均等法)을 새로이 제정, 그리고 국적법의 부계혈통주의를 부모양계주의로 개정하는 등 국내법령의 정비 과정을 거치고 1985년 여성차별철폐협약에 정식으로 가입하였다.28) 개정 전 국적법의 부계우선주의는 여성차별철폐협약의 규정과의 관계상 차별적이기에 이를 유지할 경우 국제의무에 위반할 소지가 있었다. 이러한 일련의 과정은 조약에 서명하고 비준하는 과정에 있어서 국제법이라는 외부적 요인이 일종의 외압이 되어 일본 국내법과 상호작용하며 정책의 조정을 이끌어 낸 사례라고 할 수 있다.29)

국가가 새로운 조약에 가입하거나 비준하는 경우 해당 조약의 구체적인 규범적 내용과 국내에서 이미 시행 중인 각종 규제 및 사회정책과의 관계를 둘러싸고 정합성의 문제가 발생할 수 있다. 특히 노동이나 환경 문제와 같은 사회정책의 도입을 의무로서 요구하는 조약(이를테면 ILO협약이나 노동·환경조항을 포함하는 포괄적 자유무역협정 등)은 자국내 노동 관련 법제도나 사회적 기준에도 큰 영향을 미칠 수 있다. 각국은 이러한 민감성을 회피하기 위해서 유보나 해석선언 등을 첨부하여 가능한 한 국내법제와의 조화를 유지한 채로 조약을 비준하게 된다. 특히 일본의 경우 내각 법제국이나 관계부처가 국제법 규범과 국내법이 상호 모순되거나 충돌하는 상황에 대해 상당히 민감한 태도를 보이고 있으며,30) 조약 비준에 있어서도 국내법과의 조화를 중시하는 한편, 양자가 저촉되는 상황을 극구 피하고자 한다.

인종차별철폐협약의 가입을 둘러싼 일본의 유보 선언은 그 대표적인 사례라고 할 수 있다. 1965년 UN 총회에서 채택되어 1969년에 발효한 인종차별철폐협약의 경우, 일본 정부는 동 협약 제4조(인종 또는 인간 집단의 우월성에 기반한 폭력, 차별 및 선전활동의 금지)의 내용이 일본 헌법 상의 '집회, 결사 및 표현의 자유'의 권리 보장과 저촉될 가능성이 있다고 판단하여 오랜 기간 동 협약에 가입하지 않았으나, 1995년이 되어서야 '집회, 결사 및 표현의 자유 그 외의 권리'의 보장과 저촉되지 않는 한도 내에서 이들 규정의 의무를 이행하겠다는 유보를 선언하고 가입하였다.

마찬가지로 대표적인 국제인권규약인 자유권규약과 사회권규약에 대해서도 일본은 1978년에 이를 서명하고 국회의 승인을 얻어 1979년에 비준하였지만, 국내의 사회정책 및 법령과의 정합성 문제를 이유로 몇가지 유보와 해석선언을 첨부하고 있다. 즉 일본 정부는 사회권규약에 대해서는 제7조 (d)호 (노동자 공휴일의 보수 지급), 제8조 1항 (d)호 (파업의 권리), 및 13조 2항 (b)호 및 (c)호 (중등·고등교육의 점진적 무상화)에 대한 유보를, 그리고 두 규약 모두에 대해 '경찰 구성원(사회권규약 제8조 2항 및 자유권규약 제22조 2항)'의 개념에는 '소방직원'이 포함된다는 해석선언을 붙인 바 있다. 이 중 '중등·고등교육의 점진적 무상화'에 대해서는 2012년에 유보 철회를 선언했다.

미주

1) 종래 국제법과 국내법의 관계에 대해서는 일본 국제법 교과서의 총론 부분에서 이 문제를 다루는 경우가 대부분이었다. 최근에는 일원론 및 이원론 등의 이론적 대립이 실질적인 의미를 잃었고 오히려 국제법과 국내법의 관계에 대해서는 주로 국제법이 국내법에 미치는 실질적인 영향을 실천적으로 파악해야 한다는 관점에서 이를 국제법의 '적용과 실시'의 문제로서 이해해야 한다는 견해가 주목받고 있다. 대표적으로 酒井啓亘 外, 国際法, 有斐閣 (2011) 가 이러한 방식을 취하고 있다. 마찬가지로 국내법상 국제법의 실시 및 적용은 국제법을 실현하는 가장 기본적이고 중요한 수단이라는 관점에서 국제법과 국내법의 관계를 국제법의 '기능'의 측면에서 파악하는 접근 방식도 주목을 받고 있다. 대표적으로는 岩沢雄司, 国際法, 東京大学出版会 (2020).

2) 오히려 이러한 접근방법이 국제사회에 있어서 바람직할 것이라는 소위 당위론적인 차원에서 주장되는 경우가 있다. 杉原高嶺, 基本国際法(第3版), 有斐閣 (2018), 77.

3) 杉原高嶺, 基本国際法(第3版), 有斐閣 (2018), 76.

4) 中谷和弘 外, 国際法(第3版), 有斐閣アルマ (2017), 123.

5) 岩沢雄司, 国際法, 東京大学出版会 (2020), 515. 또한, 酒井啓亘 外 는 조정이론에 대해서 동 이론이 실질적으로는 이원론과 다르지 않고 또한 동 이론이 조정 메커니즘에 대해서는 아무런 구체적 설명이 없다는 점을 지적하면서도, 기존의 일원론 및 이원론의 이론적 논쟁의 실천적 무용성 (無用性) 을 결정적으로 밝혀냈다는 점에서 그 공적은 귀중하다고 지적하고 있다. 酒井啓亘 外, 国際法, 有斐閣 (2011), 384.

6) 小寺彰 外, 講義国際法(第2版), 有斐閣 (2010), 121.

7) 小寺彰 外, 講義国際法(第2版), 有斐閣 (2010), 121.

8) 岩沢雄司, 国際法, 東京大学出版会 (2020), 537.

9) 柳原正治 外, プラクティス国際法講義(第3版), 信山社 (2017), 57.

10) 오히라 3원칙이 언급된 제72회 국회 중의원 외무위원회 답변에 대해서는, 第 72回 国会衆議院外務委員会議録, 第5号, 昭和 49年(1974) 2月 20日 를 참조.

11) 藤田久一는 관습국제법 중에는 그러한 실체적·절차적 요건 등을 상세히 정 하고 있는 것은 거의 존재하지 않으므로 일본의 재판소가 관습국제법의 자 동집행성을 인정하여 그것을 직접적으로 적용할 여지는 거의 없을 것이라 지적한다. 藤田久一, 国際法講義[1] : 国家·国際社会(第2版), 東京大学出版 会 (2010), 123.

12) 또한 일본 헌법 제98조 2항이 국제법의 법원(法源)으로서 인정되는 규범들 의 국내적 효력을 일반적으로 인정하는 취지의 조항이라고 이해해야 한다 는 주장도 제기되고 있다. 岩沢雄司, 国際法, 東京大学出版会 (2020), 538.

13) 酒井啓亘 外, 国際法, 有斐閣 (2011), 406.

14) 酒井啓亘 外, 国際法, 有斐閣 (2011), 407.

15) 판례 평석은 松井芳郎 外, 判例国際法(第2版), 東信堂 (2010), 301 를 참조.

16) 판례 평석은 松井芳郎 外, 判例国際法(第2版), 東信堂 (2010), 320 를 참조.

17) 판례 평석은 小寺彰 外, 国際法判例百選(第2版), 有斐閣 (2011), 104 를 참조.

18) 재판소는 자유권규약위원회가 동 규약의 해석으로 채택하는 '일반적의견' 역시 조약법에 관한 비엔나협약 제31조(조약 해석의 일반규칙)의 적용을 통 해 얻을 수 있는 의미를 확인하기 위한 보조적 수단으로서 존중해야 한다는 의견을 밝히고 있다.

19) 판례 평석은 松井芳郎 外, 判例国際法(第2版), 東信堂 (2010), 316 를 참조.

20) WTO협정의 일본 국내 적용 가능성과 관련해서 보다 상세히는 中川淳司 外, 国際経済法(第3版), 有斐閣 (2019), 97 – 100 참조.

21) 한편, 재판소가 자유권규약 제27조를 직접 적용하였다고 보는 견해도 있다. 이를테면, 松井芳郎 外, 判例国際法(第2版), 東信堂 (2010), 301 참조.

22) 小寺彰 外, 国際法判例百選(第2版), 有斐閣 (2011), 106 – 107.

23) 다만 이 판결은 상급심에서 애초에 조약 위반 상황이 존재하지 않는다는 이 유로 파기되었다(広島高裁 平成 10年(1998) 9月11日 判時 1656号 56頁).

24) 杉原高嶺, 国際法学講義(第2版), 有斐閣 (2013), 120.

25) 1959년 참의원 예산위원회에서 하야시 슈조(林修三) 당시 내각 법제국 장 관은 정부견해로서 헌법우위설과 조약우위설을 일원적으로 파악하지는 않 으며, 조약의 유형에도 여러가지가 있을 수 있다는 전제에 서서, 예를 들어

항복문서나 평화조약과 같이 국가의 안위와 관련하는 조약의 경우 헌법에 우선하는 경우가 있을 수 있다고 설명한 바 있다. 林修三內閣法制局長官, 第33回 国会参議院予算委員会, 昭和 34年(1959) 11月 17日.

26) 小寺彰 外, 講義国際法(第2版), 有斐閣 (2010), 125.

27) 中谷和弘 外, 国際法(第3版), 有斐閣アルマ (2017), 131.

28) 中谷和弘 外, 国際法(第3版), 有斐閣アルマ (2017), 131.

29) 한편 여성차별철폐협약의 이행을 감시·감독하기 위해 설치된 여성차별철폐위원회에서 2003년, 2009년, 그리고 2016년 3번에 걸쳐서 일본 민법이 정하고 있는 '부부동성제도'가 차별적인 규정에 해당한다며 이를 개선하도록 권고하고 있다. 일본 정부는 '선택적부부별성제도'에 관한 국민적 논의가 충분히 이루어질 수 있도록 노력하겠다는 입장을 밝히고 있지만, 여성차별철폐협약이라는 국제법이 앞으로 일본의 민법 개정에 어떠한 영향을 미치게 될 지 귀추가 주목되는 바이다.

30) 中谷和弘 外, 国際法(第3版), 有斐閣アルマ (2017), 132.

참고문헌

岩沢雄司, 国際法, 東京大学出版会 (2020)

酒井啓亘 外, 国際法, 有斐閣 (2011)

小寺彰 外, 講義国際法(第2版), 有斐閣 (2010)

小寺彰 外, 国際法判例百選(第2版), 有斐閣 (2011)

松井芳郎 外, 判例国際法(第2版), 東信堂 (2010)

杉原高嶺, 基本国際法(第3版), 有斐閣 (2018)

杉原高嶺, 国際法学講義(第2版), 有斐閣 (2013)

浅田正彦, 国際法(第3版), 東信堂 (2016)

中川淳司 外, 国際経済法(第3版), 有斐閣 (2019)

中谷和弘 外, 国際法(第3版), 有斐閣アルマ (2017)

藤田久一, 国際法講義[1]：国家・国際社会(第2版), 東京大学出版会 (2010)

薬師寺公夫 外, 判例国際法(第3版), 東信堂 (2019)

柳赫秀 外, 講義国際経済法, 東信堂 (2018)

柳原正治 外, プラクティス国際法講義(第3版), 信山社 (2017)

김 경 우

일본법 관련 검색정보[*]

일본법 검색에서 3대 축은 법령, 판례, 문헌(각종 (연구)논문 등)이라고 할 수 있다. 우선 본 부록에서는 크게 법령, 판례, 논문의 검색방법에 대하여 살펴본다. 법령 검색에서는 인터넷 및 문서를 통한 검색 이외에도 관보 검색방법 및 일본이 체결한 조약 검색은 별도로 살펴본다. 판례 검색에서는 인터넷 검색 및 문서 검색 외에도 판례를 조사하는 방법에 대하여 다룬다. 논문 검색은 대표적인 논문검색 플랫폼인 CiNii와 J-STAGE를 중심으로 살펴본다. 다음으로 일본법의 영어번역 조사방법 검색방법에 대하여도 간단히 살펴보고, 마지막으로 한국법률문헌 작성시 일본 판례 및 법령 인용방식에 대하여 살펴본다.

I. 법령

일본에서 법령(法令)은 헌법, 조약, 법률, 정령, 부령, 성령, 고시,

---

* 관련 웹사이트 주소는 일본 "국립국회도서관 리서치 나비"(国立国会図書館 リ サー チ・ナ ビ: https://rnavi.ndl.go.jp/rnavi/) 내용을 참조하여 작성하였으며, 웹사이트 주소는 일본 웹사이트 상황에 따라 변경될 수 있다.

규칙, 청령, 훈령, 통달 등의 종류가 있으며, 일반적으로 법률 및 행정기관의 명령을 합쳐서 "법령"으로 많이 불린다.

1. 인터넷 검색

1. 〈e-Gov 법령검색〉 http://elaws.e-gov.go.jp/
현행법령(헌법, 법률, 정령, 칙령, 부령, 성령, 규칙)의 내용을 볼 수 있다.

2. 〈소관 법령, 고시, 통달 등(e-Gov 총무성 전자정부의 종합 창구)〉
http://www.e-gov.go.jp/law/ordinance.html
각 부처 소관의 법령, 고시, 통달 등으로 링크되어 있다.

3. 〈국회관계 법규(중의원)〉
http://www.shugiin.go.jp/internet/itdb_annai.nsf/html/statics/shiryo/dl-constitution.htm

4. 〈국회관계 법규(참의원)〉
http://www.sangiin.go.jp/japanese/aramashi/houki/index.html

5. 〈최고재판소규칙(재판소)〉
http://www.courts.go.jp/kisokusyu/

6 〈일본법령 외국어번역 데이터베이스 시스템(법무부)〉
http://www.japaneselawtranslation.go.jp/

7. 〈조약데이터 검색(외무성)〉
http://www3.mofa.go.jp/mofaj/gaiko/treaty/index.php
일본이 체결한 현행 국회승인 조약 등

2. 문서 검색

— 현재 효력이 있는 법령을 수록하는 종합법령집으로 다음의 두 가지가 있다.

(1) 현행법규총람(現行法規総覧)
(2) 현행일본법규(現行日本法規)

    — 법령집은 분야를 한정하지 않고 주요 법령을 수록하는 것과 특정분야의 법령을 수록하는 것으로 크게 나눌 수 있는데 전자의 대표적인 것은 다음과 같다.
    1 육법전서(六法全書)
    2. 실무대육법: 판례·통달(実務大六法: 判例·通達)
    3. 현행실무육법(現行実務六法)
    4. 교세이현행육법(ぎょうせい現行六法)

3. 유료 법령 및 판례 데이터베이스

1. D1−Law.com
https://www.d1−law.com/

2. TKC Law Library
https://www.tkc.jp/law/lawlibrary/

3. LexisNexis JP
https://www.lexisnexis.jp/

4. Westlaw Japan
https://www.westlawjapan.com/

5. 判例秘書HYBRID
https://www.hanreihisho.com/hhi/

* 관보

일본에서 관보(官報)라고 하면 법률, 조약, 부령, 성령 등의 법률 외에 국가의 광보(広報), 공고 등을 게재하는 기관지로 1883년 7월(메이지 16년)에 태정관 문서국에서 창간된 것을 말한다. 관보의 기재범위는 "관보 및 법령전서에 관한 내각부령"(官報及び法令全書に関する内閣府令)에 의해 정해진다.

(1) 인터넷 검색

1. 〈인터넷판 관보(국립인쇄국)〉 https://kanpou.npb.go.jp
2003년 7월 15일 이후의 목차 및 법률·정령 등의 본문을 볼 수 있으며 최근 30일 분은 모든 본문을 볼 수 있다.

2. 〈관보정보 검색서비스(국립인쇄국) (유료)〉
https://search.npb.go.jp/guide/introduce.html#howtoEntry
1947년 5월 3일 ~ 당일 발행분까지 검색 가능

3. 〈관보검색(전국관보 판매협동조합)〉
https://www.gov-book.or.jp/asp/Kanpo/KanpoList/?op=1
1996년 6월 3일 이후의 목차를 검색할 수 있다.

4. 〈정부공공조달 데이터베이스(JETRO)〉
https://www.jetro.go.jp/gov_procurement/

5. 〈관보자료판(수상관저)〉
http://www.kantei.go.jp/jp/kanpo-shiryo/index.html

(2) 문서 검색

- 관보 검색을 위한 서지자료는 다음의 두가지가 있다.
(1) 관보목차총람(官報目次総覧)
(2) 관보총색인(官報総索引)

* 조약

(1) 인터넷 검색

---

1. 조약 데이터 검색(외무성)

http://www3.mofa.go.jp/mofaj/gaiko/treaty/index.php

관보 및 외무성이 발행하는 조약집을 바탕으로 만들어진 현행 국회승인 조약 등을 포함하는 데이터베이스.

---

2. 조약(외무성)

http://www.mofa.go.jp/mofaj/gaiko/treaty/index.html

제154회 국회 (2002년) 이후에 제출된 조약에 대해 조약문, 발효 등의 이력정보, 설명서 및 개요 등 관련자료를 참조할 수 있다.

---

(2) 문서 검색

외무성이 편찬한 조약집으로 연도에 해당 기간내에 발효된 조약을 수록하는 "조약집"(条約集) 외, 간행 당시까지의 조약을 수록한 "조약휘찬"(条約彙纂), "주요조약집"(主要条約集), 조약목록인 "조약편람"(条約便覧) 등이 있다. "조약집"에는 외국어 조약문도 병기된다.

II. 판례

1. 인터넷 검색

---

1. 재판소(판례)

〈재판례 정보(재판소)〉

http://www.courts.go.jp/search/jhsp0010?action_id=first&hanreiSrchKbn=01

[최고재판례집, 고재판례집, 행정사건재판례집, 노동사건재판례집, 지적재산재판례집, 최근 최고재판결·지적재산권 판결 등]

---

2. 국세불복심판

〈재결 사례(국세불복심판소)〉http://www.kfs.go.jp/annai.html

3. 공정거래관계 심결

〈심결 등 데이터베이스(공정거래위원회)〉http://www.jftc.go.jp/shinketsu/index.html

4. 소비자관계(사례·판례)

〈상담 사례·판례(국민생활센터)〉

http://www.kokusen.go.jp/category/jirei_hanrei.html

5. 특허관계 심결

〈심결공보 DB(공업소유권 정보·연수관 특허정보플랫폼)〉

https://www.j−platpat.inpit.go.jp/web/shinpan/spdb/SPDB_GM101_Top.action

2. 문서 검색

(1) 대심원·최고재판소 판례집

2차대전 이전의 대심원, 전후의 최고재판소 판례가 나와있는 자료.

(2) 하급재판소판례집

고등재판소, 지방재판소, 간이재판소 및 가정재판소의 판례가 나와있는 자료.

(3) 기타 분야별 판례집

행정, 노동, 교통사고 등의 각 분야의 판례가 나와있는 자료.

(4) 기타 판례 등재지

분야 제한 없는 종합판례잡지, 특정분야를 게재하는 분야별 판례잡지가 있다.

※ 재결례집(심결·판결)

행정기관 등이 준사법절차로 행한 처분이나 결정 등이 게재되어 있는 자료.

3. 판례 조사방법

(1) 판례집 게재 항목

판례집에 게재되는 항목 중 판례를 찾는데 도움이 되는 것으로는 다음과 같다

* 사건번호

사건번호와 재판소에 의해 판례를 특정할 수 있다. 사건번호는 해당재판소의 수리연월일·부호·번호로 이루어진다. 부호(符号)에 의해 해당 재판이 대략 어떤 종류의 것인지를 알 수있다.

* 재판연원일·재판소·재판종류

"○○년 ××월 ㅁㅁ일 도쿄고등재판소판결"과 같이 기재된다. 재판소의 명칭 중에서 최고재판소는 대법정, 제1소법정, 제2소법정, 제3소법정(大法廷·第一小法廷·第二小法廷·第三小法廷) 별로 기재된다. 재판종류는 판결, 결정, 명령(判決·決定·命令)의 3 종류가 있다.

* 하급심 정보

상고심의 판례이면 제1심 및 제2심의 재판소명, 사건번호가 기재된다. 동일사건이라도 심급이 다르면 사건번호도 다르다.

* 판시사항·판결요지

해당 사건에서 문제가 되는 법적 논점, 이러한 논점에 대한 결론이 나와 있다.

* 주문(기각, 각하, 인용 등)

재판의 결론부분을 나타내는 핵심부분으로, 민사재판이면 소의 각하 또는 청구의 인용 혹은 기각, 형사재판이면 형의 선고, 무죄, 형의 면제, 면소, 공소기각 또는 관할 차이 등이 기재된다.

* 이유

주문을 도출하게 된 사실상 법률상의 근거가 표시된다.

(2) 판례의 인용방법 Ⅰ

판례는 다음과 같이 인용된다.

「大　判　大12.4.30　刑集2卷387頁」
　①　②　　③　　　　④

① 재판소명. "大"는 대심원, "最大"는 최고재판소대법정, "最一小"는 최고재판소제1소법정을 말한다.

② 재판종류. "判"은 판결. "決"은 결정, "命"은 명령을 말한다.

③ 재판날짜.

④ 출처(게재판례집 정보). "刑集2卷387頁"은 최고재판소 형사판례집 제2권 387면 이하에 게재되어 있다는 의미. 판례의 출처는 이와 같이 약칭으로 기재된다.

(3) 판례의 인용 방법 Ⅱ*

공식판례집에 수록되는 판례는 재판의 날짜와 판례집의 권호 · 페이지를 표시하여 특정하도록 되어 있다. 예를 들면 「最一小決平成9年10月30日刑集51卷9号816頁」 등으로 표시한다.

처음의 「最一小決」은 「최고재판소 제1소법정 결정」이라는 뜻이

---

* 松本恒雄, 三枝令子, 橋本正博, 靑木人志編『日本法への招待(第3版)』有斐閣, 2014, 6-8頁.

다. 대법정의 판결은 「最大判」이라고 표시한다. 소법정의 판례는 단순히 「最判」이라고 표시하는 경우도 많다. 고등재판소의 판례는 「大阪高判(오사카 고등재판소 판결)」과 같이, 지방재판소의 판례는 「東京地立川支判(도쿄 지방재판소 타치카와지부 판결)」과 같이 표시한다. 「판결」과 「결정」은 각각 첫 번째 글자를 가지고 구별한다. 그 뒤에 재판의 날짜를 표기하는데 원호를 사용하는 것이 통상적이다. 이어서 판례집의 게재 페이지를 쓴다. 위의 예에서 「刑集」이라고 되어 있으면 「최고재판소 형사판례집」이고, 「民集」이라고 되어 있으면 「최고재판소 민사판례집」을 의미한다.

최고재판소 판례집은 세로쓰기 형식으로 인쇄되어 왔으나, 平成13年(2001年) 1, 2月 분의 판례를 실은 제55권 제1호부터 판결문 자체가 가로쓰기로 변경되었으므로, 판례집도 이에 따라 가로쓰기로 변경되었다. 고등재판소의 판례도 같은 형태로 「고등재판소 판례집」이라는 제호로 출판된다. 「고등재판소 민사판례집」은 「高民集」, 「고등재판소 형사판례집」은 「高刑集」으로 줄여서 표기한다. 이 경우에는 어느 고등재판소의 재판인지를 「広島高判(히로시마 고등재판소 판결)」이나 「仙台高決(센다이 고등재판소 결정)」과 같이 표기한다.

공식판례집이 나올 때까지는 시간이 걸리는 경우가 많기 때문에, 민간기업에 의해 신속하게 판례를 소개하는 잡지가 출판되고 있다. 판례의 속보를 주로 다루는 잡지로는 판례시보사(判例時報社)의 「판례시보(判例時報)」와 판례타임즈사(判例タイムズ社)의 「판례타임즈(判例タイムズ)」가 있는데, 이들은 속보로서의 기능을 할 뿐만 아니라 공식판례집이 싣지 않는 판례를 소개하고 있는 경우가 많아서 도움이 된다. 공식판례집에 등재되지 않는 판례는 「판례시보(判例時報)」(약칭 「判時」), 「판례타임즈(判例タイムズ)」(약칭 「判タ」)의 「호」와 「페이지」를 표시하여 인용한다.

(4) 판례 평석

판례에 대하여 해설되거나 논평된 기사를 판례평석 또는 판례비평이라고 부르는데, 특히 최고재판소 조사관이 집필한 것을 "판례해설"이라고 부르는 경우가 있다. "판례해설"은 다음의 자료에 게재된다.

1. 법조시보(法曹時報)
2. 최고재판소판례해설(最高裁判所判例解説)
3. Jurist(ジュリスト)

이 외에도 法学協会雑誌, 法学教室, 法律時報, 民商法雑誌, 法学論叢, 法学セミナー 등의 잡지에서 관련 분야 판례평석을 찾을 수 있다.

Ⅲ. 논문

JAIRO(Japanese Institutional Repositories Online)는 일본 국내 교육기관에 축적된 학술정보를 검색할 수 있는 사이트로 2019년 3월에 폐쇄되고 새롭게 재정비한 IRDB에 통합되었다. IRDB는 Institutional Repositories DataBase(https://irdb.nii.ac.jp/)로 일본의 학술기관 리포지터리에 등록된 메타콘텐츠를 수집하고 제공하는 데이터베이스 서비스이다. 일본에서 발표되는 논문을 검색할 경우 가장 많이 이용되는 플랫폼은 CiNii와 J-STAGE라고 할 수 있다. 그 외에 과학연구비조성사업 데이터베이스인 KAKEN을 통해 일본의 최신 연구정보에 대하여 검색할 수 있으며, Google Scholar는 pdf로 된 논문을 찾을 데 매우 유용하다.

1. IRDB(https://irdb.nii.ac.jp/)

IRDB에서 수집한 데이터는 CiNii와 OpenAIRE 등의 학술정보 플랫폼에 제공된다. IRDB사이트에서도 통합적인 논문검색이 가능하다.

2. CiNii(https://ci.nii.ac.jp/)

CiNii(Citation Information by NII)는 국립정보학연구소(National Institute of Informatics, NII)가 운영하는 학술논문이나 도서·잡지 등의 학술정보 데이터베이스. CiNii Articles, CiNii Books, CiNii Dissertations의 3개의 데이터베이스로 구성된다. 일본에서 나오는 논문, 서적, 학위논문은 CiNii통해서 검색가능하다.

　* 박사학위논문 검색은 CiNii Dissertations － 日本の博士論文をさ
　　がす－国立情報学研究所 참조.

3. J-STAGE(https://www.jstage.jst.go.jp)

J－STAGE는 일본 과학기술진흥기구(JST)가 구축한 일본의 과학기술정보의 전자저널출판을 추진하는 플랫폼이다. 전자저널 출판플랫폼을 제공함으로써 일본국내 학회 및 연구기관을 지원한다. J－STAGE에서 공개된 논문은 재팬링크센터(JaLC)와의 제휴를 통해 PubMed, CAS FullTextOptions, Crossref을 통해 전세계의 각종 학술정보 서비스에서 공개된 논문과 인용·피인용시에 연결된다. J－STAGE에서도 인문 및 법학논문의 검색이 가능하다. Free(フリー)라는 표시가 있는 것은 본문의 열람이 가능하다.

4. KAKEN(https://kaken.nii.ac.jp)

KAKEN은 국립정보학연구소(NII)가 문부과학성, 일본학술진흥회와 협력하여 작성하거나 공개하고 있는 과학연구비보조금 데이터베이스이다. 과학연구비조성사업 데이터베이스는 문부과학성 및 일본학술진흥회가 교부하는 과학연구비조성사업에 의해 행해지는 연구의 당초 채택시의 데이터(채택과제), 연구성과의 개요(연구실시사항보고서, 연구실적보고서, 연수성과보고서 개요), 연구성과보고서 및 자기평가보고서를 수록한 데이터베이스이다. 과학연구비조성사업 모든 학문영역에 걸쳐 폭넓게 교부되고 있기 때문에 본 데이터베이스를 통해, 법학을 포함한 일본에서의 전분야 최신 연구정보에 대하여 검색할 수 있다.

5. Google Scholar(http://scholar.google.co.jp/schhp?hl=ja)

Google이 제공하는 검색사이트로 논문, 학술지, 출판물 등의 검색이 가능하다. Pdf로 된 논문을 제공하는 일본 논문 검색에 유용하다.

※ 일본법의 영어번역 조사방법

1. 인터넷 검색

---

1. 일본법령 외국어 번역 데이터베이스 시스템(법무성)
http://www.japaneselawtranslation.go.jp/
일본법의 영어번역을 찾아 볼 수 있다. 2009년에 번역법령 164개가 공개된 이래 지속적으로 업데이트되고 있다.

---

2. ICRC national implementation database(국제 적십자위원회)
https://ihl-databases.icrc.org/ihl-nat

국제인도법의 이행을 촉진하기 위해 국제적십자위원회가 각국의 관계 입법정보를 데이터베이스화하고 있다. 주제별(By Topic) 또는 국가별(By State)로 일부 국제인도법 관련 법률 또는 판례를 볼 수 있다. 국가에서 '일본'(Japan)을 선택하면 일부 관련 법률 또는 판례의 영어 번역을 볼 수 있다.

3. Legislation & Guidelines(공정거래위원회)
http://www.jftc.go.jp/en/legislation_gls/index.html
공정거래위원회의 일부 소관 법령 및 지침의 영어번역을 볼 수 있다.

4. 법령·지침 등(금융기관)
http://www.fsa.go.jp/common/law/index.html
금융청의 일부 소관 법령의 영문 번역본을 볼 수 있다.

5. METI related Laws(경제산업성)
http://www.meti.go.jp/english/information/data/laws.html
경제산업성의 일부 소관 법령의 영어번역 분야별 링크하고 있다.

2. 문서자료

주요 자료는 다음과 같다.

1. "E.H.S. Law Bulletin Series"(영문법령사 부정기 간행) 주요 법령의 영어 번역을 모은 자료.

2. 北川善太郎편 "Doing business in Japan"(2010ed. LexisNexis 2010-)

일본의 비즈니스에 관한 영어 해설서. 해설편(Commentary 5권)과 자료편(Statute Volumes 2권)으로 구성되어 있다. 자료편에는 헌법, 민법, 상법, 회사법, 민사소송법, 형법 외에도 국제해상 물품운송법, 차지차가법, 투자사업 유한책임조합 계약에 관한 법률 등, 해설편에는 장 구성에 따른 분류로 일부 법령의 조문을 수록하고 있다.

3. 일본국제지적재산보호협회 "Japanese laws relating to in‒
dustrial property"(Japanese group of AIPPI 부정기 간행) 일본 공업
소유권에 관한 주요 법령의 영어 번역을 모은 자료. 전2권.

※ 한국법률문헌 작성시 일본 판례 및 법령 인용방식[*]

1. 일본 판례

재판소명 | 판결일자 ((연호) 년 월 일) | 판례집명 (권 호) | 인용 면#.

---

① 재판소명, 판결일자, 판례집명, 권·호·면의 정보를 띄어쓰지
않고 붙여쓰는 것이 원칙이나, 여기서는 독자가 읽기 편하도록 띄어쓰
는 것도 가능할 것이다. 판례집에 미등재된 경우 날짜 뒤에 판례집 미
등재임을 명시해 줄 수 있다. 판례집 미등재인 경우, 사건번호를 부기
하는 것이 권장된다.

② 재판소명은 보통 약칭으로 쓰나, 독자의 편의를 위하여 정식
명칭으로 쓸 수도 있다.

③ 판결일자는 독자가 찾기 쉽도록 가능한 일본 연호를 그대로 써
주되, 필요하다고 판단되는 경우 마지막에 서기로 표시하여 괄호 안에
(해당년도 판결) 등을 써주면 될 것이다.

④ 년 월 일 및 권 호는 『·』으로 표시 가능하다.

⑤ 최고재판소의 판결은, 소법정판결은 '最', 대법정판결은 '最大'
로 표기한다.

---

* 변지영 외, 『법률문헌의 인용방법 표준안(증보판)』(사법정책연구원 연구총서, 2017),
pp. 71‒72.

(예) 最大判平成22年1月20日民集64卷1号1頁.

　　東京高判平成22年7月28日判例集未登載. (2010년 판결).

　　東京地判平成15年9月9日判例集未登載. (平14(ワ)22614号)

　　名古屋高判平成26年6月13日判例集未登載. (平成26年(ネ)第146号)

[참고] 令和 1년 → 2019년, 平成 1년 → 1989년, 昭和 1년 →

　　　 1926년, 大正 1년 → 1912년, 明治 1년 → 1868년

2. 일본 법령

① "정식법령명#조#항"의 형태로 원어인 일본어로 쓴다.

② 일본에서는 법령명과 조 항 호 등의 정보를 다 붙여쓰는 것이 원칙이나, 독자가 읽기 편하도록 띄어 쓰는 것도 가능할 것이다.

(예) 民事訴訟法318条2項.

　　藥劑師法 25条 1項 1号.

판례색인

사항색인

저자 소개

유혁수(柳赫秀)

일본 도쿄대학 법학·정치학 연구과에서 법학박사 학위를 취득하고 현재 가나가와대학 교수로 재직 중이며 요코하마국립대학 명예교수이다. 연구분야는 국제법, 국제경제법, 외국인과 인권 등이다. 저서로서는 편저 『講義国際経済法』(東信堂, 2018年), 공저 『講義国際法』(有斐閣, 2013年), 논문으로는 「日本の外国人法制の現状と課題－総論的考察」『法律時報』 89巻 4号(2017年4月) 등이 있다.

권 철(權澈)

일본 도쿄대학 법학·정치학 연구과에서 법학박사 학위를 취득하고 현재 성균관대학교 법학전문대학원 교수로 재직 중이다. 성균관대 동아시아법·정치연구소 소장(2017년 이후 현직), 도쿄대학 특임교수(2015, 2016, 2019)를 역임하였다. 연구분야는 민법, 비교법 등이다. 일본법 관련 저서로는 『日韓比較民法序説』(有斐閣, 2010, 大村敦志 교수와 공저), 번역서로는 2020년판·일본민법전(박영사, 2021) 등이 있다.

강광문(姜光文)

일본 도쿄대학 법학·정치학 연구과에서 법학박사 학위를 취득하고 현재 서울대학교 법학전문대학원 교수로 재직 중이다. 연구분야는 아시아법, 헌법, 법제사이다. 저서로는 『일본의 헌법과 헌법소송』(박영사), 『중국법 강의』(공저, 박영사) 등이 있다.

고철웅(高鉄雄)

일본 도쿄대학 법학·정치학 연구과에서 법학박사 학위를 취득하고 릿쿄대학 법학부에서 근무한 뒤 대법원 재판연구관을 거쳐, 현재 한남대학교 법학부 조교수로 재직 중이다. 연구분야는 민법이다. 주요 논문은 "치매고령자의 불법행위와 감독자책임에 관한 소고"(민사법학 91호, 2020), "직장 내 성희롱으로 인한 사업주의 불법행위책임 여부"(민사법학 85호, 2018), "권리론의 관점에서 바라본 인격권론"(민사법학 79호, 2017) 등이 있다.

김경우(金勁佑)

일본 요코하마국립대학에서 법학박사 학위를 취득하고 현재 연세대학교 법학연구원 전문연구원 및 법무대학원 객원교수로 재직 중이다. 연구분야는 국제법, 국제경제법, 국제환경법 등이다. 주요 논문은 "담배규제기본협약 가이드라인의 국제표준 가능성에 대하여"(국제경제법연구 제18권 2호, 2020) 등이 있으며, 번역서로는 『기후변화와 국제법』(박영사, 2021) 등이 있다.

김언숙(金彦叔)

일본 도쿄대학 법학·정치학 연구과에서 법학박사 학위를 취득하고 나고야대학 법학연구과 준교수를 거쳐 현재 도쿄에 있는 분쿄가쿠인대학 교수로 재직 중이다. 연구분야는 국제사법, 국제거래법, 국제지적재산권이다. 주요 저서로는 『知的財産権と国際私法』(信山社, 2006), 『国際知的財産権保護と法の抵触』(信山社, 2011) 등이 있다.

백광균(白光均)

서울대학교 법과대학을 졸업하였고, 현재 사법정책연구원 연구위원이자 양형위원회 전문위원이다. 법관으로서 민사, 형사 등을 담당해왔고, 저서로는 벌금형 양형기준에 관한 연구, 사법정책연구원(2020)이 있다.

소홍범(邵洪範)

일본 도쿄대학 법학·정치학 연구과에서 법학박사 학위를 취득하고 현재는 성균관대학교 동아시아법·정치연구소 선임연구원으로 재직하며 일본경제산업연구소(RIETI) 프로젝트 멤버로 활동 중이다. 연구분야는 국제법, 국제경제법 등이다. 저서로는 『貿易自由化と規制権限: WTO法における均衡点』(東京大学出版会, 2019), 논문으로는 「ガット20条における規制目的の役割と意義」『日本国際経済法学会年報』第30号(2021) 등이 있다.

유진식(俞珍式)

일본 도쿄대학 법학·정치학 연구과에서 법학박사 학위를 취득하고 현재 전북대학교 법학전문대학원 교수로 재직 중이다. 연구분야는 행정법, 환경법, 일본법 등이다. 저서로서는 「행정조직법의 이론과 실제」 등이 있다.

최석환(崔碩桓)

일본 도쿄대학 법학·정치학 연구과에서 법학박사 학위를 취득하고 현재 서울대학교 법학전문대학원 조교수로 재직 중이다. 연구분야는 노동법이다. 주요 연구성과로 管理職労働者の法的地位: 日米独の労働法における適用除外と特別規制に着目して (1)–(4), 法学協会雑誌129(8)–(11)(2012); 멀티잡 종사자의 노동법적 규제, 노동법연구 47호(2019) 등이 있다.

서울대학교 아시아태평양법 총서 3
일본법 강의

초판발행   2021년 9월 10일

지은이   유혁수·권 철·강광문·고철웅·김경우
            김언숙·백광균·소홍범·유진식·최석환
펴낸이   안종만·안상준

편 집   한두희
기획/마케팅   조성호
표지디자인   Ben Story
제 작   고철민·조영환

펴낸곳   (주) **박영사**
            서울특별시 금천구 가산디지털2로 53, 210호(가산동, 한라시그마밸리)
            등록 1959. 3. 11. 제300-1959-1호(倫)

전 화   02)733-6771
f a x   02)736-4818
e-mail   pys@pybook.co.kr
homepage   www.pybook.co.kr
ISBN   979-11-303-3922-1   93360

정 가   28,000원